POLÊMICA SOBRE A AÇÃO

*a tutela jurisdicional na perspectiva das
relações entre direito e processo*

P764   Polêmica sobre a ação, a tutela jurisdicional na perspectiva das relações
       entre direito e processo / org. Fábio Cardoso Machado, Guilherme
       Rizzo Amaral; Carlos Alberto Alvaro de Oliveira ... [*et al.*] –
       Porto Alegre: Livraria do Advogado Ed. , 2006.
       319 p.; 23 cm.

       ISBN 85-7348-406-3

       1. Processo Civil. 2. Ação de direito material. 3. Direito material.
I. Título.

CDU - 347.9

Índices para o catálogo sistemático:

Processo Civil
Direito material
Ação de direito material

(Bibliotecária Responsável: Marta Roberto, CRB-10/652)

Fábio Cardoso Machado
Guilherme Rizzo Amaral
organizadores

POLÊMICA SOBRE A AÇÃO

*a tutela jurisdicional na perspectiva das
relações entre direito e processo*

Carlos Alberto Alvaro de Oliveira
Daniel Francisco Mitidiero
Fábio Cardoso Machado
Gabriel Pintaúde
Guilherme Rizzo Amaral
Hermes Zaneti Junior
Luiz Guilherme Marinoni
Ovídio A. Baptista da Silva

Porto Alegre, 2006

©

Carlos Alberto Alvaro de Oliveira
Daniel Francisco Mitidiero
Fábio Cardoso Machado
Gabriel Pintaúde
Guilherme Rizzo Amaral
Hermes Zaneti Junior
Luiz Guilherme Marinoni
Ovídio A. Baptista da Silva
2006

Capa, projeto gráfico e diagramação de
Livraria do Advogado Editora

Revisão
Rosane Marques Borba

Direitos desta edição reservados por
Livraria do Advogado Editora Ltda.
Rua Riachuelo, 1338
90010-273 Porto Alegre RS
Fone/fax: 0800-51-7522
editora@livrariadoadvogado.com.br
www.doadvogado.com.br

Impresso no Brasil / Printed in Brazil

Sumário

Apresentação – *Prof. Dr. José Maria Rosa Tesheiner* 7

1. Direito Subjetivo, Pretensão de Direito Material e Ação
   Ovídio A. Baptista da Silva 15

2. O Problema da Eficácia da Sentença
   Carlos Alberto Alvaro de Oliveira 41

3. Direito Material e Processo
   Ovídio A. Baptista da Silva 55

4. Efetividade e Tutela Jurisdicional
   Carlos Alberto Alvaro de Oliveira 83

5. A Polêmica em torno da "Ação de Direito Material"
   Guilherme Rizzo Amaral 111

6. Polêmica sobre a Teoria Dualista da Ação (Ação de Direito Material – "Ação"
   Processual): uma resposta a Guilherme Rizzo Amaral
   Daniel Francisco Mitidiero 129

7. "Ação" e Ações: sobre a renovada polêmica em torno da Ação de Direito Material
   Fábio Cardoso Machado 139

8. A Teoria Circular dos Planos (Direito Material e Direito Processual)
   Hermes Zaneti Junior 165

9. Da Ação Abstrata e Uniforme à Ação Adequada à Tutela dos Direitos
   Luiz Guilherme Marinoni 197

10. Tutela Jurisdicional (no confronto doutrinário entre Carlos Alberto Alvaro de
    Oliveira e Ovídio Baptista da Silva e no pensamento de Flávio Luiz Yarshell)
    Gabriel Pintaúde 253

11. Direito Material, Processo e Tutela Jurisdicional
    Carlos Alberto Alvaro de Oliveira 285

Apresentação

Não cabe, ao apresentador desta "Polêmica sobre a ação", entrar no debate, aderindo a uma ou outra posição. Muito menos lhe cabe a posição de juiz, como se tivesse uma sabedoria superior à dos que se digladiam.

Poderia limitar-me, então, a traçar o perfil de cada um dos autores, à semelhança do que ocorre nas lutas de boxe: "À minha direita, Fulano, 90 kg., campeão gaúcho...".

Mas a disputa, aqui, é de idéias e, por isso, a apresentação deve ser de idéias, mais do que das pessoas que as sustentam, como se tivessem existência independentemente de qualquer sujeito.

Trata-se de uma polêmica e, portanto, de escritos que compõem uma unidade, partes que se complementam e ao mesmo tempo se contrapõem.

Apresento-as como no *"menu"* de um "DVD", em que cada capítulo é representado por um ícone ou por um *"frame"* dos muitos que o constituem. Tem-se, então, uma foto, que não é um resumo, nem uma síntese, mas um instante significativo. Perde-se a noção do movimento, porque a foto é estática. Mas há um ganho nessa perda. Surpreende-se, no salto do atleta, o momento em que paira no espaço, com suspensão do curso do tempo.

Não há, pois, nesta apresentação, nem julgamento, nem sucessão lógica, mas pedaços de explicações e de argumentos.

O tema começa sendo apresentado por Ovídio A. Baptista da Silva, em *"Direito subjetivo, pretensão de direito material e ação"*: há duas espécies de ação: a de direito material, contra o obrigado, e a processual, contra o Estado. A ação de direito material é o agir do titular do direito para a realização do próprio direito, independentemente da vontade do obrigado. Observa que o juiz, no processo, exerce duas ordens de atividade: a primeira, de certificação do direito, através da qual investiga se as afirmações feitas pelo autor coincidem com a realidade e o direito material afirmado; a segunda, se afirmativa a primeira, desenvolvendo a ação de direito material que o autor não pôde realizar, porque vedada a defesa privada. Nessa linha de pensamento, é na execução que se encontra a essência da jurisdição, mais do que na sentença em que ela se funda.

A sentença produz efeito no plano do direito processual ou material? Eis o problema enfrentado por Carlos Alberto de Oliveira em *"O problema da eficácia da sentença"*. Sendo abstrata a ação processual, não tendo, portanto, substância, por ser igual a si mesma, e concedida a todos, indistintamente, como explicar seja, às vezes, declaratória e outras, condenatória ou constitutiva? Uma resposta possível seria a apresentada por Pontes de Miranda e Ovídio A. Baptista da Silva: na ação processual há, embutida, a ação de direito material e é no plano que lhe corresponde que a relação jurídica é declarada ou constituída. Mas Oliveira rejeita essa explicação, porque, no plano do direito material, a declaração de seu direito, pelo próprio interessado, não passaria de um *flatus vocis;* por não haver, tampouco, pretensão atendível independentemente do processo, nas ações constitutivas necessárias e, ainda, porque a condenação constitui fenômeno tipicamente processual, o que levaria à exclusão da categoria das ações condenatórias.

Em *"Direito material e processo"*, Ovídio responde, dizendo temer (na verdade, afirmando), que Carlos Alberto não foi capaz de desvendar o misterioso desaparecimento das eficácias da sentença, que não estariam nem no direito material e nem no processo! Retoma o conceito de ação de direito material, definindo-a como a faculdade de iniciativa que a ordem jurídica confere ao "sujeito tutelado" para, em caso de transgressão da norma, realizar o que fora por ela originariamente determinado, afirmando, outrossim, sua correspondência com a teoria "civilista" da ação", que não constitui uma errônea compreensão da ação processual, mas corretíssima definição da ação de direito material! Ainda que, para argumentar, admitase que as pretensões declaratórias e constitutivas não se possam realizar fora do processo, isso não demonstra que elas não existam antes ou fora do processo. Ignora-se, quando se argumenta deste modo, a distinção lógica entre "carecer do processo" para realizarem-se e "não existirem" fora, ou antes dele. Quando se diz que a declaração necessita do processo para realizar-se, proclama-se, por contingência lógica, que essa declaração, enquanto "direito exigível" (pretensão), existia antes do processo" Tanto existia antes, que o processo foi concebido para realiza-la.

Retorna Carlos Alberto Alvaro de Oliveira, em *"Efetividade e tutela jurisdicional"*, dizendo que declarar, constituir, condenar, mandar e executar não passam de tipos ou formas de tutela jurisdicional. É preciso romper de vez com concepções privatísticas atrasadas, que não correspondem às exigências atuais e desconsideram o constitucionalismo desenvolvido ao longo do século XX. Ocorreu o declínio do normativismo legalista, assumido pelo positivismo jurídico, assumindo posição predominante, na aplicação do direito, os princípios, conceitos jurídicos indeterminados e juízos de equidade, com toda sua incerteza, porque correspondem a uma tomada de decisão não mais baseada em um *prius* anterior ao processo. A coercibilidade do direito subjetivo só por exceção se realiza no plano do direito material, nos raros casos admitidos de tutela privada. De regra, não havendo cumprimento voluntário da obrigação, a realização do direito dá-se no plano jurisdicional. Claro, pode-se denominar "ação de direito material" a força realizadora do direito, mas nada se ganha com esse desdobramento do conceito de ação processual, já que a "ação de direito material", uma vez julgada procedente a demanda, confunde-se com o resultado do processo. Além disso, proclamada a necessária estatalidade do efeito mandamental, não há como enquadrá-lo no plano do direito material.

No texto que subscreve, Guilherme Rizzo Amaral trata de explicar em que consiste a ação de direito material, conforme a formulação de Pontes de Miranda, com um exemplo, a partir de uma simples relação de crédito e débito:

> Firmo um contrato de empréstimo, entregando determinada quantia a meu devedor, e estabelecendo um determinado prazo para pagamento. Quando da conclusão do contrato, surgiu, já, o (meu) *direito subjetivo* ao crédito, que me coloca em posição estática, porém, de vantagem perante o devedor. Findo o prazo para pagamento, surge a *pretensão*, dado que agora é exigível a quantia emprestada, ou ainda, é exigível a conduta do devedor no sentido de solver o débito. Exercendo a *pretensão*, notifico meu devedor que, no entanto, não me paga a quantia que lhe emprestei, constituindo-se, portanto, em mora, e assim fazendo surgir a *ação de direito material*, que nasce em meu favor. Como não posso, de mãos-próprias, obter junto ao meu devedor o que me é devido (vedação à auto-tutela), me socorro da *ação processual*, afirmando a existência da ação de direito material perante um magistrado investido do poder jurisdicional estatal.

> Fica claro, no exemplo acima utilizado, que o surgimento de uma chamada "ação de direito material" está ligado à frustração de uma pretensão devidamente exercida (ou, ainda, à resistência à tal pretensão).

Fazendo a crítica dessa concepção, afirma não se encontrar, no plano do direito material, pretensão à declaração, constituição ou condenação. Volta a exemplificar:

> Tício adquire de Caio um cavalo, e paga a este o preço. Estando Caio em mora, e ante a absoluta ausência do Estado e do binômio *jurisdictio* e *imperium*, quais seriam as *ações* (de direito material) imagináveis para a satisfação do direito de Tício à prestação de Caio? Poderia o primeiro buscar tomar à força o animal, e se no embate com o segundo saísse vencedor, veria o seu direito subjetivo material satisfeito. Poderia Tício ameaçar Caio de aplicar-lhe, ou aos seus familiares, ou mesmo a seu patrimônio, castigos físicos ou morais, e se o último cedesse a tal assédio e lhe entregasse o cavalo prometido, o primeiro, por sua ação pessoal, veria satisfeito seu direito.

> Mas, perguntamo-nos se poderia Tício declarar, para todos ouvirem, que é credor de Caio, e se essa declaração de algo valeria, ou se o suposto devedor não poderia bradar já ter quitado sua obrigação e nada dever ao contrafeito credor? Ou poderia

Tício, oralmente ou por escritura, constituir em caráter perene e incontestável a relação de direito material com Caio, de forma que não pudesse ser posteriormente contestada? Ainda: poderia Tício declarar não apenas ser credor de Caio como, a sua faculdade de executá-lo, atividades estas que somadas equivaleriam à *condenação* (aliás, já vimos que isto sequer seria necessário, ante a execução direta viável na ausência do poder jurisdicional estatal)? A resposta há de ser negativa para tais indagações!

A declaração, constituição e a condenação constituem categorias que pertencem ao plano processual, não havendo como imaginar uma ação particular capaz de outorgar a mesma certeza jurídica *definitiva* (e não aquela obtida pela formação de um contrato, ou de um casamento, por exemplo) que outorga a tutela jurisdicional estatal.

Conclui, afirmando que a formulação de Pontes, defendida por Ovídio Baptista da Silva, não identifica corretamente o fenômeno de comunicação entre o direito material e o processo. Inexiste ação de direito material fora das hipóteses (raríssimas, aliás) previstas em lei. O que há, no máximo, são pretensões que, uma vez resistidas, geram o *interesse* na busca da tutela jurisdicional. E a busca da tutela jurisdicional estatal se dá com a *ação processual*, que ensejará o emprego, pelo juiz, de diferentes técnicas de tutela jurisdicional, de acordo com as necessidades e peculiaridades do direito subjetivo material tutelado e do caso concreto.

Alegrando-se que nós, brasileiros, estejamos finalmente pegando o gosto pela polêmica, pela crítica franca, fazendo do diálogo academio um hábito, entra na liça Daniel Francisco Mitidiero, afirmando saltar aos olhos a confusão de quem, como Rizzo, afirma a inexistência, no plano do direito material, de pretensão à declaração, constituição ou condenação. Por acaso o plano do direito material, para existir em um dado ordenamento jurídico, precisa da vedação à justiça de mão própria? Quer dizer que não existe, no plano do direito material, pretensão à declaração? Não existe, no plano do direito material, direito à submissão de alguém à vontade de outrem? Não existe, no plano do direito material, pretensão à condenação?

Imaginemos que "A" contrate com "B" a entrega de cinco sacas de arroz em um prazo determinado mediante o pagamento de dada quantia em dinheiro. Pergunta-se: por força do direito material, tem "A" direito e pretensão a que "B" reconheça a existência do negócio jurídico entre ambos? O fato de estar vedada a autotutela interfere na equação do problema? Por força do direito material, tem "A" o direito de resolver o contrato com "B", acaso esse não venha a adimplir a sua obrigação, já tendo "A" prestado da maneira como fora negociado? O fato de estar vedada a autotutela interfere na equação do problema? Por força do direito material, tem "A" direito e pretensão ao crédito, já tendo prestado a sua parte na obrigação, contra "B"? O fato de estar vedada a autotutela interfere na equação do problema? As perguntas, como se pode facilmente perceber, são auto-explicativas: é evidente que, em todas as situações elencadas, "A" tem uma situação de vantagem contra "B" por força do direito material, fato que Guilherme Rizzo Amaral procurou refutar, mas sem, em nossa opinião, lograr êxito. O embaraço de nosso processualista talvez resida no fato de que todas essas ações são essencialmente normativas, só podendo ser pensadas e compreendidas nessa sede. O agir para satisfação, nesses casos, pressupõe uma ação normativa.

Em defesa de Ovídio A. Baptista da Silva acode também Fábio Cardoso Machado, atribuindo a Carlos Alberto Alvaro de Oliveira o equívoco de confundir a ação processual com a ação de direito material, entre a *actio* romana e a ação, tal concebida pela doutrina do direito abstrato de agir. Afirma a importância do conceito de ação de direito material, para restabelecer, dogmaticamente, o perdido vínculo entre o direito material e o processo. Diz:

Afirmar que a ação de direito material se exerce através do processo não significa, porém, que a "ação" processual a tenha substituído, mas justamente, ao contrário, que a percepção da existência da "ação", como expressão do direito à prestação jurisdicional, não poderia ter contribuído para suprimir aquela categoria de direito material. Pelo simples fato de que a ação de direito material, sob a perspectiva da dogmática jurídica, é a razão de ser da "ação" processual.[1] Mas, lamentavelmente, a doutrina baniu do seu horizonte a ação de direito material, e assim encobriu o "sol do sistema",[2] rompendo o vínculo do processo com o direito material: o escopo jurídico do processo é a realização da ação de direito material, e sem ter em vista este escopo o processo perdeu o rumo, como o instrumento que não sabe a que fim serve.

Admite que não há ações de direito material que se possam qualificar de condenatórias ou mandamentais, ponto em que Pontes de Miranda foi incoerente, por não levar suas premissas às últimas conseqüências. Reafirma a existência de ações (de direito material) declaratórias e constitutivas. "Continua aberto para os opositores de Pontes de Miranda o desafio de demonstrar que estas ações, inconfundíveis com a *ação* processual, não pertencem ao plano do direito material".

Em "*A teoria circular dos planos (direito material e direito processual)*", Hermes Zaneti Junior adere às posições de Carlos Alberto Alvaro de Oliveira, primeiro, porque nem sempre se supõe a pré-existência de direito subjetivo, pois a tendência atual é de ampliação do direito de ação, para atingir todas as "posições jurídicas judicializáveis": o processo cria direito, principalmente quando não tem mais um conteúdo determinado estritamente pela norma (v.g., princípios e cláusulas gerais); segundo, por-

---

[1] Por que através do processo deve-se exercer a ação material, concede-se a todos, tenham ou não direito subjetivo e a ação correspondente, direito à prestação jurisdicional, exercido em concreto através da "ação" processual: "o Estado, para poder realizar o direito material, terá necessariamente de averiguar, antes, a existência do direito cuja titularidade seja porventura afirmada por aquele que o procura para exigir a tutela jurisdicional. Desta contingência decorre a circunstância inevitável de ter-se de conceder 'ação', no plano do direito processual, igualmente ao que não tenha direito, não tenha pretensão nem *ação*" (Ovídio A. Baptista da Silva, *Curso de Processo Civil*, v. 1, op. cit., p. 86). Isto significa que a ação material e a "ação" processual devem, no âmbito da dogmática, coexistir.

[2] Pontes de Miranda, *Tratado de direito privado*, t. V, op. cit., p. 479.

POLÊMICA SOBRE A AÇÃO

que o direito material se torna incerto no processo: "A tal ponto de caracterizar-se naturalmente como afirmação, portanto, sempre estará ali *in status assertionis*, jamais como verdade insofismável, imutável"; "pode-se afirmar que esta é a sua lógica própria, o direito discutido no processo é sempre incerto, é sempre *problemático*". Defende

a aceitação das eficácias das ações como eficácias processuais sentenciais, [3] tutelas jurisdicionais processuais capazes de proporcionar a adequada e efetiva realização do direito material porque contém em potência os efeitos materiais que deverão alterar as relações e situações jurídicas subjacentes. Esta a característica instrumental do processo, retornar direito material, trabalhado em contraditório amplo (juiz e partes), ao *Lebenswelt* (mundo da vida). Uma relação circular, um círculo hermenêutico.

Luiz Guilherme Marinoni encerra o debate, com formulação original. Observa que ninguém, ainda que falando em ação de direito material, nega a existência de um direito de ação autônomo em relação ao direito material. Mas a pretensão processual tem duas faces: pretensão à sentença e pretensão à tutela jurisdicional do direito, tendo esta, e apenas esta, conteúdo variável, capaz de influir sobre a utilização das técnicas processuais, por exemplo, o meio executivo mais adequado. Estão no plano do direito material as formas de tutela do direito material (inibitória, para impedir a prática de ato ilícito; de remoção do ilícito, ressarcitória na forma específica ou pelo equivalente monetário). As formas de tutela dos direitos constituem atributo indispensável à própria existência do direito. Assim, ainda que proibida a ação de direito material, certo é que o direito material é acompanhado de alguma forma de tutela, quando mais não seja, a ressarcitória pelo equivalente monetário. São as tutelas jurisdicionais dos direitos que expressam os resultados que o processo produz no plano do direito material. Condenação e mandamento são técnicas processuais, não são formas de tutela do direito material, tanto que a condenação não satisfaz e a sentença mandamental tanto pode servir à tutela inibitória, como à de remoção do ilícito ou mesmo à ressarcitória. A categoria da ação de direito material, ao contrário da categoria do direito à tutela jurisdicional do direito, é inadequada, por exemplo, ao fenômeno dos direitos difusos, pois todos têm direito à tutela do meio ambiente, mas ninguém possui pretensão de direito material ou ação de direito material contra o poluidor. A não aceitação da teoria da ação de direito material implica assumir a responsabilidade pela construção de outra que possa explicar de forma dogmaticamente coerente as relações entre o processo e o direito material. Tal teoria, além de ter que dar conta do que se garante no plano do direito material, deve evidenciar o modo como o direito material influi sobre o processo para permitir a obtenção do que é por ele prometido. Daí entender que o conceito de tutela jurisdicional

---

[3] Cf. ZANETI JR, *Mandado de segurança coletivo*, p. 163.

deve ser buscado nas formas de tutela do direito material, e que a pretensão à tutela jurisdicional do direito influi na conformação da ação adequada. Há pretensão à tutela jurisdicional do direito e há direito à construção da ação adequada à tutela do direito e ao caso concreto. Se não se pode aceitar a perfeição dogmática da idéia de ação de direito material, também é indiscutível que a teoria da ação abstrata e única – ou de demanda indiferente ao direito material, caso se prefira – não está de acordo com o Estado constitucional, os direitos fundamentais e a própria legislação processual. Conclui afirmando a existência de um direito à construção da ação adequada à tutela do direito material e ao caso concreto, o qual é obviamente autônomo em relação ao direito material, mas tem a sua legitimidade dependente da tutela jurisdicional de direito reclamada.

Ao iniciar o parágrafo anterior, afirmei que o texto de Marinoni encerrava o debate, afirmação que logo se revelou falsa, porque neste mesmo livro (que era o que eu tinha em mente, ao usar o verbo "encerrar") vieram a inserir-se dois outros artigos que, por isonomia, também merecem uma palavra do apresentador.

O primeiro é de Gabriel Pintaúde, com uma visão panorâmica das relações entre processo e direito material, com aportes de filósofos, sociólogos e juristas. Afasta o conceito de ação de direito material como apto a efetuar o liame entre esses planos do ordenamento jurídico, para aderir ao paradigma do formalismo-valorativo, culturalista e constitucionalista, que vem sendo construído por Carlos Alberto Alvaro de Oliveira e seus discípulos, visualizando o processo civil e a tutela jurisdicional na linha do instrumentalismo de William James, John Dewey e Richard Rorty, para o adequado dimensionamento dos grandes pilares do processo civil contemporâneo: a instrumentalidade e a efetividade.

O segundo constitui réplica de Carlos Alberto Alvaro de Oliveira a Fábio Cardoso Machado e a Guilherme Marinoni. Busca desferir um último e mortal golpe na idéia de uma ação de direito material, exercida juntamente com a ação processual, elaboração doutrinária que faz recair no direito privado ou material algo que é próprio do direito do direito processual. É no direito constitucional que se encontra a ponte entre esses planos.

> Hoje, em que não há mais dúvida quanto à construção do conceito de direito subjetivo público, com a constitucionalização da tutela dos direitos, a ponte entre o direito material e o processual dá-se por meio do direito fundamental de proteção, instrumentalizado pela outorga de jurisdição e respectiva pretensão (ambas situadas no plano direito público).

E assevera: quando se fala em tutela ressarcitória, inibitória etc. está-se no plano do direito material e, portanto, fora do processo.

POLÊMICA SOBRE A AÇÃO

Eis aí, leitor, um vasto leque de posições sobre este tema fundamental do processo que é o de suas relações com o direito subjetivo afirmado pelo demandante.

Os argumentos são tão bem esgrimidos pelos polemistas que se é tentado a dar razão a todos, não obstante a invencível contradição que isso implicaria.

Talvez, também o leitor prefira não tomar partido, limitando-se a observar a visão do Direito de cada um dos autores. Há, em cada exposição, muito mais do que a questão debatida. Constitui cada uma delas uma aula de Processo Civil.

Prof. Dr. José Maria Rosa Tesheiner

— 1 —

Direito Subjetivo, Pretensão de Direito Material e Ação*

OVÍDIO A. BAPTISTA DA SILVA
Livre-Docente em Direito Processual Civil pela UFRGS. Professor do Programa de Pós-Graduação em Direito da UNISINOS

I – O *direito subjetivo* é uma categoria fundamental para o processo civil. Diz Von Thur, reproduzindo, em linhas gerais, a definição clássica, ser o direito subjetivo a faculdade reconhecida à pessoa pela ordem jurídica, em virtude da qual o titular exterioriza sua vontade, dentro de certos limites, para a consecução dos fins que sua própria escolha determine. Segundo tal conceito, o elemento central da definição está na noção de direito subjetivo como *poder da vontade* de seu titular, ou seja, a faculdade que a ordem jurídica confere àqueles a quem outorga o direito subjetivo de torná-lo efetivo pelo exercício, defendê-lo perante terceiros, exigir seu reconhecimento e efetivação perante os órgãos públicos incumbidos de prestar jurisdição ou, enfim, renunciá-lo.[1]

---

* Originariamente publicado na *Revista da AJURIS*, nº 29. Porto Alegre, Ano X – 1983, p. 99-126.

[1] O conceito de IHERING de direito subjetivo como sendo o *"interesse juridicamente tutelado"* não satisfaz, fundamentalmente, por duas razões: (a) o direito objetivo pode conceber a tutela de interesses considerados relevantes pela ordem jurídica, mediante a utilização de outras técnicas diferentes do direito subjetivo (KARL LARENZ, *Derecho Civil – Parte General*, § 12, II). Em verdade, no direito moderno, onde as incursões estatais no domínio de atividades tidas tradicionalmente como região específica do direito privado são comuns, a ordem jurídica dispensa proteção a incontáveis situações jurídicas sem conferir aos particulares qualquer direito subjetivo; os chamados "interesses difusos" são situações jurídicas protegidas sem que se chegue à *subjetivação* do direito na pessoa ou grupo de pessoas que, eventualmente, no plano processual, poderiam invocar a tutela jurisdicional; (b) podem ocorrer situações caracterizadas como verdadeiros direitos subjetivos onde seu titular não tenha o menor interesse em seu exercício, como sucede com o direito atribuído ao tutor (VON THUR, *Parte General del Derecho Civil*, § 6º).
No plano processual, pode haver, ainda, o fenômeno do reconhecimento de titularidade processual para a causa a formações sociais ou a entidades jurídicas que não disponham de personalidade civil, como ocorre com a legitimação do condomínio, ou da herança jacente, dos chamados "consórcios", dos

Vê-se, desde logo, que a antiga ilusão de ser o direito subjetivo a expressão individual ou a subjetivação do direito objetivo, como se os dois conceitos fossem de igual dimensão, não tem fundamento. A concepção que fazia o direito, subjetivo como sendo a *facultas agendi,* e *norma agendi,* o direito objetivo deve ser, desde logo, afastada. O direito objetivo é muito mais vasto do que poderá sê-lo o direito subjetivo. As normas jurídicas que disciplinam a atividade administrativa do Estado, as que regulam o processo legislativo, as regras de direito processual que instrumentalizam a função jurisdicional, tais como as normas sobre competência e tantas outras, são autênticas normas jurídicas componentes do sistema de direito objetivo de um determinado Estado, e não atribuem a ninguém direito subjetivo.

O direito subjetivo, para quem o analise na perspectiva dogmática, corresponde a uma técnica de que o legislador lança mão; portanto, no plano do direito positivo, há de ser, sempre, um *posterius* em relação ao direito objetivo. Não pode haver direito subjetivo anterior ao momento da *positivação* do direito. Se o legislador o *cria* ou apenas o *revela* a partir da natureza social do homem, é questão alheia a nosso contexto e que não cabe, agora, suscitar.

Duas observações impõem-se, desde logo, para a compreensão do problema: a primeira delas é a de que a atribuição ou o reconhecimento de titularidade de um direito subjetivo implica sempre reconhecer a seu titular a faculdade de exercer as vantagens que tal posição jurídica possa conter e a faculdade de defendê-lo em juízo, sempre que o direito subjetivo seja ofendido ou corra risco iminente de sê-lo. Isto, como veremos logo, não significa que a todo o direito corresponda uma ação que o assegure, pois pode ocorrer que o direito subjetivo já exista, ou ainda exista, e lhe falte a *pretensão* que o torne *exigível.* O que se quer significar é que a ninguém, a não ser a seu titular, salvo os raríssimos casos de representação legal de incapaz e outros similares, é dado defendê-lo em juízo. Essa premissa tem repercussões importantes no campo do processo, particularmente nas questões ligadas à coisa julgada e eficácia da sentença. A outra observação é a de que o direito subjetivo, assim definido, é um *status,* uma categoria jurídica estática, ao contrário da *ação* que pode ser esse próprio direito subjetivo em seu momento dinâmico. Diz-se que o proprietário é titular do domínio, assim como o credor tem direito subjetivo de crédito; ambos têm direitos subjetivos. Ambos têm o *estado* de sujeitos de um poder que a ordem jurídica lhes confere. Nesse *estado* potencial, nenhum exercício lhes é exigido para que o *status* de titularidade da situação de vantagem se mantenha.

órgãos não personalizados da administração pública, ou Mesas de corpos legislativos, a quem, em determinadas circunstâncias, reconhece-se personalidade processual.

A primeira confusão, portanto, a evitar-se será aquela que costuma confundir a "ação" com o *direito subjetivo público* de invocar a tutela jurisdicional, ou de suscitar a atividade dos órgãos estatais encarregados de prestar jurisdição. A "ação" não é um direito subjetivo, pela singela razão de ser ela a expressão dinâmica de um direito subjetivo público que lhe é anterior e que a funda. A "ação", no plano processual, em verdade, é a manifestação do direito público subjetivo que o Estado reconhece aos jurisdicionados de invocação da jurisdição. Uma vez afastada essa primeira confusão, pode-se ter uma compreensão adequada das duas categorias: a do *direito subjetivo processual* de ação e a "ação" processual propriamente dita.

Pode haver direito subjetivo sem que haja, ainda, ou não mais exista, a faculdade normal que seu titular deveria ter de poder *exigir* a observância e a realização do próprio direito. Se sou titular de um crédito ainda não vencido, tenho já direito subjetivo, estou na posição de credor. Há *status* que corresponde a tal categoria de Direito das Obrigações, porém, não disponho ainda da faculdade de *exigir* que meu devedor cumpra o dever correlato, satisfazendo meu direito de crédito. No momento em que ocorrer o vencimento, nasce-me uma nova faculdade de que meu direito subjetivo passa a dispor, qual seja, o *poder exigir* que meu devedor preste, satisfaça, cumpra a obrigação. Nesse momento, diz-se que o direito subjetivo, que se mantinha em estado de latência, adquire dinamismo, ganhando uma nova potência a que se dá o nome de *pretensão*. A partir do momento em que posso exigir o cumprimento do dever que incumbe ao sujeito passivo da relação jurídica, diz-se que o direito subjetivo está dotado de pretensão. Contudo, a partir daí, se meu direito de crédito não é efetivamente exigido do obrigado, no sentido de compeli-lo ao pagamento, terei, pelo decurso do tempo e por minha inércia, prescrita essa faculdade de exigir o pagamento. Haverá, a partir de então, direito subjetivo, porém, não mais pretensão e, conseqüentemente, não mais ação, que, como logo veremos, é um momento posterior na vida do direito subjetivo.[2]

Observe-se que estamos a tratar, ainda, de categorias próprias do direito material. Tanto o direito subjetivo quanto a pretensão de que acima tratamos são conceitos de direito material. Existe o direito subjetivo e existe a pretensão, que é a *faculdade de se poder exigir a satisfação do direito*. Segundo tal entendimento, não pode haver, como muitos supõem, uma "pretensão procedente", como não poderia haver um "direito procedente", pela

---

[2] As doutrinas que se formaram a partir da segunda metade do Século XIX, ligadas à pandetística germânica, ao definirem o direito subjetivo como nascendo no momento de sua violação, são as principais responsáveis pela confusão que ainda agora se faz, na doutrina processual, entre ação e direito subjetivo (no sentido da confusão, AUGUST THON, *Norma Giuridica* e *Diritto Soggettivo*, III, 8, que o define como sendo a tutela outorgada ao titular do direito subjetivo, em caso de transgressão da norma, como se o direito fosse a tutela estatal e não a situação existencial que a condiciona e justifica).

simples razão de que não seria imaginável um "direito improcedente". Procedência e improcedência são categorias processuais que correspondem à averiguação sobre a existência ou não-existência da pretensão suscitada pelo litigante. No plano do direito material, o direito existe e será sempre procedente quando invocado no processo, ou não existe, e o resultado será a improcedência da demanda. Nova observação torna-se, no entanto, imperiosa: quando se fala, em livros de processo, de "direito material", não se há de confundir a expressão com direito privado, ou, mesmo, com direito não-processual. Na perspectiva do processualista, mesmo o direito processual, quando objeto da *res deducta,* há de ser tratado como *direito material,* pois, na demanda em que alguma norma de direito processual constitua objeto da controvérsia, ela há de ser tratada como norma substancial: na ação rescisória, onde se alegue peita ou incompetência absoluta do Juiz (art. 485, I e II, do C.P.C.), as regras processuais se transformam em *res deducta,* e, pois, em direito material daquela causa. Na dimensão processual, trabalha-se com outros conceitos que não são os *estáticos* do direito material, como mostrou Goldschmidt. Seria próprio dizer-se que a *pretensão de tutela jurídica,* que alguém haja exercido através da "ação processual", fora utilizada sem que o titular dessa pretensão contra o Estado tivesse o direito que alegara ter. Mas a pretensão de tutela jurídica, como a "ação processual", nunca é improcedente, mas simples veículo para se averiguar a procedência ou improcedência da *afirmação* sobre a *existência* do direito material invocado.

Temos, então, que a ordem jurídica, o direito objetivo de um Estado, pode outorgar a condição de sujeito de direito a alguém, mas não lhe reconhecer ainda, ou já não lhe reconhecer mais, o *poder de exigir* a satisfação de tal direito. Nesse caso, haverá o direito subjetivo e não haverá a *pretensão de direito material.* Certamente, na normalidade dos casos, há o direito subjetivo e há a respectiva pretensão, que não é outro direito, mas o próprio direito subjetivo potencializado, dotado desse dinamismo capaz de torná-lo efetivo.

Se nessa circunstância, o titular do direito subjetivo exige do obrigado o cumprimento, está a exercer pretensão de direito material; estará exigindo, forçando o titular do dever jurídico (obrigando, *lato sensu)* à observância da conduta que o dever lhe impõe. Ainda não estará *agindo para a realização.* Enquanto pretendo, não ajo (Pontes de Miranda, *Tratado das Ações,* I, § 6°). A pretensão é meio para fim, mas este fim, na medida em que apenas exijo o cumprimento do dever jurídico, é obtido mediante conduta voluntária do obrigado. O exercício da pretensão supõe, então, ação do destinatário do dever jurídico, prestando, cumprindo, satisfazendo a obrigação. O exigir, que é o conteúdo da pretensão, não prescinde do agir voluntário do obrigado, ao passo que a ação de direito material é o agir do titular do direito para a realização, independentemente da vontade daquele.[3]

Se, todavia, o titular do direito subjetivo *exige* do obrigado a satisfação, e tal exigência foi infrutífera, porque o sujeito passivo viola o dever jurídico e o infringe, nasce ao titular do direito a *ação de direito material,* que é o agir – não mais o simples exigir – para a realização. A ação exerce-se principalmente através da "ação" (Pontes de Miranda, ob. cit., § 23, 2), mas tal não sucede necessariamente. Em hipóteses excepcionais, pode haver exercício de ação de direito material sem que o agente a veicule através da jurisdição, como é o caso da legítima defesa da posse, prevista no art. 502 do C.C./1916.[4]

II – *Ação de direito material.* Como vimos, ao direito subjetivo, como *status,* corresponde o *dever* do sujeito passivo. Pode haver, e normalmente há, possibilidade para o respectivo titular do direito de exigir diretamente do devedor (*lato sensu*) o cumprimento da *obrigação,* que é já *dever exigível.* Se o direito pode ser exigido pelo titular, diz-se que ele está munido de pretensão. O direito condicional ou a termo é direito ainda não dotado de pretensão. Verificada a condição ou ocorrido o termo, surge no titular o poder de exigir a satisfação e no sujeito passivo a obrigação (*lato sensu*) de prestá-la. Se o titular do direito *exige* que o obrigado o cumpra, haverá exercício de pretensão, normalmente levada a efeito extrajudicialmente. Ainda não há, até esse momento, contrariedade a direito. Se, porém, ante tal exigência, o obrigado, premido, resiste ao cumprimento da obrigação e não a satisfaz, ao titular da pretensão nasce-lhe a ação de direito material, que é o *agir para a realização do próprio direito.*

A distinção fundamental entre os dois conceitos está em que a pretensão supõe, sempre, a simples exigência por parte do titular do direito subjetivo, ou do interesse, *de tal modo que a realização ainda se dê como resultado da ação do próprio obrigado.* Enquanto exijo, em exercício de

---

[3] Na normalidade dos casos, a satisfação dá-se através de ato ou omissão do obrigado, mas pode haver pretensão cujo atendimento não se dê por ato do sujeito passivo, como a *exigibilidade* do divórcio, que é pretensão à desconstituição, como seria qualquer outra, cuja satisfação só se dá através do exercício da respectiva ação, portanto através da jurisdição e não por ato do sujeito passivo. De resto, como veremos oportunamente ao tratarmos da classificação das ações e sentenças, nos *direitos formativos,* não há como normalmente ocorre na generalidade dos casos, a figura do *dever,* pois, nesta espécie, o sujeito passivo sofre, mais propriamente do que presta, em cumprimento de um dever jurídico.

[4] Se a tutela através do Estado torna-se inviável por não poder o interessado invocá-la eficazmente, em razão de obstáculo natural, como sucede quando não possa ele pedir o socorro judicial em virtude de estar sediado o Juiz em local distante, ou inacessível por motivo de guerra ou inundação, ou por outra qualquer calamidade pública, estará o titular do direito legitimado ao exercício da ação que lhe caiba, em realização privada do próprio direito, sob forma de autotutela, ou justiçamento de mão própria (ENNECCERUS-NIPPERDEY, *Tratado,* I, 2ª Parte, § 242, II, 2; PONTES DE MIRANDA, *Tratado de Direito Privado,* II, § 201, *g*).

pretensão, espero o cumprimento *mediante ato voluntário do obrigado,* ainda não *ajo para a satisfação,* com prescindência de qualquer ato de cumprimento por parte do sujeito passivo. A partir do momento em que o devedor, *premido pela minha exigência,* mesmo assim não cumpre a obrigação, nasce-me a *ação.* Já agora posso agir para a satisfação, sem contar mais com a ação voluntária do obrigado. A *ação de direito material,* tal como agora a estamos definindo, é o exercício do próprio direito por ato de seu titular, independentemente de qualquer atividade voluntária do obrigado. Se sou titular de um direito subjetivo a termo, enquanto não ocorrer o vencimento, não terei condições de exigir o pagamento; logo, não terei pretensão. No momento do vencimento, meu direito torna-se exigível, quer dizer, passa a ser dotado de pretensão. Se, no exercício desse poder de exigir o pagamento, realizo alguma atividade tendente a que o obrigado pague, como, por exemplo, se lhe escrevo uma càrta em que lhe peço o cumprimento da obrigação, ou tomo qualquer outra providência tendente a obter o cumprimento da obrigação, tais atividades ainda não serão *ação de direito material,* porque apenas estou a exigir do obrigado o *cumprimento voluntário* da obrigação; minha atividade aí não prescinde de um ato do próprio obrigado, prestando, cumprindo voluntariamente a obrigação. A *ação,* quer dizer, o novo poder que surge depois do exercício infrutífero da pretensão, corresponde à faculdade que a ordem jurídica confere ao titular do direito de agir para a realização do próprio direito. Certamente esse *agir para a realização do próprio direito* raramente é facultado ao respectivo titular sem que se lhe imponha a necessidade de veiculá-lo por meio da "ação", processual, sob invocação de tutela jurídica estatal. Isso decorre da circunstância do monopólio da jurisdição pelo Estado, fenômeno esse de que deriva o surgimento de uma nova pretensão ao titular do direito subjetivo, agora dirigida contra o próprio Estado, para que este, verificando antes a existência do direito invocado, aja em lugar de seu titular, realizando-o.[5]

---

[5] Assim como pode ocorrer exercício de ação fora da jurisdição, igualmente pode suceder que o titular do direito se utilize da jurisdição para exercício de simples pretensão de direito material, sem exercer, ainda, ação de direito material. Tal é o caso da interpelação judicial. *Quem interpela ainda não age, apenas exige.* A ação, nessa hipótese, ainda será atividade do obrigado, prestando voluntariamente. Terá havido, então, "ação" processual, no sentido de invocação de tutela jurídica estatal, mas não exercício de ação (de direito material). Nos direitos absolutos, chamados direitos com sujeitos passivos totais, como o são os direitos de personalidade e o domínio, a pretensão, enquanto exigência de respeito por parte dos terceiros obrigados à omissão, nasce junto com o direito subjetivo, concomitantemente. Há, é verdade, profundas resistências doutrinárias contra o conceito de pretensão *erga omnes* que o titular do direito teria contra todos. Defendem muitos a doutrina segundo a qual, nos direitos absolutos, a pretensão de direito material só surgirá no momento em que determinado sujeito passivo do dever de abstenção o infrinja. Todavia, apesar das resistências doutrinárias, não vemos dificuldades em conceber, nos direitos absolutos, uma pretensão *erga omnes,* nascida no momento em que surge o direito subjetivo. De qualquer forma, reconhecendo-se, ou não, essa pretensão *erga omnes,* não se pode confundir pretensão e ação, como faz, por exemplo, P. OERTMANN (*Introducción al Derecho Civil,* trad. de 1933, p. 338), tratando-as como sinônimos.

A doutrina processual costuma negar relevância científica, quando não a própria existência da ação de direito material, sob a alegação de que, proibida como está, a autotutela privada, em virtude do monopólio da jurisdição pelo Estado, a ação do titular do direito para sua realização foi transformada, ou *substituída,* pela ação processual, ou seja, pelo poder que ao titular do direito se reconhece de invocar a tutela jurisdicional para a realização do mesmo, devendo-se entender que a ação, modernamente, tem sentido inverso ao que esse conceito teve nas formas primordiais do fenômeno jurídico, como sucedeu no direito romano primitivo. Ação, no sentido moderno, não corresponderia mais ao *agere* do titular do direito, senão, ao contrário, ao *fazer agir* que lhe restou e por meio de cuja atividade o sujeito provoca o exercício da atividade jurisdicional (assim Pekelis, *Azione (teoria moderna), Nuovissimo Digesto Italiano,* II, 33). Esse gravíssimo equívoco é possível e tem ganho a dimensão impressionante que se verifica da aceitação, mais ou menos implícita, desse pressuposto pela doutrina contemporânea, em virtude de um outro engano não menos grave, referente ao conceito de jurisdição. Frederico Marques, ao tratar das chamadas "ações de conhecimento", dá-nos um bom exemplo dessa limitação conceitual, ao escrever que, "nas ações de conhecimento, constitui objeto da tutela jurisdicional o pronunciamento de sentença que componha o litígio" (*Manual de Direito Processual Civil,* 2° vol., § 48).

Como se vê, a doutrina transforma o denominado "processo de conhecimento" em instrumento apenas *declarativo* do direito, sem que se dê, nele, o momento fundamental de sua efetiva realização, sempre transferida, segundo tal concepção, para o chamado "processo de execução", cuja natureza jurisdicional, como se sabe, foi negada até pouco. A ser verdadeira a doutrina dominante, segundo a qual a ação (*agere*) de direito material teria sido, nos sistemas jurídicos modernos, *substituída* pela ação processual, e sendo a ação de conhecimento apenas o "pronunciamento" que o Juiz faz, compondo o conflito, pergunta-se então: e, havendo reconhecimento da procedência da demanda, não terá havido realização pelo Estado da ação de direito material que ele próprio vedou, pela via privada, a partir do momento em que o órgão jurisdicional *pratica aquela mesma atividade* (*agere*) que o titular do direito, reconhecido pela sentença, praticaria se o monopólio estatal da jurisdição não o tivesse impedido? A realização coativa do direito, com absoluta prescindência da vontade do obrigado, é a mesma ação de direito material, ou seja, o *agir* inerente a todo direito, realizado pelos órgãos estatais da jurisdição. Portanto, longe de haver supressão, ou substituição, da ação de direito material, o que, em verdade, sucedeu foi a duplicação das ações: uma dirigida contra o obrigado, outra endereçada contra o Estado para que este, por meio do Juiz, pratique a ação cuja realização privada, pelo titular do direito, o próprio Estado proibiu. O que é fundamental distinguir-se, nessa perspectiva, é a circunstância de exercer o Juiz duas ordens de atividade: a primeira de *certificação* do direito, através da qual ele investiga se as *afirmações* feitas por quem exerce a ação processual coincidem com a realidade e a situação de direito material *afirmada* por aquele que age, no plano processual, são verdadeiras. Esse momento é tão jurisdicional quanto o seguinte, que o Juiz há de realizar, no caso de ser verdadeira a situação afirmada (ação procedente), *desenvolvendo, jurisdicionalmente, a ação de direito material* que o titular da ação procedente não pôde realizar privadamente. Se a ação for declarada improcedente, isso significa que houve exercício de "ação" e, pois, de jurisdição, mas ficou constatado que ao autor, *aquele que agiu* no plano jurisdicional, não correspondia o direito que ele afirmara ter.

III – *"Ação" no plano do direito processual.* Tivemos o cuidado de mostrar como, no plano do direito material, o direito subjetivo não se confunde com a *exigibilidade* que o próprio direito possui, através da qual ele tende, inexoravelmente, a tornar-se efetivo e realizar-se. No plano do direito positivo, essa *exigibilidade* o distingue dos preceitos morais que não são dotados, ou dispensam a coercibilidade estatal para se realizarem. Pode haver direito subjetivo sem que haja, ainda, essa faculdade de exigir de outrem a satisfação. O direito subjetivo é um estado. A pretensão ainda é um estado de que o direito se reveste a partir do momento em que ele se torna exigível. De modo que há o direito subjetivo, há a pretensão e há o exercício da pretensão que corresponde à conduta, à atividade, não mais ao simples *status,* do titular do direito, exigindo, forçando, premindo a vontade do obrigado, para que ele, espontaneamente, cumpra a atividade que a lei lhe impõe (Pontes de Miranda, *Tratado de Direito Privado,* Tomo V, § 615). Finalmente, ainda no plano do direito material, há a ação do titular do direito, que também é conduta, também é um agir (*agere*), porém, agora, a atividade do titular do direito tende, direta e imediatamente, para a realização, independentemente e com total prescindência de qualquer ato voluntário do obrigado. Quando o titular do direito subjetivo exerce sua ação (*actio*) é porque não houve cumprimento voluntário por parte do obrigado.

No pano do direito processual, as coisas acontecem de igual modo. Também aqui há o direito público subjetivo a que o Estado preste a tutela que ele próprio vedou, ao proibir a autotutela pelo titular do direito. Não se pode, realmente, conceber a existência do Estado sem esse mínimo de controle social, representado pelo monopólio da jurisdição. Como o direito é um instrumento de convivência social, não se poderia imaginar a existência de uma ordem jurídica a que o Estado – impedindo a atividade do titular do direito para realizá-lo – não assegurasse uma tutela correspondente, outorgando-lhe os meios de realização através de seus órgãos, estruturados e predispostos para o cumprimento desse dever fundamental. A verdadeira essência da função jurisdicional não é, portanto, o "pronunciamento" da sentença que compõe o litígio, senão que corresponde à *realização do direito material* que o Estado impediu que se fizesse pela via privada da auto-realização. Contudo, o Estado só poderá cumprir essa função se, antes, puder averiguar a procedência do pedido formulado pelo interessado, de que resulta a absoluta necessidade de que se dê "ação", no plano processual, também ao que não tenha razão.

No campo do direito processual, ou pré-processual, não se pode, igualmente, confundir o direito subjetivo de acesso aos Tribunais com o exercício desse direito, que é a "ação" processual. O direito é *status;* a ação é seu exercício.[6]

É fundamental, portanto, que se conceba o *direito* de acesso aos Tribunais como um *prius* lógico e, conseqüentemente, distinto da categoria a que se dá o nome de "ação" processual, na medida em que esta será sempre o exercício daquele. Qualquer participante de uma dada comunidade jurídica, por isso que organizada sob forma de Estado, terá direito público subjetivo à proteção do próprio direito, cuja realização privada foi suprimida. Esse direito de acesso aos Tribunais poderá ter maior ou menor amplitude, segundo cada ordenamento jurídico, mas não seria imaginável uma ordem estatal sem exercício de uma parceria mínima de atividade jurisdicional. A realização privada e completa do próprio direito redundaria na abolição do Estado. Ao contrário, a supressão completa da jurisdição, concomitantemente com a vedação da justiça privada, suprimiria o próprio direito, que passaria a confundir-se com as demais relações sociais, em regime de arbítrio completo.[7]

Dizem A. C. Araújo Cintra, Ada Grinover e C. Dinamarco (*Teoria Geral do Processo,* § 132): "A doutrina dominante distingue, porém, a ação como direito ou poder constitucional, oriundo do *status civitatis* e consis-

---

[6] Grande parte das discórdias existentes na doutrina processual a respeito do conceito de "ação", é resultante da indevida equiparação entre o direito público subjetivo de acesso aos Tribunais e o *exercício desse direito* por meio da "ação" processual. O agir, quer encarado o conceito no plano do direito material quer examinado na perspectiva da relação processual, há de pressupor, sempre, a anterioridade do próprio direito, não se podendo com ele confundir. A ação será, em qualquer caso, exercício de um direito preexistente. Tenho ação porque, antes, hei de ter um direito subjetivo público para exigir que o Estado me preste a tutela necessária à realização de meu direito material. MOACYR AMARAL SANTOS (*Primeiras Linhas de Direito Processual Civil,* 1º vol., § 107) afirma: "Dissemos que a ação é um direito". A assertiva é incorreta. Se ele dissesse *"a ação, quer no plano do direito material, quer no plano do processo, será, sempre, o exercício de um direito preexistente",* então sim a afirmação faria sentido e poderia ser compartilhada.

[7] Essa estrutura a tal ponto integra o conceito de direito que os teóricos socialistas, de inspiração marxista, afirmam que o direito está condenado a desaparecer, como qualquer outro fenômeno social burguês, a partir do momento em que ele passe a ser "administrado" pelo Estado socialista, perdendo a "forma jurídica" qualquer especificidade capaz de distingui-la das demais relações sociais (assim IMRE SZABÓ, *Les Fondements de la Théorie du Droit,* Budapest, 1971, p 320).

tindo na exigência à prestação do Estado, garantido a todos e de caráter extremamente genérico e abstrato, do direito de ação de natureza processual, o único a ter relevância no processo: o direito de ação de natureza constitucional seria fundamento do direito de ação de natureza processual". Tal posição dos partidários da denominada doutrina eclética da ação distingue os dois fenômenos: o direito de acesso aos Tribunais, que, segundo afirmam, não teria a menor relevância para o direito processual, a que denominam, equivocamente, *direito de ação constitucional,* e o propriamente denominado "direito de ação", que estaria fundado no primeiro. Tal assertiva é comum aos partidários da chamada *doutrina eclética* sobre o direito de ação (assim Liebman, ob. cit., p. 41; Luigi Monacciani, *Azione e Legitimazione,* 1951, p. 86/88; J. Frederico Marques, *Instituições de Direito Processual Civil,* I, 13; Galeno Lacerda, *Despacho Saneador,* 1953, p. 76). A questão será melhor examinada quando tratarmos das chamadas *condições da ação,* mas, desde logo, deve-se adiantar que não existe, no plano do direito público, essa duplicação de um mesmo fenômeno, a ponto de se poder identificar um direito constitucional e outro direito processual de "ação". Ação não é direito, insista-se mais uma vez: *é exercício de um direito público subjetivo de tutela jurídica.* Há o direito à proteção jurisdicional do Estado e, concomitantemente com ele, a pretensão, como faculdade ou *poder de exigir* que o Estado preste a tutela a que se obrigou. O C.C./1916, ao declarar, no art. 75, que a todo direito (pretensão) corresponde uma ação que o assegura, no sentido de torná-lo efetivo e realizável, lança proposição correta, porque está dispondo, no plano do direito material, sobre a *ação de direito material;* realmente, não se pode pensar o direito sem esse poder de realização; quando, porém, a Constituição, ou qualquer outro texto de direito público afirma que a todos é assegurado o direito de acesso aos Tribunais, *em caso de violação ou ameaça de violação do direito individual,* faz afirmação falsa e mal-formulada: o direito de ser ouvido pelos Tribunais é assegurado indistintamente aos que tenham *e também aos que não tenham* sofrido violação ou ameaça de violação em seus direitos; aos que verdadeiramente tenham razão e hajam sido vítimas de lesão a seus direitos e aos demais que, apenas supondo-se lesados, ou mesmo sabendo que não o foram, invoquem formalmente a tutela jurisdicional. O direito de acesso aos Tribunais, portanto, é uma coisa; o efetivo e concreto *exercício de tal direito é outra.* A pretensão de tutela jurídica, que é a expressão da exigibilidade daquele direito, exerce-se através da "ação" processual. No plano do direito processual, não basta que o interessado exerça sua pretensão, exigindo apenas que o Juiz *aja,* como ele poderia fazê-lo contra o obrigado, no plano do direito material. O direito processual exige mais, exige que o titular da pretensão de tutela jurídica a *exija* do Estado e, ao mesmo tempo, através do Juiz, também ele efetivamente *aja* para obtê-la. Comparemos os dois planos. Se tenho um direito de crédito ainda não vencido, tenho direito subjetivo, mas ainda não tenho *pretensão,* porque meu direito não é exigível; vencida a obrigação, a partir daí posso exigir, ou seja, exercer pretensão, adotando as providências que julgue adequadas a forçar o *cumprimento espontâneo* pelo obrigado. Se este não satisfaz meu direito de crédito, pelo pagamento, então posso agir contra ele, exercendo, agora, não mais simples pretensão, enquanto *exigência de satisfação,* mas minha *ação de direito material,* que é a conduta do titular do direito tendente a realizá-lo por seus próprios meios, isto é, sem contar mais com a atividade voluntária do obrigado. Se o Estado impede-me de agir privadamente, então ele próprio me há de dar o sucedâneo jurisdicional, de modo a que meu direito se realize por meio do Juiz, cumprindo ele aquela mesma atividade (ação) que o titular do direito poderia ter realizado privadamente. Vê-se, então, distintamente separados, os três momentos do direito. No plano do direito processual, todavia, o exercício do direito de tutela jurídica exige que o titular não só o invoque, formulando um pedido ao Juiz, mas, além disso, condiciona a prestação da tutela à efetiva *ação* do interessado. Se a ordem jurídica se contentasse com a simples provocação da atividade jurisdicional, com o simples exercício da pretensão, enquanto exigência de tutela, deixando o resto ao Juiz, teríamos, no caso, a prestação da tutela jurisdicional mediante o simples exercício de pretensão. Mas não é isso que ocorre. Em verdade, o autor (aquele que age), na relação jurídico-processual, não só *exige* como, juntamente com o Juiz, deve também ele exercer atividade, agindo para obter a prestação da tutela jurisdicional. A este *agir para obtê-la*, dá-se o nome de "ação" processual.

Mas, se a própria necessidade ontológica de fixação do conceito obriga a que se faça distinção entre o direito de acesso aos Tribunais e o respectivo *exercício* desse direito, por meio da "ação", uma outra contingência prática da maior relevância impõe, igualmente, todo o rigor conceitual, nessa matéria, de modo a assegurar-se a coerência lógica e a utilidade do próprio conceito de "ação". Queremos referir-nos ao vínculo incindível que existe entre a "ação" e a qualidade daquele que se faz autor e que, por meio dela, assume a posição de sujeito ativo da relação processual. Aquele que exerce a ação age; a parte adversa contra quem a ação é exercida defende-se, reage à ação do autor. Este não age, apenas sofre a ação do autor. Ambos, porém, tanto o autor que age quanto o réu que se defende, têm igual pretensão de tutela jurídica e, portanto, idêntico direito a obter uma sentença de mérito. Diz-se *"pretensão de tutela jurídica"* a esse poder atribuído a qualquer pessoa de exigir do Estado a prestação da atividade jurisdicional, consistente, não no auxílio dado pelo Juiz àquele em favor de quem ele haja reconhecido a existência do direito e julgado procedente o pedido, mas, na simples atividade jurisdicional, mesmo que tal atividade conclua por negar

POLÊMICA SOBRE A AÇÃO

ao interessado a proteção que o Juiz daria se a situação por ele *afirmada* fosse verdadeira. Têm, pois, *direito à jurisdição* tanto o autor, que a põe em movimento com sua "ação", quanto o réu, que apenas contesta e, mesmo sem *agir,* com sua presença em juízo, reagindo à ação contrária do autor, *exige* também que o Estado, assim provocado pela "ação", preste-lhe idêntica tutela, decidindo a controvérsia contida no processo.

Tal princípio está assegurado pelo art. 267, § 4º, do C.P.C., que impede que o autor desista da ação, sem o consentimento do réu, depois de decorrido o prazo para sua resposta. Neste caso, a oposição do réu coloca o Estado no dever de prestar-lhe a mesma atividade que a "ação" do autor provocara. Sua discordância em que o autor desista da "ação" traduz-se, portanto, numa efetiva *exigência* de prestação de atividade jurisdicional. E, como já vimos, a esse poder exigir, tanto no plano do direito material quando exercido contra o obrigado quanto no plano do processo, ao exigir-se do Estado a prestação da atividade jurisdicional, dá-se o nome de *pretensão*. Não se pode, então, considerar como sendo verdadeira atividade jurisdicional e prestação de tutela jurídica apenas o auxílio que o Juiz venha a conceder ao litigante que tenha razão, seja julgando procedente a demanda, seja rejeitando-a, ao decidir que a razão não estava com o autor, e sim, com o réu. O Estado presta igualmente tutela jurisdicional quando declara impossível esse socorro, em virtude de algum defeito formal existente na relação processual que o impeça de apreciar o mérito da causa. Só ao Juiz, no legítimo exercício de sua função jurisdicional, é dado investigar e decidir sobre esses pressupostos de legitimidade de sua própria atividade. Assim sendo, deve-se incluir no conceito de tutela jurisdicional a própria declaração feita pelo Juiz de que a relação processual está imperfeitamente formada, em virtude de irregularidade, ou inexistência de algum pressuposto necessário à regularidade formal da relação processual. Para que o Estado preste assistência ao titular do direito, através da jurisdição, é necessário que ele, previamente, investigue quem dentre os postulantes a tal assistência teria verdadeiramente direito a tal auxílio. Para restaurar o direito violado, ou proteger, preventivamente, o direito contra a futura violação, o Estado não tem outro meio senão examinar, perquirir, investigar, quais, dentre todos os que se afirmam vítima de violações a seus direitos, são realmente, no plano do direito material, merecedores da tutela jurisdicional. E, naturalmente, essa atividade prévia de "acertamento", através da qual o Juiz julga procedente ou improcedente o pedido, para só *agir* em favor do autor a quem ele haja reconhecido razão, esse juízo é exercício de atividade jurisdicional. O autor, assim, ao formular sua demanda, em verdade, desencadeia duas atividades que o Juiz deve realizar, uma delas incondicionada e necessariamente produzida como decorrência imediata do exercício da "ação"; a outra condicionada ao êxito da demanda que será, a final, a tutela jurisdicional ao demandante vitorioso. J. Frederico Marques (*Manual de Direito Processual Civil,* vol. 1º, § 123) distingue bem as duas atividades jurisdicionais, a atividade de "acertamento" através da qual o Juiz "acolhe ou rejeita" o pedido, e a atividade de satisfação da pretensão, no caso de vir a demanda a ser julgada procedente. Quando se diz "pretensão de tutela jurídica" e exercício efetivo dessa pretensão, através da "ação" processual, quer-se significar que as partes têm direito a ambas as atividades, uma vez que também o litigante sem razão tem direito a essa primeira forma de tutela. Quando, portanto, Liebman declara que *"o direito de agir é dado para a tutela de um direito ou interesse legítimo"* e que, como conseqüência, "é claro que incumbe somente quando há *necessidade* da tutela", "quando o direito ou interesse legítimo não tenha sido satisfeito" (*Manuale di Diritto Processuale Civile,* 4ª ed., p. 133), ele assimila tutela jurisdicional ao auxílio que o Estado deve prestar *depois* de verificar se o interesse legítimo ou o direito invocado pelo autor é realmente legítimo e merecedor do auxílio judicial. O *direito de agir* e, por tal forma, provocar a atividade do Juiz é dado tanto para proteção de um interesse legítimo quanto para a simples averiguação de que tal interesse na verdade era inexistente ou era ilegítimo. Como poderá o Estado desincumbir-se de sua obrigação de prestar assistência aos verdadeiros titulares de um direito subjetivo, ou de um interesse legalmente protegido, violados ou ameaçados de violação, senão admitindo que todos, indistintamente, tenham seus pedidos apreciados pelo Juiz, de modo a que este possa julgar, dentre todos os postulantes, aqueles que, verdadeiramente, sejam dignos de tal proteção? A declaração sentencial de que a parte não tem o direito que alega ter é, como todos sabem, uma autêntica atividade jurisdicional que só o Juiz pode realizar. Seria impossível ao Estado submeter os pedidos a um processo de triagem prévia, a ser realizada por qualquer outro órgão que não fosse o próprio órgão encarregado de prestar jurisdição, de tal modo que ao Juiz só fossem encaminhados os pedidos procedentes. Tal expediente redundaria numa total impossibilidade lógica, pois esse estranho *órgão seletor* acabaria exercendo completamente as funções jurisdicionais. Daí por que se deve concluir que a tutela jurisdicional de que se fala – correspondente à denominada *"pretensão de tutela jurídica"* – é mais ampla do que a "assistência judicial" imaginada por Wach e que teria o significado de socorro estatal ao titular de um direito ou interesse legítimo violados ou ameaçados de violação. O Estado atende a seu dever de prestar jurisdição e satisfaz à *"pretensão de tutela jurídica"* ainda nos casos de rejeição do pedido, quando simplesmente declara que o autor não tem razão ou não tem ação.

Há, contudo, uma outra particularidade fundamental a caracterizar a atividade jurisdicional do Estado que é a circunstância de ser ela uma atividade inerte e que deve ser posta em funcionamento por provocação da parte interessada.

O Juiz não poderá, jamais, proceder de ofício e não deve julgar a controvérsia que os interessados lhe submetem a exame, senão nos precisos limites em que a demanda vem posta. Essas duas faces de um mesmo princípio estão rigorosamente determinadas em dois preceitos legais, constantes do C.P.C., o do art. 2º, pelo qual se estabelece que *nenhum Juiz prestará a tutela jurisdicional senão quando a parte ou o interessado a requerer, nos casos e formas legais;* e o outro que o complementa, inscrito no art. 128, segundo o qual *o Juiz decidirá a lide nos limites em que foi proposta, sendo-lhe defeso conhecer de questões não suscitadas, a cujo respeito a lei exige a iniciativa da parte.*

Podemos, então, distinguir muito bem as duas formas de *agir* e, pois, as duas espécies de *ação:* uma delas que se dá no plano do direito material e *que corresponde ao agir contra o obrigado, para realização do direito, independentemente de sua colaboração;* a outra dirigida contra o Estado, para que ele, provocado pelo interessado (autor), exerça a atividade jurisdicional e preste a respectiva tutela, dando resposta adequada ao pedido. A primeira tem como pressuposto um direito material preexistente de que é titular aquele que *age;* esta, a "ação" processual, por força há de ser também fundada em direito. Também ela, como atividade jurídica lícita, deve corresponder a um *direito exigível* (=pretensão) que nasce como decorrência da proibição da autotutela privada, pelo estabelecimento do monopólio da jurisdição. A esse *direito exigível* dá-se o nome de *pretensão de tutela jurídica.* É importante ter-se presente que nos tempos primordiais da organização jurídica romana o direito se realizava privadamente, e a função jurisdicional limitava-se à averiguação posterior de que o titular do direito o havia exercido legitimamente, vale dizer, com observância dos rituais apropriados, porque também a autotutela privada não era um agir arbitrário e incontrolado que, se assim o fosse, redundaria na negação do próprio direito.[8]

A *ação de direito material* é que era confundida pela denominada "teoria civilista" da ação (Savigny, Garsonnet, Mattirolo), com a "ação" processual. A definição que o jurista romano Celso dava para a ação (*actio*), segundo a qual: *nihil aliud est actio quam ius quod sibi debeatur, iudicio*

---

[8] Dissemos que a *ação de direito material* está fundada num direito preexistente, de que será titular aquele que age. Todavia, uma fundamental distinção ainda se faz necessária: a *ação de direito material* há de estar fundada num *direito exigível* descumprido ou violado pelo titular do dever jurídico. Direito exigível é pretensão. A *ação de direito material* pressupõe, então, a existência, não apenas de um direito, senão de um *direito exigível,* vale dizer, uma *pretensão de direito material.* Se tenho direito de propriedade sobre meu automóvel, tenho uma correspondente pretensão a que os demais o respeitem e se abstenham de turbá-lo ou impedir que eu exerça, em toda a plenitude, as faculdades e poderes que ele contém. Se eu o alugo, e o locatário não me paga o aluguel, ou se nega a devolver-me o veículo, nascem-me *duas ações* fundadas em um só direito de propriedade, como poderão surgir centenas delas, cada qual apropriada para a restauração de meu direito violado.

persequendi ("a ação nada mais é do que o direito de perseguir em juízo o que nos é devido") dizia respeito à ação de que estamos falando, que nada tem a ver com esse outro fenômeno da "ação" processual, que não é o direito de perseguir em juízo o que nos é devido, a não ser que tenhamos em mente – o que *nos é devido pelo Estado,* que é a atividade jurisdicional. Então, sim, a "ação" processual seria o *direito de exigir igualmente o que nos é devido pelo Estado.* Ou será exigência do que nos é devido, ou não será atividade jurídica, lícita, legítima, transformando-se em violência e arbítrio.

E, como é compreensível, definindo a "teoria civilista" a ação como o direito de perseguir em juízo o que nos é devido – referindo-se ao que nos seria devido *pelo obrigado* – não teria como explicar o fenômeno da ação improcedente, pois, neste caso, teria havido "ação" judicial sem que existisse qualquer direito material cuja persecução se desse. De igual modo, não poderia essa doutrina explicar o outro fenômeno, depois investigado por Wach e Chiovenda, da ação declaratória negativa. Nessas duas hipóteses, há evidentemente "ação" processual; há um autor, há demandado e há um Juiz que preside uma verdadeira e completa relação processual, proferindo sentença de mérito, julgando a ação procedente ou improcedente. E, mesmo assim, não estaria o autor a perseguir em juízo qualquer direito material a ele pertencente. No primeiro caso, a afirmação feita por ele de ter um direito contra o réu foi rejeitada pela sentença que deu pela inexistência de tal direito; no último, o próprio autor já declara, em sua petição inicial, a inexistência de qualquer direito material porventura existente entre ele e o réu e pede, precisamente, que o Juiz reconheça e declare essa inexistência.

A doutrina clássica da ação, conhecida por "teoria civilista", apenas transportava para o plano processual a *ação de direito material,* confundindo a *actio* romana – que mais significava pretensão de direito material (Windscheid) – com a "ação" processual. A *actio* romana – diz Hans Kreller (*Historia del Derecho Romano,* 1948, p. 86) – é o poder de "perseguir" uma prestação devida num litígio, "como o caçador persegue a presa". Certamente tal espécie de *ação* pertence ao titular do direito e não se pode confundir com a outra "ação", que é a expressão jurisdicional de um outro direito, assegurado mesmo aos que não tenham razão.

Quando, no plano do direito material, se diz que ao vendedor corresponde uma ação para haver o pagamento do preço da coisa vendida; assim como ao comprador deve corresponder outra para compelir o primeiro a transferir-lhe o domínio da coisa comprada; ou quando se afirma que ao sócio corresponderá uma ação para obter a dissolução da sociedade, ou exigir dela o pagamento de seus haveres, em todos esses casos, que poderiam ser enumerados quase ao infinito, na medida em que pudéssemos relacioná-los com uma concreta situação de direito material, o vocábulo *ação* está empregado no sentido usado pela teoria civilista e nada tem a ver com o fenômeno da "ação" processual. Se a todo o direito corresponde uma ação que o assegura (art. 75 do C.C./1916), no plano processual também ao que não tem direito (contra o obrigado!) corresponderá uma "ação", que também é um *agir* contra o Estado, ou perante o Estado, para exigir-lhe que preste jurisdição. O primeiro conceito de *ação*, reflexo de um correspondente direito subjetivo, é o que denominamos *ação de direito material* que poderá existir ou não existir, mostrando-se procedente ou improcedente no processo. Já a "ação" processual dirigida contra o Estado para obrigá-lo a que preste tutela jurisdicional não poderá ser improcedente. Como disse Alfredo Rocco, "o direito de ação compete a todo sujeito de direito, *como tal*, independentemente de qualquer pressuposto" (*La Sentenza Civile, 91*).

A "ação" processual, diz Liebman, em seu célebre ensaio sobre a natureza do direito de ação, dirige-se contra o Estado, na sua qualidade de titular do poder jurisdicional e por isso é, em seu exato significado, o *direito à jurisdição;* entre a ação e a jurisdição existe por isso mesmo uma exata correlação, não podendo haver uma sem a outra (*L'Azione nella Teoria del Processo Civile, in Problemi del Processo Civile*, p. 45 e 47), Sendo, como se disse, inerte a jurisdição, a "ação" processual é o *agir* do que postula a tutela estatal que a desencadeará. Portanto, se o Estado prestou jurisdição é porque alguém exerceu "ação", ou seja, porque alguém, a que se dá o nome de *autor,* o provocou para o exercício do poder jurisdicional. De igual modo, se alguém exerceu "ação", necessariamente desencadeou a atividade jurisdicional. Havendo exercício de "ação", ocorrerá, sempre, desempenho de atividade jurisdicional.

Todavia, onde começa, para Liebman, a atividade jurisdicional, verdadeiramente tal? Eis a questão. Porventura haverá, segundo seu entendimento, atividade jurisdicional quando o Juiz rejeita liminarmente a "ação" por inépcia da petição inicial, ou por reconhecer como inexistente a legitimação para a causa, quer do autor ou do réu (*legitimatio ad causam*); ou a evidente falta de interesse processual no provimento solicitado pelo autor? Segundo ele, a decisão do Juiz que julgar essas questões preliminares ainda não é expressão de uma atividade verdadeiramente jurisdicional (ob. cit., p. 47).

A posição adotada por Liebman, de certa forma, representa uma intermediação entre os dois extremos: reagindo contra a teoria civilista da ação, ou contra a sua variante mais moderna, denominada teoria do *direito concreto de ação,* de que foram representantes Wach e Chiovenda; e, ao mesmo tempo e mais diretamente, negando também a tese oposta de que a ação representaria o exercício de um direito público subjetivo incondicionado, atribuído indistintamente a qualquer um que invoque a tutela jurisdicional do Estado, coloca-se Liebman num ponto intermediário, ao definir a ação como um direito subjetivo público, dirigido contra o Estado, *direito a uma sentença de mérito*, uma vez que a ação só existe quando existentes as "condições" que possibilitam o julgamento do mérito. Direito ao julgamento da lide.

Segundo a doutrina de Liebman, de larga aceitação no Brasil, a ponto de ser consagrada pelo próprio C.P.C., deve estabelecer-se distinção entre o direito de ação no plano constitucional – que seria uma expressão do denominado *direito de petição,* completamente abstrato e incondicionado, conferido a qualquer pessoa, indistintamente, como resultado do princípio do monopólio da justiça pelo Estado, por meio do qual o particular provoca o funcionamento do mecanismo estatal da jurisdição – do verdadeiro "direito processual de ação", este abstrato, é verdade, no sentido de existir mesmo que o direito material invocado pela parte não exista, *porém condicionado à existência desses pressupostos a que a doutrina denomina "condições da ação".* Aquele, o direito constitucional de ação, apenas teria relevância enquanto pressuposto deste último, do verdadeiro "direito processual de ação" (J. Frederico Marques, *Instituições,* ob. cit., p. 13).

O direito processual de ação, portanto, não se confundiria com essa modalidade absolutamente indeterminada do direito constitucional de petição, de vez que o verdadeiro "direito processual de ação", embora não se confunda com o direito material objeto da lide, também não pode ser completamente incondicionado e abstrato. O pressuposto lógico em que se baseia a doutrina eclética e que a leva a distinguir entre o direito constitucional e o direito processual de ação foi indicado por Galeno Lacerda, ao mostrar que, se realmente existe um direito público subjetivo de ação, mesmo concebendo-se ele como rigorosamente abstrato e independente do resultado da sentença, haverá tal direito de ter, forçosamente, "condições que legitimem seu exercício" (*Despacho Saneador,* ob. cit., p. 76). Daí por que o "direito processual de ação" não se pode confundir com o "simples direito de petição, o direito de acesso aos Tribunais". Nota-se bem, pela linha de argumentos empregados pelos partidários da teoria eclética, que sua preocupação primordial está voltada contra a teoria precedente, denominada teoria do *direito abstrato de ação.*

Observemos, desde logo, no entanto, que o defeito fundamental dessa doutrina reside na confusão entre o conceito de *ação,* qualquer que seja o nível em que o conceito seja tomado, e o conceito de *direito subjetivo* que lhe deve servir de suporte. A doutrina, como comumente acontece, confunde o direito público subjetivo de ação, que pode estar no art. 75 do C.C./1916 (como pode estar em algum texto constitucional, ou não estar em parte alguma, como regra explicitada, porque ele é, necessariamente, um princípio imanente a qualquer ordem jurídica estatal), com o *exercício desse direito* através da ação processual. De modo que os três níveis imaginados por essa teoria – direito (material) de ação que há de conduzir, necessariamente, à procedência da demanda (Chiovenda); direito processual de ação, abstrato, mas condicionado a certos pressupostos; e, finalmente, o direito constitucional de ação, espécie do gênero "direito de petição", completamente vazio e indeterminado, concedido a qualquer pessoa – emprega conceitos heterogêneos, ao lançar mão do direito de acesso aos Tribunais, como se tal *direito* pudesse ser nivelado a seu *exercício*. Continuemos, porém, a descrever a teoria eclética.

Segundo o entendimento dessa teoria, o direito de ação, "embora autônomo e abstrato", deve ser "conexo a uma pretensão de direito material". Ligado a uma concreta situação de fato, o direito de ação na realidade só existe e se exercita quando há um motivo para a tutela jurisdicional, isto é, quando surge "uma situação de fato contrária ao direito, que possa ser resolvida tão-só pelas vias jurisdicionais" (J. Frederico Marques, *Instituições,* ob. cit., p. 14).

De modo que a *existência concreta* – e, ao que nos é dado supor, não apenas *afirmada* pelo interessado – é condição para a existência do *"direito processual de ação"*. Essa conexão existente entre uma "situação de fato contrária ao direito" e o "direito processual de ação" transporta a teoria para uma região perigosamente próxima à doutrina do direito concreto de ação, como é fácil perceber.

Se o direito de ação não se confunde com o direito material objeto da controvérsia, podendo haver direito de ação mesmo que a demanda seja, a final, julgada improcedente; e, se igualmente tal direito não se confunde com o simples "direito constitucional de ação", não podendo ser completamente abstrato e incondicionado, quais serão os seus pressupostos e as condições para seu surgimento efetivo? Utilizemo-nos mais uma vez da exposição de J. Frederico Marques, para responder a essa questão: "O direito de agir, embora autônomo e abstrato, está conexo, instrumentalmente, a uma pretensão, pelo que se liga a uma situação concreta sobre a qual deve incidir a prestação jurisdicional invocada. Por esse motivo, o *jus actionis* se subordina a condições que se relacionam com a pretensão a ser julgada" (*Instituições,* ob. cit., p. 28). "As condições da ação nada têm a ver com as condições de decisão favorável ao autor. E também não se confundem com os denominados pressupostos processuais" (p. 29).

Conclui-se do exposto que os *pressupostos processuais e as condições da ação* se apresentam como requisitos indispensáveis para o julgamento da pretensão, sendo examinadas, por isso, antes de se apreciar a procedência ou improcedência do pedido. Faltando algum dos pressupostos do processo, o reconhecimento dessa falha é decisão sobre a relação processual; reconhecendo-se a falta de uma das *condições do direito de agir,* versou a decisão sobre a ação. Em nenhum desses julgamentos, indaga-se da procedência da pretensão, ou seja, do *meritum causae* (p. 30). "Nesse sentido, três são as condições da ação: a) possibilidade jurídica do pedido; b) legítimo interesse; c) legitimação para agir" (p. 31).

De modo que, ultrapassado o primeiro momento, aquele em que o Juiz investiga sobre a regularidade da relação processual, dando como existentes os chamados *pressupostos processuais* – necessários à existência válida e regular da própria relação processual, tais como a capacidade processual da parte e sua correta representação na causa – ele haverá de passar a um estágio que a doutrina entende intermediário, entre esse julgamento prévio sobre as questões formais do processo, e a apreciação do mérito da causa, propriamente dito, averiguando, então, nesse espaço, se estão ou não presentes as chamadas *condições da ação.* Se o Juiz constatar que o pedido formulado não é reconhecido pelo ordenamento jurídico, perante o qual esse pedido seria, em tese, impossível; ou se ficar evidenciado que o autor não tem interesse legítimo na tutela que pretende; ou que ele não é o legitimado para agir, ou o demandado não o é para responder a ação, como réu (*legitimatio ad causam,* ativa e passiva), deverá dar sentença declarando o autor carecedor da ação, sem julgar a causa, sem penetrar no mérito da lide, pois precisamente a existência de todas essas condições é que tornaria possível o julgamento do mérito. Inexistente que seja qualquer uma das três condições da ação, o processo deve encerrar-se sem que o Juiz decida o mérito da causa" (Moacyr Amaral Santos, *Primeiras Linhas,* ob. cit., p. 144).

Nosso C.P.C. adotou integralmente a *"teoria do trinômio"*, como lhe chama H. Theodoro Júnior (*Revista Brasileira de Direito Processual,* 13/14), acolhendo o que ao processualista mineiro se afiguram como "as três categorias fundamentais do processo moderno", quais sejam, os *pressupostos processuais,* as *condições da ação* e o *mérito da causa.* A tal ponto se ligou a lei processual brasileira à doutrina do mestre italiano que mesmo a condição da ação denominada "possibilidade jurídica do pedido", que o próprio Liebman acabou por excluir de seu *Manual,* desde a 3ª ed., foi preservada pelo Código que a ela se refere no art. 267, IV.

De modo que, se o autor não for o legitimado para a causa, como, por exemplo, se ele é simples procurador ou administrador do locador e propõe em seu nome ação de despejo contra o inquilino, diz-se que ele é carecedor da ação de despejo, pois lhe falta *legitimatio ad causam* para exercê-la, já que o verdadeiro legitimado ativo será naturalmente o locador. De igual modo, haverá carência de ação se, invertendo-se a hipótese, for o locador a propor a ação de despejo, citando, porém, não o inquilino, mas um empregado deste ou seu procurador. Nesta última hipótese, se bem que o autor seja o legitimado para a causa, faltará ao demandado essa qualidade essencial, dizendo-se que lhe falta *legitimatio ad causam* passiva para responder, como réu, à ação de despejo. Em tais casos, o processo deverá ser encerrado da mesma forma, com uma sentença em que o Juiz declare o autor carecedor da ação por falta de *legitimatio ad causam* ativa ou passiva, ficando a causa sem julgamento no mérito.[9]

Como, perante o direito brasileiro, o mandado de segurança só é outorgado contra ato de autoridade, a propositura dessa ação contra um particular configurará um caso de *impossibilidade jurídica do pedido*. Não se trata, aqui, de errôneo endereçamento da causa contra algum demandado sem legitimação para respondê-la, nem de demanda ilegitimamente proposta por quem não seja o verdadeiro sujeito do *conflito de interesses,* senão de pessoas legitimadas a postularem um tipo de tutela não reconhecido pelo ordenamento jurídico. É evidente a impossibilidade do pedido e, pois, a carência da ação de mandado de segurança. Se a evidência do defeito for revelada desde logo no pedido inicial, haverá inépcia do pedido, pois a impossibilidade jurídica, no caso, seria de tal gravidade a ponto de macular a petição inicial (cf. Frederico Marques, *Instituições,* ob. cit., p. 36).

O terceiro e último pressuposto para a existência da ação é o *interesse de agir,* também chamado *legítimo interesse*. O interesse é a posição favorável à satisfação de uma necessidade, afirmada pelo autor. O art. 76 do C.C./1916 dispõe que *para propor ou contestar uma ação é necessário ter legítimo interesse econômico ou moral;* e o C.P.C. reproduz o preceito, declarando, em seu art. 3º: *Para propor ou contestar ação é necessário ter interesse e legitimidade.*

O interesse de agir se define, portanto, como a necessidade de obter do processo a proteção do interesse substancial que se afirma desatendido pelo demandado e pressupõe a afirmação da lesão de tal interesse substancial e a idoneidade do provimento reclamado para protegê-lo. Seria de todo inútil, na verdade, dar-se seguimento ao processo quando o provimento solicitado pelo autor não seja idôneo a satisfazer o interesse substancial cuja proteção se colima com a demanda. "Para que haja interesse de agir é necessário que o autor formule uma pretensão adequada à satisfação do interesse contido no direito subjetivo material. O interesse processual, portanto, se traduz em pedido idôneo a provocar a atuação jurisdicional" (J. Frederico Marques, *Instituições,* ob. cit., p. 33). Se não houver adequação entre a situação concreta de direito material indicada pelo autor e o provi-

---

[9] Para os partidários da "teoria do direito abstrato" de ação, a sentença que declare a falta de *legitimatio ad causam,* como a ausência de qualquer outra condição da ação, é sentença de mérito que decide definitivamente a lide. Há casos, porém, em que a legitimação para causa é transformada em requisito de validade da relação processual, assumindo a função de verdadeiro pressuposto processual. É o que ocorre nos casos de litisconsórcio necessário, em que não estejam presentes todos os litisconsortes. A decisão do Juiz que der pela falta de legitimação para a causa de um ou de alguns dos litisconsortes, certamente não julgará no mérito a demanda (assim MICHELI, *Consideraciones sobre la Legitimación para Obrar, in Estudios de Derecho Procesal Civil,* IV, p. 195 e seguintes).

mento que o mesmo solicita para protegê-la, o processo resultaria inútil, e o interessado estaria a fazer uso indevido do poder jurisdicional, sem qualquer utilidade prática.

O interesse de agir, reclamado pela doutrina como uma das *condições da ação,* seria o chamado "interesse processual" e não se confundiria com o real interesse substancial ou material (Arruda Alvim, *Curso de Direito Processual Civil,* I/388). É o interesse *afirmado* pelo autor e descrito em seu pedido inicial. Pode haver interesse do autor em restaurar seu direito violado e não haver o interesse dito *secundário,* ou processual , porque a providência por ele reclamada se mostre inadequada à satisfação de tal interesse. "A existência do conflito de interesses – diz Liebman – fora do processo é a situação de fato que faz nascer no autor interesse de pedir ao Juiz uma providência capaz de resolvê-lo. Se não existe o conflito ou se o pedido do autor não é adequado para resolvê-lo, o Juiz deve recusar o exame do pedido como inútil, anti-econômico e dispersivo (*O Despacho Saneador e o Julgamento do Mérito, in Estudos,* ob. cit., p. 125/126).

Vejamos alguns exemplos, recolhidos pela doutrina, onde haveria *carência de ação,* por falta de legítimo interesse. A. A. Lopes da Costa (*Revista de Direito Processual Civil,* Ed. Saraiva, 1962, 3º/13) refere o caso do herdeiro não contemplado por um primeiro testamento, depois revogado pelo testador através da confecção de um segundo testamento que, todavia, é nulo. O herdeiro deserdado, certamente, é parte legítima, uma vez que é parte na relação hereditária, porém não teria legítimo interesse em pedir a declaração de nulidade do segundo testamento eis que, com a anulação, reviveria o primeiro, que igualmente não o contemplava como herdeiro. Um sócio vem a juízo pedir a decretação de nulidade da constituição de uma sociedade. Esta, porém, já se encontra dissolvida e em fase de liquidação. O sócio é parte legítima, mas não teria, igualmente, interesse processual na demanda proposta, desde que a finalidade por ele visada já estaria satisfeita com a demanda de dissolução. Pontes de Miranda (*Comentários ao C.P.C.* [1973], Tomo I, p. 157) refere o caso de alguém que proponha uma ação de cobrança contra o réu, tendo o autor em seu poder dinheiro deste, com que pode compensar o seu crédito, sem necessidade de decisão judicial que o proteja. A ação deveria ser repelida por falta de interesse processual.

Segundo Liebman e seus discípulos, enquanto o Juiz examina e decide sobre as *condições da ação,* não estará ainda a exercer *verdadeira jurisdição* (*L'Azione nella Teoria del Processo Civile,* ob. cit., p. 47), já que *"recusar o julgamento ou reconhecê-lo possível não é ainda propriamente julgar: são atividades que por si próprias nada tem de jurisdicionais e adquirem esse caráter só por serem uma premissa necessária para o exercício da verdadeira jurisdição. A ordem jurídica tende com a jurisdição ao fim de realizar-se praticamente. Esse fim é conseguido pela decisão de mérito, não pelo exame da existência das condições para que ela possa ser proferida"* (*O Despacho Saneador e o Julgamento de Mérito,* ob. cit., p. 128).

Não sendo, portanto, verdadeira atividade jurisdicional, segundo Liebman (ob. e loc. cits.) *nessa fase preparatória o processo funciona, em certo sentido, como um filtro para evitar que haja exercício de jurisdição quando faltam os requisitos que a lei considera indispensáveis para que se possa alcançar resultados satisfatórios.*

Daí por que Liebman define a ação como o *direito à sentença de mérito,* qualquer que seja o seu conteúdo; e como para ele "julgar a lide e julgar o mérito são expressões sinônimas" (*O Despacho Saneador e o Julgamento do Mérito,* ob. cit., p. 122) conclui-se que só existirá ação e, pois, jurisdição quando se verifique a existência das *condições da ação,* de modo a possibilitar ao Juiz a decisão da lide, a decisão do *meritum causae.*

A conclusão, porém, é ambígua porque novamente se emprega o conceito de *direito subjetivo* para significar o seu *exercício.* Direito e pretensão (exigibilidade) a que o Juiz decida a lide no mérito tanto têm o autor quanto o réu, pois, decorrido o prazo para a defesa, o autor não mais poderá desistir unilateralmente da causa, o que significa que o réu poderá compeli-lo a permanecer no processo até a prolação da sentença final. E não seria próprio dizer-se que o réu exerce, também como o autor, o direito de ação. O réu não *age,* simplesmente *reage* à ação que lhe move o autor.

De modo que a doutrina de Liebman contém, no mínimo, dois inconvenientes graves: (a) para se manter coerente, tem de imaginar uma atividade prévia exercida pelo Juiz que ainda não seria jurisdicional, espécie de atividade de "filtragem", mediante a qual ele deverá investigar se concorrem os *pressupostos processuais* e as *condições da ação;* (b) acaba por reconhecer o direito de ação tanto ao autor quanto ao réu, resultado este que ultrapassa o próprio problema, dissolvendo-o ao invés de solucioná-lo.

A "teoria eclética" da ação, em verdade, para ser coerente, deverá proceder como procedeu J. I. Botelho de Mesquita que, partindo do princípio de que essa fase preliminar de "triagem" ou "filtragem" não deve ser considerada jurisdicional; e como todos os adeptos da doutrina não só admitem como até mesmo pressupõem esse direito constitucional à jurisdição (Arruda Alvim, *Curso, cit.,* p. 381), genérico e abstrato, concedido a qualquer pessoa que invoque a tutela jurisdicional do Estado – acaba criando uma quarta atividade estatal a ser inserida dentre as três manifestações do poder do Estado: a administração, a legislação e a jurisdição – e que seria a atividade de "administração da justiça", correspondente ao direito "constitucional de petição", ou o "direito à administração da justiça" (*Da Ação Civil,* ob. cit., §§ 12 e 13), de tal modo que "entre o exercício do direito de ação e a prestação da atividade jurisdicional interpõe-se o julgamento do

Estado" (p. 93). A essa atividade "pré-jurisdicional", ou de "filtragem", como sugere Liebman, denomina Botelho de Mesquita "direito à administração da justiça", para distingui-lo do "direito de ação" (p. 94).

De modo que, assim como a "teoria do direito concreto", defendida por Chiovenda, que definia a ação como direito à sentença favorável, não soube explicar a natureza da atividade judicial nos casos de ação improcedente, também a "teoria eclética" não pode definir a natureza da atividade desenvolvida pelo Juiz nas hipóteses de declaração de *carência de ação.* Aliás, como mostra argutamente o mesmo Botelho de Mesquita (p. 43/44), não há qualquer diferença substancial entre afirmar-se que não haverá ação quando ela for improcedente e dizer-se que igualmente inexiste ação quando dela for carente o autor. Em qualquer dos casos, *só haverá ação quando houver sentença de acolhimento,* ficando inexplicadas as sentenças de rejeição ou, como diz Botelho de Mesquita: para a "teoria eclética" só existirá ação quando concorrerem as *condições da ação,* ou seja, *quando o autor lograr sentença favorável quanto ao pressuposto.*

É difícil, no entanto, perceber as vantagens práticas dessa laboriosa teoria que, em verdade, nada mais é do que uma versão moderna da doutrina chiovendiana da ação como direito a uma sentença favorável, que Liebman construiu modificando a perspectiva da análise levada a efeito por Chiovenda que, segundo ele, discutia a ação do ponto de vista do autor, enquanto Liebman se propunha examiná-la da perspectiva do Juiz (p. 23). Da *mesma ação,* todavia, prometia ele tratar. Disso, com efeito, não pode haver a menor dúvida, pois Liebman expressamente o admite quando escreve isto: "As relações jurídico-substanciais devem, com efeito, dispor de meios que assegurem a sua atuação coativa, *meios esses que consistem principalmente na* ação" (grifamos). E, logo depois (p. 49/50): "A defesa mais eficaz do direito subjetivo privado não consiste em protegê-lo em sua própria trincheira, onde ele estaria condenado a permanecer inerte, mas em garantir a intangibilidade da arma que o direito público põe a sua disposição; e esta arma é a ação" (!). Aliás, quem investigue com paciência e cuidado toda a importantíssima obra de Liebman logo verá que ele nunca escondeu esse entendimento, de que a ação seja, como ele diz, *"a arma com que conta o direito subjetivo privado"* para a sua defesa. Nesse contexto, portanto, a ação continua a ser aquela a que se refere o art. 75 do C.C./1916, ou o "direito reagindo contra a agressão" de que tratava a "teoria civilista".

Se as vantagens práticas são raras, as desvantagens da "teoria eclética" são, ao contrário, numerosas. Liebman afirma que só será verdadeiramente jurisdicional a sentença que julgue o mérito da causa, decidindo pela procedência ou improcedência da ação; e que as atividades preliminares, através das quais o Juiz investiga e decide se as *condições da ação* se acham presentes no caso concreto – embora sejam intrinsecamente idênticas àque-

POLÊMICA SOBRE A AÇÃO

la outra – serão jurisdicionais só na medida em que correspondem a uma atividade preparatória do verdadeiro ato jurisdicional, que é a sentença de mérito.

A ter-se por verdadeira essa doutrina, seríamos forçados a admitir que a própria sentença de mérito só poderia ser tida por ato verdadeiramente jurisdicional no momento em que o mais alto Tribunal a confirmasse em último recurso, fazendo-a transitar em julgado, pois, se algum Tribunal de recurso a reformasse para declarar que, ao contrário do que o Juiz entendera, o autor não era titular do direito de ação, por lhe faltar qualquer uma das *condições da ação,* a sentença que fora jurisdicional por haver decidido o mérito da causa perderia, com o resultado do recurso, tal qualidade. E ainda que o Tribunal do recurso a tenha confirmado, em última instância, e a sentença haja transitado em julgado, mesmo assim, sua natureza jurisdicional poderia desaparecer se, em ação rescisória, ficasse finalmente decidido que o autor era, em verdade, carecedor daquela ação (cf. J. J. Calmon de Passos, *A Ação no Direito Processual Civil Brasileiro,* 1960, p. 29/31).

De modo que, quando Chiovenda (*Instituições,* I/66) afirmou serem as *condições da ação* as condições necessárias a que o Juiz declare existente e atue a vontade concreta de lei invocada pelo autor, ou seja, que as condições da ação são as condições necessárias para obter uma pronunciação favorável, foi apenas impreciso. Pode haver decisão de improcedência ainda na hipótese de estarem presentes todas as *condições da ação,* de modo que a só-existência delas não condiciona uma decisão favorável ao autor. Por outro lado, pode haver condições, no sentido de pressupostos que possibilitem o julgamento de mérito, até mesmo no fato da propositura da causa, ou nos pressupostos processuais. Todas essas atividades são antecedentes lógicos do julgamento da ação. A decisão sobre os pressupostos processuais, porém, é forma de julgamento sobre a relação processual, e não sobre a *res deducta,* não sobre a causa posta pelo autor em julgamento. Já quando o Juiz decide sobre a inexistência das condições da ação, ele está declarando a inexistência de uma pretensão legítima do autor contra o réu, estando, portanto, a decidir pela inexistência do direito subjetivo de que deriva a improcedência do *agir do autor contra o réu,* portanto, improcedência da ação. E tal sentença é, já, sentença de mérito, sentença sobre a lide. A suposição de que a rejeição da demanda por falta de alguma *condição da ação* não constitui decisão sobre a lide, não fazendo coisa julgada e não impedindo a reproposição da *mesma ação,* parte do pressuposto de que a *nova ação* porventura proposta por outra pessoa, vale dizer, pelo verdadeiro legitimado para a causa, seja a *mesma ação* que se frustrara no primeiro processo, por haver o Juiz declarado a ilegitimidade do autor. Toma-se o "conflito de interesses" a ser composto pela sentença como realidade extraprocessual existente, e a única capaz de dar ensejo à verdadeira atividade jurisdicional e, com relação a ele, supõe-se que a segunda demanda contenha a *única ação* possível, pois que a única capaz de compô-lo. Esse resultado torna evidente o compromisso da teoria com a concepção carneluttiana da jurisdição como atividade de composição da lide. Se o "conflito de interesse" não foi composto por ser apresentado por pessoa ilegítima para a causa, não chegou a haver jurisdição e, pois, não ocorreu sequer ação. Ora, a cada ação há de corresponder, além do pedido e da *causa petendi,* os respectivos sujeitos da relação processual, que serão os sujeitos do único conflito de interesses relevante para o processualista. Se o sujeito que se afirmara titular da ação (de direito material!) for declarado carecedor dela o verdadeiro titular, ao propor a *nova ação,* certamente não estará a reproduzir a *mesma ação,* nem de direito material e nem de direito processual, tentada pelo primeiro demandante. Aquele que teve sua demanda repelida por considerá-lo o Juiz carecedor de ação, estará impedido, em virtude da coisa julgada material, de repropor a mesma demanda; sua ação foi definitivamente julgada. Que a ação do legitimado verdadeiro não haja sido decidida pela sentença, parece uma conseqüência comezinha e óbvia.[10]

Dizer-se que a sentença que declarou o autor carecedor da ação por *ilegitimatio ad causam,* não decidiu o mérito de *sua ação* é imaginar que essa demanda, descrita na petição inicial, pudesse contar com o "mérito" da lide de outrem.

Se numa ação de cobrança, o próprio autor, em sua inicial, suscita a questão de sua legitimidade para a causa, tentando demonstrar ser ele ainda titular do crédito objeto da demanda, enquanto o réu, na contestação, argüi a ilegitimidade do autor sob o fundamento de ter havido cessão do crédito a terceiro, segundo a "teoria eclética" a controvérsia que aí se forma não terá relevância para qualificar a sentença como jurisdicional, embora o resultado da decisão seja a afirmação irrevogável, com força de coisa julgada, de que o autor não tinha o direito que alegara ter e, em virtude disso, não poderia estar legitimado para agir, para a realização de um direito inexistente.

Na verdade, a teoria exposta, buscando conceituar a jurisdição como a atividade destinada à composição da lide, menospreza o único conflito relevante para o processo, que é a controvérsia descrita na inicial, que deve ter um *fundamento,* um *pedido* e *sujeitos individualmente determinados e concretamente existentes, como realidades da relação processual.*

---

[10] Esse equívoco aparece claramente quando LOPES DA COSTA trata da "legitimação para a causa" (*in Revista de Direito Processual Civil,* Saraiva, 3º/33) e afirma que a ilegitimidade da parte tranca o processo em seu caminho e impede o julgamento do mérito, razão pela qual a respectiva sentença não faz coisa julgada, porque o conflito existente entre os verdadeiros legitimados não chegara sequer a ser apreciado, quanto mais composto. Todavia, não deixa o jurista de lembrar que *"a decisão proferida entre partes ilegítimas faz para elas coisa julgada"* (p. 36). Certamente não se haveria de esperar que a sentença fizesse coisa julgada para terceiros! É evidente que a coisa julgada há de ser "para elas", para as partes da relação processual e nunca para os terceiros!

— 2 —

O Problema da Eficácia da Sentença*

CARLOS ALBERTO ALVARO DE OLIVEIRA
Professor Titular de Direito Processual Civil da Faculdade de Direito da UFRGS
Doutor em Direito pela USP

1. Problema delicado que tem sobremaneira ocupado a atenção dos processualistas, principalmente nos últimos tempos, diz respeito à questão da eficácia da sentença no processo de conhecimento, às vezes situado exclusivamente no campo do direito processual, outras vezes no domínio do direito material, sem que até agora se tivesse logrado, pelo menos na minha ótica, uma solução satisfatória. Esse interesse tem sido redobrado, principalmente, em vista da tomada de consciência de que para o processualista dos dias atuais não basta apenas elaborar conceitos (tarefa útil, não há dúvida), mas de que é preciso elaborá-los levando em conta a efetividade do instrumento jurisdicional.

No presente ensaio, busca-se, em primeiro lugar, determinar o estado atual do problema (itens 2 e 3); num segundo momento, examinar com espírito crítico as teorias correntes sobre o assunto (itens 4 e 5) e, finalmente, reelaborar uma concepção mais afim às exigências do dia (item 6).

2. Na doutrina brasileira, exsurgem claramente duas posições a respeito do tema.

O entendimento tradicional vincula a eficácia da sentença à espécie de tutela jurisdicional concedida à parte, adotando a usual classificação ternária das sentenças em declaratórias (positivas ou negativas), constitutivas (positivas ou negativas) e condenatórias.

Para Humberto Theodoro Junior, por exemplo, "A classificação realmente importante das sentenças (considerando tanto a decisão do juiz sin-

---

* Ensaio destinado a integrar livro em homenagem a Giuseppe Tarzia.

gular como o acórdão dos tribunais) é a que leva em conta a natureza do bem jurídico visado pelo julgamento, ou seja, a espécie de tutela jurisdicional concedida à parte." Dentro dessa perspectiva, classifica ele as sentenças em condenatórias, constitutivas e declaratórias. Já as sentenças mandamentais e executivas – como comandos a serem cumpridos dentro do mesmo processo em que a sentença foi proferida –, não são essencialmente diversas das três categorias clássicas: "Tanto as que se dizem executivas como as mandamentais realizam a essência das condenatórias, isto é, declaram a situação jurídica dos litigantes e ordenam uma prestação de uma parte em favor da outra. A forma de realizar processualmente essa prestação, isto é, de executá-la, é que diverge. A diferença reside, pois, na execução e respectivo procedimento. Sendo assim, não há razão para atribuir uma natureza diferente a tais sentenças".[1]

Cândido Rangel Dinamarco, embora com certos temperamentos, também compartilha desse modo de pensar.

Ressalta que a classificação das ações, cara à doutrina clássica do processo civil, segundo a espécie de sentença que se pede no exercício de cada uma delas, tem o mérito de ser puramente *processual*, evitando os critérios herdados da tradição romana e impregnados de elementos inerentes ao direito subjetivo afirmado pelo autor (real, pessoal etc.). Diz, também, mostrar-se mais coerente com a moderna visão do processo civil classificar as *demandas*, como concretas iniciativas de pedir a tutela jurisdicional.[2] A classificação é ternária: sentenças declaratórias, constitutivas e condenatórias. As mandamentais integrariam a classe das condenatórias: "A sentença mandamental é título para a execução forçada, tanto quanto a condenação ordinária – e portanto é também uma *condenação*. A diferença está no conteúdo da sanção imposta em seu segundo momento, na qual se exacerba o fator *comando*, ou *mandamento* (...) O comando contido em tais sentenças é de tal intensidade, que autoriza o juiz, *ainda no processo de conhecimento* e sem necessidade de propositura ou instalação do executivo, a desencadear medidas destinadas a proporcionar ao vencedor a efetiva satisfação de seu direito".[3] Adiante reforça esse entendimento: "(...) não se trata de uma quarta categoria sentencial, ao lado da meramente declaratória, da condenatória e da constitutiva. Por sua estrutura, função e eficácia, as sentenças mandamentais compartilham da natureza condenatória (Cintra-Grinover-Dinamarco), sem embargo do reforço de eficácia que lhes outorga a lei".[4]

---

[1] Humberto Theodoro Júnior, *Curso de Direito Processual Civil*, vol. I, 39ª. ed., Rio de Janeiro, Forense, 2003, nº 497, p. 468-469, nº 499, p. 470.

[2] Cândido Rangel Dinamarco, *Instituições de Direito Processual Civil*, vol. III, 2ª. ed., São Paulo, Malheiros, 2002, nº 894, p. 204-205.

[3] Cândido Rangel Dinamarco, *Instituições de Direito Processual Civil*, cit., nº 919, p. 242-243.

[4] Cândido Rangel Dinamarco, *Instituições de Direito Processual Civil*, cit., nº 919, p. 245.

Nada obstante, admite Cândido Rangel Dinamarco a subclasse das sentenças executivas *lato sensu*, quando a sentença condenatória comportar execução no mesmo processo em que foi proferida, sem necessidade de ser instaurado formalmente o processo executivo. Para o jurista, esses casos são raros e excepcionais no sistema e só existem na medida em que o direito positivo os permita especificamente, como nas ações de despejo, nas possessórias, nas desapropriações imobiliárias e poucas outras.[5]

3. A outra corrente origina-se das idéias elaboradas por Pontes de Miranda, depois retomadas e desenvolvidas por Ovídio A. Baptista da Silva.

Sustenta Pontes de Miranda, em primeiro lugar, que a eficácia da sentença está umbilicalmente vinculada à ação exercida. Significativamente ao falar de ação, sem aspas (portanto, no significado de ação de direito material que lhe empresta), afirma que "A ação, que supõe haver-se transgredido a norma, constitui outro *plus* e tende, não à prestação, mas a efeito jurídico específico".[6] Adiante repisa: "Enquanto o direito subjetivo e a pretensão tendem à prestação, a ação supõe combatividade e, pois, tende, não à prestação, mas a efeito jurídico específico".[7] Nessa perspectiva, "O conceito de ação, a classificação das ações por sua eficácia, tudo isso consulta o direito material, porque o fim precípuo do processo é a *realização do direito objetivo*. Na própria classificação das ações e das sentenças, o direito processual tem de atender à eficácia das ações segundo o direito material. A margem de liberdade que se lhe deixa é pequena, mas existe".[8]

Para Pontes de Miranda, "As ações ou são *declarativas* (note-se que as relações jurídicas de que são conteúdo direitos e pretensões, ou de que direitos ou pretensões derivam, antes de tudo *existem*); ou são *constitutivas* (positivas ou negativas; isto é, geradoras ou modificativas, ou extintivas); ou são *condenatórias*; ou são *mandamentais*; ou são *executivas*",[9] pois, as classificações de ações de que usaram os juristas europeus estão superadas. Assim, "a classificação binária como a classificação ternária (ação declaratória, ação constitutiva, ação condenatória) não resistem às críticas e concorreram para confusões enormes que ainda hoje estalam nos espíritos de alguns juristas, como também não viam que uma coisa é força de sentença (eficácia preponderante) e outra a eficácia imediata ou mediata, sem se falar nas duas menores, com que se completa a constante da eficácia das ações e das sentenças".[10]

---

[5] Cândido Rangel Dinamarco, *Instituições de Direito Processual Civil*, cit., n° 920, p. 245-246.

[6] Pontes de Miranda, *Tratado das Ações*, tomo I, São Paulo, 1970, RT, p. 33.

[7] Pontes de Miranda, *Tratado*, cit., p. 93.

[8] Pontes de Miranda, *Tratado*, cit., p. 126.

[9] Pontes de Miranda, *Tratado*, cit., p. 117.

[10] Pontes de Miranda, *Tratado*, cit., p. 118.

Consoante Pontes de Miranda, a classificação correta é a quinária, com as seguintes notas distintivas: a) "A *ação declarativa* é ação a respeito de *ser* ou *não-ser* a relação jurídica"; b) "De regra, a *ação constitutiva* prende-se à pretensão constitutiva, *res deducta*, quando se exerce a pretensão à tutela jurídica. Quando a ação constitutiva é ligada ao direito, imediatamente, não há, no plano da *res in iudicium deducta*, pretensão constitutiva (há-a, no plano do direito subjetivo à tutela jurídica, que é a especialização, pelo exercício da pretensão à tutela jurídica em pretensão constitutiva)"; c) "A *ação de condenação* supõe que aquele ou aqueles, a quem ela se dirige tenham obrado *contra direito*, que tenham causado dano e mereçam, por isso, ser condenados (*con-damnare*)"; d) "A *ação mandamental* prende-se a atos que o juiz ou outra autoridade deve mandar que se pratique. O juiz expede o mandado, porque o autor tem pretensão ao mandamento e, exercendo a pretensão à tutela jurídica, propôs a ação mandamental"; e) "A *ação executiva* é aquela pela qual se passa para a esfera jurídica de alguém o que nela devia estar, e não está".[11]

Na mesma esteira posiciona-se Ovídio A. Baptista da Silva: "Reafirmando, pois, o que já ficou dito, podemos distinguir bem as duas formas de *agir* e, portanto, as duas espécies de *ação*: uma delas que se desenvolve no plano do direito material e corresponde ao *agir contra o obrigado para a realização do direito, independentemente de sua colaboração*; a outra, dirigida contra o Estado, para que ele provocado pelo interessado (autor), exerça a atividade jurisdicional a que se obrigou e preste a respectiva tutela, dando resposta adequada ao pedido. A primeira espécie de *ação* tem como pressuposto um direito material preexistente de que é titular aquele que *age*; esta, a 'ação' processual, por força há de estar igualmente fundada num direito anterior. Também ela, como qualquer outra atividade lícita, deve corresponder a um *direito exigível* (= pretensão), sob pena de configurar o puro arbítrio e a violência." Mais adiante afirma que "Aquele que *age* (exerce ação) no plano do processo absolutamente não pode prescindir da atividade do Estado para a realização do direito do autor à jurisdição. Ao contrário, o exercício da 'ação', aqui, é tanto o agir quanto o *exigir que o Estado aja*, prestando tutela jurídica".[12]

Em tema de classificação das ações, pondera ainda o jurista: "Quando pretendemos classificar o ato jurisdicional típico – decisões e sentenças, tanto do 'processo de conhecimento' quanto do processo de execução por créditos —, teremos de examinar e ordenar o produto desta atividade estatal conforme os efeitos que cada um deles produz no mundo jurídico, de acordo com o respectivo *verbo* por meio do qual o ato sentencial reflete a *ação de*

---

[11] Pontes de Miranda, *Tratado*, cit., p. 118-122.
[12] Ovídio A. Baptista da Silva, *Curso de Processo Civil*, vol. I, 5ª. ed. revista e atualizada, São Paulo, RT, 2000, p. 92-93.

direito material correspondente, contida na demanda, de que a decisão judicial de procedência é conseqüência necessária."

Levando em conta esse critério, divide as sentenças em *declaratórias, constitutivas, condenatórias, executivas* e *mandamentais*, "conforme a *pretensão material* do autor vitorioso seja dirigida a obter a simples declaração de existência ou inexistência de uma determinada relação jurídica; ou tenha por fim sua constituição, modificação ou extinção; ou colime a simples condenação do demandado a cumprir uma obrigação; ou finalmente tenha por objeto obter, desde logo, a *realização* do direito litigioso no processo de conhecimento, mediante um ato de execução praticado pelo juízo, ou através de um simples mandado ou ordem que o magistrado emita, como porção do conteúdo do ato sentencial".[13] Mais adiante, acentua: "Quando se diz que as ações – e as respectivas sentenças de *procedência* – podem ser declaratórias, constitutivas ou condenatórias, está-se a indicar *ações de direito material afirmadas existentes*, na correspondente petição inicial, e que na perspectiva da relação jurídica processual concreta onde elas se apresentam não serão mais do que simples hipóteses de trabalho com que o magistrado se depara" (grifos do original).[14]

4. Claro está que se mostra insuficiente a vinculação a fatores unicamente processuais. Com razão, pondera Ovídio A. Baptista da Silva, que a "ação" processual una e abstrata não pode ter conteúdo declaratório, constitutivo ou condenatório, sem tornar-se "azioni della tradizione civilistica" e prossegue afirmando que "O prodígio de alguma coisa que, não tendo substância, por ser igual a si mesma, e a todos indistintamente concedida, possa ser declaratória, constitutiva ou condenatória, é uma contradição que não chega a ofender a racionalidade dos juristas que lidam com processo".[15]

Por outro ângulo visual, a idéia da ação abstrata parece não levar na devida conta que as diversas formas procedimentais reagem também sobre a ação, o agir em juízo, determinando poderes, faculdades e ônus diversos: um só ato é comum a todo o tipo de ação (decorrente do poder abstrato de colocar em andamento o procedimento), mas os outros atos posteriores podem ter dimensão diversa, em razão do objeto do processo, da forma etc.[16] E isso porque não parece possível afastar a ligação com o direito material, em virtude da ínsita instrumentalidade que a função jurisdicional exerce em relação a este, a que servem a ação e o processo, por meio do exercício dos poderes, faculdades e ônus titulados pelas partes.

---

[13] Ovídio A. Baptista da Silva, *Curso de Processo Civil*, vol. I, cit., p. 112.

[14] Ovídio A. Baptista da Silva, *Curso* cit., vol. I, p. 160.

[15] Ovídio A. Baptista da Silva, *Jurisdição e Execução na tradição romano-canônica*, São Paulo, RT, 1996, p. 179.

[16] Assim, Elio Fazzalari, *Note in tema di diritto e processo*, Milano, Giuffrè, 1953, p. 151, nota 129.

Todo o processo está impregnado do direito material. Como bem ressalta Fazzalari, o autor alega fatos, mas não qualquer "episódio da vida", e sim, fatos que, enquadrando-se no esquema de uma norma, geram determinadas conseqüências jurídicas, deduzindo assim os fatos constitutivos da situação jurídica (substancial) preexistente, e antes de tudo, a situação fática concreta da qual deriva a posição de proeminência em relação ao bem, vale dizer o direito subjetivo (substancial). Trata-se, é claro, de direito afirmado, que logo passa a ser objeto da controvérsia e termina por se apresentar (na hipótese da sentença de acolhimento) como realidade declarada.[17] Outro ponto de confluência é o pedido imediato, que contém a especificação da tutela jurisdicional pretendida (declarar, condenar, constituir, mandar, executar), estreitamente vinculada ao direito material. A própria lesão afirmada pelo autor, que conduz à insatisfação de uma situação material protegida e evidencia o interesse na tutela jurisdicional reclamada, diz respeito ao direito material.

Tudo isso demonstra não ser possível emprestar à eficácia da sentença um caráter puramente processual.

5. Por outro lado, tampouco satisfaz a invocação ao conceito equívoco de ação de direito material.

A esse respeito, Pontes de Miranda tece as seguintes considerações: "O exercer pretensão, ou ação, ou exceção, que se contém no direito, é exercer o direito. A alguns poderes correspondem ações para se realizarem ou serem 'declarados'. Aqui está um dos pontos mais relevantes da Teoria Geral do Direito: em todo direito, pretensão, ação ou exceção, tem-se como incluído o elemento *poder de revelar-se*, se alguém obsta ou dificulta ou nega a revelabilidade. Esse poder de revelar-se é *actio* e corresponde ao conteúdo favorável da sentença quando se exerce a pretensão à tutela jurídica".[18] A ação (de direito material) é inflamação do direito ou da pretensão.[19] Por sua vez, "A 'ação' é outro grau em que já se confere a alguém, autor, titular da ação (*nota*: ação de direito material), o reclamar, através ou por meio de ato, a verificação, a atuação da lei".[20] A "ação" exerce-se junto com a ação.[21]

Quando se afirma que "a ação (de direito material) é inflamação do direito ou da pretensão", logo surgem à lembrança as idéias de Savigny, que via a ação de direito material como emanação (*Ausfluss*) do próprio

---

[17] Fazzalari, *Note in tema di diritto e processo*, cit., p. 122-123.

[18] Pontes de Miranda, *Tratado*, cit., p., 67.

[19] Pontes de Miranda, *Tratado*, cit., p. 116.

[20] Pontes de Miranda, *Tratado*, cit., p. 277.

[21] Pontes de Miranda, *Tratado*, cit., p. 94-95, 110.

direito material, confundindo-se com a eficácia deste. Para tanto, distinguia ele entre os direitos em si (*Rechten an sich*), os direitos lesionados (*verletzten Rechten*) e os direitos em estado de defesa (*im Zustand der Vertheidigung*),[22] todos os aspectos do direito material. Ao inserir a ação no plano do direito material, tal modo de visualizar o problema deixa obviamente de levar em conta a necessária separação entre os planos do direito material e processual.

Ora, se não é possível afirmar a existência do direito antes do contraditório, muito menos se poderá admitir a "ação material" já no início da demanda. Sua existência só poderá ser averiguada no final do processo, com o trânsito em julgado da sentença, quando então se confundirá com a eficácia da própria sentença.

Para salvar essa evidente contradição, Pontes de Miranda sustenta que o direito à pretensão à tutela jurídica (*rectius*: pretensão à outorga de justiça) de modo nenhum é pretensão à sentença favorável:[23] "Se, em vez de se alcançar, com trânsito em julgado, sentença favorável, por ser julgada improcedente a ação (= propôs-se ação que o demandante não tinha), declara-se a inexistência da ação. Uma vez que o autor não tinha a ação, exerceu pretensão à tutela jurídica, exerceu a pretensão ao remédio jurídico processual, porque não podia esperar sentença favorável quanto à ação de que se supunha ser titular".[24]

A explicação não satisfaz, porque ao mesmo tempo em que se reconhece que o demandante não tinha ação (de direito material) afirma-se que a ação foi exercida pela "ação". Não se pode exercer o que não se tem, é o óbvio.

Ovídio A. Baptista da Silva, por sua vez, concebe a ação de direito material, inerente a todo o direito, como "um agir do titular do direito *para sua realização, independentemente da vontade ou do comportamento do obrigado*" (grifos do original).[25] Em outra passagem, conceitua-a "como o agir próprio de cada direito, capaz – independentemente de qualquer participação ativa do obrigado – de realizar inteiramente o respectivo direito".[26] Acentua, também, que "A realização coativa do direito, com absoluta prescindência da vontade ou da colaboração do obrigado, que se consegue através da jurisdição, é rigorosamente a mesma *ação de direito material*, ou seja, o mesmo *agir para a realização* inerente a todo o direito, com a única diferença que, proibida a autotutela privada, a efetivação do direito se dá

---

[22] Savigny, System des heutigen römischen Rechts, Berlin, 1841, tomo V, p. 1 e 2, §§ 204 e 205.

[23] Pontes de Miranda, *Comentários ao Código de Processo Civil.*, t. I, Rio de Janeiro, Forense, 1974, p. XXXIV.

[24] Pontes de Miranda, *Comentários* cit., p. XLIII-XLIV.

[25] Ovídio A. Baptista da Silva, *Curso de Direito Processual Civil*, vol. I, cit., p. 80.

[26] Ovídio A. Baptista da Silva, *Curso*, vol. II, 4ª. ed., São Paulo, RT, 2000, p. 354-355.

através da *ação* dos órgãos estatais. Portanto, longe de haver supressão ou substituição, da *ação de direito material*, o que em verdade ocorreu foi uma duplicação de ações: uma dirigida contra o obrigado, outra endereçada contra o Estado, para que este, uma vez certificada a existência do direito, o realize coativamente *praticando a mesma atividade* de que fora impedido seu titular" (grifos do original).[27]

Apesar da assertiva, casos há em que se torna indispensável a participação ativa do obrigado, o que retira validade ao conceito, ou pelo menos à generalidade que se lhe pretende atribuir. Assim ocorre, por exemplo, como admite Ovídio A. Baptista da Silva, no ato de dar posse ao servidor público, o que inviabilizaria a realização direta, por parte do juiz, do direito reconhecido na sentença.[28] Ainda, para ser coerente com as idéias que defende, o jurista passou a negar também a existência da ação condenatória, pois o agir realizador da pretensão será a ação de execução, no caso execução obrigacional.[29] Ressalta aí a fragilidade da teoria, pois é inegável que, mesmo na ausência da ação de direito material nessas hipóteses, a sentença (condenatória ou mandamental) continuaria mantendo toda eficácia que lhe é própria.

Por outro lado, não se constata a pretendida duplicação de ações em certas demandas constitutivas, positivas ou negativas, despidas de pretensão material, a exemplo da demanda de divórcio, de anulação de casamento e de interdição. Da mesma forma, impensável a duplicação de ações no que concerne à pretensão declaratória, pois o titular do direito não pode agir por si mesmo para sua realização – com ou sem vontade do obrigado: a declaração do próprio interessado de seu próprio direito seria um *flatus vocis*, tornando-se indispensável a certificação que exsurge da autoridade estatal, com o exercício da jurisdição e o acolhimento da demanda.

Aliás, aliar o conceito de ação de direito material à titularidade do direito ("um agir do titular do direito") já denuncia um certo comprometimento com as teorias imanentistas da ação (Savigny), embora sempre negado. Uma vez posto em discussão o direito, não se pode ainda falar em sujeito que dele seja titular, mas apenas de pretendente a esse reconhecimento, que poderá ou não ocorrer, dependendo da sorte da sentença.

Além disso, a imanência do direito material, que estaria presente em todas as ações de direito material (observo tratar-se da própria eficácia do direito material), induz a pensar numa concepção intimamente vinculada ao direito justicial material civil de James Goldschmidt (também ele concretista, não se esqueça). Esse direito, integrado pelas normas que regulam

---

[27] Ovídio A. Baptista da Silva, *Curso*, vol. II, cit., p. 84-85.
[28] Ovídio A. Baptista da Silva, *Curso*, vol. II, cit., p. 354-355.
[29] Ovídio A. Baptista da Silva, *Curso*, vol. II, cit., p. 204.

a tutela jurisdicional e pelas próprias normas de direito privado, seria totalmente distinto deste último, e entendido não como regulador da conduta dos particulares, mas do juízo e da atividade do juiz. Para o grande jurista alemão, as normas de direito privado se endereçariam ao particular e, ao mesmo tempo, ao juiz, que deveria lhes garantir a atuação, ou, o que resulta no mesmo, regulariam tanto a conduta do particular quanto a sanção que é imposta pelo Estado.[30] Nessa visão, o direito privado material e o direito justicial material seriam apenas dois lados de um único e mesmo domínio jurídico.[31] Mais importante ainda, assim como Savigny trata a acionabilidade como uma questão de direito material, Goldschmidt também atribui à acionabilidade justicial civil um significado material, vinculando-a ao direito material.[32] Sintomaticamente, a inserção do fenômeno processual no direito material torna o conceito de ação de Goldschmidt semelhante àquele da *actio* de Savigny.[33]

Como se vê, a concepção de Goldschmidt sujeita-se às censuras, por demais conhecidas, que são efetuadas às idéias de Savigny. Ademais, não padece dúvida de que as normas reguladoras do processo, geralmente de direito público, dirigidas especialmente à função jurisdicional, não se preocupam diretamente com o direito material pretendido, e ao mesmo tempo o sujeito da conduta prevista na norma de direito material certamente não é o órgão judicial.[34]

---

[30] James Goldschmidt, *Zivilprozessrecht*, Neudruck der 2. Auflage, Berlin 1932, Aalen, Scientia Verlag, 1969, § 2, 3, p. 5 (na trad. espanhola de Leonardo Prieto Castro, Barcelona, Labor, 1936, p. 8): "Pode-se compreender o direito como um conjunto de imperativos aos sujeitos de direito e também como medidas de aplicação para o juiz. Esta última concepção é adequada ao direito justicial e também ao direito processual civil. Desse ponto de vista, as regras jurídicas servem como normas inibitórias ou permissivas, de uma determinada conduta por parte dos particulares, e ainda como padrão para uma sentença jurisdicional com determinado conteúdo."

[31] James Goldschmidt, *Über Begriff und Bedeutung des materiellen Ziviljustizrechts* (primeiro dos ensaios denominados Zwei *Beiträge zum materiellen Ziviljustizrecht*), in *Festgabe für Heinrich Brünner*, München/Leipzig, Duncker & Humblot, 1914, p. 109-138, esp. p. 123.

[32] James Goldschmidt, *Zivilprozessrecht*, cit., § 12, 3, p. 52, trad. p. 96: "A ação processual, como objeto concreto do processo (o *meritum causae*) é um direito justicial de caráter material, não de caráter processual".

[33] Observação de Andreas Kollmann, *Begriffs- und Problemgeschichte des Verhältnisses von formellem und materiellem Recht*, Berlin, Duncker & Humblot, 1996, p. 598.

[34] Elio Fazzalari, *Note in tema di diritto e processo*, cit., p. 49, criticando o já mencionado pensamento de Goldschmidt, observa com razão que toda atividade, prevista e valorizada em abstrato na norma, tem o seu próprio sujeito, também indicado na norma. Da constância dessa indicação abstrata e típica, chega-se à conclusão de que toda norma concerne a uma certa categoria de sujeitos (aqueles que venham a se encontrar, concretamente, nas condições descritas na norma), a qual pode também coincidir, mas nem sempre e necessariamente coincide com a generalidade dos sujeitos. Nesses termos, poder-se-á então concluir que existem normas que indicam como sujeito das condutas nelas descritas e valorizadas o juiz; outras, que indicam os particulares; outras, ainda, que indicam o legislador, a administração pública e assim por diante. Daí ser impossível sustentar que a norma de direito privado se dirija ao particular e, ao mesmo tempo, ao juiz que deve garantir sua observância; entender, assim, que a norma *de qua* regule, ao mesmo tempo, a conduta e a sanção.

A mesma crítica pode ser endereçada ao conceito de ação de direito material, que é um agir derivado do direito material (normas dirigidas ao particular), e que mesmo assim seria exercido no processo por meio do órgão judicial, juntamente com a "ação" processual. A idéia de uma norma de conduta que contenha dentro de si o mecanismo de sua própria realização judicial, acaso violada, de modo nenhum se afina com o ordenamento jurídico brasileiro, que distingue claramente o plano do direito material e o plano do direito processual. É como admitir a existência de uma norma de primeiro grau que, ao mesmo tempo, fosse de segundo grau.[35]

Não bastasse isso, não se vê como possa o juiz agir materialmente (exercer ação de direito material, diriam Pontes de Miranda e Ovídio A. Baptista da Silva) de modo paralelo à ação processual: o que ele faz é desempenhar os atos de seu ofício, mediante o exercício dos poderes que lhe são conferidos por regras de direito público, totalmente distintas das regras de direito privado. Só depois de tomada a decisão (seja antecipatória, seja a própria sentença de mérito) é que o juiz pode, em tese, interferir no mundo sensível, agindo, mas aí já se trata do resultado da tutela jurisdicional, da própria eficácia da sentença. Antes disso, como é óbvio, não teria havido ação de direito material. Mesmo assim, esse agir do juiz não pode ser equiparado, pura e simplesmente, ao agir do particular, dada a natureza diferenciada da tutela jurisdicional e a forma substitutiva de que se reveste, destinada a reconstruir a realidade fora do processo, e não apenas a reproduzi-la.

6. Estabelecido não se assentar a eficácia da sentença apenas em considerações de ordem processual e muito menos se confundir com a ação de direito material, mostra-se indispensável ir mais fundo no exame do problema.

Deve-se atentar em que o direito material constitui a matéria-prima com que irá trabalhar o juiz, mas sob uma luz necessariamente diversa. O resultado desse trabalho, que é a tutela jurisdicional, refletida na eficácia da sentença, já não apresenta o direito material em estado puro, mas transformado, em outro nível qualitativo. O provimento jurisdicional, embora certamente se apóie no direito material, apresenta outra força, outra eficácia, e com aquele não se confunde, porque, além de constituir resultado de trabalho de reconstrução e até de criação por parte do órgão judicial, exibe o selo da autoridade estatal, proferida a decisão com as garantias do devido

---

[35] Como bem explicita Norberto Bobbio, *Norme Primarie e Norme Secondarie*, in *Studi per una Teoria Generale del Diritto*, Torino, Giappichelli, 1970, p. 196, em complementação ao pensamento de Santi Romano, os numerosos mecanismos ou engrenagens, os coligamentos de autoridade e força, que produzem, modificam, aplicam e garantem as normas jurídicas, constituem também eles normas, exatamente as normas de segundo grau.

processo legal. Tanto é assim que declarar, condenar, constituir, executar ou mandar são verbos que não constam do repertório do direito material. Este fala em indenizar, em resolver contrato, em renúncia de direito etc. De notar, aliás, que mesmo a autotutela, que seria a ação de direito material em estado puro, não se equivale, como é óbvio, à tutela jurisdicional, porque ainda sujeita a futura e eventual revisão judicial, despida que é do selo da autoridade estatal, realizada de forma parcializada pelo próprio interessado, sem as garantias do devido processo legal.

Nesse contexto, a eficácia se apresenta apenas como uma forma da tutela jurisdicional, outorgada a quem tenha razão, seja o autor, seja o réu (sentença declaratória negativa).[36]

Por outro lado, a distinção entre as diversas espécies de tutela jurisdicional não é arbitrária.

Deve-se atender, essencialmente, aos princípios da efetividade[37] e da segurança (este derivado do próprio Estado de Direito e representado pelo conceito de "devido processo legal"), ambos com matriz constitucional, e ainda à situação jurídica substancial afirmada. Esses princípios informadores é que determinam as espécies possíveis de tutela jurisdicional *in abstracto*.

Concretamente, a tutela vai depender ainda do pedido formulado pelo autor e das exceções de direito material suscitadas pelo demandado, assim como da configuração (constitucional, material e processual) específica de cada ordenamento jurídico, que constituem todavia elementos externos ao conceito abstrato. Em razão do princípio dispositivo, mostra-se possível a existência de espécies diversas de demandas e de sentenças para uma mesma relação de direito material. Como exemplo, pode ser apontada a possibilidade de declaração da relação jurídica, mesmo tendo ocorrido a violação

---

[36] Em outra perspectiva, observa acertadamente Flávio Luiz Yarshell, *Tutela jurisdicional específica nas obrigações de declaração de vontade*, São Paulo, Malheiros, 1993, p. 19, que mesmo se pensando em tutela exclusivamente como proteção, ainda assim ela terá estado evidentemente presente em face do vencido na exata medida em que o Estado lhe assegurou, através do exercício da função jurisdicional e do devido processo legal, a resolução do conflito segundo regras preestabelecidas e garantidoras de sua participação (procedimento em contraditório) no resultado final da decisão, decisão essa prolatada por julgador cuja imparcialidade vem, inclusive, revestida de inafastáveis garantias de modo a impedir a supremacia do mais forte sobre o mais fraco.

[37] Embora já seja um lugar comum, mantém toda a atualidade a consideração fundamental de Chiovenda, *Della azione nascente dal contratto preliminare*, in *Saggi di diritto processuale civile*, Roma, Foro Italiano, 1930, vol. I, p. 110, no sentido de que "il processo deve dare per quanto è possibile praticamente a chi ha un diritto tutto quello e proprio quello chegli ha diritto di conseguire." Luiz Guilherme Marinoni, *Tutela Inibitória (individual e coletiva)*, 3ª. ed., São Paulo, RT, 2003, p. 449, embora defendendo posição diversa, acentua que a tutela jurisdicional deve ser classificada a partir do que efetivamente faz para atender ao direito material, e não apenas em razão da espécie do efeito jurídico declarado, ressaltando que a preocupação deve se centrar com o resultado que o processo deve proporcionar para que a tutela seja efetivamente prestada ao jurisdicionado. A respeito da efetividade e sua moldura constitucional, as magníficas observações de Marcelo Lima Guerra, *Execução Indireta*, São Paulo, RT, 1998, p. 48-54.

do direito, permitida no art. 4º, parágrafo único, do CPC. A violação do direito, em tese, poderia dar lugar também a demanda mandamental, condenatória ou executiva. Nem por isso, pode-se afirmar, em face das considerações já desenvolvidas, que a classificação das sentenças (ternária ou quinária) constitua um fenômeno puramente processual.[38]

Presentes essas coordenadas, deve ser dada preferência à tutela que conceda a maior efetividade possível. Ao ângulo visual da segurança, importa fundamentalmente possa o direito de defesa do demandado ser exercido de maneira adequada.[39] A situação jurídica substancial afirmada não deve impedir, outrossim, a eficácia pretendida.

Veja-se, por exemplo, a questão das obrigações de dar dinheiro. Em tal hipótese, a tutela condenatória é a mais adequada, visto que a futura execução por meios sub-rogatórios, por ela proporcionada, em regra é a mais efetiva.

O campo propício ao emprego da tutela mandamental é o dos direitos absolutos, porque estes fazem surgir o dever negativo de abstenção, de não invadir a esfera jurídica alheia, de *alterum non laedere*.[40]

Inexiste, porém, qualquer razão, como bem pondera Luiz Guilherme Marinoni,[41] para se estabelecer uma relação necessária entre direitos absolutos e sentença mandamental. Também as obrigações de fazer e não fazer podem ser objeto de tutela mandamental. Mesmo no que concerne aos direitos relativos, reconhece-se hoje o dever de abstenção: todos os direitos são relativos em relação ao objeto e absolutos no que concerne a sua inviolabilidade (oponibilidade) por parte dos sujeitos do ordenamento. A distinção está na forma como podem ser realizados ou exigidos: os absolutos realizam seu conteúdo independentemente da colaboração alheia; os relativos, na relação com outros sujeitos, cujo comportamento é instrumental para sua realização.[42] A explicação é válida em parte, porque nas obrigações de fazer não está em causa o dever de abstenção. Aqui, a tutela mandamental encontra justificativa no princípio da efetividade.

De qualquer modo, a questão foi grandemente facilitada no direito brasileiro, em razão do novo tratamento do cumprimento das obrigações de

---

[38] Como preconizam, v.g., Rosenberg/Schwab, *Zivilprozessrecht*, 12ª ed., München, Beck, 1977, § 93, 3, p. 478.

[39] Às vezes, impõe-se ao juiz a ponderação entre esses dois valores, como sucede com a tutela de urgência, mas a observação é realizada apenas de passagem, porque este estudo está centrado nas eficácias decorrentes da sentença no processo de conhecimento.

[40] Luiz Guilherme Marinoni, *Tutela Inibitória*, cit., p. 415.

[41] Luiz Guilherme Marinoni, *Tutela Inibitória*, cit., p. 418. Eduardo Talamini, *Tutela Relativa aos Deveres de Fazer e de Não Fazer*, São Paulo, RT, 2001, p. 125-127, com base em amplo estudo da doutrina do direito civil, relativiza a distinção entre deveres e obrigações, preconizando acertadamente a aplicação do art. 461 do CPC tanto aos deveres quanto às obrigações de fazer e não fazer.

[42] Cf. Marco Comporti, *Diritti reali in generale*, p. 26-27, apud Marinoni, *Tutela Inibitória*, cit., p. 417.

fazer ou não fazer operado pelo art. 461 do CPC e especialmente, quanto ao ponto, por seu § 1º (Lei 8.952, de 13.12.1994). Por essa norma, deu-se a inversão do princípio *Nemo praecise poteste cogi ad factum* (ninguém pode precisamente ser coagido a fazer alguma coisa): "A obrigação somente se converterá em perdas e danos se o autor o requerer ou se impossível a tutela específica ou a obtenção do resultado prático correspondente." Afastou-se, assim, a leitura equivocada dos glosadores, privilegiando-se, do ponto de vista do direito material, o respeito à força do negócio jurídico ou do contrato, banidos, é claro, os meios que violentem a pessoa ou a dignidade do devedor, permitindo-se o constrangimento indireto.

Se a obrigação de fazer é personalíssima, só realizável pelo obrigado (e.g., prestação de obra de arte ou científica), ou se foi convencionado no negócio jurídico que o cumprimento não seria específico, mostra-se adequada a tutela condenatória. Na obrigação de fazer fungível, que por hipótese pode ser prestada por terceiro às custas do obrigado, o autor pode escolher entre a sentença condenatória e a mandamental. Esse o sentido da multa estabelecida pelo art. 287 do CPC (redação de acordo com a Lei 10.444, de 7.5.2002).[43]

A tutela declaratória só pode se relacionar com a declaração da existência ou inexistência de uma relação jurídica (excepcionalmente: falsidade de documento). A declaração de um mero fato ou do alcance de uma norma jurídica abstratamente considerada, hipóteses em que não se verifica incidência concreta da norma jurídica sobre o suporte fático, comprometeria a garantia de ampla defesa do demandado, seja porque um mesmo fato pode ser relevante para inúmeros e diversos efeitos jurídicos, seja porque a norma geral e abstrata pode ser aplicada numa série indefinida de situações concretas.[44]

A tutela executiva *lato sensu* diz respeito apenas à agressão ao próprio patrimônio do autor – linha divisória entre tutela executiva *lato sensu* e a tutela condenatória (Pontes de Miranda) – porque a agressão de patrimônio alheio requer, por hipótese, maiores possibilidades de defesa (princípio da segurança).

A tutela mandamental, embora atue como a executiva *lato sensu*, por meio de emissão de ordens do juiz, desta se diferencia porque age sobre a vontade da parte, e não sobre o seu patrimônio. Assim o exige a situação jurídica substancial porque a natureza da obrigação não recomenda, dentro da idéia da maior efetividade possível, o emprego da tutela condenatória.[45]

Realmente, tanto a tutela executiva *lato sensu* quanto a mandamental atendem ao princípio da maior efetividade possível. Basta pensar em rela-

---

[43] Marinoni, *Tutela Inibitória*, cit., p. 460-462, com base especialmente no princípio da efetividade.

[44] Andrea Proto Pisani, *Appunti sulla Giustizia Civile*, Bari, Cacucci, 1982, p. 92-94.

[45] De modo diverso, entende Marinoni, *Tutela Inibitória*, cit., p. 398, que o critério que permite definir a mandamentalidade é puramente processual.

POLÊMICA SOBRE A AÇÃO

ção a esta última que o resultado específico não poderia ser obtido mediante a simples condenação, porquanto conduziria apenas à obtenção do equivalente em dinheiro, com o emprego dos meios sub-rogatórios de execução.

De outro lado, não parece adequado confundi-las com a tutela condenatória sob o argumento de que esta também contém ordem de prestação, variando apenas a forma de realização.[46] E isso porque a sentença condenatória não contém ordem de cumprimento da prestação, mas somente juízo de reprovação. Trata-se apenas de exortação ao cumprimento da obrigação, tanto é assim que o descumprimento não está sujeito a qualquer sanção penal ou civil.

Pretende-se, ainda, como já foi ressaltado no início deste ensaio, que a sentença mandamental constitui título para a execução forçada, tanto quanto a condenação ordinária – e assim é também uma *condenação*, só se diferenciando no conteúdo da sanção imposta em seu segundo momento, na qual se exacerba o fator *comando*, ou *mandamento*.[47] Todavia, a diferença está no próprio conteúdo da sentença, porque os dois verbos *mandar* e *condenar* são totalmente distintos, com conseqüências jurídicas distintas: o mandamento atua sobre a vontade do demandado, por meios de coerção, a condenação tende a atuar sobre o patrimônio, em outro processo futuro (efeito executivo da condenação), mediante meios sub-rogatórios. Ora, segundo a melhor doutrina, na primeira hipótese não se trata de verdadeira execução, porque a satisfação do credor é obtida com a colaboração do devedor, constrangido a cumprir sua obrigação para evitar males maiores.[48]

Cumpre ainda sublinhar que as cinco espécies de tutela (declaratória, condenatória, constitutiva, mandamental e executiva *lato sensu*) constituem todas fenômenos jurídicos, mas é preciso considerar que as sentenças declaratórias e constitutivas satisfazem por si mesmas a pretensão processual, sem necessidade de qualquer ato material futuro; a condenatória fica a meio caminho, criando apenas as condições jurídicas, com a constituição do título executivo, para que tal possa ocorrer em processo autônomo e independente, dito de execução; as duas últimas satisfazem no mesmo processo, por meio de atos materiais, realizados depois da sentença, aptos a produzir alterações no mundo fático.

Finalmente, em se cuidando de tutela mandamental ou executiva *lato sensu*, o ofício jurisdicional só se considera cumprido e acabado com a realização do direito reconhecido na sentença. O art. 463 do CPC implica apenas veto a que depois de publicada a sentença de mérito possa o juiz alterá-la.

---

[46] É a posição de Humberto Theodoro Júnior, *Curso de Direito Processual Civil*, vol. I, cit., n° 497, p. 468-469, n° 499, p. 470, já mencionada ao início deste trabalho.

[47] Cândido Rangel Dinamarco, *Instituições de Direito Processual Civil*, cit., n° 919, p. 242-243.

[48] Cf., por exemplo, Liebman, *Processo de Execução*, 3ª. ed., São Paulo, Saraiva, n° 3, p. 6.

— 3 —

Direito Material e Processo*

OVÍDIO A. BAPTISTA DA SILVA

Livre-Docente em Direito Processual Civil pela UFRGS. Professor do
Programa de Pós-Graduação em Direito da UNISINOS

1. Nossa formação jurídica, por força de uma longa tradição cultural, impõe-nos que pensemos o Direito através de conceitos, vendo-o constituído por fórmulas e regras, sem considerar que o direito existe nos fatos. Os livros jurídicos, mesmo aqueles escritos pelos processualistas, o grupo de juristas que, por dever de ofício, convivem com os problemas concretos da experiência judiciária, não devem indicar exemplos que possam ilustrar suas proposições teóricas.

O exemplo, tendo de lidar, inevitavelmente, com fatos da vida real, faria com que os práticos forenses contaminassem a pureza da "ciência" jurídica que, enquanto conceitual, haveria de manter-se perene, como uma equação algébrica, ou as figuras geométricas. A Universidade, por sua vez, cuida apenas do direito "puro", sem preocupar-se com os casos concretos.[1]

2. A separação entre "fato" e "direito", entre a vida e a norma, que emerge dessa conduta metodológica, exerce importante influência quando buscamos separar os dois campos do fenômeno jurídico, o "direito material", do direito processual. Na verdade, a radical separação entre "norma" e "fato" determina a redução do Direito apenas ao mundo normativo, concebendo-o, conseqüentemente, como uma entidade abstrata.

---

* Estudo preparado para compor livro em homenagem ao Prof. Egas Muniz de Aragão.

[1] De "direito puro", falou, há mais de um século, Edmond Picard (*Le droit pure – Les permanence juridiques abstraites*, Félix Alcan Éditeur, Paris, 1899), traduzindo, numa singela locução, o pressuposto teórico de todos os normativismos.

POLÊMICA SOBRE A AÇÃO

O matemático, ao descrever uma equação de segundo grau, fica dispensado de demonstrar, através de um exemplo, que sua descrição é correta? Para o engenheiro, os cálculos continuarão corretos, mesmo que a ponte seja levada pela correnteza. Poderemos certamente acusá-lo de não ter previsto, com o rigor exigido, o volume de água provocado pelas chuvas que a destruíram. Entretanto, ainda neste caso, os cálculos, enquanto equações algébricas, permanecerão eternamente corretos. O erro decorreria de uma insuficiente previsão meteorológica, ou até mesmo de equivocado cálculo de resistência dos materiais, nunca porém da álgebra. O Iluminismo pretendeu que o direito fosse construído com o mesmo "material" com que se constroem a geometria e a álgebra.

3. Temos repetido a recomendação de Savigny de que os práticos do Direito abandonassem a veleidade de encontrar "uniformidades" nos casos de sua experiência profissional, pois, dizia o jurista, tal empresa mostrar-se-á sempre infrutífera, dada a inimaginável diversidade existente entre eles.[2]

Seria inútil procurar solução para as questões forenses, a partir das invencíveis complexidades dos casos concretos. Somente a *segurança* que nos é dada pelas invariáveis estruturas das figuras geométricas poderia auxiliar-nos na solução dos casos "individuais".

Somos educados para considerar o Direito, mesmo o direito processual, uma disciplina científica, no sentido moderno de "ciência", cujo método deverá ser o indutivo, próprio das ciências experimentais, *generalizantes*, produtoras de regras, quando não uma ciência cuja epistemologia seja a mesma das matemáticas.

4. Carnelutti conceituava o Direito como uma "regra expressa", contendo "comando": "La regola, come ho detto, esiste inespressa nella coscienza degli uomini. Finchè è inespressa, non è diritto".[3] A seguir, escreve o grande processualista: "(...) la regola che preesiste al comando e della quale il comando fa appllicazione, non è giuridica perchè non è tradotta in um *comando generale*; essa diventa giuridica solo per il caso considerato dal comando" (sem os itálicos no original). Somente uma "regra expressa" que "comande" se transformaria em direito. O direito passa a ser definido por sua conseqüência, pela "sanção".

A essência do Direito perdeu-se. Se ele for uma regra que "comande", direito será. Lon Fuller mostra que definir o direito pelo seu potencial coer-

---

[2] Savigny, De la vocación de nuestra época para la legislación y la ciencia, Madrid, Aguilar, 1970, p. 64.

[3] Carnelutti, *Sistema di diritto processuale civile*, CEDAM, 1936, vol. I, p. 16.

citivo, ou seja, pelo instrumento criado para realizá-lo, seria o mesmo que definir as ciências experimentais como o uso que elas fazem dos instrumentos de medir e provar.[4]

5. Buzaid não chegou a afirmar que a execução seria igualmente um *posterius*, uma *conseqüência* da jurisdição, mas não tenho dúvida de que este era realmente um pressuposto oculto em seu pensamento.

A afirmação do mestre Buzaid de que todas as ações começam pela petição inicial e "terminam por uma sentença" explica uma curiosidade que sempre me inquieta, porque conflita com minha compreensão do processo. Refiro-me ao entendimento, aceito pela doutrina brasileira, de que as ações devam ser propostas "contra o Estado". Não contra o demandado, mas "perante" ele.[5]

Claro, se estabelecemos a premissa de que somente existem as "três ações" reconhecidas pela doutrina, as declaratórias, constitutivas e condenatórias, torna-se natural – embora oculte-se aí um notável equívoco – afirmar que a coisa julgada e a *constitutividade* das sentenças constitutivas sejam realmente *efeitos* que se pedem "contra o Estado". O réu apenas assistiria a "ação" estatal de declarar e (des) constituir.

Não falo das condenatórias porque, além de elas não passarem de uma declaração, não existe no direito material uma pretensão à condenação.[6] Nas "três ações" do chamado Processo de Conhecimento, não se pretende, seja do Estado, seja do obrigado, nenhuma *atividade*, não se consuma a prática de nenhum ato que alcance o mundo empírico. Só *pensamento*. Só norma. O juiz não tem volição, seu mister é apenas intelectivo. Ele "diz" o direito, sem nada "fazer"; nem impõe ao réu qualquer comportamento que importe atividade.

Como, poderiam indagar os que negam a existência das "ações de direito material", ver-se nas ações declaratórias e constitutivas, uma ação (um agir), seja do obrigado seja do juiz? Em obra anterior, mostrei como a doutrina medieval, inspirada no Direito Romano, entendia a jurisdição como o "dizer" o direito, não como o "fazer", eventualmente necessário para manter a incolumidade do direito material.[7] O fazer, para os juristas medievais, já não era *iurisdictio* mas *imperium*, assim como para Buzaid

---

[4] Lon Fuller, *La moral del derecho*, original inglês de 1964, México, Editorial Trillas, 1967, p. 123.

[5] Ver o ensaio que redigi para o livro-homenagem ao Prof. Alcides de Mendonça Lima, *in Revista Forense*, vol. 323, p. 119.

[6] Consultar o ensaio inserido na obra *Da sentença liminar à nulidade da sentença*, Forense, 2001, p. 233.

[7] Ovídio A. Baptista da Silva, *Jurisdição e execução na tradição romano-canônica*, São Paulo, RT, 1997, p. 31.

POLÊMICA SOBRE A AÇÃO

seria um *posterius* do ato jurisdicional, simples "conseqüência" da jurisdição.

É desta perspectiva que se pode avaliar o extraordinário compromisso de nosso sistema com o conceito romano de jurisdição, como Chiovenda mostrou em ensaio clássico,[8] bem como a singular resistência da doutrina européia em admitir a jurisdicionalidade da execução, de que tratei igualmente na obra agora indicada.[9]

Entretanto, é necessário considerar que, ao dizermos que a jurisdição romana era apenas declaratória, valemo-nos mais das concepções modernas a respeito das instituições romanas do que propriamente do entendimento que os juristas romanos tinham de seu próprio direito.

6. Interessa-me, no momento, mostrar como este modo de compreender o Direito, especialmente o processo – que, nestas questões, diferencia-se significativamente do direito material –, desempenha o papel de um poderoso instrumento para a consolidação de nossa formação *dogmática*.

Conhecemos o grau de empolgação dos filósofos e juristas europeus, a partir do século XVII, com a "cientificidade" do conhecimento humano. Seduzidos pelo espetacular progresso da astronomia e da matemática imaginaram eles que o Direito, se quisesse aspirar à condição de uma verdadeira ciência, haveria de submeter-se aos padrões epistemológicos das ciências experimentais, das ciências de medir, pesar e contar, quando não, decididamente, teria de sujeitar-se aos padrões epistemológicos da matemática. Para o pensamento moderno, tudo o que não se possa comprovar pela experiência, não será racional. Racional será o experimentalmente demonstrável. As fantasias, os mitos e mistérios, próprios do pensamento medieval, haveriam de ceder lugar às verdades cientificamente provadas. É o que Max Weber indicou como "desencantamento do mundo", um dos alicerces da cultura moderna ocidental.

Na verdade, ao destruírem os direitos medievais, os juristas voltaram-se para o Direito Romano, consolidado por Justiniano, de que o mundo moderno serviu-se para a construção do asfixiante complexo industrial.[10]

7. Não vem ao caso discutir as origens da espetacular revolução operada no conceito de Direito, tal como ele se formou nos sistemas jurídicos

---

[8] Chiovenda, "Lidea romana nel processo civile moderno", *Saggi di diritto processuale civile*, edição de 1993, Giuffrè, vol. III, p. 79.

[9] Idem, ibidem, pp. 41 e ss.

[10] Max Weber, *A ética protestante e o espírito do capitalismo*, 5ª edição brasileira, São Paulo, Livraria Pioneira Editora, 1987, p. 51; Alexis de Tocqueville, *O antigo regime e a Revolução*, 2ª edição brasileira, Editora Universidade de Brasília, 1979, especialmente pp. 63 e 197.

modernos, mas é indispensável considerá-lo tal como ele é ensinado e consta dos manuais universitários. O Direito com que lidamos tanto no foro, quanto em nossos escritórios profissionais, é definido como uma "relação interpessoal de poder", que se torna *jurídica* quando uma determinada norma contendo "sanção", editada pelo Estado, a consagre como direito.

Não era este o sentido em que a tradição filosófica greco-romana, particularmente Aristóteles, compreendia o Direito. Em Hugo Grócio, o grande teórico do direito internacional moderno, ainda é possível encontrar ressonância da cultura clássica, quando ele, procurando referir o direito ao respectivo sujeito (traços do que depois se constitui como "direito subjetivo"), escreve: "o direito é a qualidade moral correspondente à pessoa, para possuir ou agir alguma coisa com justiça".[11] Michel Villey considera que a concepção de Grocio já coincide com a definição moderna de direito subjetivo, embora reconheça que o jurista holandês manifesta um conceito ainda impreciso do que depois veio a constituir o direito subjetivo.[12]

8. Se compulsarmos os tratados de teoria geral do direito, veremos seu inevitável compromisso com o *normativismo*, o direito concebido como norma geral, contendo sanção, editada pelo soberano. Herbert L. A. Hart, grande jusfilósofo contemporâneo, respondendo à questão posta no título da obra, qual seja, "o que é o direito", caracteriza-o como "uma ordem baseada em ameaças", critério que, segundo ele, seria indispensável para distingui-lo da moral, sistema igualmente normativo, porém carente de sanção.[13]

Certamente, para Hart, o direito não se reduz a essa espécie de norma. Existem igualmente as que ele denomina regras que "conferem poderes" e as "regras de reconhecimento". Todavia, ficamos sempre no terreno das "regras". É verdade, como ensina Mario Bretone,[14] que o "normativismo" constitui também uma herança romana. A "abstração", a exigência de que o direito situe-se numa zona distinta da experiência prática, enfim, o "formalismo" era um de seus elementos constitutivos. Somente o Direito, abstrato e formal, seria capaz de impedir – imaginava-se, com suspeita ingenuidade – que a política pudesse contaminá-lo, comprometendo a neutralidade e a segurança que lhes seriam próprias. Entretanto, nem de longe se pode comparar o "normativismo" romano com a exasperação desse prin-

---

[11] Hugo Grócio, *Direito da guerra e da paz*, tradução espanhola da edição holandesa de 1735, Madrid, Editorial Réus, 1925, p. 47.

[12] Michel Villey, "Orígenes de la noción de derecho subjetivo", *Archives dHistoire de Philosophie du Droit*, 1953, tradução de 1976, Chile, Ediciones Universitarias de Valparaiso, pp. 25-26.

[13] Herbert L. A. Hart, *O conceito de direito*, Oxford University Press, 1961, edição portuguesa de 1986, Lisboa, Calouste Gulbenkian, p. 21.

[14] Mario Bretone, *I fondamenti del diritto romano*, Editori Laterza, 1998, p. 3.

POLÊMICA SOBRE A AÇÃO

cípio no direito moderno. Basta considerar que o direito romano era de caráter mais jurisprudencial, no sentido de um direito construído pelos *jurisprudentes*, não pelos códigos.

9. Basta a indicação desse autor, porquanto trata-se de assunto amplamente conhecido, e o interesse, que as observações precedentes possam ter para o tema que me irá ocupar mais adiante, consiste em mostrar a relação entre os sistemas processuais e as doutrinas políticas *contratualistas*, que inspiraram a formação do Estado moderno.

Como sabemos, essas doutrinas, desde Thomas Hobbes, concebem o direito como uma limitação à liberdade natural de que, imagina-se, o homem desfrutava nas comunidades primitivas. Tal é o pressuposto de todos os matizes de *normativismos* modernos.

Claro, se o direito deve ser necessariamente uma ordem restritiva da liberdade original, a lei deverá igualmente revestir-se de conteúdo proibitivo. É comum dizer-se que tudo o que não é proibido está, *ipso facto*, permitido, como restos da primitiva liberdade, preservada pelo sistema jurídico.

Explica-se, a partir deste pressuposto, a doutrina de um dos grandes juristas do século XIX, que considerava a propriedade como uma categoria sem qualquer relevância para o Direito. Com efeito, dizia August Thon haver uma distinção fundamental entre a propriedade e o "direito de propriedade". O direito subjetivo – que ele, significativamente, identificava com a respectiva "acionabilidade" do próprio direito subjetivo – surgia para o "sujeito tutelado" quando, em caso de violação da norma, a ordem jurídica concedia-lhe a faculdade de defender o interesse pela mesma tutelado.[15]

O direito subjetivo surgiria somente depois de a norma ser violada. Este modo de compreender o que denominamos "direito material", além de restringir-lhe o conteúdo, ainda suprime as formas de tutela preventiva. A violação da norma era pressuposto para que o conceito de "direito subjetivo" se compusesse.

Que poderá interessar ao direito, enquanto ordem normativa "baseada em ameaças", minha condição de proprietário da casa em que resido; ou a condição do credor que insiste em exigir do devedor o cumprimento da obrigação? A condição do proprietário que, pacificamente, desfruta de sua propriedade ou do credor que mantém em seu cofre o título de crédito, ainda não corresponderá àquele conceito de Direito enquanto "ordem baseada em ameaças".

---

[15] August Thon, *Norma giuridica e diritto soggettivo*, tradução da edição alemã de 1878, Pádua, CEDAM, 1951, p. 206 (na edição alemã, p. 218).

10. Mas o interesse na concepção do "direito subjetivo" oferecida por Thon vai além. Segundo ele, o direito subjetivo corresponderia à faculdade de iniciativa que a ordem jurídica confere ao "sujeito tutelado" para, em caso de transgressão da norma, realizar o que fora por ela originariamente determinado.

O conceito de direito subjetivo, assim definido, equivale ao que entendo por "ação de direito material". A faculdade que temos de "reagir contra a agressão ao direito" é uma *ação*, posto que "ajo", não apenas um direito subjetivo, que ainda se mantenha como puro *status*. Quando reagimos, abandonamos o plano do pensamento; não temos mais o Direito como um simples *estado* de quem seja seu titular.

Assim como o proprietário, enquanto tal, mantém-se passivo, relativamente ao objeto de seu direito, igualmente o credor, que conserva em seu cofre o título de crédito, não *age*, "atividade" que Thon pressupunha necessária ao conceito de "direito subjetivo". O proprietário, mesmo ausente, mesmo ignorando que o seja, mantém-se proprietário. Ao contrário, quando lhe seja imposta a necessidade de defender a propriedade, contra uma agressão ou ameaça de agressão, ele terá de *agir*. Haverá de exercer uma *ação*, que é o substantivo do verbo agir! Exercerá uma atividade, uma conduta juridicamente relevante. Porém, esta atividade, quando legítima, haverá necessariamente de pressupor o direito subjetivo, ou alguma outra condição prevista pelo ordenamento jurídico, que lhe dê fundamento. Definir o direito pela respectiva "ação" é substituir a norma por sua conseqüência. No fundo, é esquecer o que seja o Direito.

Insistindo neste ponto, para caracterizar melhor a distinção entre "ter direito" e a condição de quem, em caso de agressão, tenha de defendê-lo, cabe advertir que esta "atividade" (um agir do sujeito) corresponderá, necessariamente, ao exercício de um direito que *"preexiste à ação de quem age, forçando sua observância"*.

O que pretendo mostrar é que Thon minara a categoria que comumente denominamos "direito subjetivo", quando o atribuímos à condição de quem tenha em seu nome registrado o imóvel no respectivo álbum imobiliário; ou do credor que mantém no cofre a nota promissória. Dizemos que essas pessoas são titulares de "direitos subjetivos", como de fato assim o considera o art. 130 do Código Civil. São titulares de direitos, às vezes, *inexigíveis* (como a condição do titular de crédito que ainda não venceu), direitos ainda impotentes para realizarem-se; ou direitos que hajam perdido esta característica especial de serem *exigíveis*. Todos sabemos que o direito que tenha prescrita a *acionabilidade* não deixa de existir.

Se quisermos compreender o conceito de pretensão, tanto de direito material, quanto processual, temos de nox fixar, atentamente, nessa categoria de direitos subjetivos ainda inexigíveis (exigibilidade é qualidade que nem todos os direitos subjetivos possuem).

Para Thon, no entanto, nesse momento, ainda não surgira nem mesmo o "direito de propriedade", ou o "direito de crédito", posto que a norma que lhe presta tutela ainda não fora violada.

Enrico Allorio, admirador de Kelsen, embora não identificasse o direito subjetivo material com o "poder de ação", considerava as *sujeições*, *obrigações* e *ônus* que Carnelutti descrevia como faculdades inerentes ao direito subjetivo, como categorias mais próprias ao comentário de um sociólogo,[16] interessado em captar o jogo dos interesses que se ocultam sob o "tecnicismo realizado pelos juristas", do que a descrição de fenômenos jurídicos ("que nexo existe entre semelhantes formas e a unitária estrutura da norma?").

Reflexo dessa concepção de direito subjetivo, como o "agir do sujeito tutelado pela norma" (direito subjetivo como o "agir"), desta confusão entre o *status* de quem tem direito e a eventual ação *que o pressupõe* (!), comum aos juristas italianos, vem expressa nesta passagem de uma obra clássica: "le dottrine che distinguono tra azione in senso materiale e azione in senso formale o processuale – e sono assai numerose, pur divenendo talvolta oscura la distinzione attraverso la varietà delle formulazioni – non risolvono punto il problema, perchè in esse lazione materiale mal si differenzia dal diritto soggetttivo sostanziale".[17] Claro, definindo direito "como ação", apaga-se a diferença!

11. Depois de suprimir o conceito de direito subjetivo, como a condição de quem tem direito – independentemente da contingência de ter de defendê-lo em caso de violação –, Thon eliminou o conceito de "pretensão de direito material" que corresponde à *exigibilidade* inerente aos direitos subjetivos; exigibilidade de tutela que, em determinadas circunstâncias, é atribuída até a quem nem mesmo tenha direito.[18]

Na verdade, Thon não elimina apenas a categoria das *pretensões*. Faz pior. Ao confundir pretensão com o "meio", oferecido pela ordem jurídica para o sujeito, em caso de violação da norma, *realizzare ciò chera stato comandato o di rimuovere ciò chera stato vietato*, acabou identificando pretensão com o ambíguo conceito de ação que, nessa proposição (*un mezzo, la*

---

[16] Enrico Allorio, El ordinamiento jurídico en el prisma de la declaración judicial, Buenos Aires, EJEA, 1958, pp. 12-14.

[17] Carlo Furno, *Disegno sistematico delle opposizioni nel processo esecutivo*, Florença, Casa Editrice del Dott. Carlo Cya, 1942, p. 330.

[18] Pense-se no "pretenso" credor que obtém o arresto. Mesmo não sendo credor, ele pode exigir que o Estado lhe preste *segurança*, para o "direito apenas provável", depois proclamado, na ação principal, inexistente!

pretesa), seria "processual".[19] Os processualistas italianos, quando não excluem a categoria das pretensões, tratam-na como simples "afirmações" de pretensos direitos; seria a afirmação feita, ao formular a demanda, para significar algo a que o autor "se pretende" com direito.[20] Isto seria tão falso quanto dizer, no plano do direito material, que existam direitos "incertos", ou direitos apenas "prováveis". No plano do direito material, o direito existe ou não existe. A incerteza nasce quando aquele que se diz titular dessa posição subjetiva vê-se na contingência de submetê-la ao crivo da jurisdição. Nesta confusão, incidiu Alfredo Buzaid, ao separar, no plano do direito material (!), os direitos "líquidos e certos", de outros que seriam, substancialmente "incertos".[21]

Foi o emprego dessa fatal palavra-chave ("meio", através do qual o "sujeito tutelado" pode restaurar o direito) que induziu a doutrina italiana a suprimir o conceito de pretensão, ou considerá-lo inútil, uma simples duplicação seja do direito subjetivo, seja da "ação" processual.

Assim como a propriedade ou outra qualquer situação, que indicaríamos como um direito material, não constituíam, para ele, direitos subjetivos, igualmente não seria ainda "jurídico" o comportamento de quem apenas *exigisse* que o obrigado "espontaneamente" (!) o respeitasse, cumprindo o respectivo dever.

Para August Thon, o direito subjetivo pressupunha, já, a violação da norma. Conseqüentemente, as ações (para ele o direito subjetivo) seriam sempre repressivas, nunca preventivas, como de resto fora o conceito de ação (de direito material) legado por Savigny.

12. A explicação para a doutrina que se tornou dominante na Itália e que prepondera também no Brasil, segundo a qual o conceito de "pretensão" seria uma inútil duplicação do conceito de direito subjetivo, reside nesse compromisso com o *normativismo* que tem, como uma de suas conseqüências, a separação entre "norma" e "fato", entre o que seria autenticamente jurídico e aquilo que, sendo apenas uma de suas "conseqüências", haveria de ser considerado tão-somente "fato".

Entretanto, para que se entenda esse compromisso com o *normativismo*, é indispensável adicionar-lhe o poderoso alicerce racionalista que o próprio Direito, concebido como "norma", necessariamente pressupõe. Pois a norma jurídica, como qualquer outra norma – enquanto abstrata –, é concebida para prescindir dos "fatos" sobre os quais haverá de incidir.

---

[19] Thon, ob. cit., pp. 206-207.

[20] Assim, por exemplo, Emilio Betti, *Diritto processuale civile italiano*, Casa Editrice del "Foro Italiano", 1936, p. 64.

[21] Alfredo Buzaid, *Do mandado de segurança*, São Paulo, Saraiva, 1989, p. 86.

O exemplo da equação de segundo grau, a que antes aludimos, explica a estraneidade entre a "regra" e o "caso". O direito-regra torna-se o metro que nos permite "enquadrar" a realidade em "nossos" esquemas jurídicos. Tal como o engenheiro e o matemático operam com as grandezas lógicas utilizadas em seus misteres, o jurista, fiel ao Direito "científico", pode perfeitamente prescindir dos "fatos", como a Universidade não se cansa de ensinar-nos.

13. É sem dúvida o *Racionalismo* que ilumina a doutrina moderna fazendo, por exemplo, com que o professor Cândido Dinamarco, jurista de grande talento e competência, considere que as medidas antecipatórias – pela "diferença fundamental" representada pela provisoriedade,[22] assim como as medidas cautelares –, não se destinem e nem possam ir *"diretamente a uma situação da vida"*.[23] Este é o marco teórico da célebre doutrina da "separação de poderes", que teria ingressado na Constituição, sem que os constituintes o tivessem aprovado, como nos informa um dos mais ilustres constituintes, hoje magistrado de nossa Suprema Corte. A separação de Poderes mostrava-se tão natural e indispensável ao Estado de Direito, racionalista e liberal, que pareceu aos dedicados legisladores dispensável sua consagração pelo voto! Seria como uma verdade intuitiva que, por sua condição "natural", não carecia de discussão e aprovação.

A "provisoriedade" é um terrível incômodo para a doutrina. Esta é uma situação curiosa e significativa, enquanto reflete a angústia do *Iluminismo* em fazer com que o Direito domasse o azar inerente à vida humana, tornando-a segura, para permitir a construção do mundo industrial.

Tudo o que for provisório será apenas "processual", mesmo que seus efeitos sejam desastrosos para a "vida real". A medida antecipatória que, numa ação de reintegração de posse, mantém o autor, por vários anos na posse de um grande estabelecimento agrícola – mesmo que ele venha a ser sucumbente –, não chegaria, segundo Dinamarco, a interferir no direito material (naturalmente enquanto norma!).

Acontece – devo insistir – que o direito-regra não se preocupa com a "vida real". O leitor atento já deve ter percebido que essa compreensão do processo o reduz apenas ao Processo de Conhecimento, àquele setor em que o juiz "diz" o Direito, como "boca da lei", eliminando-se do "conteúdo" do ato jurisdicional qualquer atividade (ação), especialmente a atividade executiva, que passa a ser um "produto", um *posterius*, uma conseqüência da jurisdição (traduzida na "definitividade" da coisa julgada) e que, como produto – este sim –, *"vai diretamente a uma situação da vida"*.

---

[22] Cândido Dinamarco, *A reforma do Código de Processo Civil*, 3ª edição, São Paulo, Malheiros Editores, 1996, p. 142.

[23] Idem, *Fundamentos do processo civil moderno*, São Paulo, RT, 1986, p. 350.

14. A mesma "fundamental" diferença fez com que Carlos Alberto Alvaro de Oliveira sustentasse que os alimentos provisionais não seriam "satisfativos", e sim cautelares.[24]

É verdade que, em edição posterior, o autor registra o dissenso da doutrina, quanto à cautelaridade dos provisionais,[25] mas não supera a distinção "fundamental" entre "satisfação de fato", ainda "não-jurídica" e a satisfação que seria verdadeiramente, segundo ele, jurídica, a confirmar seu compromisso com o *normativismo*. O jurídico será sempre a "norma", não os "fatos". A satisfação do direito pressupõe que o juiz o tenha previamente reconhecido como existente! O "direito certificado" pela sentença poderá ser satisfeito. Antes disso, como pretendera Calamandrei, tudo o que se fizer será cautelar,[26] jamais satisfativo.

É a ética da ordinariedade, que acaba comprometendo-se com a doutrina da "unidade do ordenamento jurídico": antes da sentença, não há direito, somente fatos, realidades "sociologicamente" relevantes! Somente sociologia, não ainda direito. É esta separação entre o "direito" e a vida real que informa nossa metodologia universitária, em que o estudante é apresentado apenas à "norma", nunca aos casos concretos que, segundo a doutrina, seriam, quando muito, "matéria prima", em estado bruto, ou "conseqüências" da incidência da "norma".

Como se vê, tudo está ligado a este componente ideológico, formador do sistema, qual seja, a vedação de que os juízes decidam (*rectius*, julguem, porque nossos juízes não têm poder decisório) apoiados em juízos de verossimilhança. Os juízos de certeza são a espinha dorsal do *procedimento ordinário*, que se apóia no "contraditório prévio e exauriente" –, a confirmar, quando nos referimos ao contraditório, que estamos sempre a pressupor o Processo de Conhecimento, pois todos sabem que, no Processo de Execução, não há sequer defesa, quanto mais "defesa plena". Com efeito, o princípio que preside o sistema deve ser identificado com o *Racionalismo*, em sua ambição de transformar o Direito – mesmo o processo que lida *"diretamente com uma situação da vida"* – numa ciência "demonstrativa", em busca de verdades universalmente válidas. A supressão das formas de contraditório "eventual" e "diferido", para universalizar o contraditório "prévio", próprio da *ordinariedade*, está diretamente ligada às exigências do *Racionalismo*, na ilusão de que o processo civil tenha como meta a revelação da *verdade*, como o demonstra esta lição do próprio professor Cândido Dinamarco: "existe toda essa trama de certezas, incertezas, probabilidades e riscos no direito processual. Para *aumentar a certeza*, para

---

[24] Carlos Alberto Alvaro de Oliveira, *Comentários ao Código de Processo Civil*, Rio de Janeiro, Forense, 1988, vol. VIII, Tomo II, pp. 266-279.

[25] Idem, ibidem, p. 273.

[26] Cf. nosso *Curso de processo civil*, v. 3, 3ª edição, São Paulo, RT, pp. 28-29.

POLÊMICA SOBRE A AÇÃO

aumentar, então, a austeridade da Justiça e possibilitar decisões e soluções mais perfeitas e mais adequadas ao direito material, *exaltando a idéia de certeza* (todos os itálicos são nossos), é que está aí o princípio do contraditório como um dos instrumentos de que se vale o legislador para evitar os riscos de sanções que não estejam de acordo com o direito material".[27]

15. As considerações precedentes permitem enfrentar de outra perspectiva esse fantasma que assombra a doutrina, conhecido como "pretensão", especialmente "pretensão de direito material".

Para começo, devo recordar que coube a Windscheid a cunhagem dessa categoria identificada em direito alemão pelo vocábulo *Anspruch*, traduzido como "pretensão". É sabido, porém, que Windscheid, sob o peso da tradição legada pelo Direito Romano, concebeu o conceito de *pretensão* a partir do conceito da *actio*. Com isso, confirmou a redução de todo o direito material ao Direito das Obrigações, na tradição que já o "mercantilizara" desde a obra dos compiladores de Justiniano, pela extensão exagerada do conceito de "obrigação".

O processo (privatizado, com a eliminação da tutela interdital) tornara-se um negócio entre credores e devedores, pois, como se sabe, o procedimento privado da *actio* pressupunha, no direito material, uma *obligatio*. Esta marca encontra-se exaltada em nosso Processo de Execução. Seus personagens são sempre os "credores" e os "devedores". O próprio Estado despe-se de império, para tornar-se credor.

O conceito de pretensão nasceu, portanto, com essa deficiência, ou foi construído tendo em vista apenas as pretensões que produzam "prestações" do Direito das Obrigações. As ações que poderiam representar, no direito moderno, os *interditos* – as executivas e *mandamentais* – ficaram fora do conceito, de modo que Windscheid, ao concebê-lo, manteve-se fiel à herança romana das compilações de Justiniano, preservando o conceito de jurisdição, como simples *iurisdictio*, para assegurar o vínculo do direito processual com a doutrina da "divisão de poderes". Nada que possa *"ir a uma situação da vida"* deve integrar o ato jurisdicional. Somente o "dizer" do Processo de Conhecimento, nunca o "fazer", seria capaz de manter o magistrado como "boca da lei". A execução será sempre um *posterius* do ato jurisdicional, uma de suas "conseqüências".

16. A insuficiência do conceito de "pretensão" deu azo a amplas controvérsias, seja para salvar o conceito, seja para sepultá-lo. A própria concepção proposta por Windscheid é exemplo dessa ambigüidde. Na polêmica por ele mantida com Theodor Muther, depois de dizer que a *actio* "era a

---

[27] Cândido Dinamarco, *Fundamentos do processo civil moderno*, São Paulo, RT, 1986, p. 117.

expressão imediata e exaustiva do direito de crédito"; e que as fontes falavam da *actio* quando queriam referir-se à *obligatio*, escreve Windscheid: "Mas a *actio* não se limita à *obligatio*. Se alguém exige de outrem que o reconheça como proprietário, ou que reconheça a existência de alguma outra relação de direito ou de fato, *está exigindo-lhe algo* e, na medida em que se lhe concede tutela judicial, para obter o que ele exige, se lhe atribui *actio*. *Actio*, portanto, é o termo para designar *aquilo que se pode exigir de outrem* (todos os itálicos são nossos), em resumo, podemos dizer acertadamente que *actio* é o vocábulo para designar pretensão".[28]

Além disso, como observa Giovanni Pugliese, na importante introdução feita à tradução italiana da célebre polêmica, Windscheid empregava o vocábulo *actio* com dois significados entre si diferentes. Como no texto agora transcrito, a *actio* é tanto o termo para designar *aquilo que se pode exigir de outrem*, quanto igualmente se "exercerá *actio*" quando ao sujeito se lhe concede tutela judicial, para exigir o que lhe seja devido.[29] Então, *actio* seria, para Windscheid, o poder de exigir o reconhecimento do direito, mas também seria *actio* a "concessão da tutela processual" para exigir esse reconhecimento. A ambigüidade só poderia crescer, como de fato cresceu!

Há outra circunstância decisiva para entender o sentido da *actio*, tal como Windscheid a considerou, e a primitiva *actio* do direito romano arcaico. Para o período das "ações da lei", o vocábulo realmente tinha o sentido de procedimento, próprio de cada uma das cinco ações (procedimentos) existentes. Quando se dizia, por exemplo, *actio sacramento in personam*, aludia-se a uma classe especial de procedimento, ao passo que, no direito romano tardio, especialmente no direito imperial, o termo passou a designar, não mais o procedimento, mas "aquilo que o autor pode exigir do demandado". Confira-se esta lição de um antigo romanista: "Quoi qil soit, toujours est-il que, dans le langage propre à ce premier système, le mot *actio* noffre pas le même sens quil presente plus tard, quand on dit: *actio confessoria, actio emti, actio mandati, actio furti*. Dans le dernier locutions *actio* indique le droit de poursuivre tel ou tel droit; et, dans ce sens, il y a autant dactions quil y a de droit différents".[30]

A doutrina não costuma advertir nesta essencial transformação semântica, tendo presente, quando se refere à célebre "teoria civilista da ação", à *actio* do direito romano primitivo, valendo-se porém das categorias do direito romano tardio. Vale-se da *actio* procedimento para invalidar o conceito de *actio* pretensão de direito material.

---

[28] Windscheid, "La 'actio' del derecho civil romano, desde el punto de vista del derecho actual", 1856, in *Polémica sobre la "actio"*, Buenos Aires, EJEA, 1974, pp. 11-12.

[29] Pugliese, "Introducción", in *Polémica sobre la "actio"*, Buenos Aires, EJEA, 1974, p. XXX.

[30] L. B. Bonjean, Traité des actions ou expositions historique de lorganisations judiciaire et de la procédure civile chez les romains, Paris, Videcoq Père e Fils, Éditeurs, 1845, p. 22.

Há, ainda, outro ponto significativo na proposição de Windscheid pouco considerado pela doutrina. Embora Windscheid seja enfático ao dizer que a *pretensão* é "a expressão imediata e exaustiva do direito de crédito",[31] é certo que ele, além de não limitar o conceito à *actio* romana, como se vê do texto agora transcrito, ainda aceitava a outorga de pretensão para "exigir de outrem que o reconheça como proprietário", pretensão indiscutivelmente declaratória, posta por Windscheid no direito material!

Sabe-se que a doutrina posterior – estreitando ainda mais o conceito de pretensão – recusa-se a ver "pretensão à declaração" no direito material –, mas a clássica monografia de Adolf Wach sustentara-se, precisamente, na mesma idéia, tendo sido escrita para mostrar que o interesse que legitima a pretensão de tutela jurídica processual poderá limitar-se à simples declaração.[32] O autor alega ter, naturalmente no plano do direito material, uma pretensão a que o demandado "preste" declaração. A recusa, em ver as constitutivas e declaratórias no direito material, como é o caso de von Tuhr, enaltece a pretensa *processualidade* das ações.[33] O jurista alemão argumenta ser impossível "obter", fora do processo, o resultado que ele produz quando realiza, através das respectivas ações, as pretensões declaratórias e constitutivas. Nem a coisa julgada, nem as modificações que se alcançam com as sentenças constitutivas "podem ser obtidas" (forçadamente!) fora do processo pelo titular do direito. Isto induziu à falsa crença na *processualidade* destas pretensões, pressuposto para a célebre classificação "trinária" das ações, que seriam categorias criadas pelo direito processual".[34] Para os processualistas, o "direito positivo" que gera as ações é o direito processual. A sentença que anula o contrato seria constitutiva porque o "direito positivo" processual (!) assim o quer. A pretendida autonomia do direito processual acusa, neste ponto, a expressão tirânica de seu domínio sobre o mutilado direito material. Os processualistas não imaginam que possa haver ligação entre as eficácias expressas nas sentenças de procedência e as respectivas pretensões de direito material que o processo recebe como um "dado", como um pressuposto, sobre o qual terá de operar. Imagina-se que o direito processual poderia, se o quisesse, transformar uma ação de divórcio em executiva, ou mandamental. Ela conserva-se, milagrosamente, constitutiva porque o "direito positivo" (leia-se "processual") assim o quer! A subversão conceitual é fantástica.

Entretanto, mesmo aceitando que as pretensões declaratórias e constitutivas não se possam "realizar" fora do processo, isto não demonstra que elas não "existam" antes ou fora do processo. Ignora-se, quando se argu-

---

[31] Windscheid, ob. cit., p. 10.

[32] Adolf Wach, *La pretensión de declaración*, 1888, Buenos Aires, EJEA, 1962, pp. 24 e 77.

[33] von Tuhr, *Teoria general del derecho civil*, vol. I, Buenos Aires, 1946, § 15, I.

[34] Cf. o nosso *Curso de processo civil*, v. 1, 6ª edição, São Paulo, RT, p. 173.

menta deste modo, a distinção lógica entre "carecer do processo" para realizarem-se e "não existirem" fora, ou antes dele, pois, quando se diz que a *declaração* necessita do processo para realizar-se, proclamamos, por força de uma contingência lógica, que essa declaração, enquanto "direito exigível" (pretensão), *existia antes do processo*! Tanto existia antes, que o processo fora concebido para realizá-lo.

17. Entretanto, a defeituosa redação do § 231 do Código Civil alemão, que reconhecera a "pretensão à declaração", diversa da condenação, foi igualmente fator decisivo para consolidar a ligação entre pretensão e "prestação", do Direito das Obrigações. Escreve von Tuhr: "o direito de reclamar a *prestação* denomina-se, em termos jurídicos, pretensão" (o vocábulo "prestação" não contém o itálico no original).[35]

No conhecido tratado de direito civil de Enneccerus, lê-se, com surpresa, o seguinte: "o direito romano desconhecia o conceito de pretensão",[36] ainda que os autores aceitem a lição de Windscheid, o qual, como vimos, mostrara a existência da categoria que ele propunha, como sendo uma *pretensão*, consagrada pelo Direito Romano com o nome de *actio*.

Mesmo seguindo a sugestão do § 231 do Código Civil, transformado depois no § 194, os civilistas reconhecem que, dos direitos absolutos, podem brotar, a todo momento, pretensões, "se o direito é ofendido por outra pessoa".[37]

Para Enneccerus-Nipperdey, os direitos absolutos geram apenas "faculdades", a não ser quando se refira a uma "pessoa determinada", contra a qual o titular do direito absoluto possa reclamar. A conclusão é expressa nesta frase: "a propriedade dirige-se *erga omnes* e a pretensão somente contra o infrator".

De qualquer modo, estamos sempre a tratar da pretensão como uma categoria do direito material, assim como da *actio* resultaria, também no Direito Romano, uma "ação procedente". A conhecida definição de Celso (*Actio autem nihil aliud est, quam ius persequendi iudicio quod sibi debeatur*) é de indiscutível evidência, ao explicitar que propomos a ação para obter "o que nos é devido", não para pedir "o que afirmamos que nos seja devido". Ver o processo da perspectiva da "ação" processual foi uma experiência estranha aos romanos. É igualmente estranha a nossos juristas, formados na mesma tradição. Somente vendo a relação litigiosa "depois de encerrada", será possível afirmar que o autor propusera a ação para "obter o que lhe era devido".

---

[35] von Tuhr, *Tratado de las obligaciones*, tradução de 1934, Tomo I, Madrid, Editorial Reus, p. 8.
[36] Enneccerus-Nipperdey, *Derecho civil (Parte general)*, 39ª edição alemã, 3ª edição espanhola, p. 958.
[37] Idem, ibidem, p. 958.

A definição de Celso quer significar que o autor já "obtivera", através do processo, "o que lhe era devido". Celso não poderia, no curso da relação processual, afirmar que o processo "daria" ao autor "o que lhe era devido", a não ser que se entenda como "devida" apenas a sentença de procedência ou de improcedência.

Durante o curso da relação processual, somente a sentença (qualquer que ela seja) lhe seria devida. Na pendência da relação processual, o direito torna-se simples "expectativa de direito" (Goldschmidt). Para Celso referir-se à ação processual, deveria dizer que o autor viera buscar o direito que "afirmava" possuir.

O que se indica como teoria "civilista" da ação, corresponde, portanto, à "ação de direito material", ação de quem tem direito! A chamada "teoria civilista", ao contrário do que se tem dito, não é uma errônea compreensão da "ação" processual. É uma corretíssima definição da ação de direito material!

18. Em estudo recente, diz Carlos Alberto Alvaro de Oliveira que, quando Pontes de Miranda afirma que a ação seja a inflamação do direito ou da pretensão, "logo surgem à lembrança as idéias de Savigny, que via a ação de direito material como emanação (*Ausfluss*) do próprio direito material, confundindo-se com a eficácia deste".[38]

Certamente surgirá à lembrança a doutrina de Savigny, pois tanto ele quanto Pontes não cuidavam da "ação" processual, mas da ação de direito material, "afirmada" existente pelo autor. É surpreendente a resistência da doutrina em reconhecer as duas categorias (que se valem do mesmo vocábulo) com que têm de tratar necessariamente os processualistas. As ações (no plural) de direito material e a "ação" (no singular) *una*, abstrata e formal, conhecida como "ação processual".

A doutrina não leva em consideração que o monopólio estatal da jurisdição fez nascer uma segunda pretensão (exigibilidade), além daquela que o titular do direito já possuía, contra o destinatário do dever jurídico. Tanto posso "exigir" o pagamento (exercer pretensão) contra meu devedor, quanto posso exigir que o Estado – quando fracasse aquela exigência privada –, realize, através do processo, a minha pretensão. É claro que estou a tratar de "ação procedente", porém não se pode obscurecer a existência das duas *exigibilidades*, outorgadas ao titular do direito: o agir contra o devedor (proibido, mas não eliminado!); e o agir estatal, que a sentença de procedência necessariamente realiza.

---

[38] Carlos Alberto Alvaro de Oliveira, *O problema da eficácia da sentença* [ensaio destinado ao livro em homenagem a Giuseppe Tarzia], in *Revista Forense*, vol. 369, p. 43.

Os que, dizendo-se adeptos da doutrina abstrata da "ação", suprimem as ações (no plural) de direito material, comprazem-se em acusar os que as aceitam, de serem partidários da doutrina civilista da "ação processual" (!), "aproximando-se" de Savigny. Porque esses processualistas legitimam a "apropriação indébita", praticada pela doutrina processual, da categoria conhecida como ação, supõem que sua transferência para o processo a tenha eliminado do direito material.

Para a doutrina, a partir do século XIX, somente o processo pode conter essa nova categoria, fruto de laboriosas elucubrações dos mestres processualistas. Esta concepção harmoniza-se com a célebre teoria da ação proposta por Alessandro Pekelis, para quem, no direito moderno, ninguém mais "age", não age o particular e nem o Estado age, limitando-se a "dizer" o Direito, sem nada fazer.[39]

Para nosso processualista, o direito material confunde-se com sua eficácia, ou seja, somente haverá direito subjetivo no momento em que ele se mostrar eficaz; ou quando produzir "emanações".

Temos, porém, de cuidar para não confundir a "pretensão" com a "eficácia do direito subjetivo". Meu direito de propriedade tem eficácia, tanto no momento em que dele me utilizo, por exemplo passeando em meu automóvel, ou colhendo frutas em meu pomar, quanto igualmente é eficaz ao permitir-me dar em locação, ou em hipoteca, os bens sobre os quais o direito incide; enfim, quando posso alienar os objetos sobre os quais meu direito de propriedade se constitui; e é eficaz igualmente quando dele não me utilizo. Meu direito de crédito mantém-se eficaz quando conservo no cofre a nota promissória em que figuro como credor. Mesmo que ele não produza qualquer "emanação".

Estas *faculdades*, inerentes ao direito subjetivo, nada têm a ver com as pretensões que lhe são próprias, mas fica evidente que Carlos Alberto Alvaro de Oliveira, ao confundir direito subjetivo com o que ele diz ser a sua eficácia ("emanações"), acaba identificando o direito subjetivo com suas pretensões.

O conceito de pretensão seria uma categoria inútil porque, correspondendo a uma "emanação" do direito subjetivo, "confunde-se com o próprio direito material". Seu conceito aproxima-se tanto da conclusão de Pekelis – que escreveu sobre ação, para negar-lhe existência –, quanto da doutrina de August Thon, para quem o direito subjetivo somente existirá quando "emane" eficácia, que o professor gaúcho confunde com pretensão, enquanto o civilista alemão confundia o próprio direito subjetivo com a ação, com

---

[39] Não vem ao caso reproduzir o que, sobre essa reveladora doutrina de Pekelis, escrevi em *Jurisdição e execução na tradição romano-canônica*, ob. cit., pp. 169-171.

o *agir* próprio do direito subjetivo. Direito de que não "emane" eficácia, direito não será!

Registro que, para Carlos Alberto, "o direito material constitui a matéria prima com que há de trabalhar o juiz". Todavia, segundo ele, o julgador verá o direito material "sob uma luz necessariamente diversa", posto que o resultado da tutela jurisdicional, refletida na eficácia da sentença, "já não apresenta o direito material em estado puro".[40]

Não compreendo o que o jurista quis significar com um direito material "refletido na eficácia da sentença", que, por isso, perdera sua pureza...! Afinal, existem direitos "puros" e direitos "impuros"?

A perplexidade colhe-me novamente quando leio que, segundo ele, "declarar, condenar, constituir, executar ou mandar, são verbos que não constam do repertório do direito material", porque o direito material falaria "em indenizar, em resolver contrato, em renúncia de direito, etc.".

Teríamos, portanto, aqueles *verbos* que, para mim, expressam as ações de direito material, transferidos não se sabe para onde, talvez para o processo. Seria, então, de esperar que Carlos Alberto submetesse sua classificação – não mais da "ação" processual *una* e abstrata, mas das "ações processuais" – a seu critério classificatório, tendo por base as cinco eficácias, que ele parece admitir que as sentenças realmente possuam. Haveria ações (processuais) declaratórias, constitutivas, condenatórias, executivas e mandamentais, cujas eficácias seriam criadas pelo processo.

Entretanto, verifico que Carlos Alberto, poucas linhas antes, dera-me razão quando dissera que "a ação processual una e abstrata não pode ter conteúdo declaratório, constitutivo ou condenatório",[41] a sugerir, agora, que essas qualidades, ou eficácias sentenciais, não estariam no direito processual, como eu afirmara com sua adesão. Porém, segundo ele, nem no direito material encontrar-se-iam as eficácias sentenciais, que ele concordara não serem também qualidades da ação processual.

Temo que exagere, mas não posso deixar de concluir que o ensaio de Carlos Alberto não foi capaz de desvendar o misterioso desaparecimento das cinco eficácias das sentenças, que não estariam nem no direito material e nem no processo!

19. Seu argumento para excluir as ações declaratórias e as demais do direito material apóia-se, parece-me, em dois pressupostos: no direito material só existem os verbos "indenizar", "resolver contrato" e "renúncia de direito", etc. (que poderia impedir de incluí-las nessa abertura enorme oferecida pelo vocábulo "etc."?) .

---

[40] Carlos Alberto Alvaro de Oliveira, ob. cit., p. 46.
[41] Idem, ibidem, p. 42.

O segundo argumento de que ele se vale, para o expurgo, está em que lhe parece simplesmente contrária ao ordenamento jurídico "a idéia de uma norma de conduta que contenha dentro de si o mecanismo de sua própria realização judicial, acaso violada".[42]

Embora a locução se mostre obscura, arrisco a conclusão de que o jurista esteja a fundir os "dois planos", cuja separação se lhe afigurava tão clara e indispensável.

Reconheço que a separação entre direito material e processo não se concilia com o *normativismo* jurídico, o pressuposto tão natural a nossa formação, que concebe o direito como uma norma editada pelo Estado. Somente ao conseguirmos superar esse pressuposto, vendo fenômenos jurídicos em comunidades humanas pré-estatais, em expressões rudimentares, como nos mostram os estudos de arqueologia jurídica, seria possível aceitar a existência de direitos que não contenham "dentro de si" o mecanismo de sua realização judicial e, mesmo assim, sejam perfeitamente eficazes como direito, enquanto realidades histórica e sociológica.[43]

Todavia, ele prossegue dizendo que a eficácia se apresenta apenas como uma "forma" de tutela jurisdicional, "outorgada a quem tem razão, seja o autor, seja o réu (sentença declaratória negativa)"; e que, no entanto, "a distinção entre as diversas espécies de tutela jurisdicional não é arbitrária".[44]

Aceito, com entusiasmo, a declaração de que essas distinções propostas pelo autor não sejam arbitrárias. Cabia-lhe, no entanto, o ônus de explicar como nascem as distinções – que não estariam no direito material e que, formando conteúdo da lide, qualificam a respectiva sentença –; explicando também como deixará de ser arbitrária sua classificação das "ações" processuais. Afinal, quem criaria a constitutividade de uma ação de separação judicial? O direito material? O autor, ao formular a petição inicial? O juiz, discricionariamente, na sentença, já que o "objeto do processo" a tanto não o obrigaria?

---

[42] Idem, ibidem, p. 45.

[43] Sobre isto, consultar a magnífica pesquisa de E. A. Hoebel, *Il diritto nelle società primitive*, tradução italiana, Bolonha, Il Mulino, 1973.

[44] Preocupa-me sobremodo a nova tendência seguida pelos juristas brasileiros, de substituir as ações pela "tutelas". Carlos Alberto faz coro ao novo sentido que se busca emprestar ao objeto de processo. Ninguém mais exerceria ação, nem a parte, nem o Estado. Não se classificam mais as ações (de direito material), mas a "resposta" que a elas dará o Estado. A parte limita-se a implorar a tutela, que será recebida como uma dádiva ou uma benção do Estado. O litigante assemelha-se ao enfermo nas filas da assistência social. O autor é paciente, não mais agente! Esta é também a conclusão de Dinamarco (*Fundamentos do processo civil moderno*, ob. cit., p. 117, *nota* 21), quem, depois de dizer que não existe ação nem contra o réu e nem "contra alguém" (p. 116), diz que a ação teria como "titular passivo" o Estado, porém, "mesmo assim" (?), não há um direito contra o Estado, porque não há aí um conflito de interesses. Conseqüentemente, para ele, não há mais "direito de ação", nem "contra alguém", nem mesmo contra o Estado! Este seria o "sujeito passivo" de um direito que não existe, posto que não se tem ação nem contra o demandado e nem "contra alguém".

POLÊMICA SOBRE A AÇÃO

Minha incompreensão com sua inovadora doutrina debate-se, a seguir, com outra dificuldade. Depois de afirmar que as distinções entre as "formas de tutela jurisdicional" não são arbitrárias, escreve: "Deve-se atender, essencialmente, aos princípios de efetividade e da segurança (este derivado do próprio Estado de Direito e representado pelo conceito de 'devido processo legal'), ambos com matriz constitucional".

É verdade que todos esses pressupostos estão condicionados "à situação jurídica substancial afirmada".[45] Ante essas considerações doutrinárias, tenho de confessar minha incapacidade de localizar onde estão as ações que saíram do direito material; e precisar qual o critério a determinar, afinal, a classificação das ações proposta pelo jurista.

Sua indecisão quanto ao lugar a ser ocupado por essa categoria que lhe parece tão rebelde, revela-se nos parágrafos seguintes: "Estabelecido não se assentar a eficácia da sentença apenas em considerações de ordem processual e muito menos se confundir com a ação de direito material mostra-se indispensável ir mais fundo no exame do problema".[46] Temos, portanto, que a eficácia da sentença não se assenta "apenas" em "considerações" de ordem processual, sem se confundir, no entanto, com a ação de direito material.

Entretanto, pretendendo ir mais fundo, limita-se a escrever: "Nem por isso, pode-se afirmar, em face das considerações já desenvolvidas, que a classificação das sentenças (ternária ou quinária) constitua um fenômeno *puramente* (sem o itálico no original) processual". Sabendo que, para ele, esses verbos "não constam do repertório do direito material", temos de admitir que, ou elimina-se, definitivamente, essa incômoda categoria que resiste aos esforços dos juristas em compreendê-la; ou aceita-se, como sugeriu Pekelis, que nem o autor age, e nem age o Estado. Tudo ficaria resumido à imploração das "tutelas" que o Estado outorgaria aos "suplicantes".

20. Para cortar as possíveis incompreensões a que essas ambigüidades possam induzir, quero proclamar – para escândalo de muitos – que não existe ação sem direito! Os danos para a ciência processual causados pela suposição de que pudesse haver uma ação sem direito, ainda não foram contabilizados.

Pontes de Miranda advertia para os danos causados pelo transplante de categorias e raciocínios próprios do direito material para o processo.[47] A doutrina ainda trata as categorias processuais como se elas fossem tão estáticas quanto as categorias do direito material. Isso permite-lhe passar

---

[45] Carlos Alberto Alvaro de Oliveira, ob. cit., p. 46.
[46] Idem, ibidem, p. 45.
[47] Pontes de Miranda, *Tratado da ação rescisória*, 5ª edição, p. 5.

de um plano ao outro sem qualquer cerimônia. Como veremos mais adiante (n. 21, *infra*), para Carlos Alberto a ação existe ou não existe. O estado de *pendência* é-lhe inteiramente estranho.

Mas não há dúvida de que essas precariedades conceituais entortaram de tal modo o Direito Processual Civil – ao estimular uma enorme literatura dispensável (se não houvesse sob ela um importante componente ideológico) –, que se torna quase impossível o diálogo que procure questionar o *paradigma* dogmático. Sinto-me no dever de justificar essa asserção, embora não seja a primeira vez que a faço.

No *Curso de processo civil*, vol. I, 6ª edição, p. 92, escrevi: "A primeira espécie de *ação* (referia-me à ação de direito material) tem como pressuposto um direito material preexistente de que é titular aquele que *age*; esta, a "ação" processual, por força há de estar igualmente fundada num direito anterior. Também ela, como qualquer outra atividade lícita, deve corresponder a um *direito exigível* (= pretensão), sob pena de configurar o puro arbítrio e a violência. Este direito à tutela estatal nasce a todos os participantes de uma dada comunidade jurídica, organizada sob a forma de Estado, precisamente a partir do momento em que a autotutela privada foi proibida, estabelecendo-se o monopólio da jurisdição".[48]

Aqueles processualistas que mal conseguem emergir do direito material, quando perdem tempo precioso sustentando que a "ação" processual é concedida tanto aos que têm, quanto aos que não têm direito, referem-se – sem o pressentirem – ao direito material. Permanecem soldados ao direito material.

Claro, o autor que vê rejeitada a ação (de direito material) exerceu "ação" (processual) , sem ter direito (material!), conseqüentemente sem ter *actio* (pretensão de direito material). Mas isto nada nos diz sobre os pressupostos que legitimaram o autor sucumbente a exercer o direito (!) à jurisdição. Ele somente exerceu a "ação" processual porque – estando sob a proteção de um Estado juridicamente organizado – tivera "direito" a ser ouvido perante um tribunal, para, através da "ação" processual, demonstrar "*o que lhe parecera ser seu direito material*". A "ação" processual é o exercício de um direito público subjetivo. Não há ação sem direito que lhe dê legitimidade.

Surpreende-nos que o professor Carlos Alberto, considerando insuficiente a teoria de Pontes de Miranda, escreva: "A explicação não satisfaz, porque ao mesmo tempo em que se reconhece que o demandante não tinha ação (de direito material) afirma-se que a ação foi exercida pela 'ação'. Não se pode exercer o que não se tem, é o óbvio".[49]

---

[48] Vd., também, *Revista da Ajuris*, vol. 29, 1983, pp. 99 e ss.
[49] Carlos Alberto Alvaro de Oliveira, ob. cit., p. 43.

O processualista dá a impressão de não considerar a crucial distinção entre direito material e processo, saltando de um plano para o outro como se ambos estivessem formados por conceitos e categorias de idêntica natureza. Não é correta sua afirmação de que, vindo a sentença a reconhecer que o autor não possuía a ação – como ele diz, de direito material –, tivesse Pontes sustentado que, mesmo assim, "a ação fora exercida".

Não considera ele que as pretensões (de direito material), quando postas na relação processual litigiosa, perdem a solidez que lhes assegurava a inimpugnabilidade (incontrovertibilidade) própria do direito material, para tornarem-se meras "expectativas de direito". A "ação exercida", a que Pontes de Miranda se referia, não passava de uma simples "afirmação" feita pelo autor que "alegava" ter pretensão, em última análise, uma expectativa de ter "direito exigível" (*rectius*, pretensão). Entretanto, apesar disso, o autor estava convencido de estar pondo em causa uma pretensão, realmente existente. Como se vê, quem não leva em conta a "necessária separação entre os dois planos" é ele, não Pontes.

A conclusão impõe-se a partir deste parágrafo de seu estudo: "Ao inserir a ação no plano do direito material, tal modo de visualizar o problema deixa obviamente de levar em conta a necessária separação entre os dois planos do direito material e processual".[50] Se não se tratasse de um processualista ilustre, com larga experiência como advogado e docente, além de magistrado, não seria de levar a sério a assertiva. O compromisso ideológico com a doutrina que se tornou "pensamento único", porque dogmatizada, não lhe deixa ver que, ao apropriar-se da *ação*, fazendo-a uma categoria exclusivamente processual, acaba comprometendo-se com o *normativismo*, confundindo o direito subjetivo com a sua "emanação". Como ele explicaria o direito ainda não exigível, ou não mais exigível (com a respectiva exigibilidade prescrita)? Os direitos sem "emanação"? Os direitos subjetivos sem pretensões?

Veremos adiante que Carlos Alberto não considera as realidades jurídicas vistas no plano processual como "expectativas". Ele permanece preso ao direito material. Trata-se de problema constante em toda a doutrina, essa incapacidade de lidar com as incertezas, provocadas por qualquer relação processual litigiosa. Para a doutrina, a ação existe, ou não existe. Não lhe ocorre a figura de uma ação apenas "afirmada" existente pelo autor. É verdade que Carlos Alberto refere-se à "situação jurídica substancial afirmada",[51] mas não creio que haja extraído da distinção entre direito material – que lida com o mundo do "ser" e do "não ser" – e processo, que transforma o ser em mera "expectativa de ser", as conseqüências que se impõem. Pa-

---

[50] Idem, ibidem, p. 43.
[51] Idem, ibidem, p. 46.

rece-me que ele não absorveu as lições sugeridas pela diversidade entre os dois planos.

A categoria, lidimamente processual – distante do mundo do "ser" ou do "não ser" –, de uma ação que, embora o autor esteja seguro de possuir e de exercê-la, se tenha transformado, pelo processo, em simples *expectativa*, não entra em cogitação dos que se gabam de separar os dois planos, imaginando que se tenham desligado do direito material.

Referindo-se aos que admitem a existência das duas categorias de ações – a de direito material e a "ação" processual –, supõem que estes, não eles, confundam os dois planos.

Entretanto, a distinção, reclamada por nosso jurista, acaba traindo-o nesta proposição: "Ora, se não é possível *afirmar* a existência do direito antes do contraditório (o itálico não consta do original), muito menos se poderá admitir a 'ação material' já no início de demanda". Seu raciocínio conserva-o, irremediavelmente, preso ao direito material. Não poderá haver ação material antes do contraditório, porque as coisas são ou não são; e antes do contraditório, para o juiz, elas não são!

A segurança com que ele afirma não existir direito material "antes do contraditório" sugere que ele esteja a supor que o processo trabalhe com as mesmas categorias que dão ao direito material as *certezas* de que a doutrina não pode prescindir. O direito apenas "afirmado" pelo autor, essas simples *expectativas* de direito, geradas pela relação processual, não consegue espaço em seu pensamento.

Porventura, somente haverá direito material *depois da sentença*? Ou, como ele diz, depois do contraditório? Esta é a sugestão deixada pelo parágrafo agora transcrito: não se podendo falar em ação "já no início da demanda", conseqüentemente como se haverá de falar em direito subjetivo antes da sentença?

Como se vê, é necessário reler Goldschmidt para que a doutrina supere o dogmatismo de nossa formação universitária.

Carlos Alberto coloca na boca de Pontes – quando este diz que o autor estaria a "exercer ação" (de direito material) – a afirmação de que "*realmente*", no plano do direito material, "*havia uma ação*", depois negada pela sentença. Mas a transcrição que o mesmo faz de Pontes é suficiente para esclarecer o equívoco, desmentindo sua leitura. Segundo ele, Pontes escrevera: "se em vez de alcançar, com o trânsito em julgado, sentença favorável, por ser julgada improcedente a ação (= propôs ação que o demandante não tinha), declara-se a inexistência da ação. *Uma vez que o autor não tinha ação*, exerceu a pretensão de tutela jurídica, exerceu a pretensão ao remédio jurídico processual, porque não podia esperar sentença favorável *quanto à ação de que se supunha ser titular*" (todos os grifos são nossos).

Confesso-me incapaz de compreender o raciocínio do ilustre processualista gaúcho, quando, ante um texto tão cristalino, lendo-o equivocadamente, insiste em dizer que a explicação de Pontes não satisfaz!

Antônio afirma que ingressara com uma ação de despejo contra Paulo. No serviço de distribuição, a demanda fora registrada como sendo uma ação de despejo. O demandado contestou-a, e o processo foi regularmente instruído. Acontece que, "em vez de alcançar êxito, com sentença favorável", Antônio teve a desilusão de deparar-se com uma sentença de improcedência. Pensara ter ação de despejo; e, para recuperar o imóvel locado, valer-se da "ação" processual, dizendo-se titular da ação de direito material (ação como o "ato de despejar", o "agir" despejando). Como, porém, a sentença fora de improcedência, Antônio resultou convencido pelo Estado (eficácia da coisa julgada) de que sua "ação de direito material" não existia, porque ele não podia exigir (exercer pretensão), porque a ordem jurídica não lhe dava o "direito subjetivo" de que haveriam de nascer a pretensão e a ação. A não ser que me engane, Pontes de Miranda dissera apenas isto, nada que não ocorra milhares de vezes por dia nos pretórios.

21. Chegou o momento de desfazer outro equívoco, derivado da mesma ambigüidade contida no conceito de Direito. Não tenho a menor intenção de escandalizar, nem pretendo brincar com os conceitos, mas digo enfaticamente que o "direito subjetivo" não freqüenta os tribunais, não se faz presente no foro. Reconheço que esta afirmação pode causar espanto, dada a cômoda passividade com que a doutrina proclama ser função primordial do processo a proteção aos direitos subjetivos.

Na verdade, quando se atribui ao processo a função de proteger os direitos subjetivos – vendo-os através do que a doutrina diz ser uma visão civilista da ação –, o que ela pretende dizer é que o processo protege, em última análise, essas "emanações" do direito a que se refere Carlos Alberto. Protege as pretensões "emanadas" do direito subjetivo. Não o direito subjetivo, enquanto "estado" de quem tem direito.

Esta compreensão não é nova; ao contrário, é um dado doutrinário muito antigo, que teve em Theodor Muther uma expressão eloqüente, ao mostrar o jurista alemão, na célebre polêmica, que o ordenamento jurídico romano não era um sistema de direitos, mas de "pretensões judicialmente acionáveis", ou seja, um sistema sustentado na categoria conhecida como *actio*, que nada tem a ver com a "ação" processual e menos ainda com o direito subjetivo.[52]

---

[52] Theodor Muther, "Sobre la doctrina de la *actio* romana, del derecho de accionar actual, de la *litiscontestatio* y de la sucesión singular en las obligaciones", in *Polémica sobre la "actio"*, ob. cit, p. 208.

22. A compreensão da jurisdição como declaração de direitos e seu compromisso com os ideais do *Iluminismo*, para quem o juiz seria a "boca da lei", fazem com que Carlos Alberto considere impossível ao juiz "agir materialmente", já que, para ele, o juiz apenas "diz", não "faz".[53] A explicação que ele oferece para as "interferências no mundo sensível" é uma preciosa confissão de seu compromisso com a doutrina que identifica jurisdição com declaração. Ele reproduz Buzaid, que estava convencido de que o mandado de segurança era uma ação declaratória, constitutiva ou condenatória, "como qualquer outra", que "começa com a petição inicial e termina por uma sentença".

Escreve, com efeito, Carlos Alberto: "Não bastasse isso, não se vê como possa o juiz agir materialmente (exercer ação de direito material, diriam Pontes de Miranda e Ovídio A. Baptista da Silva) de modo paralelo à ação processual: o que ele faz é desempenhar os *atos de seu ofício*, mediante o exercício dos poderes que lhe são conferidos por regras de direito público, totalmente distintas das regras de direito privado. Só depois de tomada a decisão (seja antecipatória, seja a própria sentença de mérito) é que o juiz pode em tese *interferir no mundo sensível, agindo*, mas aí já se trata do *resultado* da tutela jurisdicional, da própria eficácia da sentença. Antes disso, como é óbvio, não teria havido ação de direito material" (os itálicos não constam do original).

Nem ação apenas "afirmada"? É a indagação que me ocorre. Além da submissão ao direito material que fica evidente nessa proposição, ainda identifica ele a figura do magistrado com o juiz do procedimento ordinário que, enquanto não produzir sentença, somente desempenhará os "atos de seu ofício", distante do direito "privado" (direito "privado" que ele emprega em lugar de direito material!).

O "resultado" da atividade jurisdicional, traduzido no poder conferido ao juiz de "intervir no mundo sensível", já seria o "resultado" de sua atividade propriamente jurisdicional. É o mesmo *posterius* a que se referia Buzaid, ao dizer que a ação de mandado de segurança "começa com a petição inicial e termina por uma sentença". É estranho que um jurista talentoso e experiente não veja o fenômeno processual: antes da sentença, para ele, é "óbvio" que não pode haver ação de direito material. Entretanto, como não haveria, se ele próprio considera declaratória a jurisdição? Como não haveria, se o juiz "declara", na sentença de procedência, que o autor "sempre" tivera a ação de que, nos autos, se dissera titular? Basta ler Chiovenda para saber que os direitos *preexistem* às sentenças que os reconhecem. Ou a "ação material" que, para Carlos Alberto, não poderia haver antes de seu reconhecimento judicial, teria sido gerada pela sentença? Neste caso, a

---

[53] Carlos Alberto Alvaro de Oliveira, ob. cit., p. 45.

jurisdição deixaria de ser apenas declaratória de um direito preexistente (com suas respectivas pretensões e ações), para tornar-se uma instituição produtora de direitos!

23. Considero surpreendente a asserção de Carlos Alberto, ao dizer que a eliminação da ação condenatória deixaria sem explicação a respectiva sentença de condenação. Supunha haver proposto, no ensaio que a ele se refere (sem todavia mencioná-lo), ser perfeitamente possível conceber, como eu o concebo, a condenatória como uma "sentença parcial de mérito", inserida no *iter* procedimental de uma "ação de direito material executiva". Podemos conceber até sentenças liminares, ou sentenças incidentais, como provimentos parciais de mérito que correspondam a parcelas integrantes da ação, mas que com ela não se confundam. A sentença do art. 958 do CPC é parcial de mérito, mas não é executiva, como a ação a que ela pertence. Suas eficácias preponderantes são a declaração e a constituição, de modo a conformar a execução que lhe segue.[54]

Não vem ao caso reproduzir aqui os argumentos que desenvolvi naquele estudo, para demonstrar a *processualidade* da "ação condenatória".[55] Mas a autonomia da execução obrigacional e a legitimação de uma ação apenas condenatória são fatos que pertencem à historiografia jurídica. Isto, porém, não autoriza a supor que as demais pretensões e ações sejam igualmente categorias criadas pelos processualistas. A diferença entre as declaratórias e constitutivas, de um lado, e a condenatória, de outro, é "óbvia": aquelas satisfazem as respectivas pretensões, ao passo que a condenatória limita-se a gerar outra ação, sem nada satisfazer! Como obscurecer uma distinção tão clara?

24. Ao finalizar, registro duas observações. A primeira, para alegrar-me com a disposição de Carlos Alberto Alvaro de Oliveira de provocar uma controvérsia sobre o conceito de ações (no plural), coisa rara entre nós; a segunda, para dizer que recebo como elogio sua afirmação de que eu eliminara, do plano do direito material, a ação condenatória "para ser coerente com as idéias que defendo".[56] Se me fosse dado sugerir ao Prof. Carlos Alberto que ele procurasse obter a coerência que me atribui, diria que seu ensaio ganharia muito em consistência lógica, se ele fizesse como fez um jovem jurista do Rio de Janeiro que, em obra recente, no capítulo dedicado à "Classificação das ações", escreveu isto: "A partir do momento em que a

---

[54] Pontes de Miranda, *Tratado das ações*, Tomo VII, § 64, 2.

[55] O aludido estudo foi publicado na obra *Da sentença liminar à nulidade da sentença*, Rio de Janeiro, Forense, 2001, e intitula-se "A ação condenatória como categoria processual" (pp. 233-251).

[56] Carlos Alberto Alvaro de Oliveira, ob. cit., p. 44.

ação passou a ser considerada um direito abstrato não há mais sentido em ficarmos classificando as ações, até porque a classificação que a maioria da doutrina diz ser das ações para nós não é".[57] Sua classificação passa a ser das tutelas, não mais das ações: tutela de conhecimento, de execução e cautelar (!). Embora o jurista ainda reserve, inexplicavelmente, um título para as "ações previdenciárias",[58] sua corajosa posição frente ao incômodo embaraço com que a doutrina se depara, quando trata de teorizar sobre as ações (no plural), representa, a meu ver, uma significativa contribuição doutrinária, ao revelar a assombrosa contradição em que se encontram os que, tendo eliminado as ações do campo do direito material, conservam-se "incoerentes", sem saber onde colocá-las, pois, como diz o jurista guana-barino, como classificar "ações" se a "ação" é abstrata? Se não considerar-mos que o vocábulo *ação* refere-se a duas categorias distintas – uma de direito material e outra processual – não teremos como superar o impasse. Não é prudente que os processualistas que não crêem na existência de ações materiais insistam em classificá-las.

---

[57] Gustavo Santana Nogueira, *Curso básico de processo civil*, tomo I, Rio de Janeiro, Lumen-Juris, 2004, p. 68.
[58] Idem, ibidem, p. 118.

— 4 —

Efetividade e Tutela Jurisdicional*

CARLOS ALBERTO ALVARO DE OLIVEIRA
Professor Titular de Direito Processual Civil da Faculdade de Direito da UFRGS
Doutor em Direito pela USP

> Il ne faut jamais avoir peur daller trop loin,
> car la vérité est au-delá.
>
> Marcel Proust
> (*Correspondance générale*, IV)

1. O problema fundamental da filosofia é o existir na condição humana, vale dizer, com a consciência da própria finitude. Para o direito, o "to be or not to be" é a questão da sua própria realização. Mesmo que não se concorde com a *Zweckjurisprudenz* de R. Jhering, não se pode deixar de atribuir plena razão ao jurista alemão quando proclamava que "O direito existe para se realizar. A realização do direito é a vida e a verdade do direito; ela é o próprio direito. O que não passa à realidade, o que não existe senão nas leis e sobre o papel, não é mais do que um fantasma de direito, não são senão palavras. Ao contrário, o que se realiza como direito é o direito...".[1] E, como bem ressalta Castanheira Neves, "há uma razão essencial para que as coisas se compreendam assim. É que também no direito – e sobretudo no direito como entidade prática – a determinação da 'essência' não comprova a 'existência': o direito não é (não é direito) sem se manifestar na prática e como prática. Não temos direito só porque pensamos a essência jurídica ou a juridicidade, ou porque construímos um sistema de normati-

---

* Ensaio destinado a integrar livro em homenagem a Egaz Dirceu Moniz de Aragão.

[1] R. Jhering, *L'Esprit du droit romain*, III, p. 16, apud Castanheira Neves, *Metodologia Jurídica – Problemas Fundamentais*, Coimbra, Coimbra Editora, 1993, p. 25.

POLÊMICA SOBRE A AÇÃO

vidade jurídica – teremos quando muito a possibilidade (ideal) do jurídico e nada mais. Só o cumprimento histórico-concreto, naquele modo de ser que é a vigência e que lhe permite afirmar-se como efectiva dimensão da prática humano-social, transforma a juridicidade em direito".[2]

No plano do direito processual, a questão tem tudo a ver com a efetividade do instrumento processual, tanto em termos de tempo quanto de conteúdo dos pronunciamentos judiciais, com vistas à justiça do caso concreto, e observância das garantias do devido processo legal.

Todavia, se quisermos pensar o direito processual na perspectiva de um novo paradigma de real efetividade, é preciso romper de vez com concepções privatísticas e atrasadas, que não mais correspondem às exigências atuais e que deixaram de ser adequadas às elaborações doutrinárias e aos imperativos constitucionais que se foram desenvolvendo ao longo do século XX. Nesse panorama, um dado importante é o declínio do normativismo legalista, assumido pelo positivismo jurídico, e a posição predominante, na aplicação do direito, dos princípios, conceitos jurídicos indeterminados e juízos de eqüidade, com toda sua incerteza, porque correspondem a uma tomada de decisão não mais baseada em um *prius* anterior ao processo, mas dependente dos próprios elementos que nele serão colhidos.

Consideradas essas premissas, mostra-se inadequado continuar a pensar as relações entre o direito material e o processo em termos de ação de direito material, conceito que só tinha razão quando ainda não estava suficientemente maduro o arcabouço dos direitos fundamentais e a constitucionalização que se seguiu. Mais ainda: impõe-se prestar atenção à idéia de tutela jurisdicional, mais consentânea com os valores imperantes em nossa época, especialmente aqueles consagrados no plano constitucional.[3] Trata-se, em suma, de atentar devidamente à noção autônoma e de caráter público da ordem processual, decorrente da necessária monopolização da distribuição da Justiça pelo Poder estatal.

Indispensável, outrossim, desligar-se de concepções unilaterais, que só enxergam a norma ou o fato, sem incluir o valor, como requer uma visão necessariamente totalizante do fenômeno jurídico. A esse respeito, tenho ressaltado que o plano dos fatos trabalha com efeitos físicos, próprios do mundo natural, como acontece com a evaporação da água, efeito de seu aquecimento a 100°C. Já o mundo jurídico lida com *valores*, e o efeito (jurídico) da norma não é nem o simples valor nem o simples fato, mas o

---

[2] Castanheira Neves, *Metodologia*, cit., p. 25.

[3] A tutela dos direitos, como se sabe, pode ser dispensada pela via jurisdicional ou não jurisdicional (e.g., por meio da arbitragem). De outro lado, a jurisdição pode não exibir a função de tutelar direitos, como na jurisdição penal ou na jurisdição que cuida dos interesses de modo semelhante à atividade desenvolvida pela administração pública, a chamada jurisdição voluntária (a respeito, Francesco P. Luiso, *Diritto Processuale Civile*, vol. I, *Principi Generali*, 3ª. ed., Milano, Giuffrè, 2000, p. 9). No presente ensaio, tratar-se-á exclusivamente da tutela jurisdicional de direitos.

valor atribuído ao fato, conforme o enquadramento realizado pela norma. Nisso reside o *specificum* do fenômeno jurídico, constituído sempre de fato valorado pela regra jurídica.[4] Sob esse ângulo visual, não se pode deixar de reconhecer que os valores humanos não pertencem apenas ao mundo ideal, mas têm um fundamento real, que é uma realidade da experiência histórica e social, não uma realidade metafísica. Só assim será possível estudar a positividade do direito como realidade empírica dos valores de ação expressos pelas proposições normativas (realidade empírico-formal) e predispostas em função dos interesses eminentes da sociedade (realidade empírico-substancial).[5]

Evidentemente, o problema da efetividade enseja diversos planos de abordagem. No presente ensaio, pretendo examinar a questão tão-somente pela ótica conceitual, começando pelas relações entre o direito material e o processual, tema relativamente recente e que teima por desafiar uma solução satisfatória.

2. No período clássico do direito romano, o resultado do litígio dependia da *actio* concedida ao autor pelo Pretor, que foi adquirindo com o passar dos tempos também um significado material. O monismo – a existência de um só plano, que abrangia tanto o direito material quanto o processual – era evidente porque a *actio* caracterizava ao mesmo tempo "o direito privado que era prometido com a fórmula e o ordenamento que lhe estava subjacente, para exigir do demandado o seu cumprimento e, caso necessário, promover sua realização mediante o processo e a execução".[6] Na perspectiva do direito romano, a pretensão privada, para cuja realização a *actio* era outorgada, não aparecia como um direito subjetivo totalmente constituído. Via-se nela, pura e simplesmente, o reflexo da tutela jurídica inaugurada com a admissibilidade da actio.[7] Realmente, por um longo período da evolução do sistema jurídico romano, a tutela jurídica dos interesses em grande parte não era constituída previamente por normas materiais, mas confiada ao processo, por meio de normas instrumentais. Exatamente com vistas a tal função, o processo estruturava-se em duas fases, *ius* e *iudicium*. Por tal motivo, em princípio a *actio* não era um direito, mas o único direito conce-

---

[4] Alvaro de Oliveira, *Comentários ao Código de Processo Civil*, vol. VIII, t. II, 3ª ed., Rio de Janeiro, Forense, 1998, nº 5, p. 11, nº 9, p. 21, *ibidem* na 7ª ed., 2005, nº 5, p. 12, nº 9, p. 22. Com razão, pondera Torquato Castro, *Teoria da situação jurídica em direito privado nacional*, São Paulo, Saraiva, 1985, p. 94-95, *passim*, que o direito não é produto do espírito puro, nem dos fatos (visão idealista e positivista), sendo insuficiente só falar em fato, porque o fato pressupõe um valor para a causalidade jurídica, atribuído pela norma.

[5] Assim, Angelo Falzea, *Introduzione alle scienze giuridiche*, parte prima (*Il concetto del diritto*), 5ª ed. revista, Milano, Giuffrè, 1996, p. 260-272.

[6] Max Kaser, *Das römische Zivilprozessrecht*, München, Beck, 1966, § 32, II, 2, p. 173.

[7] Cf. Apostolos Georgiades, *Die Anspruchskonkurrenz im Zivilrecht und Zivilprozessrecht*, München, Beck, 1968, p. 12, com remissão aos ensinamentos de Kaser e Jörs-Kunkel-Wenger.

dido para a tutela dos interesses. Desse modo, o direito subjetivo processual não se mesclava com o direito subjetivo material, por ser o instrumento para a constituição deste, que antes do processo não existia. Semelhante circunstância histórica explica porque, mesmo depois da autonomia conquistada pela figura do direito subjetivo material, a ciência jurídica não estava pronta para esclarecer as relações que vieram a se estabelecer entre ele e a ação, de modo a tornar clara a distinção entre direito subjetivo material (de natureza privada) e direito subjetivo processual (de natureza pública).[8] Talvez isso ajude a compreender a razão de ter sido também monista a concepção elaborada pelo Direito das Pandectas, embora privilegiasse o plano do direito material.

Para Savigny, o direito de ação (*Klagerecht*) era considerado como uma forma especial assumida pelo direito material depois da lesão, uma espécie de metamorfose extensível a todo direito.[9] Já na visão de Puchta, Arndts e outros, tratava-se de um acessório do direito material, uma "faculdade colada ao direito, a permitir o pedido de tutela jurisdicional se este fosse violado".[10]

Como se vê, conquanto diferentes as visualizações, tanto no direito romano, quanto no direito comum, o direito processual e o direito material formavam uma unidade, o que embaçava distinção nítida entre os dois planos.

Apenas com a célebre polêmica entre Windscheid e Muther (1856-1857) começou-se a colocar na ordem do dia a questão da separação entre o direito processual e o direito material, destruindo-se a unidade da *actio* (compreensiva do direito material e processual).[11]

Na visão de Windscheid, a pretensão é o poder jurídico de exigir a prestação em juízo. Absorve-se, assim, o conteúdo substancial da *actio* no conceito de pretensão, circunstância que evidentemente veio a favorecer a concepção meramente processual ou publicística da ação.[12] Nada obstante, Windscheid ainda não se desprega totalmente da concepção de Savigny.

---

[8] Cf. as lúcidas observações de F. Carnelutti, *Sistema di Diritto Processuale Civile*, vol. I, *Funzione e composizione del processo*, Padova, Cedam, 1936, nº 356, p. 889-890.

[9] Nessa perspectiva, como ressalta G. Pugliese, *Polemica intorno all"actio"*, Firenze, Sansoni, 1954, p. XIV, a *actio* (ou a ação de direito material) era um direito *novo*, surgido da lesão de outro direito.

[10] Savigny, *System*, V, §§ 204, 205, Puchta, *Pandekten*, § 81, *Vorlesugen*, I, p. 183 e ss., Arndts, *Lehrbuch*, § 96, apud J. Binder, *Prozess und Recht – Ein Beitrag zur Lehre vom Rechtsschutzanspruch*, Neudruck der Ausgabe Leipzig 1927, Aalen, Scientia Verlag, 1969, p. 1.

[11] Andreas Kollmann, *Begriffs- und Problemgeschichte des Verhältnisses von formellen und materiellem Recht*, Berlin, Duncker & Humblot, 1996, p. 576.

[12] Pugliese, *Polemica*, cit., p. XXIII. O mesmo autor, ob. cit., p. XXXIV-XXXVI, adverte ainda que o conceito de pretensão adotado por Windscheid é ambíguo, pois tanto se refere ao poder de exigir em juízo o direito (*iudicio persequendi*) quanto ao próprio direito (*quod sibi debeatur*), conforme a conhecida máxima de Celso, definidora da *actio: ius quod sibi debeatur iudicio persequendi*. A isso se soma a própria ambigüidade da língua alemã, em que *Anspruch* significa, polissemicamente, não só "pretensão", "exigência", mas também "direito".

Continua a falar em ação de direito material e em lesão, embora doutrine que a única lesão a direito a ter como conseqüência a concessão imediata de tutela jurisdicional é a em que entram ao mesmo tempo em conflito a vontade do causador do dano e a vontade do titular do direito. Para ele, porém, nos direitos reais, a lesão do direito de propriedade não cria um direito de acionar, mas apenas um direito creditório para que se sane a lesão. Negada a satisfação, esse direito de crédito se transformará em direito de acionar (*Klagerecht*). Assim, todos os direitos reais (direitos sobre coisas) adquirem, com a lesão, uma relação pessoal que até então não tinham, transformando-se em direitos creditórios, vale dizer, em pretensão (*Anspruch*) contra o causador do dano.[13]

Dentro desse contexto, foi principalmente a crítica de Muther, depois incorporada por Windscheid, que propiciou a criação dos elementos necessários para uma nova concepção, na medida em que distingue claramente um direito à tutela do Estado, direito de agir, a que se atribui natureza pública, restando intocado o direito material apesar da lesão.[14] Dessa forma, Muther opõe-se ao conceito de "Metamorphose" defendido por Savigny, na medida em que nega a existência de um especial direito ou pretensão à erradicação da lesão contra o causador da lesão,[15] reconhecendo apenas um direito de natureza pública do lesado contra o Estado, de outorga de tutela estatal (o direito de ação, *Klagerecht*), e o direito do Estado contra o causador do dano para a erradicação da lesão.[16]

A partir dessa idéia, Windscheid reconhece também a legitimidade de um conceito de ação material junto com uma ação processual. Essa admissão constitui sem dúvida alguma o maior fruto da polêmica travada entre os dois juristas alemães. O direito de ação no sentido material é a pretensão jurídica material, pela qual é dada com a ação a autorização de realizar – por meio da "contraposição da vontade do obrigado e da vontade do titular do direito" – aquilo que se reclama do adversário, o que dele se exige no sentido material.[17] O direito de ação em sentido processual, em contrapar-

---

[13] Bernhard Windscheid, *Die Actio des römischen Zivilrechts vom Standpunkte des heutigen Rechts*, Düsseldorf, 1856, Neudruck, Aalen, Scientia Verlag, 1984, p. 222-223.

[14] Theodor Muther, *Zur Lehre von der römischen Actio dem heutigen Klagerecht, der Litiskontestation und der Singularsukzesion in Obligationen – Eine Kritik des Windschidschen Buchs "Die Actio des Römischen Zivilrechts"*, Erlangen, 1857, Neudruck, Aalen, Scientia Verlag, 1984, p. 41, 42, 45, 47.

[15] Muther, ob. cit., p. 42: "Der Verlezte bekommt durch die Verletzung nicht einmal einen besonderen Anpruch auf Aufhebung der Verletzung gegen den Verletzer".

[16] Muther, ob. cit., p. 43: "So haben wir zwei einander correspondirende Rechte, beide publicisticher Natur: Das Recht des Verletzen gegen den Staat auf Gewährung der Staatshülfe (das Klagerecht) und das Recht des Staats gegen den Verletzer auf Aufhebung der Verletzung". Ver a respeito, Oliver Vossius, *Zu den dogmengeschichtlichen Grundlagen der Rechsschutzlehre*, Ebelsbach, Verlag Gremer, 1985, p. 163, nota 14.

[17] Windscheid, *Die Actio des römischen Zivilrechts*, cit., 1984, p. 44, 73, 76-77, 222; *Abwehr gegen Theodor Muther*, Düsseldorf, 1857, Neudruck, Aalen, Scientia Verlag, 1984, p. 29; *Lehrbuch des Pandektenrechts*, Bd. I, 4. Auflage, 1875, § 122, nota 5.

tida, é o "direito à tutela do Estado" (*Recht auf Hülfe des Staates*), não integrando o direito material, mas o processual.[18]

Como se constata, Windscheid – principalmente em face das críticas de Muther, às quais veio a aderir – ultrapassa em larga medida a concepção dominante no seu tempo. Não apenas restou destruída a unidade até então existente entre o direito material e o direito de ação, mas também foi concedida substância própria à teoria processual no domínio da doutrina do direito de ação, substância que teoricamente até então esta não exibia, pois tudo era deixado aos cuidados do direito civil, cujos resultados eram geralmente apropriados pela ciência processual.[19]

Um outro passo importante para a autonomia do direito processual foi dado por Wach, ao estabelecer um direito concreto de demandar, que se consubstancia na chamada pretensão à tutela jurídica, formada com elementos de direito material e processual, devendo a ambos unir. A pretensão à tutela jurídica é entendida como a pretensão de uma das partes em face do Estado a tutela jurídica favorável correspondente a uma situação jurídica, que pode ser pretensão a uma sentença condenatória, declaratória ou constitutiva, ou pretensão executiva para a realização de uma pretensão de direito material por via da execução forçada, ou pretensão à segurança para satisfação da pretensão mediante arresto ou medidas cautelares. A pretensão à tutela jurídica corresponde a uma das partes; já a pretensão à sentença, ao autor ou ao demandado. É exercida contra o Estado, como titular do Poder Judiciário, e contra o tribunal, como seu órgão, em face do adversário, para que este suporte o ato de tutela. Trata-se, portanto, de uma pretensão de direito público, cujo conteúdo é a finalidade de obtenção de tutela jurídica. No âmbito do processo de conhecimento, essa finalidade é alcançada com uma sentença definitiva favorável. Diferencia-se da pretensão de direito material e, particularmente, da pretensão de direito privado perseguida pelo autor com a demanda, pois esta se dirige contra o demandado, de quem é exigido o cumprimento da prestação devida, e aquela contra o Estado, do qual se reclama a tutela jurídica. O demandado pode satisfazer a pretensão de direito material, mas não a pretensão de tutela jurídica. Esta só é satisfeita com um ato de tutela jurídica favorável e se extingue com isso. Por seu turno, a satisfação da pretensão de direito material nada mais faz do que deixar sem objeto a pretensão de tutela jurídica.[20] Embora a

---

[18] Windscheid, *Abwher*, cit., p. 26 e 29.

[19] Cf. a observação de Wilhelm Simshäuser, *Zur Entwicklung des Verhältnisses von materiellem Recht und Prozessrecht seit Savigny – Eine Untersuchung am Beispiel rechtsfremder Klagen*, Bielefeld, Verlag Ernst und Werner Gieseking, 1965, p. 79.

[20] A. Wach, *Handbuch des Deutschen Civilprozessrechts*, tomo I, Leipzig, Duncker & Humblot, 1885, p. 19-22, 116-119, *passim*, *Der Feststellungsanspruch – Ein Beitrage zur Lehre vom Rechtsschutzanspruch* (Sonderabdruck aus der Festgabe der Leipiziger Juristenfacultät für B. Windscheid zum 22.Dezember 1888), 1889, p. 14-15, 18-23, 27, 31-33, *passim*.

ampla aceitação da teoria de Wach na Alemanha até o primeiro quartel do século passado,[21] formou-se lentamente um consenso que sua doutrina não corresponde à realidade das coisas.

Leo Rosenberg bem resume as críticas realizadas na Alemanha à teoria de Wach. Ambas as partes têm pretensão à outorga de justiça, não apenas uma delas, mas não a uma tutela jurídica favorável. O órgão judicial deve resolver a controvérsia de acordo como o direito material, seja a favor do autor, seja a favor do demandado. O que existe é a pretensão de ambas as partes ao exame e resolução da demanda, de acordo com o sistema jurídico, seja material, seja processual. Mesmo a pretensão à execução significa apenas o dever do órgão estatal de empregar as medidas estabelecidas pelo Estado para sua realização, e não que a execução redunde em resultado favorável para o credor.[22]

As idéias de Wach ganham outra roupagem com a teoria do direito justicial (*Justizrecht*), desenvolvida por James Goldschmidt, também partidário da ação como direito concreto.

No seu sentido jurídico rigoroso, trata-se, para ele, de um domínio jurídico (ou de uma norma), que "tem como objeto uma relação jurídica entre a Justiça estatal e a pessoa individual".[23] Tanto o direito processual civil quanto o direito processual penal pertencem ao direito justicial, na verdade ao direito justicial formal. Ambos "regulam o lado formal, ou de exercício, da relação jurídica entre o Estado e a pessoa individual".[24]

Ao lado do direito justicial formal, elabora Goldschmidt o conceito de direito justicial material, que seria o direito privado material orientado contra o Estado. Argumenta que se o Código Civil prescreve regras de direito privado, também contém "uma imagem não-escrita", que se dirige ao Estado (à Justiça) e estabelece o conteúdo da sentença.[25] O direito justicial material constitui, portanto, uma função do direito privado (subjetivo) material, transformado pela orientação contra o Estado. Para Goldschmidt, o fenômeno fundamental do direito justicial (civil) material centra-se no conceito de pretensão à tutela jurídica, "descoberto" por Wach, relacionando

---

[21] Para tanto, basta atentar no livro de Georg Schüler, *Der Urteilsanspruch – Ein Beitrag zur Rechtsschtuzlehre und zum materiellen Justizrecht*, Tübingen, J. C. Mohr (Paul Siebeck), 1921, em que são vigorosamente defendidas as idéias de Wach.

[22] Leo Rosenberg, *Lehrbuch des Deutschen Zivilprozessrecht*, 9. Auflage (última publicada em vida do autor), München, Beck, 1961, § 90, p. 433-436. Outros aspectos críticos, ressaltados por Rosenberg, não são aqui reproduzidos por não dizerem respeito ao tema.

[23] J. Goldschmidt, *Materielles Justizrech (Rechtschutzsanspruch und Strafrecht)*, Festgabe für Dr. Bernhard Hübler, Berlin, Verlag von Franz Vahlen, 1905, p. 86.

[24] Goldschmidt, *Materielles Justizrecht*, cit., p. 86 e ss., esp. p. 87.

[25] Goldschmidt, *Zwei Beiträge zum materiellem, Über Begriff und Bedeutung des materiellem Ziviljustizrechts*, Sonderabdruck aus der Festgabe für Bernhard Hübler, p. 119-120, *Der Prozess als Rechtslage – Eine Kritik des prozessualen Denkens*, 2. Neudruck der Ausgabe Berlin 1925, Aalen, Scientia Verlag, 1986, p. 240-241.

POLÊMICA SOBRE A AÇÃO

os elementos materiais, pré e extraprocessuais, ao direito privado material.[26] Nessa perspectiva, "só pode ser considerado direito justicial material o direito regulador, o lado material da relação justicial civil, construído, vale dizer, sob o ponto de vista da pretensão à tutela jurídica de Wach, do indivíduo contra o Estado".[27]

O direito justicial material compreende a totalidade das normas relativas à pretensão de tutela dirigida contra o Estado. Além disso, determina o conteúdo da sentença, por meio de normas imperativas dirigidas ao juiz, revelando-se para a pretensão à tutela jurídica como "o direito subjetivo do direito justicial civil material".[28] Assim, a pretensão à tutela jurídica e o direito privado material, pensado em sua direção contra o Estado, pertencem ao mesmo campo e, sob esse ponto de vista, são quase idênticos. O direito civil, em sua direção contra o Estado, determina o conteúdo da sentença, constituindo nessa função, junto à pretensão de tutela jurídica, direito justicial civil material.[29] Impõe-se ressaltar que, ao classificar a pretensão à tutela jurídica como um fenômeno exclusivamente material, Goldschmidt afasta-se nesse aspecto flagrantemente de Wach.

Em consonância com essas idéias, Goldschmidt classifica como normas jurídicas materiais não apenas as que regulam a pretensão à tutela jurídica, mas também a acionabilidade do direito material. O mesmo enquadramento é realizado em relação às regras sobre prova e sobre a coisa julgada material, já que elas influenciam o conteúdo da sentença, e não apenas o procedimento.

Para Goldschmidt, a pretensão à tutela jurídica pertence ao direito material, embora apresente natureza processual, constituindo assim um direito justicial material.[30] Trata-se, portanto, de um ponto de vista diverso ao da *actio* clássica, pois esta, conquanto constituísse expressão do direito material, exibia natureza rigorosamente processual.[31] Por outro lado, a classificação de fenômenos processuais no direito material, por força da teoria

---

[26] Goldschmidt, *Ziviljustirecht*, cit., p. 127-129, *Zivilprozessrecht*, Neudruck der 2. Auflage Berlin 1932, Aalen, Scientia Verlag, 1969, § 1º, p. 2.

[27] Goldschmidt, *Materielles Justizrecht*, cit., p. 87-89: "Vielmehr ist materielles Justizrech nur das die materielle Seite des Ziviljustizverhältnisses als solche regelnde Recht, d. h. konstruiert unter dem Gesichtspunkt des Wachschen Rechtsanspruchs der Gliedperson gegenüber dem Staat".

[28] Goldschmidt, *Materielles Justizrecht*, cit., p. 87-88, 99-10, *Ziviljustizrecht*, cit., p. 109 e 120.

[29] Goldschmidt, *Zivilprozessrecht*, cit., § 12, p. 52.

[30] Goldschmidt, *Materielles Justizrecht*, cit., p. 98: "*Assim, impõe-se forçosa e necessariamente ver na pretensão de tutela jurídica um direito material, sem dúvida de natureza processual, em uma palavra um direito justicial material*". Adiante, ob. cit., p. 120, reafirma que o direito justicial material é "*o próprio direito civil, repensado como essência (ou a mais alta representação) das regras de relacionamento entre o indivíduo e os deveres de tutela jurídica do estado*".

[31] Andreas Kollmann, *Problemgeschichte*, cit., p. 598, chega mesmo a afirmar que se cuida de posição diametralmente oposta à da *actio* clássica, ponto de vista do qual discordo, porque não leva em conta o caráter bifronte do direito justicial material.

da direito justicial material, assemelha-se fortemente ao conceito de *actio* de Savigny e do Direito das Pandectas.

Com base nessas premissas, Goldschmidt adota uma visão preferivelmente empírica do fenômeno processual,[32] dirigida a uma determinação finalística do processo: a finalidade do processo seria "a produção da coisa julgada", a tutela do direito subjetivo privado constituiria, porém, finalidade do direito justicial material.[33]

Finalmente, na visão de Goldschmidt, o direito de ação (*Klagerecht*), a que também denomina pretensão à sentença (*Urteilsanspruch*), constitui um direito público subjetivo de tutela jurídica dirigido apenas contra o Estado, com vistas à obtenção de uma sentença favorável.[34] Classifica, por outro lado, o direito de ação, enquanto objeto concreto do processo (o *meritum causae*), como direito justicial material e não processual.[35] Acentua, ainda, ser perfeitamente possível separar hoje o direito de ação contra o Estado e a pretensão privada contra o obrigado, conquanto fossem indistintos os dois direitos no horizonte da *actio* romana.[36]

Importante ressaltar, outrossim, que mesmo em Plósz, fundador juntamente com Degenkolb da teoria da ação abstrata, ainda ressoam ecos do conceito de ação material.

Para este último, o direito de ação (*Klagerecht*) revela-se independente da existência do direito material. Necessário tão-somente que o autor afirme um direito reconhecido e atenda a todas as suas exigências ou, na hipótese da ação declaratória, um interesse jurídico, estando na convicção subjetiva de que o direito efetivamente exista. A expectativa do autor não diz respeito a uma sentença favorável, mas a uma sentença conforme a lei, nem constitui pressuposto da ação a verdade do fato jurídico afirmado pelo autor como relevante, mas apenas a própria afirmação do fato jurídico.[37] Posto isso, Degenkolb distingue entre o direito de ação processual (*Klagerecht*) e a acionabilidade do direito material (*Klagbarkeit*). Esta é colocada exclusivamente no plano do direito material, como uma qualidade anexa ao direito material, como fundamento para servir ou poder servir à ação.[38]

---

[32] Goldschmidt, *Der Prozess als Rechtslage*, cit., p. 146 e ss., 150.

[33] Goldschmidt, *Zivilprozessrecht*, cit., § 1°, p. 1 e s.

[34] Goldschmidt, *Zivilprozessrecht*, cit., § 12, 1 e 2, p. 52.

[35] Goldschmidt, *Zivilprozessrecht*, cit., § 12, 3, p. 52.

[36] Goldschmidt, *Zivilprozessrecht*, cit., § 12, 1, p. 52.

[37] Heinrich Degenkolb, *Einlassungszwang und Urteilsnorm – Beiträge zur materiellen Theorie der Klagen insbesondere der Annerkennungsklagen*, Neudruck der Ausgabe Leipzig 1877, Aalen, Scientia Verlag, 1969, p. 32-33, 41-42.

[38] Degenkolb, *Einlassungszwang*, cit., p. 55. Em obra posterior, Degenkolb, *Beiträge zum Zivilprozess*, 2. Neudruck der Ausgabe Leipzig 1905, Aalen, Scientia Verlag, 1987, p. 8, ressalta as seguintes diferenças entre a sua teoria e a de Plósz: a) Plósz estabelece dois direitos de ação: um processual, de caráter público, outro material, de caráter privado, o que é rejeitado por ele, Degenkolb; b) Degenkolb restringe o direito público de ação à demanda aforada com boa-fé; Plósz rejeita essa limitação.

Já para Plósz, há dois direitos de ação: o direito de ação material (*materielles Klagerecht*), identificado com a pretensão material, e o direito de ação formal processual (*formales prozessualisches Klagerecht*), concebido como direito de estabelecimento do processo, de natureza pública, dirigido contra o tribunal e o demandado.[39] O direito de ação processual não ostenta como pressuposto a existência do direito subjetivo privado nem decorre da violação do direito, e tampouco se identifica com o direito privado violado.[40] O seu exercício vincula-se exclusivamente à introdução de certas afirmações "acionáveis", principalmente a afirmação da existência de um direito privado.[41]

3. No ambiente cultural, ora esboçado de maneira sintética, a teoria de Pontes de Miranda sobre a ação[42] constituiu, sem dúvida, um admirável *tour de force* para superar as polêmicas que então grassavam a respeito do tema, buscando encontrar uma explicação para as questões decorrentes das relações entre direito material e direito processual.

Na sua primeira elaboração, proclamava Pontes de Miranda que "a ação supõe o direito objetivo que a dê e fato que constitua razão de seu exercício. Por isso mesmo não se identifica com o *dever* do sujeito passivo. Se o direito subjetivo tende à prestação, a ação, que supõe haver-se transgredido a norma, constitui outro *plus* e tende, não à prestação, mas a efeito jurídico específico".[43] Argumentava que os direitos subjetivos e as ações não se confundem,[44] exemplificando com direitos subjetivos sem ação, mas ao mesmo tempo afirmava que "a ação pertence ao corpo mesmo do direito material, é intrínseca ao direito que a tem, e os que não a têm só não a têm porque eles mesmos foram nascidos sem ela ou a regra objetiva a fez precluir ou prescrever".[45] Por isso concluía que "a ação é instituto do Direito material, e não do Direito formal ou processual".[46]

---

[39] Alexander Plósz, *Beiträge zur Theorie des Klagerechts*, Leipzig, Verlag von Duncker & Humblot, 1880, p. 5 e ss., 30 e ss. e 103 e ss. Conforme esclarece o próprio Plósz no prefácio da edição alemã, a primeira parte dos ensaios coligidos nesta obra, sobre o direito de ação, foi originariamente editada em húngaro em 1876, no fascículo de março e abril da revista *Magyar Igazságügy* e também em separata. A mesma informação consta da obra de Degenkolb, *Beiträge*, cit., p. 8, nota 1.

[40] Plósz, *Beiträge*, cit., p. 13 e 14.

[41] Plósz, *Beiträge*, cit., p. 11,17, 40.

[42] Pensada, vale ressaltar, nos anos 30 do século XX (data de 1934 a 1ª. edição de *A Acção Rescisória contra as Sentenças*), quando as idéias de Wach ainda exerciam forte influência na Alemanha .

[43] Pontes de Miranda, *A Acção Rescisória contra as Sentenças*, Rio de Janeiro, Livraria Jacinto, 1934, § 3, 1, p. 14-15.

[44] Pontes de Miranda, *A Acção Rescisória contra as Sentenças*, cit., § 3, 2, p. 15.

[45] Pontes de Miranda, *A Acção Rescisória contra as Sentenças*, cit., § 3, 5, p. 17.

[46] Pontes de Miranda, *A Acção Rescisória contra as Sentenças*, cit., § 3, 5, p. 17.

No plano do direito processual, não fala em ação, mas tão-somente em remédio processual.[47] Este é conceituado como "meio instrumental, que o direito formal põe a serviço de pessoas que estejam em determinadas condições, para que, com o uso dele, possam suscitar a *decisão*, a prestação jurisdicional".[48] O direito subjetivo e a ação preexistem ao exercício, ao uso, dos remédios processuais.[49] Mais adiante, acentua: "O remédio processual é conferido a quem quer se ache nas condições de propô-lo, variando apenas os pressupostos de legitimação ativa e passiva. O que dele se utiliza pode ter ou não ter ação. A ação é direito a reclamar. Não é o direito subjetivo, que já definimos, nem o direito-meio que os Estados conferem com os remédios processuais. O direito de ação não é contra *determinado Estado*, o que dele faria direito público subjetivo; mas a admissão por parte do direito mesmo que cria a relação, a reclamar a um Estado, – o que estabelece o remédio, o Estado do foro (....) A ação é determinada, concreta, atribuída a alguém ou a certa categoria, e não indeterminada, abstrata, universal".[50] Universais, até certo ponto, indeterminados, abstratos, são os remédios processuais, para os quais, ainda assim, a lei determina pressupostos de legitimação ativa e passiva, que atenuem a possibilidade de serem usados por todos (universalidade), independentemente das ações que tenham (abstração) e do objeto (indeterminação).[51] A ação é dirigida não contra o Estado, mas contra o legitimado passivo: a ação do marido para anular o casamento, por já estar deflorada a mulher, tem por titular o marido e por sujeito passivo a mulher.[52]

A última formulação data de 1970.[53] Nesta o elemento um tanto ambíguo do remédio jurídico processual[54] perde força, sem desaparecer totalmente, pela introdução de outro elemento, a ação processual ("ação"), à qual por vezes é equiparado. Surge também o conceito de pretensão à tutela jurídica, que nada obstante a denominação não se confunde com a pretensão à tutela jurídica de Wach.[55] Igualmente novo é o conceito de pretensão material, que para certos efeitos veio a substituir a ação de direito material.

---

[47] Pontes de Miranda, *A Acção Rescisória contra as Sentenças*, cit., § 3, 7, p. 19.

[48] Pontes de Miranda, *A Acção Rescisória contra as Sentenças*, cit., § 4, 4, p. 24.

[49] Pontes de Miranda, *A Acção Rescisória contra as Sentenças*, cit., § 4, 2, p. 21.

[50] Pontes de Miranda, *A Acção Rescisória contra as Sentenças*, cit., § 4, 2, p. 22-23.

[51] Pontes de Miranda, *A Acção Rescisória contra as Sentenças*, cit., § 4, 2, p. 22-23.

[52] Pontes de Miranda, *A Acção Rescisória contra as Sentenças*, cit., § 4, 3, p. 23.

[53] Refiro-me ao *Tratado das Ações*, tomo I, cuja 1ª. edição data de 1970, São Paulo, Revista dos Tribunais, não levando em consideração os *Comentários ao Código de Processo Civil*, tomo I (1974), visto que os conceitos daquele são meramente reproduzidos neste.

[54] Conforme F. H. Lawson, *Remedies of English* Law, 2ª. ed., London, Butterworth, 1980, apud Adolfo di Majo, *La tutela civile dei diritti*, Milano, Giuffrè, 1987, p. V, no direito anglo-saxão, porém, fala-se em *"remedies"* para a tutela dos direitos.

[55] Basta atentar nesta passagem: "A pretensão à tutela jurídica não é pretensão à sentença 'favorável', e aí tem razão Oskar Bülow; mas, simplesmente, à sentença ou à execução. Por isso mesmo temos de

A ação de direito material, a *actio*, "supõe, sem necessitar, o direito objetivo, que a dê, e fato, que constitua a razão de seu exercício. Por isso mesmo, não se identifica com o dever do sujeito passivo. Se o direito subjetivo tende à prestação, surgem a pretensão e a ação. A ação, que supõe haver-se transgredido a norma, constitui outro *plus* e tende, não à prestação, mas a efeito jurídico específico".[56] Em outra passagem, empregando ação sem aspas e, portanto, no sentido de ação de direito material, sustenta que "A ação é inflamação do direito ou da pretensão".[57] A ação (de direito material) exerce-se principalmente por meio da "ação" (remédio jurídico processual), isto é, exercendo-se a pretensão à tutela jurídica que o Estado criou.[58]

Afirma serem inconfundíveis os direitos subjetivos, as pretensões e as ações, dando exemplos para demonstrar o asserto.[59]

Distingue: a) direito público subjetivo à justiça; b) pretensão à tutela jurídica; c) pretensão material, que se vai "invocar" em juízo (não exercer) e d) ação que se vai "mover".[60] A respeito da pretensão à tutela jurídica, escreve Pontes de Miranda: "Quando se propõe uma ação, qualquer que seja, exerce-se a pretensão pré-processual, que é a *pretensão à tutela jurídica*, pois o Estado, desde que se estabeleceu o monopólio estatal da Justiça, a essa tutela se vinculou, e exerce-se, com o remédio jurídico processual adequado, a ação de direito material".[61] Se o autor não tinha a ação (de direito material), "exerceu pretensão à tutela jurídica, exerceu a pretensão ao remédio jurídico processual, porque não podia esperar sentença favorável quanto à ação de que se supunha ser titular".[62]

Também a pretensão de direito material e a ação de direito material existem antes do processo. A pretensão invocada "pertence ao corpo mesmo do direito material, é intrínseca ao direito, que a tem, e os direitos que não a têm só não a tem porque eles mesmos foram nascidos sem ela, ou a regra objetiva a fez precluir ou prescrever. É ponto que merece toda atenção: a

---

afastar qualquer concepção que construa a pretensão à tutela jurídica como pretensão à sentença *favorável*" (Pontes de Miranda, *Tratado das Ações*, tomo I, cit., p. 172). Trata-se, na verdade, daquilo que a doutrina alemã atual denomina de "pretensão à outorga de justiça", tema ao qual retornarei no decorrer da exposição.

[56] Pontes de Miranda, *Tratado das Ações*, tomo I, cit., p. 33. Refere-se à ação de direito material, porque sem aspas e como se extrai do contexto. Em 1934 não falava de pretensão, só de ação de direito material, e a existência do direito era sempre necessária. Agora não, o direito material pode não existir, o que está em contradição com a assertiva de que "a ação supõe haver-se transgredido a norma".

[57] Pontes de Miranda, *Tratado das Ações*, cit., p. 116.

[58] Pontes de Miranda, *Tratado das Ações*, cit., p. 110.

[59] Pontes de Miranda, *Tratado das Ações*, cit., p. 33.

[60] Pontes de Miranda, *Tratado das Ações*, cit., p.34, aqui já não há referência à ação de direito material.

[61] Pontes de Miranda, *Tratado das Ações*, cit., p. 94-95.

[62] Pontes de Miranda, *Tratado das Ações*, cit., p. 95.

pretensão invocada é instituto do direito material, e não do direito formal ou processual".[63]

Todavia, o conceito de pretensão material de Pontes de Miranda não se deixa apanhar facilmente. Critica a definição de pretensão realizada pelo § 194 do Código Civil alemão,[64] que considera infeliz, porque limita o conceito às prestações de fazer e não fazer, deixando de fora as ações declarativas e constitutivas, em que o fim do litigante não consiste em algum fazer ou não-fazer. Além disso, exibe pouca consistência sustentar que "A pretensão nasce, ainda que nasça sem a exigibilidade de pessoa a pessoa. Mas, se há ação e o titular do direito é o mesmo da ação, a ação, aí, é o que resta da pretensão".[65] Na verdade, nos exemplos formulados, o conceito de pretensão reduziu-se a um mero *flatus vocis* e não haveria nenhuma razão para continuar insistindo na sua existência.[66] Exigir pela "ação", como se pretende, é confundir simplesmente a pretensão com a ação processual. Nota-se claramente que, ao buscar justificar a existência da pretensão de direito material na ação declaratória,[67] Pontes de Miranda confunde elementos de direito público (exigência de tutela jurídica do Estado) com elementos de direito privado (ação de direito material, direito subjetivo). Mais adiante, porém, não pode deixar de reconhecer que "O exercer pretensão, ou ação, ou exceção, que se contém no direito, é exercer o direito", poder que faz parte do direito, poder de revelar (exprimir, enunciar) a própria existência.[68] Para ele, tão rentes estão ao direito material a ação de direito material e a pretensão material que só podem ser exercidas nos limites do seu conteúdo,[69] conceito que pode servir, quando muito, ao plano do direito material, mas não ao plano do direito processual, que é o reino da incerteza e da dúvida. Por exceção, afirma Pontes de Miranda, a ação pode existir sem a pretensão (ou sem o resto da pretensão), tal como ocorre com os direitos formativos, sejam geradores, modificativos ou extintivos.[70]

---

[63] Pontes de Miranda, *Tratado das Ações*, cit., p. 36. Constata-se, na comparação com o texto de 1934, *A Acção Rescisória contra as Sentenças*, cit., § 3, 5, p. 17, que o conceito de pretensão material veio a substituir nesse contexto a ação de direito material.

[64] Está assim redigida a 1ª. parte do § 194 do BGB, que trata do objeto da prescrição: "Das Recht, von einnem andere ein Tun oder ein Unterlassen zu verlangen (Asnpruch)", ou seja, a pretensão é o direito de exigir de outrem um fazer ou um não-fazer.

[65] Pontes de Miranda, *Tratado das Ações*, cit., p. 44-45.

[66] A respeito do conceito de pretensão, observa acertadamente G. Pugliese, *Polemica*, cit., p. XXXI-XXXIV, que o seu exercício não se mostra relevante para o direito subjetivo, pois nada lhe acrescenta. O que interessa é saber como o titular pode obter da contraparte o comportamento a que esta estava obrigada. Tudo se resume à ação em juízo, nos modos previstos em lei.

[67] Pontes de Miranda, *Tratado das Ações*, cit., p. 46-47.

[68] Pontes de Miranda, *Tratado das Ações*, cit., p. 67.

[69] Pontes de Miranda, *Tratado das Ações*, cit., p. 69.

[70] Pontes de Miranda, *Tratado das Ações*, cit., p. 115.

Visto que, no fundo, a teoria empresta maior realce aos fatores materiais que aos processuais, o conceito de ação processual não aparece com nitidez nas elaborações doutrinárias do grande mestre. Ora é equiparada, como se viu, a remédio jurídico processual, apresentando-se assim mais como um elemento passivo do que ativo, que não se compadece com a dinamicidade do fenômeno processual. Ora é equiparada à demanda ou à lide, e conceituada como "negócio jurídico com o qual o autor põe o juiz na obrigação de resolver a questão, ainda que seja "se cabe a contestação, ou o mandamento, ou a execução". À base da legitimação para esse negócio jurídico estão a capacidade de ser parte e a pretensão à tutela jurídica (uma e outra pré-processuais). Da demanda é que surge o dever concreto de resolver; o de dar sentença favorável é dependente de ser fundada ("procedente") a ação.[71]

Como se vê, homem de seu tempo, preso às suas raízes culturais e à doutrina alemã, Pontes de Miranda retoma o conceito de pretensão de Windscheid, de certa forma semelhante ao de Savigny, e lhe empresta a denominação de ação de direito material. Adiciona ao esquema a ação abstrata, tal como esboçada por Muther, e como já o fizera o próprio Windscheid. Nesse quadro, totalmente concretista, proclamou, contudo, na linha de Plósz e de Degenkolb, que o autor não teria direito a uma sentença favorável, mas apenas a uma sentença de qualquer conteúdo, que se presume justa. Por isso mesmo, não consegue se desvencilhar da expressão cunhada por Wach, embora empregue o conceito de pretensão à tutela jurídica, em sentido totalmente diverso, como antes ressaltado. Demais disso, embora não confesse, faz o conceito de ação de direito material desempenhar o mesmo papel do direito justicial material de Golschmidt. Este, recorde-se, não só colocava a acionabilidade do direito na norma jurídica material, como também conceituava o direito justicial material como direito material privado orientado contra o Estado.

Basicamente, na mesma linha de pensamento, situa-se Ovídio A. Baptista da Silva.[72] Para ele, igualmente, convivem a ação e a "ação". A ação de direito material corresponde "ao agir contra o obrigado para a realização do direito, independentemente de sua colaboração". A "ação" (processual) é "dirigida contra o Estado, para que ele, provocado pelo interessado (autor), exerça a atividade jurisdicional a que se obrigou e preste a respectiva tutela, dando resposta adequada ao pedido". A ação de direito material "tem como pressuposto um direito material preexistente de que é titular sempre aquele que age, esta a 'ação' processual, por força há de estar igualmente

---

[71] Pontes de Miranda, *Comentários ao Código de Processo Civil*, tomo I, Rio de Janeiro, Forense, 1974, p. XXIV-XXV.

[72] Ovídio A. Baptista da Silva, *Curso de Direito Processual Civil*, vol. I, 5ª. ed., São Paulo, RT, 2000, p. 93-94.

fundada num direito anterior. Também ela, como qualquer outra atividade lícita, deve corresponder a um *direito exigível* (=pretensão), sob pena de configurar o puro arbítrio e a violência". Em outra passagem, consigna o jurista:[73] "A realização coativa do direito, com absoluta prescindência da vontade ou da colaboração do obrigado, que se consegue através da jurisdição, é rigorosamente a mesma *ação de direito material*, ou seja, o mesmo *agir para a realização* inerente a todo o direito, com a única diferença que, proibida a autotutela privada, a efetivação do direito se dá através da *ação* dos órgãos estatais. Portanto, longe de haver supressão ou substituição da *ação de direito material*, o que em verdade ocorreu foi uma duplicação de ações: uma dirigida contra o obrigado, outra endereçada contra o Estado, para que este, uma vez certificada a existência do direito, o realize coativamente, *praticando a mesma atividade* de que fora impedido seu titular".

No que concerne à ação processual, apresentaria três faces. De um lado, a "ação" é o exercício do direito de acesso aos tribunais, do qual constitui um *prius* lógico; de outro, é o agir do próprio autor para a obtenção da tutela jurisdicional; finalmente, é também o exigir que o Estado aja, prestando tutela jurídica.[74]

Realizada essa longa e necessária introdução, impõe-se indagar se esse amálgama de conceitos conflitantes resiste a uma análise crítica. A teoria continuaria consistente e intocável, em face do influxo das elaborações doutrinárias posteriores a respeito das relações de direito público, que regulam a função jurisdicional, e às exigências mais modernas de efetividade? É o que procurarei examinar nos tópicos que seguem.

4. Em primeiro lugar, a perspectiva de que o resultado final do processo equivale à ação material que seria desenvolvida pela parte fora do processo ignora, no fundo, a função exercida pelo juiz no processo, fruto do monopólio estatal da prestação jurisdicional e dos desenvolvimentos granjeados pelo direito público e constitucional.

Como bem pondera Liebman, não há dúvida de que o processo é instrumento de realização do direito material, mas tal finalidade é alcançada por meio do agir do Estado, que assegura a efetiva vigência da ordem jurídica. A essência da ação encontra-se exatamente na relação que se estabelece no ordenamento jurídico entre a iniciativa do indivíduo e o exercício, em concreto, da jurisdição, vale dizer, na necessidade e na eficácia da invocação ao juiz para que "proceda"; e pertence à essência do processo que o juiz deve determinar, segundo as normas que regulam a sua atividade, o

---

[73] Ovídio A. Baptista da Silva, *Curso de Direito Processual Civil*, vol. II, 4ª. ed., São Paulo, RT, 2000, p. 84-85.
[74] Ovídio A. Baptista da Silva, *Curso de Direito Processual Civil*, vol. I, cit., p. 87, 89 e 93.

conteúdo positivo ou negativo da sua decisão final.[75] Embora verdadeiro que a ação tende a produzir um determinado efeito jurídico a cargo da contraparte, esse efeito derivará da decisão do juiz e, assim, a ação, enquanto direito, tem por objeto imediato aquela decisão, dirigindo-se contra quem pode e deve emaná-la, isto é, o juiz, na sua qualidade de órgão do Estado.[76]

Ressalta ainda Liebman, com base em conhecido ensinamento de Carnelutti, depois adotado por Betti, que "A ação é, portanto, um direito ao meio, não ao fim, e isto em dois sentidos diversos, tanto no que se refere ao seu conteúdo quanto no que se refere a sua direção, que constituem, pois, dois aspectos de uma única relação".[77] Conceber o direito do indivíduo diretamente contra o adversário, prossegue, incluindo aí o resultado da atividade estatal, significa de novo colocar o fim no lugar do meio e pretender absorver no direito privado uma quantidade de todo estranha e de natureza profundamente diversa, como é induvidosamente o exercício de um poder de direito público, pertencente a título originário aos órgãos da soberania do Estado.[78]

Nem procede o argumento de que o conceito de ação de direito material constituiria a melhor maneira de tornar mais eficaz e efetiva a realização do direito subjetivo privado. Como ainda aqui sustenta Liebman, "A defesa mais eficaz do direito subjetivo privado não consiste em fechá-lo dentro de sua trincheira, onde é condenado a permanecer inerte, mas, sim, em afirmar-se a intangibilidade da arma que o direito público põe a sua disposição; e essa arma é a ação, porque apenas ela constitui o meio idôneo para lutar no campo aberto do processo, em contato direto com os órgãos do Estado".[79]

E menciona Carnelutti, cujo ensinamento por sua pertinência ao tema vale a pena reproduzir. A confusão entre ação de direito material e direito subjetivo decorre, sem dúvida, de um erro de perspectiva que ignora a relação de meio a fim entre os dois direitos. A ação serve para a tutela do direito material, mas não se confunde com o direito que se pretende seja atendido em juízo. A concepção privatística do processo, da mesma maneira que levou o sistema a gravitar inteiramente sobre o direito subjetivo, induziu também à crença de que este não era outra coisa senão o direito exercido em juízo. Pouco a pouco, porém, por meio de uma série de tentativas, alcançou-se a separação: cumprindo esclarecer que uma coisa é o direito exercido em juízo (*id est* correspondente à pretensão) e outra o direito de

---

[75] Liebman, *Lazione nella teoria del processo civile*, in *Problemi del Processo Civile*, Napoli, ed. Morano, 1962, p. 30-31, e acentua: "Quem prescinde desses dois aspectos do problema arrisca-se a construir um conceito de ação no qual está ausente a ação e uma teoria do processo na qual é ignorado o processo".

[76] Liebman, *Lazione*, cit., p. 31.

[77] Liebman, *Lazione*, cit., p. 31 e nota 15.

[78] Liebman, *Lazione*, cit., p. 32.

[79] Liebman, *Lazione*, cit., p. 50.

obter que o ofício proveja sobre a pretensão, e dessa forma se separaram por sua vez o direito subjetivo material e o direito subjetivo processual.[80]

A verdade é que, negadas as concepções monistas do direito, ponto atualmente pacífico, mostra-se forçoso reconhecer a autonomia do processo em relação ao direito material, nada obstante à íntima conexidade entre os planos material e processual. Ademais, com o monopólio estatal da administração da justiça, a ação só pode ser pensada como um poder dirigido contra o Estado, pois só esse pode garantir a tutela jurisdicional dos direitos e determinar os pressupostos pelos quais deve ela ser outorgada. Não se cuida, portanto, de um direito privado, mas de um direito revestido de natureza pública, que por seu caráter, sua direção, seu conteúdo e seus requisitos se distingue essencialmente da pretensão privada. Um dos erros de Thon, além de negar ao direito subjetivo sua realização fora do processo, foi colocar no direito subjetivo privado a coercibilidade estatal. Equívoco este também perfilhado por Pontes de Miranda e seus seguidores. O direito subjetivo exibe realmente essa potencialidade. Cuida-se, no entanto, de elemento ligado ao direito público, e não ao privado a ser exercido pela ação (processual), cuja realizabilidade, em face do não-cumprimento voluntário, dá-se no plano jurisdicional (salvo poucas exceções). Daí, a exata conceituação de P. Roubier: direitos subjetivos são prerrogativas vantajosas estabelecidas pelo direito objetivo, munidas de *proteção judicial*.[81]

Realmente, hoje está bem claro que a garantia do acesso à justiça impõe ao órgão judicial o dever de exercer jurisdição. Daí terem as partes direito à pretensão de outorga de justiça (*Anspruch auf Justizgewährung* ou *Justizanspruch*), dirigida contra o Estado como titular da soberania, por meio de um processo efetivo e justo.[82] De modo nenhum se cuida de simples

---

[80] Carnelutti, *Sistema*, cit., nº 356, p. 889-890, que observa ainda: "Não haveria razão para negar a este último (o direito subjetivo processual) o antigo nome de *ação*, ao qual, portanto, a moderna ciência do processo restitui seu genuíno significado; por outra parte, no direito moderno a ação existe, na maior parte dos casos, *junto* ao direito subjetivo material e não *no lugar deste*" (grifos do original). A duplicação de ações, uma de direito material, outra processual, ao fim e ao cabo, bem doutrina E. Fazzalari, *Sentenza civile*, in *Enciclopedia del Diritto* 51(1989):1.245-1.272, esp. p. 1.252, acaba por repropor a antiga idéia de *Anspruch* (pretensão), que Windscheid queria identificar com uma *actio* substancial e distinguir da ação em sentido processual, mas que Muther já rejeitava como uma inaceitável superfetação da realidade processual.

[81] Paul Roubier, *Droits subjectifs et situations juridiques*, Paris, Dalloz, 1963, p. 1-2, 35-39, 129, *passim*. A respeito do conceito atual de direito subjetivo ver ainda as preciosas considerações de Cláudia Toledo, *Direito Adquirido e Estado Democrático de Direito*, São Paulo, Landy, 2003, *passim*, com ampla análise do desenvolvimento filosófico da idéia de Justiça e Direito realizado por Henrique Cláudio de Lima Vaz e Joaquim Carlos Salgado. Bem ressalta esta autora (ob. cit., p. 105), com base no ensinamento de Baracho, que os direitos valem por si sós, porque são bens do sujeito, as garantias têm valor instrumental e derivado, e arremata cheia de razão que se reportam ao Estado, ao Poder Judiciário, para sua concreção. Antes desenvolvera o conceito de irresistibilidade do direito subjetivo, que compreende o de coercibilidade (possibilidade do uso da força física aparelhada do Estado), concretizando a ação judicial, considerada força irresistível do Direito (ob. cit., p. 44).

[82] F. Baur, *Der Anspruch auf rechtliches Gehör*, in *Beiträge zur Gerichtsverfassung und zum Zivilprozessrecht*, Tübingen, J.C.B. Mohr (Paul Siebeck), 1983, p. 86-87, Rosenberg/Schwab/Gottwald, *Zivilprozessrecht*, 16. Auflage, München, Verlag C. H. Beck, 2004, § 3, 1, 2, p. 17.

efeito reflexo do direito objetivo, visto que o dever do Estado de outorgar jurisdição habita não apenas no interesse geral, mas especialmente no do interessado, que busca a satisfação de seu direito perante o órgão judicial. Demais disso, a outorga de justiça não fica ao arbítrio do órgão judicial, e é vista, pelo contrário, como uma proteção imperativa, e não meramente aleatória. Por isso se caracteriza, fora de qualquer dúvida, como um direito subjetivo público,[83] enquadrando-se mais precisamente na categoria dos direitos fundamentais, hoje constitucionalizados. Esse direito fundamental se concretiza, no plano processual, com o exercício da ação (processual, bem entendido), que decorre dos poderes e faculdades da parte-autora, iniciando-se com a demanda e prosseguindo ao longo de todo o procedimento, por meio de atos concretos. Quando concedido o provimento final, seja ato executivo ou sentencial, a ação (processual) já terá sido exercida plenamente em sua integralidade, seja qual for o resultado do processo, o que afasta qualquer idéia de concretude.

Aliás, visto o problema na perspectiva do resultado da tutela jurisdicional, considerado o caráter eminentemente publicístico da jurisdição e do processo, o comando daí resultante projeta a sua eficácia no patrimônio das partes por força própria, em razão da soberania do Estado-juiz, e não certamente em virtude de uma norma de direito privado.[84] O direito material, note-se bem, é para o juiz apenas a norma de resolução, a determinar o conteúdo da sentença de mérito. Naturalmente, quem põe na penumbra o império contido no exercício da função jurisdicional tende a ver nas sentenças declarativas, condenatórias ou constitutivas só declaração, só pensamento, só norma, abstraindo a eficácia *substancial* contida no comando judicial. Todavia, adotada uma visão totalizante do fenômeno jurídico, a englobar fato, valor e norma, a declaração é também *efeito jurídico*, com conseqüências práticas. Embora não interfira diretamente no plano sensível, determina o comportamento que devem as partes adotar para o futuro (por isso, v.g., a possibilidade de antecipar-se o pedido de sustação de protesto cambial, no bojo de demanda declarativa negativa de relação jurídica creditícia).

Claro que posso denominar a força realizadora do direito material de ação de direito material. Todavia, o problema não é meramente terminoló-

---

[83] Teichiro Nakano, *Das Prozessrechtsverhältnis*, in *Zeitschrift für Zivilprozess*, 79(1966):108.

[84] Cf. Elio Fazzalari, *La dottrina processualistica italiana: dall''azione'' al ''processo'' (1864-1994)*, in *Rivista di Diritto Processuale*, 1994, p. 924, ressaltando que "não por nada o conceito de 'processo' se concentra na participação, em contraditório, dos destinatários dos efeitos substantivos que o provimento do juiz é destinado a produzir". E acrescenta o jurista italiano: "De resto, mesmo a se entender – como muitos ainda fazem, com inspiração num pensamento antigo e antiquado, e contra a evidência – que o provimento jurisdicional teria natureza de 'declaração' (*accertamento*) e não de 'comando', a sua eficácia substantiva seria sempre assistida pelo império do juiz, e não haveria certamente necessidade de uma intromissão do direito privado".

gico. O conceito mesmo de ação de direito material, de caráter eminentemente privado, é que não resiste a um exame lógico e sistemático, quando posto em confronto com o sistema processual, de cunho eminentemente público e constitucional.

Antes de nada, a ação de direito material, que seria exercida conjuntamente com a ação processual, pressupõe a existência do direito material, porque é a inflamação do direito material ou da pretensão,[85] ou o próprio direito subjetivo reagindo contra a agressão que lhe foi feita.[86] Ora, se não é possível reconhecer a existência do direito antes do contraditório, fica difícil admitir a "ação de direito material", já no inicio da demanda, algo que está ínsito ao próprio direito subjetivo, que faz parte da sua essência. Se é da essência do direito, o agir para sua integral realização, representando a ação de direito material a inflamação do direito depois da lesão (a "metamorfose" de Savigny), a sentença haveria de ser sempre favorável, porquanto a demanda pressuporia por hipótese a existência do direito. Não padece dúvida, no entanto, em razão da própria incerteza consubstancial do direito litigioso,[87] que sua existência só poderá ser averiguada ao final do processo, com o trânsito em julgado da sentença. Com a sentença de improcedência da demanda, ter-se-á declarado a inexistência tanto do direito material quanto da própria ação de direito material, fenômeno que se pretende ínsito ao direito material!

Para afastar-se essa evidente incongruência, passa-se a sustentar que aquilo que é algo consubstancial ao direito subjetivo, integrante da sua própria essência, não é tão substancial assim, constituindo quando ingressa no processo mera realidade afirmada.[88] Ora, se a ação de direito material é algo imanente ao direito material, o seu exercício pressupõe uma sentença favorável. Não bastasse isso, a explicação incorre em outra contradição. A simples afirmação da ação, enquanto ato que se esgota em si mesmo, no

---

[85] Pontes de Miranda, Pontes de Miranda, *Tratado das Ações*, cit., I, p. 19.

[86] É a última formulação de Ovídio A. Baptista da Silva, *Direito Material e Processo*, in *Gênesis – Revista de Direito Processual Civil* 33(jul-set/2004):615-635, esp. p. 618: "Mas o interesse na concepção do "direito subjetivo" oferecida por Thon vai além. Segundo ele, o direito subjetivo corresponderia à faculdade de iniciativa que a ordem jurídica confere ao "sujeito tutelado" para, em caso de transgressão da norma, realizar o que fora por ela originariamente determinado. O conceito de direito subjetivo, assim definido, equivale ao que entendo por "ação de direito material". A faculdade que temos de "reagir contra a agressão ao direito" é uma ação, posto que "ajo", não apenas um direito subjetivo, que ainda se mantenha como puro *status*". No *Curso de Direito Processual Civil*, vol. II, cit., p. 354-355, essa identidade ressalta ainda com mais força, pois aí a "ação de direito material" é conceituada como "o agir próprio de cada direito, capaz – independentemente de qualquer participação ativa do obrigado – de realizar inteiramente o respectivo direito".

[87] A respeito da incerteza do direito litigioso, Carlos Alberto Alvaro de Oliveira, *Alienação da Coisa Litigiosa*, 2ª. ed., Rio de Janeiro, Forense, 1986, p. 53-55 (1ª. ed., 1984, p. 51-54).

[88] Assim, Ovídio A. Baptista da Silva, *Direito Material e Processo*, cit., p. 627: "A "ação exercida", a que PONTES DE MIRANDA se referia, não passava de uma simples "afirmação" feita pelo autor que "alegava" ter pretensão, em ultima análise de ter "direito exigível" (*rectius*, pretensão).

afirmar, revela-se totalmente incompatível com o conceito de ação, mormente com a "ação exercida", que por hipótese pressupõe um agir em determinada direção, exercício do poder (ou do direito) de agir. Se ajo, não afirmo; se afirmo, quedo-me no simples plano do verbo, do dizer, e não ajo. *Tertium non datur.*

Por outro ângulo visual, o autor não afirma a existência da ação de direito material, mas do direito e da lesão, e com base nisso pede a adoção da tutela jurisdicional que entende adequada.[89] Desse modo, o direito material torna-se componente da situação que legitima tanto os atos da parte quanto os do juiz, podendo-se colher vários graus de tal coordenação (entre os atos do processo e o direito), passando-se da asserção do direito, que legitima os atos preparatórios das partes e do juiz no processo de conhecimento, à colheita da prova, de que constitui objeto, e à declaração do direito, que legitima no processo de conhecimento, a sentença de acolhimento e, no processo de execução, toda a série procedimental.[90] Além disso, não se trata propriamente de afirmar a existência da tutela jurisdicional (ou da ação de direito material), mas de demonstrar sua adequação à lesão e ao direito, ambos afirmados *in status assertionis.*

Não bastasse isso, analisadas as vicissitudes da "afirmação" da ação de direito material, constata-se que ela não passa de um mero "slogan", uma idéia que não chega a ter existência real. Depois de afirmada – e não exercida, ao contrário do que se apregoa, porque obviamente afirmação não se exerce –, o agir é realizado exclusivamente por meio da ação processual, pelo exercício das faculdades e poderes da parte, que se concretizam em atos processuais, conforme a seqüência procedimental estabelecida em lei (v.g., demanda, réplica, pedido de prova, arrazoados, recursos etc.). Além disso, depois de decidido o litígio, também não reaparece a ação de direito material, porque a eficácia e a força da sentença decorrem do comando emitido pelo órgão judicial, que recai na esfera substancial das partes, em virtude do império decorrente do exercício da jurisdição e da soberania do Estado. Não custa lembrar que as normas reguladoras do processo, geralmente de direito público, dirigidas especialmente à função jurisdicional,

---

[89] Como bem sustenta Francesco P. Luiso, *Diritto Processuale Civile*, vol. I, cit., p. 7, "La tutela giurisdizionale trova dunque il suo punto di partenza in una realtà di diritto sostanziale che si può descrivere nei seguinte termini: un soggetto avrebbe dovuto tenere o non tenere un certo comportamento, secondo le prescrizioni normative; invece, in concreto, il comportamento non è stato tenuto laddove era obbligatorio tenerlo, o viceversa è stato tenuto laddove era vietato tenerlo. Il pressuposto costante della tutela giurisdizionali, quindi, può essere trovato nellesistenza di un illecito, intendendo per illecito il concreto comportamento difforme dal dovere imposto da uma previsione normativa. Questo è il pressuposto comune a tutta láttivita giurisdizionale; ma, per quanto attiene allattività giurisdizionale civile, cé un *quid pluris*, cui abbiamo già accennato: la violazione del dovere, cioè lillecito, produce anche la lesione, linsoddisfazione di uma situazione sostanziale protetta. Lillecito provoca (anche) la violazione di quellinteresse protetto ed elevato dallordinamento a dignità di situazione sostanziale, per la cui realizzazione appunto lordinamento aveva previsto il dovere che è stato violato".

[90] Cf. Fazzallari, Note, cit., p. 110-161.

não se preocupam diretamente com o direito material pretendido, e ao mesmo tempo o sujeito da conduta prevista na norma de direito material certamente não é o órgão judicial. O juiz não age, exerce atos de seu ofício, que podem conduzir a transformações no mundo sensível, mediante o exercício dos poderes que lhe são conferidos por regras de direito público, totalmente distintas das regras de direito privado.[91] Assim, a alegada ação de direito material, uma vez julgada procedente a demanda, passa a se confundir com o resultado do processo, ou com a tutela jurisdicional dispensada pelo Estado. De tal sorte, no quadro da realização do direito material, a introdução do conceito de ação material constitui um desnecessário desdobramento do conceito de ação processual, como desde muito está assentado na ciência processual.

A esse respeito, revela-se altamente significativa a aguda crítica de Couture à doutrina de Pontes de Miranda, que merece ser reproduzida *in verbis:*[92]

Se ha dicho, entonces, que la doctrina que configura la acción como un derecho genérico de obrar confunde aquélla, la acción, con el derecho de demandar, que es un derecho diferente. Conviene no dejar en pie este argumento. Si la acción y el derecho a demandar son dos poderes jurídicos diferentes, entonces tendríamos tres órbitas del derecho: lo que llamamos derecho material (p. ej., la propriedad), la acción (p. ej., la reivindicación) y el derecho a demandar en juicio (p. ej., la facultad de interponer la demanda reivindicatória). Pero desde nuestro ponto de vista, las cosas non son así. El derecho de demandar (*rectius*: el derecho a promover y llevar adelante el proceso) es, justamente, la acción. Todo sujeto de derecho tiene, como tal, junto con sus derechos que llamamos, por comodidad de expressión, materiales o sustanciales (en el ejemplo, la propriedad), su poder jurídico de acudir a la jurisdicción. Denominamos acción a este poder jurídico, y el derecho de demandar no es sino el ejercicio concreto del derecho de acudir a la jurisdicción, ya que el proceso civil se halla regido por la máxima *nemo judex sine actore*. La acción civil se hace efectiva mediante una demanda en sentido formal, y ésta no es sino el ejercicio de aquélla. No creemos que quede, dentro de la estructura del derecho, luego de haber distinguido entre el derecho material y el derecho procesal de acción, sitio para un *tercer derecho,* que no sería otra cosa que la acción puesta en ejercicio. Un tercer poder jurídico intermedio, entre el derecho material y el derecho procesal, ya sea que se incluya en el primeiro, ya sea que se incluya en el segundo, constituye un innecesario desdoblamiento.

---

[91] De tal modo já havia me manifestado a respeito do assunto em ensaio anterior, *O problema da eficácia da sentença*, Repro, 112(out.-dez./2003):9-22, esp. p. 18, aduzindo ainda que "Só depois de tomada a decisão (seja antecipatória, seja a própria sentença de mérito) é que o juiz pode em tese interferir no mundo sensível, agindo, mas aí já se trata do resultado da tutela jurisdicional, da própria eficácia da sentença. Antes disso, como é óbvio, não teria havido ação de direito material. Mesmo assim, esse agir do juiz não pode ser equiparado, pura e simplesmente, ao agir do particular, dada a natureza diferenciada da tutela jurisdicional e a forma substitutiva de que se reveste, destinada a reconstruir a realidade fora do processo e não apenas a reproduzi-la".

[92] Couture, *Fundamentos del Derecho Procesal Civil*, 3ª ed. (póstuma), Buenos Aires, Depalma, 1973, nº 44, p. 73-74.

Por outro lado, segundo seus defensores, a ação de direito material, por constituir *ex hypothesis* parte integrante do direito subjetivo material, deve se dirigir necessariamente contra o adversário, enquanto a ação processual é endereçada contra o Estado.[93]

A proposição, porém, revela-se inadmissível, porque o autor ao pleitear tutela jurídica nada pede ao demandado, mas ao órgão judicial, e o que ele pede não lhe pode ser concedido pelo demandado, mesmo que por este querido. Por isso, a pretensão de tutela jurídica não é idêntica ao direito material.[94]

Essa última constatação conduz, por sinal, a uma outra objeção de peso contra o conceito de ação de direito material. As chamadas ações de direito material (declaratórias, condenatórias, constitutivas, mandamentais e executivas) não têm existência mesmo antes do processo. Não só em razão do monopólio estatal da administração da justiça, mas principalmente porque os pronunciamentos judiciais e as sentenças, seja qual for o seu conteúdo (declaratório, constitutivo, condenatório, mandamental ou executivo), não passam de *formas próprias e exclusivas da tutela jurisdicional.*[95] Constituem meios, de que se serve o Estado, para prestar justiça e realizar o direito material da maneira mais adequada e efetiva, verdadeiras técnicas, que idealmente devem servir aos fins últimos do processo e à realização do direito material. Ora, se se cuida de técnica, não há como confundi-las com o direito material ou com uma faceta deste,[96] porquanto o direito, enquanto

---

[93] A respeito, assim se expressa Ovídio A. Baptista da Silva, *Curso de Direito Processual Civil,* tomo I, cit., p. 84-85 (grifos do original): "A realização coativa do direito, com absoluta prescindência da vontade ou da colaboração do obrigado, que se consegue através da jurisdição, é rigorosamente a mesma *ação de direito material,* ou seja, o mesmo *agir para a realização* inerente a todo direito, com a única diferença que, proibida a autotutela privada, a efetivação do direito se dá através da *ação dos órgãos* estatais. Portanto, longe de haver supressão, ou substituição, da *ação de direito material,* o que em verdade ocorreu foi uma duplicação de ações: uma dirigida contra o obrigado, outra endereçada contra o Estado, para que este, uma vez "certificada" a existência do direito, o realize coativamente, *praticando a mesma atividade* de que fora impedido seu titular".

[94] Cf. Othmar Jaeurnig, *Zivilprozessrecht,* 21. Auflage, Beck, München, 1985, § 36, I, 2, p. 127: "Er ist kein Anspruch gegen den privaten Gegner, die Gegenpartei, sondern ein Anspruch gegen den im Gericht verkörperten Staat. Der Kläger, welcher Rechtsschutz begehrt, verlangt damit nichts vom Beklagten, sondern vom Gericht, und das, was er begehrt, kann ihm der Beklagte nicht geben, selbst wenn er es wollte. Daher ist der Rechtsschutzanspruch nicht dem materiellen Rech identisch".

[95] Embora não declare abertamente, parece se colocar na mesma senda Luiz Guilherme Marinoni, *Técnica Processual e Tutela dos Direitos,* São Paulo, RT, 2004, p. 145-147, quando acertadamente sustenta que as sentenças (condenatória, mandamental etc.) e os meios de execução são apenas técnicas para uma adequada prestação jurisdicional. Aliás, já em obra anterior (*Do Formalismo no Processo Civil,* 2ª. ed., São Paulo, Saraiva, 2003, p. 125), havia eu ressaltado que a tarefa da técnica jurídica consiste em formar a síntese entre o sistema e a forma, apresentando-se como meio para compor ou executar, com certa eficácia e proveito, os imperativos da parte normativa do direito.

[96] Não esquecer que, para seus cultores, a ação de direito material constitui parte integrante e indissociável do direito material. Mesmo assim, diante da realidade, vez e outra admitem estes a inexistência da ação de direito material. Assim, quanto à tutela declaratória, Pontes de Miranda, *Tratado das Ações,* tomo I, cit., p. 197; no que concerne à tutela condenatória e a certas espécies de tutela mandamental, Ovídio A. Baptista da Silva, Curso, cit., vol. II, p. 354-355, p. 204.

sistema de atribuição de bens e organização social, não é uma técnica, mas a positivação do poder, ou seja, o conjunto de normas em que transparecem as decisões do Estado (centro de poder), destinadas a orientar a conduta das pessoas e suas relações em sociedade.[97] Por isso mesmo, embora as diversas espécies de tutela jurisdicional sofram forte influência do plano do direito material, com ele não se confundem. Uma coisa é, por exemplo, desfazer, anular, cancelar, distratar, reconhecer dívida, transigir, admitir na função pública, restituir ou reparar (plano do direito material); outra totalmente distinta é condenar, mandar, declarar, constituir ou executar (plano da tutela jurisdicional). Esses últimos verbos, num Estado minimamente evoluído e com instituições já desenvolvidas, só podem decorrer da atividade de um terceiro imparcial, investido de império bastante para ter força e legitimidade suficientes, elementos esses capazes de impor o resultado da tutela jurisdicional e sua aceitação pelos interessados. Por tais motivos, a regulação dessa atividade está afeita a normas de direito público e constitucionais, pouco ou minimamente interferindo nessa seara o direito privado. De tal sorte, o direito processual pode ou não permitir a demanda declaratória depois de consumada a lesão, o sistema constitucional pode tornar lícito o emprego da tutela mandamental ou executiva e assim por diante. Interessante, a esse respeito, é a norma contida no § 35 da lei que regula a atividade do Tribunal Federal Constitucional alemão, permitindo-lhe, além de determinar em sua decisão quem a executará, a regulação no caso concreto da espécie e da forma da sua execução.[98]

Na verdade, não se pode confundir o apêndice inflamado, a doença (o direito lesado), com o bisturi destinado a extirpá-lo, o remédio (a tutela jurisdicional), nem com a extirpação exitosa, a cura (a tutela do direito). Trata-se de realidades distintas, embora vinculadas umas a outras, sofrendo portanto influências recíprocas. Tudo isso, é claro, desenvolvendo-se por meio dos diversos atos do cirurgião, dos enfermeiros e demais auxiliares (atos processuais do juiz, das partes, do escrivão, do perito etc. que, em suma, compõem o procedimento e por extensão o processo).

Chama a atenção, aliás, que Pontes de Miranda, ao ter proclamado que a sentença mandamental constituiria ato necessariamente estatal, exclusivo assim do juiz, não representando atividade substitutiva daquela do particular,[99]

---

[97] Cândido R. Dinamarco, *A instrumentalidade do processo*, 10ª. ed., São Paulo, Malheiros, 2001, p. 274.

[98] Bundesverfassungsgerichtsgesetz – BVerfGG, de 11.8.1993, com as alterações da lei de 16.7.1998, § 35 "(Regelung der Vollstreckung) – Das Bundesverfassungsgericht kann in seiner Entscheidung bestimmen, wer sie vollstreckt; es kann auch im Einzelfall die Art und Weise der Vollstreckung regeln".

[99] Pontes de Miranda, *Tratado das Ações*, tomo I, cit., p. 211, ao cuidar de estabelecer o conceito de sentença mandamental, ressalta a essencialidade do mandado, afirmando que "No mandado, o ato é ato que só o juiz pode praticar, por sua estatalidade. Na execução, há mandados – no correr do processo; mas a *solução* final é ato da parte (solver o débito). Ou do juiz, *forçando*".

POLÊMICA SOBRE A AÇÃO

não se tenha dado conta da evidente inexistência da ação de direito material em relação a ela. De qualquer modo, a premissa era falha, porque toda sentença é ato de império do juiz, não só a mandamental. E só o juiz pode determinar a execução, dado o monopólio estatal da jurisdição.

Por outro lado, essa conclusão ainda mais se reforça porquanto é lícito à parte para a tutela de seu direito escolher o tipo de tutela jurisdicional que entende mais adequado ao seu interesse, atendidos é claro determinados princípios e as peculiaridades do direito material posto em causa. Por exemplo: mesmo tendo ocorrido a (provável) violação do direito, pode a parte valer-se da tutela declaratória, no lugar da condenatória (conforme expressa permissão do art. 4°, parágrafo único, do CPC). Em vez da tutela mandamental, decorrente do (provável) descumprimento da obrigação de fazer ou não fazer, é lícito ao interessado, desprezando a realização *in natura* do direito, socorrer-se da tutela condenatória.[100]

O mais interessante de tudo é que para a classificação das formas de tutela jurisdicional (as sentenças, por sua força e eficácia, diriam os cultores da ação de direito material) não se mostram decisivos os elementos ligados ao direito material e, por extensão, à ação de direito material, que dele constituiria parte integrante. O que releva são os elementos vinculados à própria tutela jurisdicional, tais como os princípios dispositivo e da demanda, o princípio da adequação (entre o direito material afirmado e o instrumento que serve a sua realização) e os princípios da segurança e da efetividade.

O princípio dispositivo, expressão da liberdade de dispor sobre o próprio direito, permite a opção pela espécie de tutela jurisdicional que a parte entender mais conveniente. Por exemplo: mesmo tendo havido lesão do direito, pode o autor se limitar a pedir a declaração da relação jurídica, *ex vi* do parágrafo único do art. 4° do CPC.

O princípio da demanda impõe adstrição ao pedido do autor, vedando ao juiz a prolação de sentença, a favor do autor, de natureza diversa, assim como a condenação do demandado em quantidade superior ou em objeto diverso do que lhe foi demandado (arts. 128 e 460 do CPC), salvo exceções expressamente estabelecidas em lei, a exemplo do disposto no art. 461, *caput*, do CPC (tutela específica ou resultado prático equivalente). De tal sorte, se o autor optar pela condenação do demandado, não poderá o juiz conceder tutela mandamental.

O princípio da adequação exige a conformidade do instrumento ao direito material, comportando tanto os aspectos subjetivos e objetivo quan-

---

[100] A respeito do tema, remeto o leitor ao já citado ensaio de minha autoria, *O Problema da eficácia da sentença*, Repro 112, esp. p. 16.

to teleológico, os quais devem funcionar de modo simultâneo para que o processo alcance o máximo de eficiência.[101]

O princípio da segurança diz respeito especialmente às garantias de defesa. Por exemplo: não se admite a declaração da existência ou inexistência de mero fato (salvo o incidente de falsidade de documento), mas apenas de relação jurídica, quando em tese já teria ocorrido a incidência da norma; a condenação é a tutela adequada quando se trate de agredir patrimônio alheio, que não pertença ao exeqüente, permitindo-se assim maiores possibilidades de defesa.

O princípio da efetividade impõe a superação de modelos ultrapassados de tutela jurisdicional para certas situações lesivas ao direito material, em prol de mais eficaz e rápida realização do direito material (daí, o surgimento das tutelas executiva e mandamental).

Em todas essas hipóteses, entram em cena elementos típicos da tutela jurisdicional, inexistentes no plano do direito material, preocupado este apenas com regrar a conduta dos sujeitos de direito e suas relações em sociedade. No plano jurisdicional, importa fundamentalmente organizar o processo e melhor instrumentalizar a realização do direito material, para alcançar-se a justiça do caso. Quem não atenta a esse aspecto primacial, obscurece ou mesmo nega a existência de dois planos bem definidos e distintos: o plano do direito material e o do processual.

Não há sentido, v.g., em falar no plano do direito processual em pretensão a reparar. Basta a alegação de que determinado direito sofreu lesão e a formulação do respectivo pedido condenatório. A pretensão de reparação constitui categoria do direito material. Embora possa interessar ao juízo de mérito, não tem vigência no plano estritamente processual, em virtude do monopólio estatal da jurisdição Neste plano, o que importa é o agir do autor, por meio da ação processual. Além de lhe poderem ser dirigidas todas as críticas já realizadas ao conceito de ação material, a faculdade de pretender não passa de *flatus vocis* se construída sobre o plano material, pois, fora do processo, não se encontra a conduta ativa na qual tal faculdade pode se exercer. Se apresentada, por outro lado, como faculdade de se impor na via judiciária, constitui uma inútil e inadmissível duplicação da ação processual.[102]

Ademais, os verbos *condenar* e *reparar* não são idênticos. Aquele pertence ao plano processual, este, ao material. Outrossim, a condenação

---

[101] Sobre o tema, o ensaio fundamental de Galeno Lacerda, *O Código como Sistema de Adequação Legal do Processo*, in *Revista do Instituto dos Advogados do Rio Grande do Sul*, comemorativa do cinqüentenário 1926-1976, Porto Alegre, 1976, p. 163-170. Ver, também, C. A. Alvaro de Oliveira, *Do Formalismo no Processo Civil*, 2ª ed., São Paulo, Saraiva, 2003, p. 116-120.

[102] Cf. Elio Fazzalari, *Note in Tema di Diritto e Processo*, cit., p. 12-14. Como bem observa o jurista italiano, a teoria da pretensão repropõe, com outro nome, aquela mesma inaceitável posição substancial, isto é a faculdade conexa ao direito e não nascente da lesão, apresentada com o nome de *actio (non iam nata)*.

promana do Poder estatal, de órgão imparcial, revestido de autoridade e soberania, e visa a reconstruir a situação material que se afirmou ter sido lesada. Nesse sentido reconstrutivo, o verbo *condenar* é compreensivo do reconhecimento do direito e da lesão, do juízo de reprovação, do comando determinando a reparação e da constituição do título executivo.

Significativamente, quando Pontes de Miranda traça os limites entre as diversas classes de sentença o mais das vezes não emprega elementos de direito material, como seria de esperar por coerência com a teoria da ação de direito material.[103] Assim, na sua perspectiva, a sentença declarativa "É o caso típico de pretensão à sentença (...) sem outra eficácia relevante que a de coisa julgada material (...)".[104] A distinção entre a ação executiva real (v.g, reivindicatória) e as ações de condenação e executiva por créditos encontra-se na circunstância de que na primeira é pedido que "se apanhe e retire a coisa, que está, contrariamente a direito, na esfera jurídica do demandado e se lhe entregue", enquanto nas segundas "os bens estão na esfera jurídica do demandado, acorde com o direito".[105] Vale dizer, a diferenciação decorre do princípio da segurança: recaindo a execução sobre bens que não são do próprio exeqüente, o processo exige maiores formalidades (daí, o emprego da tutela condenatória), o que não acontece, por exemplo, com a "ação de despejo", que incide sobre bem do próprio autor (daí, o emprego da tutela executiva). A sentença mandamental se distingue da executiva, porque na primeira há essencialidade do ato estatal, e na segunda, substituição de atividade do demandado. A diferença estaria em se tratar de ato necessariamente estatal, num caso, e de ato substitutivo da atividade privada, noutro, matéria que nada tem a ver com o direito material. Na verdade, a possibilidade de mandamento – atendidos, é claro, os princípios já assinalados – decorre fundamentalmente do princípio da efetividade, assegurado constitucionalmente.

5. Se, como se procurou demonstrar, não é possível admitir a existência das ditas ações de direito material, sendo por outro lado uma e abstrata a ação processual, cumpre ainda examinar em que categoria conceitual podem ser imputados os verbos considerados anteriormente como apanágio de umas e outra.

---

[103] Nada obstante a afirmativa por ele realizada (*Tratado das Ações*, tomo I, cit., p. 126) de que "O conceito de ação, a classificação das ações por sua eficácia, tudo isso consulta o direito material, porque o fim precípuo do processo é a *realização do direito objetivo*. Na própria classificação das ações e das sentenças, o direito processual tem de atender à eficácia das ações segundo o direito material. A margem de liberdade que se lhe deixa é pequena, mas existe".

[104] Pontes de Miranda, *Tratado das Ações*, tomo I, cit., p. 197.

[105] Pontes de Miranda, *Comentários ao Código de Processo Civil*, tomo X, Rio de Janeiro, Forense, 1976, p. 495-496.

Nesse aspecto, diga-se, em primeiro lugar, que a constitucionalização do direito ao processo e à jurisdição (a exemplo do art. 5°, inciso XXXV, da Constituição brasileira), de envoltas com a garantia da efetividade e de um processo justo (art. 5°, incisos XXXVII, LIII, LIV,LV, LVI), determina também uma garantia "de resultado", ressaltando o nexo teleológico fundamental entre "o agir em juízo" e a "tutela" do direito afirmado. Essa mudança de perspectiva não permite mais referência à ação como tal – nem à demanda ou à exceção em si, "instrumentos" tecnicamente neutros – mas, sim, aos tipos de pronunciamento e de tutela, que com o exercício de seus poderes as partes podem obter do processo. Perdeu sentido, portanto, falar *ex ante* de tipicidade ou de atipicidade da ação, ou recorrer à tradicional tipologia das ações, visto que a tipicidade e a classificação tipológica constituem atributos ou prerrogativas sistemáticas do "resultado" de mérito (e não do meio processual garantido pela norma constitucional). Põe-se assim em destaque os efeitos jurídicos e os conteúdos variáveis das diversas formas de tutela jurisdicional, que dão resposta ao objeto variável da demanda jurisdicional.[106]

Na doutrina alemã, graças aos desenvolvimentos antes ressaltados, a ação ("Klage") termina por se converter no poder processual de propor uma "demanda" ao órgão jurisdicional, já que a sua diferenciação tipológica se exaure na diferenciação objetiva dos pronunciamentos de tutela, que o seu exercício permite solicitar e possivelmente obter. Ainda sob este perfil, portanto, a coordenação dos conceitos mais tradicionais ("Rechtsschutzanspruch", "Klage", "Klagbegehren", "prozessuale Anspruch") em muito conduz a desvalorizar a importância conceitual da "ação", que, em termos práticos, pode ainda se dizer autonomamente identificada como um *quid* diverso do poder técnico de proposição da *demanda de tutela*.[107]

Por derradeiro, o próprio tratamento do tema, desenvolvido no presente ensaio e em "O problema da eficácia da sentença", demonstra claramente que condenar, declarar, constituir, mandar ou executar não passam de tipos ou formas de tutela jurisdicional.

---

[106] Ver, nesse sentido, a interessante construção realizada por Luigi Paolo Comoglio, *Note Riepilogative su azione e forme di tutela, nellottica della domanda giudiziale*, in *Rivista di Diritto Processuale*, 48(1993):465-490. Aliás, também é aplicável ao direito brasileiro a aguda observação de Adolfo Di Majo, *La tutela civile dei diritti*, cit., p. 3, no sentido de que o terreno de unificação e de encontro das aparentes antinomias entre o direito substancial e o direito processual "è oggi rappresentato dalla Costituzione, la quale si è dichiarata allo stesso modo sensibile non solo allaspetto della *enunciazione* di diritti o pretese dei cittadini ma anche a quello della *loro tutele*, provvedendo a dare a questa tutela garanzia costituzionale (art. 24 Cost.)".

[107] Comoglio, ob. cit., p. 485, nota 90, que cita Thomas-Putzo e Rosenberg-Schwab. Para os primeiros, a "Klage" introduz o juiz e atua à aspiração ao pronunciamento jurisdicional, contendo "o requerimento ao tribunal de outorgar tutela jurídica pela sentença" ("das Gesuch an das Gericht, durch Urteil Rechtschutz zu gewähren"); para os segundos, a ação é qualificada também como "o requerimento de outorga de tutela jurídica pela sentença" ("das Gesuch um Gewährung von Rechtschtuz durch Urteil"), configurando assim "a forma de introdução de todo processo" ("die Einleitungsform aller Prozesse").

POLÊMICA SOBRE A AÇÃO

— 5 —

A Polêmica em torno da "Ação de Direito Material"

GUILHERME RIZZO AMARAL

Advogado de Trench, Rossi & Watanabe. Mestre em Direito pela PUCRS.
Doutorando em Processo Civil pela UFRGS.

1. Introdução

Recentes estudos[1] suscitaram e, vale dizer, acirraram a polêmica em torno da *ação* entre nós. As formulações até hoje concebidas para a ação, seja a chamada ação de direito material, seja a ação processual, ou mesmo quando ausente tal distinção (pelo não-reconhecimento da dualidade de planos – material e processual –, ou pelo não-reconhecimento da dualidade de ações), não lograram êxito em pacificar a doutrina.

Pelo contrário, o que se verifica são, de um lado, vozes – dentre as quais destaca-se a de Calamandrei[2] – demonstrando uma certa desesperança, descrédito ou submissão à confusão e à multiplicidade de idéias e formulações pretensamente universais[3] em torno da ação. De outro lado, vozes

---

[1] Referimo-nos, especialmente, à polêmica sobre a ação verificada nos trabalhos de Carlos Alberto Alvaro de Oliveira ("O problema da eficácia da sentença", publicado na Revista de Processo, nº 112. Out/Dez 2003, p. 9-22) e Ovídio Baptista da Silva ("Direito Material e Processo", publicado na Revista Magister de Direito Civil e Processual Civil nº 1, Jul-Ago/2004, p. 5-29). Podemos também citar, aqui, a polêmica entre Fábio Gomes e Egas Moniz de Aragão, em torno das condições da ação e da teoria eclética de Liebman, verificada em MONIZ DE ARAGÃO, Egas D. *Hobbes, Montesquieu e a teoria da ação*. Revista de Processo nº 108, p. 09-22 e GOMES, Fábio. *Comentários ao Código de Processo Civil*. São Paulo: Revista dos Tribunais, 2000. vol. 3.

[2] Piero Calamandrei, em seu *Direito Processual Civil* (Trad. Luiz Abezia e Sandra Drina Fernandez Barbery. Campinas: Bookseller, 1999. V. I, p. 203-206), embora tenha afirmado que a teoria da ação como direito facultativo parecesse mais adequada historicamente ao processo civil italiano, deixou claro sua idéia de relativização dos conceitos de ação, ao pregar a variabilidade dos mesmos, segundo o momento histórico, e, portanto, a impossibilidade de obtenção de uma formulação válida universalmente.

[3] Como refere Araken de Assis, "Segundo alguns autores, a reprodução minuciosa dessas teses é inútil. Elas derivam de 'árvore genealógica frondosíssima', como observa Victor Fairén Guillén. Sobre o

de profundo dissenso e crítica muitas vezes feroz quanto às soluções apresentadas por um ou outro autor que resolveu se aventurar nos tortuosos caminhos que se encontram na "encruzilhada primordial" entre o direito material e o direito processual.[4] E são poucos os processualistas que *não* se lançaram nesta cruzada.

A polêmica em torno da ação nos agrada, particularmente, pois revela não apenas aspectos científicos relevantes para compreender o estudo do processo e sua relação com o direito material – muitas vezes esquecida e hoje ressuscitada pela valorização da instrumentalidade – como também a habilidade de nossos mestres com a palavra, seja para expressar suas idéias, seja para destruir, ou pelo menos tentar desmontar, as teses que lhes desagradam, ainda que, por vezes, esta energia obscureça o primeiro e muito mais nobre objetivo.

Já afirmou Perelman, que "há sempre um meio de transformar uma argumentação qualquer em um silogismo, acrescentando-se uma ou várias premissas suplementares". Entretanto, continua, "o que ganhamos ao transformar num silogismo, que pode redundar numa contradição, uma argumentação não coerciva, mas que permite justificar com boas razões uma opinião plausível, a não ser a satisfação bastante pueril de demonstrar que é possível reduzir ao mesmo esquema silogístico todos os argumentos, quaisquer que sejam?". Conclui o professor da Universidade de Bruxelas afirmando que "ao querer reduzir um argumento qualquer a um esquema formalmente válido, só se pode pôr em evidência sua insuficiência. Mas, não é por não ser uma demonstração formalmente correta que uma argumentação deixa de ter valor".[5]

É preciso termos presente este valioso ensinamento, não para aceitarmos teorias falhas, inconsistentes ou contraditórias acerca da ação, mas, sim, na tentativa de olharmos para cada uma das teses apresentadas com a esperança de retirar-lhes o que têm de melhor. Lê-las de forma a, ao menos *querer*, dar-lhes coerência. Se, ao final, não pudermos fazê-lo, poderemos mais tranqüilamente descartá-las, não descartando-lhes, nunca, o valor, que minimamente consiste na compreensão do que (pensamos) está errado para encontrarmos o que (pensamos) é certo ou está mais próximo disso.

---

tema, assinalou Alessandro Pekelis, reina uma 'confusão babélica', ou seja, invencível desacerto." (ASSIS, Araken de. *Cumulação de ações*. SP: Revista dos Tribunais, 2002. 4ª edição revista e atualizada. p. 54/55)

[4] A expressão "encruzilhada primordial" é cunhada por Fairén Guillén, e bem lembrada por Araken de Assis no seu livro *Cumulação de ações*. (SP: Revista dos Tribunais, 2002. 4ª edição revista e atualizada. p. 54).

[5] PERELMAN, Chaïm. *Lógica Jurídica*. São Paulo: Martins Fontes, 2000. p. 3-4.

Pode-se afirmar que foi a partir do reconhecimento da existência de uma relação de direito processual autônoma na obra de Oskar Bülow[6] (*Die Lehre von den Processeinreden und die Processvoraussetzungen,* 1868), que se formularam as diversas teorias acerca da ação processual, cujo contato com o direito material (e com a sua efetiva existência como *prius* lógico à ação) oscilou significativamente entre as teses concreta (Adolf Wach) e abstrata (Degenkolb e Plósz e, após, Alfredo Rocco).

Noticia-se, por outro lado, que o foco dos processualistas sobre o estudo desta ação de caráter processual veio acompanhado, também, de um repúdio à concepção de "ação de direito material".[7] Tal decorreria da substituição – indevida, segundo Ovídio Baptista da Silva[8] – da ação de direito material pela ação processual,[9] sob o argumento de que a vedação da autotutela não permitiria mais ao particular o exercício das próprias razões, submetendo-o à jurisdição estatal, provocada pela *ação processual.*

Neste ensaio, não nos ocuparemos da análise da ação *processual* e das diferentes teorias que foram formuladas acerca da mesma. É atribuído a Pekelis um levantamento de cerca de trinta e cinco formulações em torno do conceito de ação,[10] o que denota a dificuldade que a doutrina enfrenta

---

[6] "Nunca se ha dudado que el derecho procesal civil determina las facultades y los deberes que ponen en mutua vinculación a las partes y al tribunal. Pero, de esa manera, se ha afirmado, que el proceso es una relación de derechos y obligaciones recíprocos, es decir, una *relación jurídica.* (...) Se acostumbra a hablar, tan sólo, de relaciones de derecho privado. A éstas, sin embargo, no puede ser referido el proceso. Desde que los derechos y las obligaciones procesales se dan entre los funcionarios del Estado y los ciudadanos, desde que se trata en el proceso de la función de los oficiales públicos y desde que, también, a las partes se las toma en cuenta únicamente en el aspecto de su vinculación y cooperación con la actividad judicial, esa relación pertenece, toda evidencia, al derecho público y el proceso resulta, por lo tanto, una relación jurídica pública." (BÜLOW, Oskar. *La Teoria de las Excepciones Procesales y los Presupuestos Procesales.* Buenos Aires – EJEA, 1964. p. 1-2).

[7] Vide, neste particular, a menção à "campanha pela supressão das ações (de direito material)" que faz Ovídio Baptista da Silva, em *Jurisdição e Execução na tradição romano-canônica.* SP: Revista dos Tribunais, 1997. 2ª edição. p. 162.

[8] SILVA, Ovídio Baptista da Silva. *Curso de Processo Civil.* Porto Alegre: Fabris, 1991. 2ª ed. V. I, p. 66-67.

[9] "Em última análise, como disse Alessandro Pekelis – e o repete toda a doutrina –, a ação de direito material teria sido *substituída* pela ação processual". (SILVA, Ovídio Baptista da. *Jurisdição e Execução na tradição romano-canônica.* SP: Revista dos Tribunais, 1997. 2ª edição. p. 168).

[10] "el concepto de acción presenta en la doctrina las siguientes variedades: una simples facultad jurídica (Degenkolb), una relación jurídica (Mortara), una mera posibilidad de hecho (Bringer), un negocio publicístico (A. Levi), una función pública (Binder), una manifestación de vida del derecho subjetivo privado (Windscheid), una arma suya de guerra (Puchta), una metamorfosis suya, que se produce como consecuencia de una violación (Savigny), una función suya (Coviello), una posición particular suya (Redenti), de un medio de tutela que acompaña al derecho subjetivo autónomo y distinto del derecho subjetivo privado (Bülow, Wach, Degenkolb, Chiovenda, Carnelutti), un poder de constituirse, mediante la proposición de la demanda, un derecho subjetivo (el derecho a la tutela jurisdiccional: así, en diverso sentido, Windscheid, Goldschmidt, Heim, Shekel), aquel derecho tal, que surge de hecho de la realizada proposición de la demanda (Bülow), una relación mediante la cual la pretensión, crisálida de un derecho subjetivo privado, se convierte en mariposa, derecho subjetivo perfecto (Mortara), un derecho posesorio, o bien una posesión del derecho correspondiente (Finci), el único derecho subjetivo

no trato do tema. Resolvê-lo, em breve ensaio, seria pingar mais uma gota neste mar já revolto.

Cumpre-nos, aqui, analisar o conceito de *ação de direito material*, e verificar, precisamente, se há sentido em falarmos em tal categoria, ou se o reconhecimento de uma ação de caráter processual obsta, no todo ou em parte, àquela concepção.

2. A "ação de direito material"

Costuma-se afirmar que, no direito romano, não se distinguiam ação e direito subjetivo material. Segundo refere Rogério Lauria Tucci, "Os romanos, de sua vez, consideravam titulares da *actio*, não qualquer um, que preenchesse determinados requisitos, mas, tão-somente, aquele que demonstrasse, nas formas estabelecidas, *uma situação de direito material realmente existente*: só podia ser considerado titular da *actio* quem tivesse

---

realmente correspondiente al individuo respecto al cual, el llamado derecho subjetivo sustancial privado es un derecho reflejo (Pekelis). (...)

Por otra parte, es un derecho público (Wach, Degenkolb), privado, (Dünchen), un derecho público y privado, según que la voluntad de la ley cuya actuación produce, tenga naturaleza pública o privada (Chiovenda), tiene siempre un carácter publicístico, pero puede ser privada o pública según el órgano por el cual es actuada en su estímulo (Calamandrei). (...)

En otro sentido, es un derecho que corresponde solo a quien tiene efectivamente razón en el campo del derecho sustancial, y es por eso un derecho concreto (Wach, Chiovenda); el derecho de acción es concreto no ya con respecto al campo del derecho sustancial, sino con respecto a un complejo de normas intermedias entre ley sustancial y ley formal, esto es, al derecho público material judicial, *Materielles Publizistiesches Ziviljustizrecht* (Goldschmidt), la acción es un derecho absolutamente abstracto que prescinde de la efectiva existencia de la afirmada situación jurídica y que corresponde a quien crea de buena fe, o aun simplemente que manifieste la opinión, aun no siendo sincera, de tener un derecho (Bülow, Plosz, Degenkolb, primera edición, Mortara), la acción como derecho debe concebirse con independencia de la efectiva existencia de la afirmada situación jurídica, esto es, abstractamente, pero vista como negocio, debe entenderse, en cambio, ligada a la afirmación de la situación misma, esto es, casualmente, concretamente (Betti), se deben distinguir diversos aspectos de la acción, de modo que se pueda hablar de una coexistencia de la acción concreta y la abstracta (Calamandrei), existen en las diversas acciones que van del derecho a una simple ordenanza preliminar de rechazo, hasta el derecho a la suma obtenida de la venta, muchísimos grados de abstracción o de concreción, pero con referencia no a la existencia o no del derecho subjetivo material, sino al grado de satisfacción de la necesidad sustancial del titular (Pekelis).

(...)

En otro aspecto, se considera a la acción como un derecho frente al Estado, un derecho abstracto, un derecho a una actividad de los tribunales, un derecho cívico (Bülow, A. Rocco, Ugo Rocco, Zanzucchi), un derecho frente al Estado, una potestad de querer la actividad de los órganos estatales (Pekelis), un poder frente al ordenamiento jurídico (Liebman), un derecho a una prestación de la persona representante de órgano jurisdiccional requerido (Carnelutti), un derecho concreto frente al Estado, un derecho a la tutela jurisdiccional (Muther, Laband, Wach, Hellwig, Stein, Schmidt, Lancheineken, Skeld), un derecho frente al obligado, un derecho concreto a una prestación procesal (Degenkolb), un derecho procesal concreto y materialmente abstracto contra el adversario procesal (Betti), un derecho potestativo, un poder frente al obligado (Chiovenda), un derecho meramente potestativo frente al Estado (Calamandrei)." (*in* RAMÍREZ ARCILA, Carlos. *Teoría de la acción*. Bogotá: Editorial Temis, 1969. p. 8-10. Trata-se de síntese atribuída a Alessandro Pekelis, constante do livro *Sentencias congruentes,* do processualista espanhol Pedro Aragoneses, da qual se vale Arcila para demonstrar a multiplicidade de formulações em torno do conceito de ação).

razão. E isso porque, na verdade, o direito romano não distinguia entre *actio* e direito subjetivo material".[11]

Para a maioria dos estudiosos do direito romano, este era um *sistema de ações*, e não um sistema de direitos, e o conceito de ação foi cunhado, ao longo dos três períodos do procedimento romano (período das ações da lei ou *legis actiones,* período formulário ou *per formulas*, e período do procedimento extraordinário, ou *cognitio extraordinem*), de forma que restou cristalizado na definição de Celso, posteriormente reproduzida por Ulpiano: *Nihil aliud est actio quam ius quod sibi debeatur iudicio persequendi.*[12]

No entanto, esta ação do direito romano não se equipara à ação processual, ou seja, àquela que a doutrina de Wach, Degenkolb, Plósz e Rocco se ocuparam de definir como concreta ou abstrata. Seria frustrada qualquer tentativa de encontrar, na *actio* romana, uma antepassada da ação de caráter processual. Dizer que tenho ação, para o direito romano, é o mesmo que dizer "tenho direito". Neste sentido vai a lição de Vittorio Scialoja, ao qual faz coro Ovídio Baptista da Silva:

> (...) cuando digo "tengo una acción" y esta acción no la considero en su momento de actuación judicial, sino sólo como una potencialidad de llegar a esa actuación, es indubitablemente lo mismo que si dijese: "tengo el derecho".[13]

No entanto, não são poucos os equívocos que ainda se cometem ao tentar transpor o conceito de Celso para o plano processual. Como referiu Carlos Ramírez Arcila:

> Em manera alguna define o corresponde a la acción procesal, a pesar de lo cual y hasta no hace mucho, era, y aún hoy continúa siendo, el derrotero de algunos de nuestros tribunales y de no pocos de nuestros profesores de derecho, para definir la acción, no obstante tratarse de una concepción impropia y totalmente superada.[14]

Em verdade, a *actio* romana situava-se no plano do direito material (até porque não se reconhecia a existência do plano processual), e consistia no "poder pertencente ao titular do direito de perseguir, capturar e até matar".[15] Veja-se, tratava-se de uma ação cujo exercício era privado, do particular.

Pontes de Miranda, a quem se chegou a atribuir a qualidade de "maior de nossos civilistas e maior de nossos processualistas",[16] todavia, sustentou

---

[11] TUCCI, Rogério Lauria. *Aspectos Modernos do Conceito de Ação*. AJURIS 14, p. 157.

[12] Tradução: "A ação não é outra coisa que o direito de perseguir em juízo o que nos é devido".

[13] SILVA, Ovídio Baptista da. *Jurisdição e Execução na tradição romano-canônica*. SP: Revista dos Tribunais, 1997. 2ª edição. p. 166.

[14] RAMÍREZ ARCILA, Carlos. *Teoría de la acción*. Bogotá: Editorial Temis, 1969. p. 58.

[15] SILVA, Ovídio Baptista da. *Jurisdição e Execução na tradição romano-canônica*. SP: Revista dos Tribunais, 1997. 2ª edição. p. 170.

[16] COUTO E SILVA, Clóvis do. *A teoria das ações em Pontes de Miranda*. Revista da Ajuris, n° 43, p. 71.

que, ainda hoje, mesmo diante da existência de ação de caráter processual (abstrata, para o jurista alagoano) e da vedação à autotutela, sobrevive a *actio* romana, denominada de "ação de direito material":

A *actio* romana continua de existir independente da "ação" no sentido de invocação do juiz, "plus" que se junta à "actio" quando se chama o obrigado a juízo.[17]

Como se vê, para Pontes, coexistem duas ações: uma "ação" processual (invocação do juiz), e a *actio*, situada no plano do direito material.

É preciso, no entanto, situar os diferentes conceitos de direito subjetivo material, pretensão, *actio* e "ação". E isto o faz, precisamente, Araken de Assis, defensor das idéias de Pontes de Miranda acerca da ação de direito material.

Para Araken de Assis, o direito subjetivo é constituído da incidência de um fato na norma, encaixando-se aquele no suporte fático desta, tornando-se fato jurídico e, portanto, provocando uma nítida situação de vantagem a alguém, limitando-se a esfera de atividade de outrem. A característica primordial do direito subjetivo se revela na sua condição de estado, pois concede ao seu titular "uma posição jurídica estática e relativa".[18] É, assim, "perfeitamente admissível representar o direito subjetivo através do verbo *ter*".[19]

Entretanto, "ter" um direito subjetivo implica, inicialmente, uma posição estática. É a *exigibilidade* deste mesmo direito que lhe outorgaria dinamicidade, nascendo, assim, a pretensão material, "o poder de exigir de outrem alguma prestação positiva ou negativa".[20] Mais precisamente, para Pontes de Miranda, "pretensão é a posição subjetiva de poder exigir de outrem alguma prestação positiva ou negativa".[21] A pretensão constitui, ainda, "figura intercalar entre o direito subjetivo e a ação".[22]

Chegamos, assim, à ação material, que desbordaria à fase da mera exigência, ou do mero querer, característicos da pretensão, e implicaria a atividade para a satisfação:

Nasce a ação, em benefício do titular do direito, quando o sujeito passivo não satisfaz seu dever jurídico ou, tratando-se de pretensões que se satisfazem mediante atos positivos ou negativos, ocorre uma interrupção dessa conduta.[23]

---

[17] PONTES DE MIRANDA, Francisco Cavalcanti. *Comentários ao Código de Processo Civil*. Tomo 1. RJ: Forense, 1974. P. XXIV.

[18] ASSIS, Araken de. *Cumulação de ações*. São Paulo: 4ª edição revista e atualizada, Revista dos Tribunais, 2002, p. 75.

[19] Idem. p. 76.

[20] Ibidem.

[21] PONTES DE MIRANDA, Francisco Cavalcanti. *Tratado das ações*. São Paulo: Revista dos Tribunais, 1972. 2ª edição, T. I, p. 124.

[22] ASSIS, Araken de. *Cumulação de ações*. São Paulo: 4ª edição revista e atualizada, Revista dos Tribunais, 2002, p. 77.

[23] Idem, p. 79.

Um passo adiante, e alcançamos a ação processual. Isto porque, em função da proibição do desforço pessoal ou da autotutela, a ação material deve ser veiculada através da "ação" processual, a que Araken de Assis equipara à demanda.[24] A "ação" processual expressaria o ato de pleitear a tutela jurídica mediante sentença, acolhendo Araken de Assis a definição de Rosenberg-Schwab.[25]

Retornando a Pontes de Miranda, encontramos o exemplo para demonstrar as assertivas feitas acima:

O meu devedor constitui-se em mora e provoca a *actio*, que nasce a meu favor; mas ele já devia (meu direito subjetivo) e já poderia sofrer as conseqüências de ter eu contra ele pretensão.[26]

O exemplo não nos apresenta a ação processual e, possivelmente, não seja feliz por não situar cronologicamente o surgimento do direito subjetivo, da pretensão, da ação material (*actio*) e da ação processual ("ação"). Tentemos ser coerentes com a formulação de Pontes de Miranda, e apresentar um segundo e mais detalhado exemplo, partindo ainda da simples relação crédito-débito:

Firmo um contrato de empréstimo, entregando determinada quantia a meu devedor, e estabelecendo um determinado prazo para pagamento. Quando da conclusão do contrato, surgiu, já, o (meu) *direito subjetivo* ao crédito, que me coloca em posição estática, porém, de vantagem perante o devedor. Findo o prazo para pagamento, surge a *pretensão*, dado que agora é exigível a quantia emprestada, ou ainda, é exigível a conduta do devedor no sentido de solver o débito. Exercendo a *pretensão,* notifico meu devedor que, no entanto, não me paga a quantia que lhe emprestei, constituindo-se, portanto, em mora, e assim fazendo surgir a *ação de direito material*, que nasce em meu favor. Como não posso, de mãos-próprias, obter junto ao meu devedor o que me é devido (vedação à autotutela), socorro-me da *ação processual*, afirmando a existência da ação de direito material perante um magistrado investido do poder jurisdicional estatal.

Fica claro, no exemplo acima utilizado, que o surgimento de uma chamada "ação de direito material" está ligado à frustração de uma pretensão devidamente exercida (ou, ainda, à resistência à tal pretensão). Pontes de Miranda suscita a possibilidade de haver ação de direito material sem pretensão (tal ocorreria com os direitos formativos: geradores, modificati-

---

[24] ASSIS, Araken de. *Cumulação de ações*. São Paulo: 4ª edição revista e atualizada, Revista dos Tribunais, 2002, p. 79.

[25] Idem, p. 85.

[26] PONTES DE MIRANDA, Francisco Cavalcanti. *Comentários ao Código de Processo Civil*. Tomo 1. RJ: Forense. P. XXIV.

vos ou extintivos).[27] De uma forma ou de outra, diz-se que surge a "ação de direito material", mas a esta não se atribui qualquer conseqüência jurídica relevante para a satisfação do direito ou da pretensão, a não ser a opção do autor pela "ação processual".

Isto porque, para que seja satisfeito o direito ou a pretensão resistida, será indispensável a utilização da ação processual. Neste sentido, é inequívoca a posição de Araken de Assis:

> A nota característica do conceito de ação [aqui ele se refere à ação de direito material] – agir que não depende da anuência do sujeito passivo – mostra porque os ordenamentos jurídicos admitem-na excepcionalmente. O exercício privado da ação provocaria tumulto social, um progressivo desfazimento dos laços da vida em sociedade, a negação da paz e do império da justiça. Por isso o Estado moderno proíbe-o, em geral, criminalizando-a como exercício arbitrário das próprias razões, e avocando, por decorrência, o monopólio da distribuição da justiça.[28]

Pois descobrimos, a esta altura, que a ação de direito material, exercida, ou melhor, o exercício privado da ação de direito material (e somente privado poderá sê-lo, pois a ação que se exerce na via judicial é a "ação" processual), constitui crime, salvo exceções, tais como aquela prevista no artigo 1.210, § 1º, primeira parte, do Código Civil brasileiro.

É claro, veja-se que na perspectiva do direito romano, onde, segundo o romanista Salvatore Riccobbono,[29] o que havia era um sistema de ações, e não um sistema de direitos, e em que o *agir* privado, antes de ser proscrito, era a regra, a noção de *actio*, ou ação de direito material, ganhava relevância central.

Como bem lembra Ovídio Baptista da Silva, na magistral obra *Jurisdição e Execução na tradição romano-canônica*, o particular "originariamente dispunha de ação, até para 'uccidere'[30] o devedor".[31]

Hoje, entretanto, já vimos, de qualificada pena, que o exercício privado da ação de direito material constitui crime, salvo raras exceções previstas em lei (penhor legal – art. 84 do CPC, embargo extrajudicial – art. 935, parágrafo único, do CPC, desforço imediato para defesa da posse – art. 1.210, parágrafo único, do Código Civil).

---

[27] "Pode ser que a ação seja o único elemento que se refira ao direito, e os casos, que não são raros, provam, por si sós, que a ação pode existir sem a pretensão (ou sem o resto da pretensão). Tal o que ocorre com os direitos formativos, ou sejam geradores, ou modificadores, ou extintivos, se exercíveis por ação)". PONTES DE MIRANDA, Francisco Cavalcanti. *Tratado das ações*. São Paulo: Revista dos Tribunais, 1972. 2ª edição, T. I, p. 115.

[28] ASSIS, Araken de. *Cumulação de ações*. São Paulo: 4ª edição revista e atualizada, Revista dos Tribunais, 2002, p. 79.

[29] *Apud.* RAMÍREZ ARCILA, Carlos. *Teoría de la acción*. Bogotá: Editorial Temis, 1969. p. 55.

[30] Tradução: *vt.* matar, assassinar. *Fig.* Abater; destruir. (Fonte: Dicionário Michaelis).

[31] *Jurisdição e Execução na tradição romano-canônica*. SP: Revista dos Tribunais, 1997. 2ª edição. p. 169.

Daí por que é fundamental nos indagarmos acerca da relevância do conceito de ação de direito material quando a ação processual for indispensável para a realização do direito subjetivo material do autor. Isto é: antes de negarmos por completo a existência da ação de direito material (e, parece-nos, não ser isto possível, ante as hipóteses legais antes apresentadas), é preciso verificar se esta ação, a *actio*, coexiste com a ação processual.

3. A crítica

Carlos Alberto Alvaro de Oliveira, em recente publicação, criticou fortemente o conceito de "ação de direito material". Afirmou o professor da Universidade Federal do Rio Grande do Sul:

> Ao inserir a ação no plano do direito material, tal modo de visualizar o problema deixa obviamente de levar em conta a necessária separação entre os planos do direito material e processual.
>
> Ora, se não é possível afirmar a existência do direito antes do contraditório, muito menos se poderá admitir a "ação material" já no início da demanda. Sua existência só poderá ser averiguada no final do processo, com o trânsito em julgado da sentença, quando então se confundirá com a eficácia da própria sentença. (...) ao mesmo tempo em que se reconhece que o demandante não tinha ação (de direito material) afirma-se que a ação foi exercida pela "ação". Não se pode exercer o que não se tem, é o óbvio. (...) A mesma crítica pode ser endereçada ao conceito de ação de direito material, que é um agir derivado do direito material (normas dirigidas ao particular), e que mesmo assim seria exercido no processo por meio do órgão judicial, juntamente com a "ação" processual. A idéia de uma norma de conduta que contenha dentro de si o mecanismo de sua própria realização judicial, acaso violada, de modo nenhum se afina com o ordenamento jurídico brasileiro, que distingue claramente o plano do direito material e o plano do direito processual. É como admitir a existência de uma norma de primeiro grau que, ao mesmo tempo, fosse de segundo grau. (...).[32]

A crítica tem endereço certo: a célebre lição de Pontes de Miranda, para quem a *"ação" exerce-se junto com a ação*[33] (leia-se: a ação processual – ação "com aspas" – exerce-se junto com a ação de direito material – ação "sem aspas"). Aliás, Pontes de Miranda vai além, ao afirmar que a ação processual é um *plus* que se junta à *actio* quando se chama o obrigado a juízo.[34] Ora, sendo apenas um *plus* que se junta à ação de direito material, pode-se dizer que a ação processual necessita deste *prius* chamado de *actio*, ou ação de direito material, confundida no direito romano com o próprio

---

[32] ALVARO DE OLIVEIRA, Carlos Alberto. *O problema da eficácia da sentença*. Revista de Processo, nº 112. Out/Dez 2003.

[33] PONTES DE MIRANDA, Francisco Cavalcanti. *Tratado das ações*. São Paulo: Revista dos Tribunais, 1972. 2ª edição, T. I, p. 94-95, 110.

[34] "A *actio* romana continua de existir independente da *'ação'* no sentido de invocação do juiz, *'plus'* que se junta à *'actio'* quando se chama o obrigado a juízo." PONTES DE MIRANDA, Francisco Cavalcanti. *Comentários ao Código de Processo Civil*. Tomo 1. RJ: Forense. P. XXIV.

direito subjetivo material. A tese nos traria de volta à doutrina de Wach, ou, retrocedendo ainda mais, a Savigny, assumindo que o *plus* seria a armadura do direito subjetivo material.

Aqui, não nos parece suficiente a ponderação de Ovídio Baptista da Silva para salvar as idéias de Pontes de Miranda:

> Claro, o autor que vê rejeitada a ação (de direito material) exerceu ação (processual), sem ter direito (material), conseqüentemente sem ter actio (pretensão de direito material). Mas isso nada nos diz sobre os pressupostos que legitimaram o autor sucumbente a exercer o direito à jurisdição.[35]

Ora, se quisermos aceitar que alguém pode exercer ação processual sem ter ação de direito material, então não podemos admitir a idéia de Pontes de Miranda, de que uma ação sr exerce com a outra – pois nem sempre isto ocorre – e, especialmente, que a ação processual seja um *plus* que se junta à ação de direito material, pois nem sempre o será. Aliás, muito pelo contrário, seria mais coerente para Pontes de Miranda sustentar que a *afirmação* da existência de uma ação de direito material é que constitui um *plus* que se junta à ação processual. Age-se processualmente, exigindo a tutela jurisdicional estatal, e neste ato afirma-se (veja-se: apenas afirma-se) a existência de uma ação de direito material.

É bem verdade que Pontes de Miranda, noutras passagens, acaba sustentando algo parecido com o que propusemos acima. Assim, em seus *"Comentários..."*:

> Se, em vez de alcançar, com trânsito em julgado, sentença favorável, por ser julgada improcedente a ação (= propôs-se ação que o demandante não tinha), declara-se a inexistência da ação.

> Um vez que o autor não tinha a ação, exerceu pretensão à tutela jurídica, exerceu a pretensão ao remédio jurídico processual, porque não podia esperar sentença favorável quanto à ação de que se supunha ser titular. A perda, na lide, pelo autor da ação pode consistir em se decidir que a ele não assistia pretensão à tutela jurídica, ou que, na espécie ou no caso, o remédio jurídico processual era impróprio. Aí, a sentença desfavorável não negou a existência da ação.[36]

Aqui, resta claro que ao tratar da ação "proposta" (deixemos que o termo passe por "afirmada"), julgada improcedente, e declarada inexistente, está Pontes de Miranda tratando apenas da ação de direito material. Houve exercício da ação de direito processual, como exercício de pretensão à tutela jurídica. Caso a sentença dispusesse não haver sequer pretensão à tutela jurídica, ou caso entendesse ser equivocado o remédio processual eleito, então ter-se-ia um juízo sobre a ação processual, e não sobre a afir-

---

[35] SILVA, Ovídio Baptista da. *Direito Material e Processo*. Revista Magister de Direito Civil e Processual Civil nº 1, Jul-Ago/2004, p. 24.

[36] PONTES DE MIRANDA, Francisco Cavalcanti. *Comentários ao Código de Processo Civil*. T. 1. Rio de Janeiro: Forense, p. XLIII/XLIV.

mação da ação de direito material (a formulação nos remete às condições da ação em Liebman, bem como aos pressupostos processuais, cuja ausência impedem o juízo de mérito).

Entretanto, a confusão volta a reinar quando se lê:

Quando se propõe uma ação, qualquer que seja, exerce-se a pretensão à tutela jurídica, pois o Estado, desde que se estabeleceu o monopólio estatal da justiça, a essa tutela se vinculou, e exerce-se, com o remédio jurídico processual adequado, a ação de direito material. Às vezes se chama ação ao remédio jurídico processual (e. g., ação ordinária, ação sumária), o que leva a equívocos, devido à ambigüidade. *A ação é classificada conforme aquilo que se espera da sentença, se a ação for julgada procedente.* Se de força eficacial preponderantemente declarativa a sentença que se espera, declarativa chama-se a ação (...).[37]

Ora, como afirmar que a ação de direito material seja exercida com o remédio jurídico processual adequado, se, como antes dissera Pontes de Miranda, o acerto quanto ao remédio não determina que se julgará existente a ação de direito material? E, mais ainda, que ação de direito material exerce o juiz? A mesma exercida pelo particular?

Sobre o assunto, preleciona Carlos Alberto Alvaro de Oliveira:

(...) não se vê como possa o juiz agir materialmente (exercer ação de direito material, diriam Pontes de Miranda e Ovídio A. Baptista da Silva) de modo paralelo à ação processual: o que ele faz é desempenhar os atos de seu ofício, mediante o exercício dos poderes que lhe são conferidos por regras de direito público, totalmente distintas das regras de direito privado. Só depois de tomada a decisão (seja antecipatória, seja a própria sentença de mérito) é que o juiz pode em tese interferir no mundo sensível, agindo, mas aí já se trata do resultado da tutela jurisdicional, da própria eficácia da sentença. Antes disso, como é óbvio, não teria havido ação de direito material. Mesmo assim, esse agir do juiz não pode ser equiparado, pura e simplesmente, ao agir do particular, dada a natureza diferenciada da tutela jurisdicional e a forma substitutiva de que se reveste, destinada a reconstruir a realidade fora do processo e não apenas a reproduzi-la (...).[38]

Realmente, não há como equiparar o *agir* do juiz e a *actio* romana, exercida pelo particular, ou a ação de direito material pregada por Pontes de Miranda. O juiz não age tal qual o particular o faria não fosse a proibição da autotutela. São atuações em níveis completamente distintos! Ainda assim, argumenta Ovídio Baptista da Silva:

A doutrina não leva em consideração que o monopólio estatal da jurisdição fez nascer uma segunda pretensão (exigibilidade), além daquela que o titular do direito já possuía, contra o destinatário do dever jurídico. Tanto posso exigir o pagamento (exercer pretensão) contra meu devedor, quanto posso exigir que o Estado – quando fracasse

---

[37] PONTES DE MIRANDA, Francisco Cavalcanti. *Comentários ao Código de Processo Civil.* T. 1. Rio de Janeiro: Forense. p. XLIII.

[38] ALVARO DE OLIVEIRA, Carlos Alberto. *O problema da eficácia da sentença.* Revista de Processo, nº 112. Out/Dez 2003, p. 17-18.

aquela exigência privada – realize, por intermédio do processo, a minha pretensão. É claro que estou a tratar de ação procedente, porém não se pode obscurecer a existência das duas exigibilidades, outorgadas ao titular do direito: o agir contra o devedor (proibido, mas não eliminado) e o agir estatal, que a sentença de procedência necessariamente realiza.[39]

Quando Ovídio Baptista da Silva afirma que o Estado realiza, por intermédio do processo, *a minha pretensão*, em se tratando, *é claro*, de *ação procedente*, fica bastante claro que está o processualista a sugerir que esta pretensão é a de direito material (a mesma que embasava a ação de direito material), e não a pretensão à tutela jurisdicional. Da mesma forma, a *ação procedente* só pode dizer respeito à *ação de direito material*. Do contrário, ou seja, estivesse o notável professor a tratar da pretensão e da ação *processuais*, poderia dizer que por intermédio do processo se realiza a pretensão à tutela jurisdicional *independentemente do resultado da sentença* (procedente ou improcedente); e a ação processual, *abstrata*, sempre seria *procedente*.

Em outras palavras, a pretensão que o Estado exerce, para Ovídio Baptista da Silva, é a pretensão de direito material, e não a pretensão à tutela jurisdicional estatal (aliás, esta é exercida pelo autor, e em face do próprio Estado!).

Portanto, para admitirmos o acerto da tese de Pontes de Miranda, defendida por Ovídio Baptista da Silva, teríamos de verificar a congruência entre a ação de direito material – *proibida, mas não eliminada* para Ovídio; *criminalizada*, para Araken de Assis – e o agir do Juiz ao prestar a tutela jurisdicional. Ainda: teríamos de afirmar que, a toda sentença *procedente*, deverá corresponder o exercício de uma ação de direito material, preexistente, *pelo juiz*!

No entanto, esta correspondência inexiste, como bem demonstra Carlos Alberto Alvaro de Oliveira:

> Por outro lado, não se constata a pretendida duplicação de ações em certas demandas constitutivas, positivas ou negativas, despidas de pretensão material, a exemplo da demanda de divórcio, de anulação de casamento e de interdição. Da mesma forma, impensável a duplicação de ações no que concerne à pretensão declaratória, pois o titular do direito não pode agir por si mesmo para sua realização — com ou sem vontade do obrigado: a declaração do próprio interessado de seu próprio direito seria um *flatus vocis*, tornando-se indispensável a certificação que exsurge da autoridade estatal, com o exercício da jurisdição e o acolhimento da demanda. (...)[40]

A lição é clara: não houvesse o monopólio da jurisdição pelo Estado, não haveria, nas relações privadas, uma ação do particular equivalente à declaração que hoje se tem pela via jurisdicional estatal.

---

[39] SILVA, Ovídio Baptista da. *Direito Material e Processo*. Revista Magister de Direito Civil e Processual Civil nº 1, Jul-Ago/2004, p. 19.

[40] ALVARO DE OLIVEIRA, Carlos Alberto. *O problema da eficácia da sentença*. Revista de Processo, nº 112. Out/Dez 2003, p. 16.

A observação de Carlos Alberto Alvaro de Oliveira abre a ferida de que padece a classificação das ações segundo o quanto de eficácia, assim proposta por Pontes de Miranda:

A ação é classificada conforme aquilo que se espera da sentença, se a ação for julgada procedente. Se de força eficacial preponderantemente declarativa a sentença que se espera, declarativa chama-se a ação (...).[41]

Esta ação, é claro, só pode ser a ação de direito material, eis que *a ação processual é una e abstrata* (com a última assertiva concordam Carlos Alberto Alvaro de Oliveira e Ovídio Baptista da Silva).[42]

Ora, não encontramos, no plano do direito material, pretensão à declaração, constituição ou condenação (coincidentemente, as três eficácias constantes da tradicional classificação das ações sustentada por boa parte da doutrina,[43] arredia à teoria quinária de Pontes de Miranda). Imaginando a ausência de vedação à autotutela, conseguimos apenas vislumbrar a execução (de mãos próprias) e o mandamento (não no sentido de estatalidade, mas de ordens revestidas de ameaça física ou psicológica) como possíveis ações privadas.

A exemplificação, ainda que rudimentar, pode facilitar o acolhimento da assertiva anterior: Tício adquire de Caio um cavalo, e paga a este o preço. Estando Caio em mora, e ante a absoluta ausência do Estado e do binômio *jurisdictio* e *imperium*, quais seriam as *ações* (de direito material) imagináveis para a satisfação do direito de Tício à prestação de Caio? Poderia o primeiro buscar tomar à força o animal, e se no embate com o segundo saísse vencedor, veria o seu direito subjetivo material satisfeito. Poderia Tício ameaçar Caio de aplicar-lhe, ou aos seus familiares, ou mesmo a seu patrimônio, castigos físicos ou morais, e se o último cedesse a tal assédio e lhe entregasse o cavalo prometido, o primeiro, por sua ação pessoal, veria satisfeito seu direito.

Mas, perguntamo-nos se poderia Tício declarar, para todos ouvirem, que é credor de Caio, e se essa declaração de algo valeria, ou se o suposto devedor não poderia bradar já ter quitado sua obrigação e nada dever ao contrafeito credor? Ou poderia Tício, oralmente ou por escritura, constituir em caráter perene e incontestável a relação de direito material com Caio, de forma que não pudesse ser posteriormente contestada? Ainda: poderia Tício declarar não apenas ser credor de Caio como, a sua faculdade de

---

[41] PONTES DE MIRANDA, Francisco Cavalcanti. *Tratado das ações*. São Paulo: Revista dos Tribunais, 1972. 2ª edição, T. I, p. XLIII.

[42] SILVA, Ovídio Baptista da. *Direito Material e Processo*. Revista Magister de Direito Civil e Processual Civil nº 1, Jul-Ago/2004, p. 21.

[43] Veja-se CINTRA, Antonio Carlos de Araújo, GRINOVER, Ada Pellegrini e DINAMARCO, Cândido Rangel. *Teoria Geral do Processo*. 11ª edição. São Paulo: Malheiros, 1995. p. 264/265; THEODORO JÚNIOR, Humberto. *Curso de Direito Processual Civil*. 41ª edição. Rio de Janeiro: Forense, 2004. V. 1.

executá-lo, atividades estas que somadas equivaleriam à *condenação* (aliás, já vimos que isto sequer seria necessário, ante a execução direta viável na ausência do poder jurisdicional estatal)? A resposta há de ser negativa para tais indagações!

A declaração, constituição e a condenação constituem categorias que pertencem ao plano processual, não havendo como imaginar uma ação particular capaz de outorgar a mesma certeza jurídica *definitiva* (e não aquela obtida pela formação de um contrato, ou de um casamento, por exemplo) que outorga a tutela jurisdicional estatal. Aliás, Ovídio Baptista da Silva já situou a condenação em plano estritamente processual, abandonando a ação condenatória como categoria do direito material.[44] Faltava-lhe admitir como categorias estritamente processuais a declaração e a constituição.

Para que não sejamos malcompreendidos: a atividade praticada pelo juiz, na sentença, não se equipara àquela que poderia ser exercida pelo particular na ausência da vedação à autotutela. A declaração do juiz, na sentença de mérito transitada em julgado, dá certeza jurídica à existência ou inexistência de relação de direito material, adquirindo autoridade e o selo da imutabilidade. Nenhum particular seria capaz, por si só, de produzir idênticos efeitos (trata-se da *flatus vocis*, já referida por Carlos Alberto Alvaro de Oliveira). Da mesma forma, ainda que eu possa firmar um contrato, ou contrair matrimônio, estas *ações* (privadas) poderão ser sempre submetidas à revisão pelo poder jurisdicional estatal. E, se este não houvesse, sendo permitida – e não criminalizada, como aduz Araken de Assis – a ação de direito material, então de nada valeria a dita *constituição* da relação, pois no império do arbítrio ela poderia ser renegada a qualquer tempo. O mesmo não ocorre com a constituição/desconstituição de relação jurídica *por sentença transitada em julgado*. Esta adquire a mesma qualidade da sentença declaratória, já referida, sendo portanto definitiva, e imune às eventuais discordâncias dos envolvidos. Quanto à condenação, sentimo-nos mais confortáveis, até, para retirá-la do plano material, pois já o fez Ovídio Baptista da Silva ao afirmar que a condenação nada satisfaz, diferentemente das demais sentenças, não podendo assim constituir expressão de autêntica ação de direito material.[45]

Reduziríamos, assim, as ações de direito material (*for the sake of argument,* admitindo-as como coexistentes à ação processual, no sentido de ações privadas) a apenas duas: mandamental e executiva. Apenas estas duas ações poderia o particular exercer independentemente da participação do Estado no exercício poder jurisdicional, o que redundaria na insubsistência

---

[44] SILVA, Ovídio Baptista da. *A ação condenatória como categoria processual. In:* Da sentença liminar à nulidade da sentença. Rio de Janeiro: Forense, 2001. p. 233-251.
[45] Idem. p. 246.

da classificação das ações de Pontes de Miranda, se tomadas como *classificação das ações de direito material*.

No entanto, remanesceria ainda outro problema. Se podemos distinguir um *agir* como mandamento ou execução, a mesma facilidade não encontramos para definir a pretensão material. Aquele que pretende obter um bem, que se encontra na posse de outrem, tem pretensão mandamental ou executiva? Segundo nosso Código de Processo Civil (art. 461-A), poderá o juiz ordenar que o réu entregue a coisa ou determinar a sua busca e apreensão. Poderá, portanto, *mandar* ou *executar*, independentemente do que pediu o autor em sua peça inicial (esta é a clara lição do § 5º do artigo 461 do CPC). Ora, daí decorre a completa impossibilidade de definirmos, *a priori*, se a demanda é executiva ou mandamental. Demanda-se por um bem da vida, mas o mandamento ou a execução (ou ambos, como já tivemos a oportunidade de demonstrar),[46] vêm apenas com a decisão judicial, antecipatória ou final, e não em qualquer formulação dogmática sobre uma suposta ação de direito material com carga eficacial definida.

Aqui, parece-nos claramente improcedente a crítica de Ovídio Baptista da Silva:

> Entretanto, verifico que Carlos Alberto, poucas linhas antes, dera-me razão quando dissera que "a ação processual una e abstrata não pode ter conteúdo declaratório, constitutivo ou condenatório", a sugerir, agora, que essas qualidades, ou eficácias sentenciais, não estariam no direito processual, como eu afirmara com sua adesão. Porém, segundo ele, nem no direito material encontrar-se-iam as eficácias sentenciais, que ele concordara não serem também qualidades da ação processual.

> Temo que exagere, mas não posso deixar de concluir que o ensaio de Carlos Alberto não foi capaz de desvendar o misterioso desaparecimento das cinco eficácias das sentenças, que não estariam nem no direito material e nem no processo.[47]

O temor pelo exagero justifica-se. Ocorre que, ao afirmar que as eficácias sentenciais não estão na ação processual – sendo esta abstrata – nem na ação de direito material (e, parece-nos, é precisamente o que sustenta Carlos Alberto Alvaro de Oliveira), não se está a dizer que aquelas não estão nem no direito material, nem no processo. A não ser, é claro, que a visão de Ovídio Baptista da Silva reduza todo o plano do direito material à *ação* de direito material, e todo o plano processual à *ação* processual, admitindo-se assim que o *direito material* é igual à *ação de direito material* (e voltamos ao sistema de ações romano!) e que a *ação processual* é igual a *processo*.

Ora, a formulação apresentada por Carlos Alberto Alvaro de Oliveira é a de que "a eficácia se apresenta apenas como uma forma da tutela juris-

---

[46] AMARAL, Guilherme Rizzo. *As astreintes e o processo civil brasileiro*. Porto Alegre: Livraria do Advogado, 2004, p. 43 e seguintes.

[47] SILVA, Ovídio Baptista da. *Direito Material e Processo*. Revista Magister de Direito Civil e Processual Civil nº 1, Jul-Ago/2004, p. 21.

dicional, outorgada a quem tenha razão, seja o autor, seja o réu (sentença declaratória negativa)".[48] Está, portanto, no plano processual, mas não atrelada diretamente à *ação* processual, senão aos provimentos jurisdicionais.

Esta idéia é consentânea, embora não o afirme expressamente o seu autor, à de técnica de tutela, exposta por Luiz Guilherme Marinoni. Para este último, quando "se percebe, contudo, a necessidade de distinguir os meios (que permitem a prestação da tutela) do fim a ser obtido (o resultado no plano do direito material), apresenta-se como adequada a distinção entre tutela jurisdicional *stricto sensu* e técnicas de tutela jurisdicional".[49] Assim, classifica Luiz Guilherme Marinoni as sentenças (condenatória, mandamental, etc.) como "técnicas que permitem a prestação da tutela jurisdicional", ou, simplesmente, "técnicas de tutela".[50]

Estas técnicas de tutela, uma vez adotadas, no plano processual, terão como objetivo buscar a produção de um resultado, este no plano material.

Daí por que é inadequado, em nosso sentir, a constante menção a *ações* ou mesmo *demandas* constitutivas, declaratórias, condenatórias, executivas ou mandamentais. A ação processual é abstrata, e a técnica de tutela empregada no processo não pode ser estabelecida *a priori*. Já a "ação de direito material" – para aqueles que a admitem –, como ação do titular independentemente da vontade do obrigado, não poderia se revestir das cargas constitutivas, declaratórias ou condenatórias, como as conhecemos; outrossim, não poderia também alinhar-se antecipadamente com a carga mandamental ou executiva, pois vimos que estas são aplicáveis sucessivamente ou até simultaneamente pelo juiz, independentemente de uma suposta ação de direito material afirmada pelo autor.[51]

Aliás, o juiz não reconhece a existência da ação de direito material, nem mesmo nas hipóteses de sentença mandamental ou executiva (ou, diríamos, na utilização de tais técnicas de tutela). Isto porque o juiz não pode *perseguir, capturar e até matar*, não pode agir como o particular na ausên-

---

[48] ALVARO DE OLIVEIRA, Carlos Alberto. *O problema da eficácia da sentença.*Revista de Processo, nº 112. Out/Dez 2003.

[49] MARINONI, Luiz Guilherme. *Tutela Específica: arts. 461, CPC e 84, CDC*. São Paulo: Editora Revista dos Tribunais, 2001, p. 63.

[50] Ibidem.

[51] "Assim, por hipótese, o juiz que determina a uma indústria que instale filtro para evitar a poluição do ar, sob pena de multa diária, pode, sucessivamente, caso não obedecida a ordem judicial, determinar atos dos auxiliares da justiça ou de sub-rogação (eficácia executiva), tais como o fechamento da indústria ou a instalação por terceiros do referido equipamento – exemplo de aplicação *sucessiva* das técnicas mandamental e executiva; ou, ainda, o magistrado que determina a entrega de coisa certa sob pena de multa diária, pode, simultaneamente, determinar a busca e apreensão do bem – exemplo de aplicação *simultânea* das técnicas ora apontadas." (AMARAL, Guilherme Rizzo. *Técnicas de tutela e o cumprimento da sentença no Projeto de Lei 3.253/04: uma análise crítica da reforma do Processo Civil brasileiro. In* AMARAL, Guilherme Rizzo e CARPENA, Márcio Louzada (coordenadores). *Visões Críticas do Processo Civil Brasileiro: uma homenagem ao Prof. Dr. José Maria Rosa Tesheiner*. Porto Alegre: Livraria do Advogado, 2005, p. 131).

cia do Estado. O juiz está adstrito aos limites da jurisdição, dentre os quais, notadamente, destacam-se a dignidade da pessoa humana, a proibição da prisão civil, a impenhorabilidade de determinados bens, e tantos outros que não convém aqui listar, mas que demonstram claramente que a atividade jurisdicional não se equipara à atividade privada para a satisfação dos direitos.

Em suma: a vedação à autotutela implica, sim, a extinção da ação de direito material, que sobrevive apenas e justamente quando aquele óbice desaparece, e é dado ao particular tutelar o seu direito, nas raras hipóteses previstas em lei.

4. Conclusão

Procuramos, no decorrer deste breve ensaio, demonstrar a insubsistência de duas idéias de Pontes de Miranda, quais sejam, *a)* o exercício de ação de direito material concomitantemente com a ação processual, e *b)* a classificação das ações (de direito material) segundo a sua carga de eficácia. A formulação de Pontes, defendida por Ovídio Baptista da Silva, não identifica corretamente o fenômeno de comunicação entre o direito material e o processo. Inexiste ação de direito material fora das hipóteses (raríssimas, aliás) previstas em lei. O que há, no máximo, são pretensões que, uma vez resistidas, geram o *interesse* na busca da tutela jurisdicional. E a busca da tutela jurisdicional estatal se dá com a *ação processual*, que ensejará o emprego, pelo juiz, de diferentes técnicas de tutela jurisdicional, de acordo com as necessidades e peculiaridades do direito subjetivo material tutelado e do caso concreto.

— 6 —

Polêmica sobre a Teoria Dualista da Ação (Ação de Direito Material – "Ação" Processual):* uma Resposta a Guilherme Rizzo Amaral

DANIEL FRANCISCO MITIDIERO

Doutorando em Direito Processual Civil pela UFRGS.
Professor Convidado de Direito Processual Civil dos Cursos de
Pós-Graduação *Lato Sensu* em Direito Processual Civil da UFRGS,
da UNISINOS, do IPEJUR-IMED, da ABDPC, da UNISC e da UNISUL.
Professor de Direito Processual Civil da ESMAFE/RS, da FEMARGS/RS,
da ESMP/RS, do Verbo Jurídico e do CEJUR. Advogado.

Alegra-nos, sobremaneira, que nós, brasileiros, estejamos finalmente pegando o gosto pela polêmica, pela crítica franca, fazendo do diálogo acadêmico um hábito. Até recentemente, a doutrina brasileira, ao cuidar do tema da ação, tinha duas posturas diante da teoria dualista: ou se a aceitava ou, simplesmente, se a ignorava. Não havia crítica, não havia diálogo enfim, contribuindo-se para a mantença do *status quo* a respeito do tema.

Iniciou pontualmente o debate acerca do assunto Carlos Alberto Alvaro de Oliveira, afirmando a imprestabilidade do conceito de ação de direito material;[1] aceitou o seu convite Ovídio Araújo Baptista da Silva, defendendo-a,[2] e, por enquanto, manifestaram-se ainda Guilherme Rizzo

---

* Ensaio anteriormente publicado na Revista de Processo. São Paulo: Revista dos Tribunais, 2005, n. 124, na Revista da Ajuris. Porto Alegre: s/ed., 2005, n. 98 e na Gênesis Revista de Direito Processual Civil. Curitiba: Gênesis, 2004, n. 34.

[1] "O Problema da Eficácia da Sentença". In: Gênesis Revista de Direito Processual Civil. Curitiba: Gênesis, 2003, pp. 437/449, n. 29.

[2] "Direito Material e Processo". In: Gênesis Revista de Direito Processual Civil. Curitiba: Gênesis, 2004, pp. 615/635, n. 33.

POLÊMICA SOBRE A AÇÃO

Amaral,[3] trazendo novos elementos para a cinca, e José Maria Rosa Teshei-ner.[4] Antes deles, aliás, Cândido Rangel Dinamarco já havia ensaiado uma crítica a respeito do conceito de pretensão de direito material, buscando ferir, tudo somado, um dos alicerces da teoria dualista da ação.

Com efeito, escreve Cândido Rangel Dinamarco que "a doutrina de raízes pandectistas emprega o vocábulo *pretensão* em sentido bastante diferente, para designar *o direito de obter em juízo o bem devido*. O apego a esse conceito, que constitui veste aparentemente moderna da vetusta *actio* romana (*jus quod sibi debeatur in judicio persequendi*), desconsidera toda a evolução por que passou o processo civil a partir do século XIX, quando se proclamou sua independência científica pelos caminhos da autonomia conceitual e da autonomia do próprio processo e da ação. Constitui incoerência afirmar a autonomia da ação, dizendo que ela não constitui inerência do direito subjetivo como antigamente se pensava e hoje todos negam peremptoriamente (*infra*, n. 555-556) – mas por outro lado sustentar este estranho conceito, que mistura, numa massa só, o direito subjetivo ao bem e o direito a obter o pronunciamento judicial a respeito da aspiração de obtê-lo. Pretensão é um estado de espírito que se exterioriza em atos de exigência, não uma situação do sujeito perante a ordem jurídica. Aquela *pretensão de direito material* é um conceito, além de conflitante com a moderna ciência jurídica, inteiramente dispensável do sistema: onde dizem *ter pretensão ao bem*, diga-se *ter direito subjetivo a ele e ter condições de pleiteá-lo em juízo* (pleitear não é necessariamente obter)".[5] Fica patente de sua lição, porém, que Cândido Rangel Dinamarco não compreendeu e não compreende a diferença crucial existente entre pretensão de direito material e pretensão processual. Ora, ao referir que no conceito de pretensão de direito material se "mistura, numa massa só, o direito subjetivo ao bem e o direito a obter o pronunciamento judicial" nosso processualista dá provas irrefutáveis de que ignora completa e cabalmente que a pretensão de direito material, acaso existente (lembre-se que apenas se afirma direito, pretensão e ação materiais no processo – quaisquer deles podem muito bem não existir), tem como esteio uma situação jurídica material que a funda, ao passo que a pretensão processual tem como arrimo o direito à tutela jurídica, cujo título está estampado, entre nós, no art. 5º, XXXV, da Constituição da República.

De seu turno, assevera Carlos Alberto Alvaro de Oliveira que "quando se afirma que 'a ação (de Direito material) é inflamação do direito ou da pretensão' logo surgem à lembrança as idéias de Savigny, que via a ação

---

[3] "A Polêmica em Torno da 'Ação de Direito Material'". In: Gênesis Revista de Direito Processual Civil. Curitiba: Gênesis, 2004, pp. 533/547, n. 33.

[4] "Ação de Direito Material", disponível em www.tex.pro.br, acessado em 11.12.04.

[5] *Instituições de Direito Processual Civil*, 3ª ed.. São Paulo: Malheiros, 2003, p. 103, vol. II.

de Direito material como emanação (*Ausfluss*) do próprio Direito material, confundindo-se com a eficácia deste. Para tanto distinguia ele entre os direitos em si (*Rechten an sich*), os direitos lesionados (*verletzten Rechten*) e os direitos em estado de defesa (*im Zustand der Vertheidigung*), todos aspectos do Direito material. Ao inserir a ação no plano do Direito material, tal modo deixa de visualizar o problema deixa obviamente de levar em conta a necessária separação entre os planos do Direito material e processual".[6] E continua a argumentar Carlos Alberto Alvaro de Oliveira: "para salvar essa evidente contradição, Pontes de Miranda sustenta que o direito à pretensão à tutela jurídica (*rectius*: pretensão à outorga de justiça) de modo nenhum é pretensão à sentença favorável: 'se, em vez de se alcançar, com trânsito em julgado, sentença favorável, por ser julgada improcedente a ação (= propôs-se ação que o demandante não tinha), declara-se a inexistência da ação. Uma vez que o autor não tinha a ação, exerceu pretensão à tutela jurídica, exerceu pretensão ao remédio jurídico processual, porque não podia esperar sentença favorável quanto à ação de que se supunha titular'. A explicação não satisfaz, porque ao mesmo tempo em que se reconhece que o demandante não tinha ação (de Direito material) afirma-se que a ação foi exercida pela 'ação'. Não se pode exercer o que não se tem, é o óbvio".[7]

Endossando a crítica de nosso estimado Professor, defende Guilherme Rizzo Amaral que "sendo apenas um *plus* que se junta à ação de direito material, pode-se dizer que a ação processual necessita deste *prius* chamado de *actio*, ou ação de direito material, confundida no direito romano com o próprio direito subjetivo material. A tese nos traria de volta à doutrina de Wach, ou, retrocedendo mais ainda, a Savigny, assumindo que o *plus* seria a armadura do direito subjetivo material".[8]

A primeira observação que nos ocorre, já declinada em estudo anterior,[9] é que, ao contrário do que afirma Carlos Alberto Alvaro de Oliveira, a teoria dualista não insere a ação no plano do direito material; essa pertence ao direito material, assim como a "ação" processual pertence ao direito processual. São dois planos distintos, coordenados em paralelo, como tivemos o ensejo de declinar linhas antes. A segunda refere-se à enfática assertiva de Carlos Alberto Alvaro de Oliveira no sentido de que "não se pode exercer o que não se tem, é o óbvio", porquanto essa, segundo pensamos, não tem razão de ser: o que o demandante exerceu foi a "ação" processual,

---

[6] "O Problema da Eficácia da Sentença". In: Gênesis Revista de Direito Processual Civil. Curitiba: Gênesis, 2003, p. 441, n. 29.

[7] Ibidem.

[8] "A Polêmica em Torno da 'Ação de Direito Material'". In: Gênesis Revista de Direito Processual Civil. Curitiba: Gênesis, 2004, p. 537, n. 33.

[9] *Comentários ao Código de Processo Civil*. São Paulo: Memória Jurídica Editora, 2005, pp. 538/539, tomo II.

a todos assegurada como corolário indeclinável da inafastabilidade jurisdicional (portanto, que o autor efetivamente tinha), e não a ação de direito material (essa apenas afirmada como hipotético e eventual conteúdo da "ação" processual). Aliás, Pontes de Miranda é claro a respeito da não-subordinação da "ação" processual à existência da ação de direito material quando refere, por exemplo, que "quem não tem direito, nem pretensão, nem ação, nem por isso fica inibido de propor 'ação' (no sentido processual). Tem por si a pretensão à tutela jurídica e exerce-a através do remédio jurídico processual, que é a 'ação'".[10] O que se exerceu fora a "ação" processual, sempre procedente, na medida em que seu desiderato se identifica com a prestação da tutela jurídica, que o Estado não pode declinar (art. 126, CPC).

Outra sorte não assiste à observação de Guilherme Rizzo Amaral. Donde Guilherme Rizzo Amaral retirou a assertiva de que a *actio* é um *prius* necessário ao exercício da "ação" processual? Mais: como se mostra possível a Guilherme Rizzo Amaral argumentar no sentido de que a teoria dùalista da ação acaba por desaguar na tese de Wach (unitária-concreta) e, mais profundamente, na de Savigny (unitária-imanentista)? Ora, um dos argumentos centrais da orientação dualista da ação é a de que existem dois planos distintos, o de direito material e o de direito processual, ambos não se confundindo em nenhum momento. Quando organizamos as teorias da ação em dois grandes blocos (orientações unitárias e orientação dualista),[11] pensamos ter prevenido nossos colegas de semelhantes equívocos: ora, de modo nenhum se pode aceitar que se afirme categoricamente que a "ação" processual depende, para sua existência, da verificação da ação de direito material, porque é um dado incontestável entre os defensores da teoria dualista da ação a abstração da "ação" processual. Basta que se leia, atentamente, a Pontes de Miranda e a Ovídio Araújo Baptista da Silva para que se comprove essa elementar assertiva.

A propósito do tema, Guilherme Rizzo Amaral lança ainda algumas outras observações que merecem a nossa atenção. Escreve Rizzo que "não encontramos, no plano do direito material, pretensão à declaração, constituição ou condenação (coincidentemente, as três eficácias constantes da tradicional classificação das ações sustentada por boa parte da doutrina,

[10] *Comentários ao Código de Processo Civil*, 4ª ed.. Rio de Janeiro: Forense, 1997, p. 463, tomo III.

[11] Consulte-se o nosso ensaio "Por uma Nova Teoria Geral da Ação: as Orientações Unitárias e a Orientação Dualista da Ação", publicado na Gênesis *Revista de Direito Processual Civil*. Curitiba: Gênesis, 2002, pp. 669/704, n. 26, na *Revista da Ajuris*. Porto Alegre: s/ed., 2002, pp. 140/177, n. 88, tomo I, e ora recolhido na coletânea *Introdução ao Estudo do Processo Civil – Primeiras Linhas de um Paradigma Emergente*. Porto Alegre: Sergio Antonio Fabris Editor, 2004, pp. 63/114, em co-autoria com Hermes Zaneti Júnior. Posteriormente, voltamos a cuidar do tema em nossos *Comentários ao Código de Processo Civil*. São Paulo: Memória Jurídica Editora, 2004, pp. 66/111, tomo I, e nos *Comentários ao Código de Processo Civil*. São Paulo: Memória Jurídica Editora, 2005, pp. 529/539, tomo II.

arredia à teoria quinária de Pontes de Miranda). Imaginando a ausência de vedação à auto-tutela, conseguimos apenas vislumbrar a execução (de mãos próprias) e o mandamento (não no sentido de estatalidade, mas de ordens revestidas de ameaça física ou psicológica) como possíveis ações privadas".[12] Com essas idéias parece concordar, de resto, José Maria Rosa Tesheiner.[13]

A confusão, porém, ainda aqui é patente e salta aos olhos. Em um primeiro momento, alude-se que "não encontramos, no plano do direito material, pretensão à declaração, constituição ou condenação", para logo em seguida argumentar-se que essas pretensões não existem, no plano do direito material, porque, acaso imaginássemos a "ausência de vedação à auto-tutela", somente a execução e o mandamento seriam possíveis, porque únicas realizáveis antes do Estado. Ora, é manifesto que se está a confundir o "plano do direito material" e a "ausência de vedação à auto-tutela". Por acaso o plano do direito material, para existir em um dado ordenamento jurídico, precisa da vedação à justiça de mão própria, como está a sugerir Guilherme Rizzo Amaral com o apoio de José Maria Rosa Tesheiner? Quer dizer que não existe, no plano do direito material, pretensão à declaração? Não existe, no plano do direito material, direito à submissão de alguém à vontade de outrem? Não existe, no plano do direito material, pretensão à condenação? Um exemplo poderá ajudar-nos na compreensão do problema.

Imaginemos que "A" contrate com "B" a entrega de cinco sacas de arroz em um prazo determinado mediante o pagamento de dada quantia em dinheiro. Pergunta-se: por força do direito material, tem "A" direito e pretensão a que "B" reconheça a existência do negócio jurídico entre ambos? O fato de estar vedada a autotutela interfere na equação do problema? Por força do direito material, tem "A" o direito de resolver o contrato com "B", acaso esse não venha a adimplir a sua obrigação, já tendo "A" prestado da maneira como fora negociado? O fato de estar vedada a autotutela interfere na equação do problema? Por força do direito material, tem "A" direito e pretensão ao crédito, já tendo prestado a sua parte na obrigação, contra "B"? O fato de estar vedada a autotutela interfere na equação do problema? As perguntas, como se pode facilmente perceber, são auto-explicativas: é evidente que, em todas as situações elencadas, "A" tem uma situação de vantagem contra "B" por força do direito material, fato que Guilherme Rizzo Amaral procurou refutar, mas sem, em nossa opinião, lograr êxito. O embaraço de nosso processualista talvez resida no fato de que todas essas ações são essencialmente normativas, só podendo ser pensadas e compreendidas

---

[12] "A Polêmica em Torno da 'Ação de Direito Material'". In: *Gênesis Revista de Direito Processual Civil*. Curitiba: Gênesis, 2004, p. 540, n. 33.
[13] "Ação de Direito Material", disponível em www.tex.pro.br, acessado em 11.12.04.

nessa sede. O agir para satisfação, nesses casos, pressupõe uma ação normativa.

O alvitre, de resto, não é novo. Já Andreas von Tuhr havia defendido a inexistência de declaração e constituição fora do processo,[14] opinião que, de resto, mereceu a seguinte e irrepreensível resposta de Ovídio Araújo Baptista da Silva: "mesmo aceitando que as pretensões declaratória e constitutiva não se possam realizar fora do processo, isto não terá a menor relevância para demonstrar que elas não existam antes ou fora do processo. Ignora-se, quando se argumenta deste modo, a distinção básica entre 'carecerem de processo' para realizarem-se e 'não existirem' fora, ou antes dele. Mesmo porque, quando dizemos que a declaração necessita do processo para realizar-se, estaremos, por força de uma contingência lógica, proclamando que essa declaração, enquanto 'direito exigível' (pretensão), existia antes do processo! Tanto existia antes, que o processo fora concebido para realizá-lo".[15]

Embora Guilherme Rizzo Amaral admita que se mostra possível a existência de ações de direito material mandamentais e executivas, levanta nosso autor um problema para cabal admissão dessas duas eficácias como algo tocante ao plano do direito material. Refere Rizzo: "se podemos distinguir um *agir* como mandamento ou execução, a mesma facilidade não encontramos para definir a pretensão material. Aquele que pretende obter um bem que se encontra na posse de outrem, tem pretensão mandamental ou executiva? Segundo nosso Código de Processo Civil (art. 461-A), pode o juiz ordenar que o réu entregue a coisa ou determinar a sua busca e apreensão. Poderá, portanto, *mandar* ou *executar*, independentemente do que pediu o autor em sua peça inicial (esta é a clara lição do § 5º do artigo 461 do CPC). Ora, daí decorre a completa impossibilidade de definirmos, *a priori*, se a demanda é executiva ou mandamental. Demanda-se por um bem da vida, mas o mandamento ou a execução (ou ambos, como já tivemos a oportunidade de demonstrar), vêm apenas com a decisão judicial, antecipatória ou final, e não em qualquer formulação dogmática sobre uma suposta ação de direito material com carga eficacial definida".

O art. 461-A, CPC, prevê, em seu *caput*, o exercício judicializado de uma pretensão executiva. Fixa-se um prazo para que o juiz exorte o demandado à entrega da coisa; o entregar ou não resta na esfera de decisão desse. Recusando-se, o órgão jurisdicional expedirá mandado de busca e apreensão ou de imissão na posse, consoante o caso (art. 461-A, § 2º, CPC). Aí, sim, há exercício de ação executiva: age-se para satisfação independentemente da concordância do demandado. A carga eficacial prepon-

---

[14] *Teoría General del Derecho Civil*. Buenos Aires: Depalma, 1946, § 5, vol. I.

[15] *Processo e Ideologia – O Paradigma Racionalista*. Rio de Janeiro: Forense, 2004, p. 172.

derante da sentença de procedência, nesse caso, é iniludivelmente executiva, fixada *a priori*, abstratamente, pelo legislador (o que, segundo a lição de Rizzo, já seria "impossível").

Logo em seguida, prevê o § 3º do precitado dispositivo que se aplica "à ação prevista neste artigo o disposto nos §§ 1º a 6º do art. 461"; tendo em conta essa subsidiariedade, sustenta Guilherme Rizzo Amaral a indefinição, *a priori*, da ação e da sentença de procedência fundadas no art. 461-A, CPC. É possível, no entanto, afirmar algo nesse sentido? Cremos que não. A uma, porque o legislador cuidou de instrumentalizar abstratamente as obrigações para entrega de coisa com uma ação executiva; a duas, porquanto o fato de o direito e de a pretensão à coisa terem à sua disposição mais de um meio adequado para sua realização não interfere nessa predisposição legislativa. Ora, é um dado corrente na processualística brasileira que nenhuma ação é pura, que nenhuma sentença é pura, mostrando-se antes, quaisquer delas, como um plexo de eficácias.[16] O fato de o juiz prestigiar uma carga antes, abstratamente, apenas imediata passando-a à frente, tornando-a preponderante posteriormente, em nada modifica o problema. A eficácia mandamental já existia latente na ação e na sentença, apenas aí em outro nível quantitativo. Ao preferir concretizar o cumprimento da "obrigação" através de uma ordem ao invés da execução de um preceito o órgão jurisdicional não altera o que já existia, antes, no plano do direito material. Trata-se de uma atualização concreta da carga eficacial da ação e da sentença, autorizada expressamente pelo legislador em face desse ou daquele sucesso histórico eventualmente atendível no cotidiano da vida forense. Aliás, não fosse por força do direito material, em função do que se estaria a ordenar ou executar? Lembramos que o direito à tutela jurídica, a pretensão à tutela jurídica e a "ação" processual são entes abstratos, com o que, evidentemente, não podem carregar um conteúdo diferente nessa ou naquela situação.

Afinal, se declarar, constituir, mandar etc, são cargas eficaciais que não estão no plano do direito material, onde se encontram os verbos que a sentença contém? Sobre esse ponto registra Guilherme Rizzo Amaral que "ao afirmar que as eficácias sentenciais não estão na ação processual – sendo esta abstrata –, e nem na ação de direito material (e, parece-nos, é precisamente o que sustenta Carlos Alberto Alvaro de Oliveira), não se está a dizer que aquelas não estão nem no direito material, nem no processo. A não ser, é claro, que a visão de Ovídio Baptista da Silva reduza todo o plano do direito material à *ação* de direito material, e todo o plano processual à *ação* processual, admitindo-se assim que o *direito material* é igual à *ação*

---

[16] Tal é a clássica e revolucionária lição de Pontes de Miranda, *Comentários ao Código de Processo Civil*, 5ª ed.. Rio de Janeiro: Forense, 1997, p. 205, tomo I, ainda não compreendida em toda a sua extensão, ao que parece, pela doutrina brasileira.

de direito material (e voltamos ao sistema de ações romano!) e que a *ação processual* é igual a *processo*. Ora,, a formulação apresentada por Carlos Alberto Alvaro de Oliveira é a de que 'a eficácia se apresente como uma forma de tutela jurisdicional, outorgada a quem tenha razão, seja o autor, seja o réu (sentença declaratória negativa). Está, portanto, no plano processual, mas não atrelada diretamente à *ação* processual, senão aos provimentos jurisdicionais".[17]

Imaginemos, para fins de argumento, que de fato a eficácia da sentença nasça com o provimento jurisdicional. Imaginemos, ainda, que um contribuinte tenha afirmado, em sua petição inicial, uma ação declaratória de inexistência de obrigação tributária. Seu pedido, pois, é para que o juiz declare a inexistência de uma relação jurídica tributária. Pergunta-se: está o juiz vinculado a esse pedido em nosso sistema? A raciocinar com Rizzo não, porque a eficácia do provimento jurisdicional só nasceria no momento da prolação desse, sem qualquer vínculo com o direito material. O juiz a criaria livremente, ao que parece, já que nada lhe prenderia. E o pedido a que estamos a aludir, é bom ter em conta, concerne evidentemente à afirmação da ação de direito material (já que o pedido contido na "ação" processual diz tão-somente com a obtenção da sentença). Como se vê, para Guilherme Rizzo Amaral, até a sentença sequer uma expectativa teria o jurisdicionado, já que tudo se definiria com a prolação dessa, independentemente das peculiaridades do direito, da pretensão e da ação afirmadas em causa. O que importaria seria a sentença, sem que o pedido do demandante (algo, nesse caso, evidentemente imbricado com o direito material) exerça qualquer influência a respeito (obviamente, se admitirmos que o pedido tem relevo na espécie, então teremos que admitir igualmente que a sentença não cria, livremente e do nada, a sua própria eficácia, estando antes condicionada, ao menos em princípio, ao plano do direito material, ao contrário do que afirma Guilherme Rizzo Amaral).

Tudo sopesado, pois, não nos parece que tenha Guilherme Rizzo Amaral conseguido demonstrar "a insubsistência de duas idéias de Pontes de Miranda, quais sejam, a) o exercício de ação de direito material concomitantemente com a ação processual, e b) a classificação das ações (de direito material) segundo a sua carga de eficácia".[18] Antes, logrou Guilherme Rizzo Amaral colocar em evidência o seu indesculpável equívoco em entender que a *actio* é um pressuposto da "ação" processual, falseando inadvertidamente o pensamento de Pontes de Miranda e Ovídio Araújo Baptista da Silva, e que a eficácia da ação (e, pois, da sentença), pertence sim ao direito material (já que ao plano processual não pode remontar, porque abstrato),

---

[17] "A Polêmica em Torno da 'Ação de Direito Material'". In: *Gênesis Revista de Direito Processual Civil*. Curitiba: Gênesis, 2004, p. 542, n. 33.
[18] Ibidem

sendo esse, como bem reconhece Carlos Alberto Alvaro de Oliveira,[19] a matéria-prima com que trabalha o juiz para composição da eficácia da sentença.

Referências Bibliográficas

ALVARO DE OLIVEIRA, Carlos Alberto. "O Problema da Eficácia da Sentença". *In: Gênesis Revista de Direito Processual Civil*. Curitiba: Gênesis, 2003, n. 29.

AMARAL, Guilherme Rizzo. "A Polêmica em Torno da 'Ação de Direito Material'". *In: Gênesis Revista de Direito Processual Civil*. Curitiba: Gênesis, 2004, n. 33.

BAPTISTA DA SILVA, Ovídio Araújo. *Processo e Ideologia – O Paradigma Racionalista*. Rio de Janeiro: Forense, 2004.

——. "Direito Material e Processo". *In: Gênesis Revista de Direito Processual Civil*. Curitiba: Gênesis, 2004, n. 33.

DINAMARCO, Cândido Rangel. *Instituições de Direito Processual Civil*, 3. ed.. São Paulo: Malheiros, 2003, vol. II.

MITIDIERO, Daniel Francisco. *Comentários ao Código de Processo Civil*. São Paulo: Memória Jurídica Editora, 2004, tomo I.

——. "Por uma Nova Teoria Geral da Ação: as Orientações Unitárias e a Orientação Dualista da Ação". *In: Introdução ao Estudo do Processo Civil – Primeiras Linhas de um Paradigma Emergente*. Porto Alegre: Sergio Antonio Fabris Editor, 2004, em co-autoria com ZANETI JÚNIOR, Hermes.

——. *Comentários ao Código de Processo Civil*. São Paulo: Memória Jurídica Editora, 2005, tomo II.

PONTES DE MIRANDA, Francisco Cavalcanti. *Comentários ao Código de Processo Civil*, 5. ed.. Rio de Janeiro: Forense, 1997, tomo I.

——. *Comentários ao Código de Processo Civil*, 4. ed.. Rio de Janeiro: Forense, 1997, tomo III.

TESHEINER, José Maria Rosa. "Ação de Direito Material", disponível em www.tex.pro.br, acessado em 11.12.2004.

TUHR, Andreas von. *Teoría General del Derecho Civil*. Buenos Aires: Depalma, 1946, vol. I.

---

[19] "O Problema da Eficácia da Sentença". In: *Gênesis Revista de Direito Processual Civil*. Curitiba: Gênesis, 2003, p. 443, n. 29. É bem verdade, porém, que para Carlos Alberto Alvaro de Oliveira a eficácia da sentença não reside no direito material; para os fins de nossa exposição, no entanto, basta que se registre que o direito material preexiste ao processo, condicionando as suas possibilidades de atuação, juntamente com as normas constitucionais, lição, de resto, bastante amadurecida no pensamento desse nosso estimado Professor.

— 7 —

"Ação" e Ações:
sobre a renovada polêmica em torno da Ação de Direito Material*

FÁBIO CARDOSO MACHADO
Professor das Faculdades de Direito da UNISINOS e da PUCRS.
Doutorando em Ciências Jurídico-Filosóficas pela Faculdade de
Direito da Universidade de Coimbra. Advogado.

1. Introdução

Em trabalho recentemente publicado, chamamos a atenção para a causa da interminável polêmica em torno da ação, esperando que, eliminada aquela referida causa, esta sua conseqüência pudesse ser facilmente superada.[1] Contudo, desde a publicação de um recente ensaio da autoria de Carlos Alberto Alvaro de Oliveira, louvável pelo franco enfrentamento da doutrina rival de Pontes de Miranda, a que Ovídio A. Baptista da Silva e outros, como nós mesmos, demos expressa adesão, verificou-se a retomada daquela antiga polêmica, provavelmente pela persistência da causa a que aludimos.[2] Mas de que causa se trata? Por que juristas de inegável talento se enfrentam tão apaixonadamente quando o tema é *ação*, apesar de todos convergirem ao afirmar que a "ação" processual é abstrata?

---

* Artigo originalmente publicado na *Revista Magister de Direito Civil e Processual Civil*, n° 8, set./out. 2005, p. 71-97.

[1] Fábio Cardoso Machado, *Jurisdição, condenação e tutela jurisdicional*, Rio de Janeiro, Lumen Juris, 2004, pp. 90 e ss.

[2] Referimo-nos ao ensaio de Carlos Alberto Alvaro de Oliveira publicado sob o título "O problema da eficácia da sentença" (*Revista de Processo*, n° 112, São Paulo, out./dez. 2003, pp. 09-22), e aos subseqüentes trabalhos publicados por Ovídio A. Baptista da Silva ("Direito Material e Processo", *Genesis – Revista de Direito Processual Civil*, n° 33, Curitiba, jul./set. 2004, pp. 615-635), novamente por aquele primeiro autor, em réplica ao ensaio deste último ("Efetividade e tutela jurisdicional", *Genesis – Revista de Direito Processual Civil*, n° 34, Curitiba, out./dez. 2004, pp. 665-689), e ainda por Guilherme Rizzo Amaral ("A polêmica em torno da 'ação de Direito material'", *Genesis – Revista de Direito Processual Civil*, n° 33, Curitiba, jul./set. 2004, pp. 533-547) e Daniel Francisco Mitidiero (*Elementos para uma Teoria Contemporânea do Processo Civil Brasileiro*, Porto Alegre, Livraria do Advogado, 2005, especialmente pp. 121 e ss.).

A resposta, tudo indica, está no seguinte: os primeiros a visualizarem as características fundamentais da "ação" processual partiram do equivocado pressuposto de que tratavam da *actio* romana,[3] ou seja, da ação que até meados do século XIX não se admitia, também por consenso, pertencesse a quem não tivesse razão. Dizia-se que tinha ação quem tinha direito, e as inúmeras polêmicas resultaram da inconsciência acerca da espoliação desta ação pela "ação" processual. Ao tratarem de fenômeno que se desvelava só então (uma situação de vantagem do cidadão face ao Estado, que lhe garantia a possibilidade de obter tutela jurídica), os juristas apropriaram-se de uma categoria milenar (a *actio*) que não correspondia em nada ao fenômeno desvelado. E assim foi necessário um esforço tremendo para conceituar o novo fenômeno, já que tal pressupunha aniquilar o conceito tradicional de ação, transfigurando-o em outro absolutamente distinto. Adotou-se o termo que designava um fenômeno de direito material (a *actio*), para com ele designar, a partir de então, outro fenômeno absolutamente distinto, pertencente ao plano do direito processual (a chamada "ação" processual); para tanto, foi necessário desvincular o termo *ação* da realidade que tradicionalmente designava, de modo que o seu sentido pudesse ser reformulado a ponto de passar a indicar aquele outro e bastante diverso fenômeno que hoje chamamos "ação" processual. A *ação* deixa de ser *actio* e passa a ser "ação" processual. Como não havia consciência disso – referimo-nos ao uso do termo para designar fenômeno diverso do que até então designava –, a tarefa foi intelectualmente árdua. Muitos dos polemistas imaginavam que divergiam acerca do conceito de um mesmo fenômeno, enquanto, na verdade, tratavam de fenômenos diversos, atribuindo-lhes o mesmo nome.

O que nos motiva a retomar o problema é a persistência do equívoco na renovada polêmica que a respeito da ação se instalou na doutrina. Nossa hipótese é a de que, ao fim e ao cabo, Pontes de Miranda continua incompreendido pela falta de uma clara percepção da distinção que orienta a formulação dos seus conceitos: a ação de direito material e a "ação" processual são fenômenos diversos que pertencem a planos diversos.

Antes de submeter aquela anunciada hipótese à necessária avaliação, devemos, contudo, advertir que o interesse pelo tema não é estritamente conceitual, pois senão a repugna pelo conceitualismo impedir-nos-ia de prosseguir a discussão. Parece-nos que a ação de direito material é precisamente a categoria capaz de restabelecer, dogmaticamente, o perdido vínculo entre o direito material e o processo. Neste caso, a negação da sua existência dificultaria a compreensão do preciso ponto de contato entre os dois planos,

---

[3] Ovídio A. Baptista da Silva apontou este equívoco teórico como a tentativa de transportar para o processo civil o conceito de *ação de direito material*, através do conceito romano de *actio* e da célebre definição de Celso (*Jurisdição e execução na tradição romano-canônica*, São Paulo, RT, 1997, p. 166).

com inegável prejuízo para o propósito de recolocar o processo no devido lugar de instrumento de tutela dos direitos.[4]

2. A gênese do equívoco e a suposta substituição da *actio* pela "ação" processual

Pugliese, introduzindo a célebre polêmica entre Winscheid e Muther sobre a *actio*, relatou que antes de Windscheid considerava-se óbvio identificar o sujeito passivo da ação com a pessoa do adversário, e que era pacífico que a *actio* e o direito substancial tinham um caráter muito estreito.[5] O próprio Pugliese, em belíssima obra, tratou das relações entre a *actio* e o direito subjetivo. Nela, o romanista, logo de início, revelou que a inadmissibilidade, no terreno romanístico, de uma *actio* abstrata, pertencente também a quem estivesse errado, era considerada *implícita* pela maior parte dos autores, de tal forma que não era nem mesmo demonstrada.[6] E de fato só poderia ser assim, porque os romanistas falavam de *actio* ao referir a um fenômeno totalmente diverso daquele de que se ocuparam os processualistas modernos.

Segundo Pugliese, originariamente a *actio* representava o ato privado de agressão do devedor, e, após a submissão de tal ato ao controle formal e substancial da *civitas*, *agere* teria passado, na leitura do autor, a significar os atos que tendiam à realização das sanções.[7] Estes atos, como o originário ato privado de agressão, eram praticados pelo sujeito que tinha razão (*direito*, diríamos hoje) contra o sujeito que não a tinha, e só neste sentido seria possível falar em *actio*. Algo como se *actio* fosse a prática, ou a possibilidade de praticar tais atos, *com razão*.

Apesar de a história ter testemunhado as mais variadas divergências sobre a *actio*, é inegável que esta jamais apareceu aos romanos como aparece para nós a "ação" processual, abstrata e desvinculada do direito do sujeito. Se a *actio* era expressão do direito, se ocupava o lugar do direito mesmo, ou se representava um *agere* concreto, é resposta que não temos, bastando-nos assentar que a experiência romana fazia decorrer da *actio*, ou corresponder a ela, a sujeição de quem hoje chamamos sujeito passivo do direito subjetivo. Pugliese dedicou-se justamente a demonstrar que a *actio* tinha por sujeito passivo o privado, não a *civitas* ou o pretor, e que pressupunha a legitimidade da pretensão.[8]

---

[4] A este respeito, remete-se ao que escrevemos em "Sobre o escopo jurídico do processo: o problema da tutela dos direitos", *Genesis – Revista de Direito Processual Civil*, n° 32, Curitiba, abr./jun. 2004, pp. 256-265.

[5] Giovanni Pugliese, *Introducción*, traduzido por Tomás A. Banzhaf, *Polemica sobre la "actio"*, Buenos Aires, EJEA, 1974, pp. XI/XII.

[6] Giovanni Pugliese, *Actio e diritto subiettivo*, Milano, Giuffrè, 1939, p. 07.

[7] Idem, ibidem, pp. 24 a 29.

[8] Idem, ibidem, pp. 61/62.

Windscheid manteve-se ainda preso a essa tradição de pensamento, conforme denunciam diversas passagens do ensaio que inaugurou a polêmica com Muther. Num primeiro momento, Windscheid aludiu à *actio* como a faculdade, *inerente a todo direito*, de requerer a tutela da autoridade judicial, no caso de lesão ao direito; faculdade, é preciso dizer, *preexistente à lesão*, apesar de realizável somente após a produção desta.[9] Em seguida retificou, dizendo que a *actio* seria a faculdade de impor a própria vontade mediante a perseguição judicial.[10] Eliminou o direito subjetivo do conceito, por coerência à idéia de que na concepção romana a *actio* ocupava o *lugar do direito*, não sendo algo derivado, mas originário e autônomo.[11] Referiu-se também à *actio* como *expressão do direito*,[12] e deixou clara sua tese, na réplica a Muther, ao dizer que a *actio* fazia as *vezes do direito*.[13] E se a *actio* fazia as vezes do direito, é lógico que continuava no campo do direito material. Ao defender o envio das *actiones* romanas à tumba, Windscheid provavelmente não vislumbrava a existência de uma "ação" processual dirigida contra o Estado, mas simplesmente considerava necessário expressar a mesma coisa em linguagem moderna, *traduzindo* as *actiones*, como disse ele mesmo, ao idioma dos direitos.[14]

Foi Muther, portanto, quem realizou a apropriação processual do termo que antes designava uma categoria de direito material. No trabalho dedicado a refutar a tese central de Windscheid, Muther desenvolveu a idéia de que o cidadão a quem se prometia um *iudicium*, em dadas condições, tinha pretensão a que se nomeasse um *iudex* e se lhe conferisse uma fórmula. Ter *actio* significaria, assim, ter pretensão à concessão de uma fórmula. Mais precisamente, pretensão, de quem foi lesado em seu direito, à concessão de assistência estatal.[15] A partir desta premissa, a próxima conclusão seria inevitável: Muther conceituou a *actio* como um direito de natureza pública, que não pertenceria ao campo do direito privado apesar de existir junto ao direito subjetivo para o fim de tutelá-lo.[16]

O rompimento com a concepção tradicional é visível se o observador tiver presente que a *actio* fora sempre dirigida ao sujeito passivo da relação

---

[9] Bernhard Windscheid, *La "actio" del derecho civil romano, desde el punto de vista del derecho actual*, traduzido por Tomás A. Banzhaf, *Polemica sobre la "actio"*, Buenos Aires, EJEA, 1974, p. 07.

[10] Idem, ibidem, p. 07.

[11] Idem, ibidem, p. 08.

[12] Idem, ibidem, p. 10.

[13] Bernhard Windscheid, *La "actio". Replica al Dr. Theodor Muther*, traduzido por Tomás A. Banzhaf, *Polemica sobre la "actio"*, Buenos Aires, EJEA, 1974, p. 299.

[14] Windscheid, *La "actio" del derecho civil romano...*, op. cit., pp. 193/194.

[15] Theodor Muther, *Sobre la doctrina de la* actio *romana, del derecho de accionar actual, de la* litiscontestatio *y de la sucesion singular en las obligaciones*, traduzido por Tomás A. Banzhaf, *Polemica sobre la "actio"*, Buenos Aires, EJEA, 1974, pp. 239/240.

[16] Idem, ibidem, p. 241.

jurídica de direito material. Pugliese considerou até bastante duvidoso que o romano ostentasse frente à *civitas* um direito aos atos de tutela, pois no ordenamento romano a posição do privado não parecia ser jamais a do titular de um direito subjetivo público.[17] E é mesmo intuitivo que um direito de tal ordem só pudesse ser concebido a partir de pressupostos modernos, como os da separação entre Estado e sociedade, da sujeição estatal às leis do parlamento etc.

Muther, ao conceituar a *actio* como direito do cidadão à tutela do Estado, em verdade foi o grande responsável pelo gravíssimo equívoco mencionado anteriormente. O feroz opositor da teoria de Windscheid não se limitou a atribuir novo conceito à antiga *actio*: ele simplesmente apropriou-se do nome conferido a um fenômeno do direito privado para designar outro pertencente ao direito público. Mas acreditou piamente tratar do mesmo fenômeno, que até então teria sido malconceituado. O equívoco, contudo, não passou totalmente despercebido. O próprio Windscheid, na sua réplica, deixou claro que Muther se referia a um direito próprio do campo processual, enquanto ele havia somente se ocupado da concepção que via, no direito de acionar, um direito privado.[18]

A idéia de um direito à tutela jurídica teve, porém, amplas repercussões,[19] e a partir daí estava aberto o caminho para a elaboração dogmática da "ação" processual. O problema fundamental é que, desde Muther, aquele aspecto dinâmico do direito, outrora identificado pelo termo *ação* e que o vinculava intimamente ao processo, foi sendo banido do campo do direito material. E provavelmente Windscheid foi também responsável por isto, ao menos se estiver certa a análise de Pugliese: a correspondência traçada por Windscheid entre a *actio* e a moderna pretensão (*Anspruch*)[20] permitiria deduzir facilmente que na ação havia de se contemplar uma faculdade ou um poder absolutamente independente do direito subjetivo substancial, e correspondente também a quem não tivesse direito algum. Isto porque o conteúdo substancial da *actio* se *transfundia* na pretensão.[21] Ou seja, àquilo que se chamava *actio* os modernos passaram a chamar *pretensão*, e desta forma o termo *ação* se via livre para ganhar novo significado, mesmo absolutamente diverso do significado originário, já que o termo *pretensão* tomou o seu lugar. E se pretensão designa o que se pode *exigir* de outro,[22] o direito subjetivo perde definitivamente aquele aspecto dinâmico que im-

---

[17] Pugliese, *Actio e diritto...*, op. cit., p. 46.

[18] Windscheid, *La "actio". Replica...*, op. cit., p. 323.

[19] Pugliese, *Introducción*, op. cit., p. XIX.

[20] Windscheid, *La "actio" del derecho civil romano...*, op. cit., pp. 11/12.

[21] Pugliese, *Introducción*, op. cit., p. XV.

[22] A respeito do caráter pessoal do conceito moderno de pretensão, remete-se ao que escrevemos em *Jurisdição, condenação e tutela jurisdicional*, op. cit., pp. 65 e ss.

plica a sua realização independentemente da vontade do sujeito passivo. Perde, quer dizer, a potencialidade de se fazer valer à força.

Este resultado foi agravado pela crença na *substituição* da *actio* pela "ação" processual. Ovídio A. Baptista da Silva encontrou uma excelente exposição desta idéia num conhecido ensaio de Alessandro Pekelis sobre a "ação" moderna.[23] Pekelis vinculou a ação física primitiva, através da qual se realizava a autotutela, à ação *in senso tecnico*. Mas afirmou que a *actio* do direito romano arcaico tinha um significado diametralmente oposto ao da ação moderna, de modo que toda tentativa de construção unitária dos dois conceitos se resolveria em uma identificação verbal anti-histórica.[24] Até aqui Pekelis parecia imune ao equívoco de Muther, mas em seguida incidiu nele ao mencionar a substituição da *actio* pela "ação" do sujeito contra o Estado:

> L'*actio* non può non aver significato in un primitivo periodo, anche nel campo giuridico, che quel che significava e significa tuttora nel linguaggio comune. E prima di rappresentare, come rappresenta oggi, la mera possibilità di *fare agire* (lo Stato), ha rappresentato la possibilità di muoversi, di inseguire, di asportare, di catturare, di uccidere, di *agire*. La *manus iniectio*, l'*actione teneri*, sono le espressioni di quel carattere originario dell'*actio* arcaica che i romanisti hanno oggi messo tutto in chiaro.
>
> È solo successivamente che a questa attività diretta del singolo , alla sua *actio*, si è, da una parte, sostituita l'attività statale e, dall'altra, il potere del singolo di provocarle. E, *per un fenomeno linguistico, in fondo frequente, il termine* actio, *anzichè designare sempre la stessa attività che ha cambiato di soggetto attivo, ha cominciato a designare la nuova situazione del precedente soggetto, situazione che ha sostituito quella precedente*. Col termine *azione* si designa oggi non già l'attività, l'*actio* del singolo, bensì la nuova situazione del singolo medesimo, la quale si è sostituita alla liceità della sua azione in senso reale (grifo nosso).[25]

É fundamental para a compreensão destas considerações a afirmação de Pekelis, segundo a qual a ação deixou de designar a mesma atividade que designava antes. Com isto o autor quis dizer que a ação com a qual o titular do direito se satisfazia (*agindo*, no sentido comum) foi substituída pela "ação" que o mesmo titular ostenta contra o Estado, e que não corresponde ao agir material para a satisfação, já que este agir agora pertenceria ao Estado. Ou seja, a ação *in senso reale* teria sido substituída pela "ação" processual. E, desta forma, o "energico e potente agire del singolo" foi transformado num melancólico *ius "iudicio" persequendi*, "per modo di dire e non per modo di fare".[26] Contudo, para preservar o estrito vínculo do

---

[23] Vide Ovídio A. Baptista da Silva, *Jurisdição e execução...*, op. cit., pp. 168 e ss.

[24] Alessandro Pekelis, "Azione (teoria moderna)", *Novissimo digesto italiano*, v. II, Torino, UTET, 1964, p. 33.

[25] Idem, ibidem, p. 33.

[26] Idem, ibidem, p. 33. A referência ao "melancólico" *ius "iudicio" persequendi* está em Ovídio A. Baptista da Silva, *Jurisdição e execução...*, op. cit., pp. 169/170.

processo com o direito material, seria necessário conservar o enérgico e potente agir do particular, que se realizaria *através* do processo, e pelo Estado *no lugar* do particular. Eis, precisamente, o que sustenta Pontes de Miranda, ao propor a coexistência de duas ações, uma de direito material, outra processual. Vejamos em que termos.

3. A ação de direito material e a sua inequívoca distinção da "ação" processual

Vimos que, ao identificar o fenômeno que hoje chamamos direito ou pretensão à tutela jurídica – fenômeno pertencente, é claro, ao plano do direito processual, e assim do direito público –, os precursores da "ciência" processual acreditaram tratar-se da *actio* romana. Mas a *actio* romana representava o agir ou o poder agir de quem detinha a titularidade do que modernamente designamos por direito subjetivo. Agir ou poder agir, aliás, contra o sujeito privado que ocupasse a titularidade passiva da relação de direito material, e não contra o Estado, para que este, na pessoa do pretor, prestasse jurisdição. É inadmissível a apropriação do termo *actio* para designar o que convencionamos mais tarde chamar de "ação" processual. A *actio* dos romanos só pode ser traduzida para o direito moderno como categoria pertencente ao plano do direito material.

O equívoco dos processualistas modernos consiste justamente em acreditar que a "ação" processual, categoria pertencente ao direito público, substituiu a antiga *actio*. Mas os romanos, ao utilizar o termo *actio*, e os modernos, ao utilizar o termo "ação", referem-se a fenômenos absolutamente distintos, em todos os seus aspectos. Não seria possível a tal substituição. É indispensável esclarecer, portanto, que ao utilizar a expressão *ação de direito material* referimo-nos à categoria pertencente ao plano do direito material que não guarda qualquer semelhança com a "ação" processual. Ação de direito material é a categoria que expressa o *agir para a realização do direito*, por quem tem direito, contra quem se encontra na titularidade passiva da relação jurídica de direito material. Este *agir* nada tem de autônomo e abstrato. A "ação" processual, esta sim, será autônoma e abstrata, pois assume a função de garantir que todos possam alegar a possibilidade de agir contra outrem, de modo a permitir que quem tenha direito e pretensão de direito material consiga *através do processo* agir materialmente *para a satisfação* desta pretensão.[27]

Esta idéia, fundada no pensamento de Pontes de Miranda e nos desdobramentos que lhe deu Ovídio A. Baptista da Silva, foi adequadamente apreendida, cumpre recordar, por Luiz Guilherme Marinoni, que a sinteti-

---

[27] Sobre esta problemática, vide, especialmente, Ovídio A. Baptista da Silva, *Jurisdição e execução...*, op. cit., pp. 161 e ss.

POLÊMICA SOBRE A AÇÃO

145

zou da seguinte forma: "Há, no nosso modo de ver, direito e pretensão à adequada tutela jurisdicional. A pretensão à adequada tutela jurisdicional é pretensão a uma sentença que possa realizar a ação (= o agir) que seria realizada – não fosse ter sido proibida – pelo particular em um dado caso conflitivo concreto. A pretensão à adequada tutela jurisdicional *é pretensão a uma sentença que aprecie a pretensão processual, e, em caso de procedência, realize o verbo (= a ação) nela indicado.* A pretensão processual, que nasce com o exercício da pretensão à adequada tutela jurisdicional, mostra a ação (de direito material) pretendida, pois consiste no pedido de realização do direito material afirmado em juízo".[28]

Ação, em sentido material, é, pois, *atividade para satisfação.*[29] É mais que pretensão: "A pretensão contém exigir; a ação, além de exigir (*ex-igere*), que é premir para que outrem aja, leva consigo o *agere* do que pretende: ação sua; e não de outrem, premido".[30] Ao exercer pretensão, o titular do direito espera o agir voluntário do sujeito de quem exigiu; já ao exercer a ação de direito material, o titular age para a realização do seu direito independentemente da vontade ou do comportamento do obrigado.[31] Esta ação do titular do direito, que no âmbito dogmático deve ser tratada como categoria de direito material, se realiza, em regra, *através do processo*, a fim de que o órgão encarregado da jurisdição realize o direito *no lugar do seu titular*, desenvolvendo a atividade que este fora impedido de realizar desde a proibição da autotutela.[32]

Afirmar que a ação de direito material se exerce através do processo não significa, porém, que a "ação" processual a tenha substituído, mas justamente, ao contrário, que a percepção da existência da "ação", como expressão do direito à prestação jurisdicional, não poderia ter contribuído para suprimir aquela categoria de direito material. Pelo simples fato de que a ação de direito material, sob a perspectiva da dogmática jurídica, é a razão de ser da "ação" processual.[33] Mas, lamentavelmente, a doutrina baniu do

---

[28] Luiz Guilherme Marinoni, *Novas linhas do processo civil*, 3ª ed., São Paulo, Malheiros, 1999, p. 215.

[29] Pontes de Miranda, *Tratado das ações*, t. I, 2ª ed., São Paulo, Editora Revista dos Tribunais, 1972, p. 47.

[30] Idem, ibidem, p. 48.

[31] Vide, a respeito, Ovídio A. Baptista da Silva, *Curso de Processo Civil*, v. 1, 4ª ed., São Paulo, RT, 1998, pp. 75 e ss.

[32] Ovídio A. Baptista da Silva, *Curso de Processo Civil*, v. 1, op. cit., p. 82. No mesmo sentido, Pontes de Miranda: "A *ação* exerce-se principalmente por meio de 'ação' (remédio jurídico processual), isto é, exercendo-se a pretensão à tutela jurídica, que o Estado criou" (*Tratado das ações*, t. I, op. cit., p. 110; *Tratado de direito privado*, t. V, 4ª ed., São Paulo, Editora Revista dos Tribunais, 1983, p. 478).

[33] Porque através do processo deve-se exercer a ação material, concede-se a todos, tenham ou não direito subjetivo e a ação correspondente, direito à prestação jurisdicional, exercido em concreto através da "ação" processual: "o Estado, para poder realizar o direito material, terá necessariamente de averiguar, antes, a existência do direito cuja titularidade seja porventura afirmada por aquele que o procura para exigir a tutela jurisdicional. Desta contingência decorre a circunstância inevitável de ter-se

seu horizonte a ação de direito material, e assim encobriu o "sol do sistema",[34] rompendo o vínculo do processo com o direito material: o escopo jurídico do processo é a realização da ação de direito material, e sem ter em vista este escopo, o processo perdeu o rumo, como o instrumento que não sabe a que fim serve.

É necessário ter em mente que a realização da ação através do processo pressupõe não apenas que todos, tendo ou não razão, possam provocar o exercício da jurisdição. Tal realização só acontece quando o processo predispõe meios de tutela *adequados* àquela ação *em especial*, cujas individualidades são ditadas pelo direito a que corresponde. Isto quer dizer, para utilizar o exemplo mais extremo, que o processo não realiza a ação de direito material ao conceder ao proprietário reivindicante uma sentença que apenas exige a entrega do bem, como se o demandado tivesse em algum momento sido, e continuasse a ser, meramente obrigado a uma prestação de dar. A sentença não pode apenas exigir sem forçar, pois, além de não estar o demandado obrigado a uma prestação, mesmo que estivesse, o Estado deveria, através do processo, ir além de exigir. Deveria agir para a satisfação, no lugar do titular do direito.[35] Vê-se, portanto, que a ação de direito material e a "ação" processual são categorias diferentes que designam fenômenos diversos, mas que guardam entre si um estreito vínculo instrumental: age-se processualmente para, verificada a procedência do pedido, agir-se materialmente. Nestes termos, fica superado o equívoco de que partiu a doutrina ao identificar a "ação" processual como se estivesse a tratar da *actio*, a ação de direito material.

4. Da persistência no equívoco, a sugerir a inexistência da ação de direito material

O último talentoso processualista a entrar na polêmica assumiu o encargo de fazer justiça a Carlos Alberto Alvaro de Oliveira. Em obra recentemente publicada, Daniel Francisco Mitidiero congratulou oportunamente aquele seu Mestre pela coragem com que se dispôs a estabelecer um franco e aberto diálogo com Pontes de Miranda e Ovídio A. Baptista da Silva, na tentativa de refutá-los explicitamente e sem ocultar a direta divergência que o separa de ambos.[36] Qualquer que seja o desfecho desta atual polêmica, assim como a sorte dos nossos próprios argumentos, é dever dos participan-

---

de conceder 'ação', no plano do direito processual, igualmente ao que não tenha direito, não tenha pretensão nem *ação*" (Ovídio A. Baptista da Silva, *Curso de Processo Civil*, v. 1, op. cit., p. 86). Isto significa que a ação material e a "ação" processual devem, no âmbito da dogmática, coexistir.

[34] Pontes de Miranda, *Tratado de direito privado*, t. V, op. cit., p. 479.

[35] Eis a razão de termos sustentado, do ponto de vista dogmático, o completo banimento da técnica da condenação (*Jurisdição, condenação e tutela jurisdicional*, op. cit., pp. 178 e ss.).

[36] Daniel Francisco Mitidiero, *Elementos...*, op. cit., p. 121.

POLÊMICA SOBRE A AÇÃO

tes fazer coro ao elogio, pois até a manifestação de Carlos Alberto Alvaro de Oliveira, a doutrina respondia aos defensores da ação material com o silêncio de quem despreza o diálogo e renuncia à verdade. Tomara aproveitemos a oportunidade para, como deseja Daniel Francisco Mitidiero, pegarmos gosto pela polêmica. Enfrentemo-la portanto, sugerindo desde já que Carlos Alberto Alvaro de Oliveira reincidiu no equívoco a que nos vimos referindo.

Ao tratar do problema, Carlos Alberto Alvaro de Oliveira começa por refutar a doutrina rival afirmando o seguinte: "Ao inserir a ação no plano do direito material, tal modo de visualizar o problema deixa obviamente de levar em conta a necessária separação entre os planos do direito material e processual".[37]

Desde essa primeira observação, percebe-se a recorrência do equívoco consistente em pensar desde o pressuposto de que há apenas *uma ação*, pertencente, conforme se a conceitue, a um ou ao outro dos planos do ordenamento. À objeção levantada contra Pontes de Miranda pode-se replicar esclarecendo que não se trata de inserir "a ação" – e é óbvio que o nobre processualista tem em mente a "ação" processual – no plano do direito material, mas de distinguir neste plano uma *outra ação*, rigorosamente distinta da "ação" processual. Ao deixar de perceber isto, Carlos Alberto Alvaro de Oliveira reitera aquela "apropriação indébita", a que se refere Ovídio A. Baptista da Silva, da ação de direito material pela doutrina processual. O raciocínio da doutrina costuma ser o seguinte: a *actio* foi substituída pela "ação" processual, que em verdade não se pode conceituar como antes se conceituava a *actio*; corretamente conceituada como ação dirigida contra o Estado, "a ação" deixa de pertencer ao plano do direito material, e passa a pertencer ao plano processual. Conceituando-a como quer Pontes de Miranda, "a ação" retornaria ao plano do direito material, e a doutrina já não contaria com aquele abstrato conceito-chave que permitiu afastar (exageradamente, diga-se) os dois planos. Mas Pontes de Miranda não trabalha sob esse pressuposto de que "a ação" pertence a um plano ou ao outro, pois sua doutrina caracteriza-se justamente por distinguir uma ação pertencente a um plano, e outra, diversa, pertencente ao outro.[38] Assim, não é a concepção pontiana a responsável pelo obscurecimento da distinção entre os dois planos, mas justamente a doutrina que a ela se opõe, pois ao negar a coexistência das duas ações fica impedida de identificar o ponto de contato que afasta conceitualmente os dois planos apesar de aproximá-los instrumentalmente. Quem adere a Pontes de Miranda compreende que há uma

---

[37] Carlos Alberto Alvaro de Oliveira, "O problema da eficácia da sentença", op. cit., p. 14.

[38] Neste sentido, em crítica a Carlos Alberto Alvaro de Oliveira, manifestou-se já Daniel Franciso Mitidiero, *Elementos...*, op. cit., p. 123.

ação que se realiza por dependência da realização da outra, mas que apesar desta dependência se distingue claramente da outra.

Na verdade, Carlos Alberto Alvaro de Oliveira continua inconscientemente comprometido com o propósito de afastar o processo da influência do direito material, a ponto de negar entre ambos até mesmo o vínculo de instrumentalidade com o qual ele mesmo pretende se comprometer. Conforme observamos noutra oportunidade, o aniquilamento do conceito de ação de direito material, com a respectiva afirmação da exclusividade da "ação" processual, teve justamente o propósito de permitir à doutrina recusar que o processo exista para tutelar direitos: não haveria ações, correspondentes a direitos, e que ao processo incumbiria realizar; há apenas "a ação", abstrata, que independe do direito material e que não se dispõe à tutela dos direitos ou à realização das ações.[39] Nestes termos, o processo poderia ser pensado de forma absolutamente independente das realidades do direito material. E jamais poder-se-ia dizer que a "ação" processual existe para realizar *ações* capazes de satisfazerem direitos. Mas não se trata hoje, justamente, de recuperar este perdido vínculo de instrumentalidade? As observações de Carlos Alberto Alvaro de Oliveira não contribuem, definitivamente, para esse desiderato.

Na tentativa de reforçar a primeira objeção dirigida ao pensamento de Pontes de Miranda, Carlos Alberto Alvaro de Oliveira confirmou esta nossa crítica, acabando mesmo por fulminar qualquer intenção de reaproximar instrumentalmente os dois planos. Diz o eminente jurista: "Ora, se não é possível afirmar a existência do direito antes do contraditório, muito menos se poderá admitir a 'ação material' já no início da demanda. Sua existência só poderá ser averiguada no final do processo, com o trânsito em julgado da sentença, quando então se confundirá com a eficácia da própria sentença".[40] Pontes de Miranda, provavelmente, responderia: do ponto de vista do direito processual, não se pode, antes do contraditório, *afirmar* imparcialmente a existência do direito alegado pelo autor, nem que este autor tenha razão em pretender realizar qualquer ação para satisfação contra o réu; isto não significa que desde já não possa existir direito a ser satisfeito ou ação a ser realizada com razão. Apenas não se pode afirmá-lo com autoridade. Mas já há ou não direito, assim como já há ou não ação que se deva realizar através do processo. A negação desta hipótese implicaria a conclusão de que o direito material não é um dado com o qual o processo trabalha, pois que este acabaria por constituir os direitos, quando a sentença atendesse aos autores, ou por fazê-los inexistentes, quando recusasse o pretendido. Até se pode tentar a defesa desta unitária teoria do ordenamento, mas, neste

---

[39] Fábio Cardoso Machado, *Jurisdição, condenação e tutela jurisdicional*, op. cit., especialmente pp. 90 e ss.

[40] Carlos Alberto Alvaro de Oliveira, "O problema da eficácia da sentença", op. cit., p. 14.

caso, falar em instrumentalidade constituiria uma contradição em termos. Como poderia ser o processo um instrumento a serviço do direito material se a própria existência de qualquer direito dependesse da sua constituição por ato do juiz que o fizesse existente? Das duas uma: ou antes do contraditório já há direitos que se devam satisfazer, e ações que se devam realizar para tanto, ou o direito material é mesmo uma ilusão de ótica que sugere uma realidade projetada pela atividade processual, mas que na verdade não existe.[41] Neste último caso, o processo pode tudo... como por muito tempo se pretendeu que pudesse, criando-se ações e sentenças conforme o gosto pseudocientífico dos processualistas.

Carlos Alberto Alvaro de Oliveira acusa Pontes de Miranda de contradição, sem perceber que é ele mesmo quem fere a lógica. Não bastasse, alega que Pontes de Miranda tenta salvar-se da tal contradição com o seguinte esclarecimento: "Se, em vez de se alcançar, com trânsito em julgado, sentença favorável, por ser julgada improcedente a ação (= propôs-se ação que o demandante não tinha), *declara-se* a inexistência da ação. Uma vez que o autor não tinha a ação, exerceu pretensão à tutela jurídica, exerceu pretensão ao remédio jurídico processual, e não podia esperar sentença favorável quanto à ação de que se supunha ser titular".[42]

Segundo Carlos Alberto Alvaro de Oliveira, a corretíssima explicação de Pontes de Miranda "não satisfaz, porque ao mesmo tempo em que se reconhece que o demandante não tinha ação (de direito material) *afirma-se que a ação foi exercida pela 'ação'*" (grifo nosso). E arremata: "Não se pode exercer o que não se tem, é o óbvio".[43] No sentido afirmado, isto é mesmo óbvio. Mas faltou o veemente crítico explicar de onde tirou a afirmação imputada a Pontes de Miranda. Onde diz o saudoso jurista que "a ação – de direito material, por óbvio – foi exercida pela 'ação'"?

Na passagem em que o crítico teria encontrado a contradição, Pontes de Miranda é rigorosamente coerente. Há duas ações: uma dependente do direito, que em juízo pode-se verificar ou não; outra abstrata e dirigida contra o Estado, que se pode exercer sempre e que tem em vista a tutela jurídica. Coerentemente, Pontes de Miranda observou o seguinte: em alguns

---

[41] Em realidade, Carlos Alberto Alvaro de Oliveira parece deixar bem assente o seu compromisso com essa idéia, ao afirmar mais adiante, no texto em comento, o seguinte: "Uma vez posto em discussão o direito, não se pode ainda falar em sujeito que dele seja seu titular, mas apenas de pretendente a esse reconhecimento, que poderá ou não ocorrer, dependendo da sorte da sentença" ("O problema da eficácia da sentença", op. cit., p. 16). Mas será mesmo que o nosso ilustre processualista pensa assim, ou trata-se de um artifício retórico para refutar uma tese que contradiz os seus pressupostos teóricos? Será que realmente a sua concepção acerca da instrumentalidade permite afirmar que o reconhecimento de um direito não depende da sua concreta existência, de acordo com a realidade de direito material, mas apenas da "sorte da sentença"?

[42] Pontes de Miranda, *Comentários ao Código de Processo Civil*, t. I, 5ª ed., Rio de Janeiro, Forense, 1995, pp. XXIX/XXX.

[43] Carlos Alberto Alvaro de Oliveira, "O problema da eficácia da sentença", op. cit., p. 15.

casos, exerce-se pretensão à tutela jurídica através da "ação" processual, mas apesar disso verifica-se a inexistência da ação de direito material, cuja realização será, pela sua inexistência mesmo, negada pela sentença. Neste caso, não se exerce ação de direito material, apesar da "ação" processual que deu ensejo à verificação mesma da inexistência daquela primeira. Onde Pontes de Miranda teria dito que a ação fora exercida?

Para dar crédito ao crítico, suponhamos que a contradição estivesse no seguinte trecho: "propôs-se ação que o demandante não tinha". Na verdade, haveria o defeito apontado apenas se, ao dizer "propôs-se ação", Pontes de Miranda quisesse ter dito "exerceu-se ação". Mas quem disse isso foi Carlos Alberto Alvaro de Oliveira, e não Pontes de Miranda. A integralidade da passagem citada, para não referir ao todo da obra do autor, não permite supor que Pontes de Miranda quis dizer o que seu crítico sugere. Ao afirmar que o autor "propôs ação", pretendeu-se significar que o autor propôs ter uma ação que na verdade não tinha.[44] Afinal, pode alguém propor no início de um processo que tem ou que se deva realizar uma ação (de direito material) que em verdade não tem e que, por conseqüência, não se deve realizar. Isto é realmente óbvio, e Pontes de Miranda não disse nada além disso. No máximo se o pode acusar de não ter sido claro como poderia ter sido. Mas incoerência não há.

Pouco mais adiante na sua crítica ao conceito de ação de direito material, Carlos Alberto Alvaro de Oliveira deixa definitivamente claro o pressuposto do seu raciocínio, dizendo-nos o seguinte: "aliar o conceito de ação de direito material à titularidade do direito ('um agir do titular do direito') já denuncia um certo comprometimento com as teorias imanentistas da ação (Savigny), embora sempre negado".[45] Com isto, revela-nos novamente que trata das ações que considera como se, na verdade, fossem uma só. Segundo ele, postular a existência de uma ação de direito material seria o mesmo que comprometer-se com as teorias imanentistas da ação... processual! Mas não é desta última que trata Pontes de Miranda ao referir-se a "um agir do titular do direito". Por que a compreensão deste agir implicaria reconhecer a dependência da "ação" processual da existência de um direito subjetivo material? A objeção seria válida apenas se a teoria criticada confundisse o "agir do titular do direito" e a "ação" de quem quer que seja para ver satisfeito o seu abstrato direito à jurisdição. Mas a esta crítica Pontes de Miranda está imune, justamente por ser o único a estabelecer a rigorosa distinção que impede aquela confusão.[46]

---

[44] Confira-se, em termos análogos, a réplica oferecida ao texto de Carlos Alberto Alvaro de Oliveira por Ovídio A. Baptista da Silva, em "Direito material e processo", op. cit., p. 672.

[45] Carlos Alberto Alvaro de Oliveira, "O problema da eficácia da sentença", op. cit., p. 16.

[46] Também Guilherme Rizzo Amaral, em sua incursão na polêmica, teve o argumento prejudicado pela dificuldade em que se encontrou ao confundir a ação de direito material e a "ação" processual. Logo após ter demonstrado uma adequada compreensão da teoria de Pontes de Miranda, aquele notável

Por fim, Carlos Alberto Alvaro de Oliveira confirmou por si mesmo o acerto da teoria a que dedicou análise. Vejamos como pretendeu refutá-la: "não se vê como possa o juiz agir materialmente... de modo paralelo à ação processual: o que ele faz é desempenhar os atos de seu ofício, mediante o exercício dos poderes que lhe são conferidos por regras de direito público, totalmente distintas das regras de direito privado. Só depois de tomada a decisão... é que o juiz pode interferir no mundo sensível, *agindo*, mas aí já se trata do resultado da tutela jurisdicional, da própria eficácia da sentença. Antes disso, como é óbvio, não teria havido ação de direito material. Mesmo assim, esse agir do juiz não pode ser equiparado, pura e simplesmente, ao agir do particular, dada a natureza diferenciada da tutela jurisdicional e a forma *substitutiva* de que se reveste..." (grifos nossos).[47]

Diz-nos, portanto, o próprio crítico da ação de direito material, que o juiz, uma vez reconhecida a procedência da demanda, interfere no mundo sensível, *agindo* de forma *substitutiva*. Pergunta-se: esta ação do juiz é a ação processual, a ação para a satisfação do direito ou um terceiro gênero de ação? Segundo o processualista, parece tratar-se de um terceiro gênero de ação, consistente no desempenho dos atos de ofício do juiz, conforme regras de direito público. Da "ação" processual não se trata, pois aquela

---

processualista se deixou conduzir pelo comum equívoco em que persiste a doutrina. A título de exemplo, afirmou que o exercício da ação de direito material só poderia ser privado, pois "a ação" que se exerceria na via judicial seria apenas a "ação" processual ("A polêmica em torno da 'ação de Direito material'", op. cit., p. 536). Mas não se trata de uma "opção", como refere o autor anteriormente, entre a ação material e a "ação" processual. No processo é possível distinguir claramente a "ação" do autor provocando o Estado a prestar jurisdição, e a eventual ação do Estado que se desenvolve para satisfazer coativamente o direito do autor que demonstre ter razão. E não há dúvidas de que este agir para a satisfação do direito não se confunde com a designada "ação" processual. Mesmo assim, Guilherme Rizzo Amaral se deixa levar pela premissa de que no processo se realiza apenas uma e única ação. E dada a evidência da existência da "ação" processual, fica de antemão excluída da sua reflexão a hipótese de existir aquela outra ação, a ação de direito material. Mas a existência desta parece-nos igualmente evidente. A não ser que a ação para satisfação seja uma extensão da "ação" processual, ou um terceiro gênero de ação. Este problema no argumento do autor repete o raciocínio de Carlos Alberto Alvaro de Oliveira, que neste aspecto será em seguida objeto de crítica. E o conduz também a pensar, falseando a construção teórica da ação de direito material, que segundo Pontes de Miranda "a ação processual necessita deste *prius* chamado de *actio*, ou ação de direito material..." ("A polêmica em torno da 'ação de Direito material'", op. cit., p. 537). Contudo, desafiamos o ilustre polemista a indicar onde Pontes de Miranda ou Ovídio A. Baptista da Silva digam o que se lhes imputa, pois nenhum deles hesitou em defender a abstração da "ação" processual. Pontes de Miranda limitou-se a afirmar que, do ponto de vista do direito material, a "ação" processual será um *plus* que se juntará à ação de direito material. Isto, lógico, quando o autor tiver razão. Mas Guilherme Rizzo Amaral desenvolve sua crítica mencionando a obviedade da ação de direito material, que segundo Pontes de Miranda "a ação processual de que isto "nem sempre o será" ("A polêmica em torno da 'ação de Direito material'", op. cit., p. 538). E nisto está absolutamente correto, pois nem sempre o autor tem razão. Faltou-lhe, contudo, demonstrar por que isto *nunca* o será, mesmo quando o autor tenha razão. Só neste caso teria infirmado Pontes de Miranda. Como não logrou fazê-lo, e nem o ilustre Professor a quem pretendeu acudir, ambos mereceram a justa crítica de Daniel Francisco Mitidiero (*Elementos...*, op. cit., p. 123 e ss.), à qual fazemos coro empreendendo um novo esforço argumentativo em defesa da ação de direito material.

[47] Carlos Alberto Alvaro de Oliveira, "O problema da eficácia da sentença", op. cit., pp. 17/18.

ação depende da decisão que reconhece, mesmo precariamente, a existência do direito a que visa a tutela. Caracterizemos, portanto, aquele agir de ofício.

Segundo Carlos Alberto Alvaro de Oliveira, o juiz age em razão de ter reconhecido o direito do autor merecedor de tutela. Esta ação depende, pois, da existência, mesmo que apenas provável, do direito alegado. E tem em vista, não se pode negar, a satisfação daquele direito. Como seria possível, então, diferenciar esta ação da ação de direito material, uma vez conceituada como o agir do titular do direito para a sua coativa satisfação? Parece-nos que apenas pelo fato de que aquele agir do juiz é já *do juiz*, e não *do titular do direito*. Mas aquele agir não se dá em substituição ao agir do titular do direito? Em caso positivo, trata-se do mesmo agir, realizado pelo Estado em substituição ao titular do direito. E não é precisamente a este agir que Pontes de Miranda e Ovídio A. Baptista da Silva designam *ação de direito material*, o agir do titular do direito que, uma vez proibida a tutela privada, passou a ser exercido pelo Estado em seu lugar?

Podemos concluir que, uma vez verificada a existência de um direito merecedor de tutela, o juiz deve, segundo o seu ofício, em razão de regras de ordem pública que lhe atribuem precisamente este ofício, agir em substituição ao titular do direito para satisfazer coativamente este seu direito. Realiza-se a ação de direito material, com a única particularidade de que no mundo civilizado o Estado o faz em substituição ao titular do direito. A teoria criticada jamais recusou o reconhecimento desta particularidade, e por isso a simples menção a ela não refuta a existência da ação de direito material. Para refutá-la, Carlos Alberto Alvaro de Oliveira precisaria ter ido além de afirmar que, antes da sentença, "não teria havido ação de direito material". Deveria ter demonstrado que não haveria precisamente depois dela, e isto não lhe foi possível demonstrar. Depois da sentença de procedência, o juiz substitui o titular do direito, satisfazendo-o por força própria: realiza a ação de direito material. Se isto não fosse assim, então Carlos Alberto Alvaro de Oliveira se veria na obrigação de oferecer objeções mais convincentes, e além disso capazes de replicar com êxito as outras considerações que Ovídio A. Baptista da Silva opôs ao seu pensamento.[48] Eis, precisamente, o que tentou na réplica que recentemente trouxe a público, todavia sem o sucesso esperado.[49]

Após uma criteriosa análise da sorte histórica do termo *ação* – que a propósito levou Carlos Alberto Alvaro de Oliveira a saudar como uma evo-

---

[48] Aliás, não sendo o propósito específico deste presente trabalho a avaliação completa do pensamento de Carlos Alberto Alvaro de Oliveira, remete-se, em caráter complementar, às outras críticas que o ilustre processualista mereceu da parte de Ovídio A. Baptista da Silva ("Direito material e processo", op. cit.).

[49] Carlos Alberto Alvaro de Oliveira, "Efetividade e tutela jurisdicional", op. cit., especialmente pp. 670 e ss.

lução precisamente o equívoco a que vimos nos referindo, consistente em supor que há apenas uma ação a que se atribui conceitos rivais –, o ilustre processualista retomou a doutrina de Pontes de Miranda para tentar contra ela o derradeiro golpe de morte. Todavia, sequer logrou demonstrar ter compreendido o pensamento de Pontes de Miranda e as categorias com as quais trabalha, razão pela qual não poderia mesmo ter-lhe dado razão.

Carlos Alberto Alvaro de Oliveira sugere outra contradição em Pontes de Miranda, ao dizer deste jurista que "retoma o conceito de pretensão de Windscheid, de certa forma semelhante ao de Savigny, e lhe empresta a denominação de ação de direito material. Adiciona ao esquema a ação abstrata, tal como esboçada por Muther, e como já o fizera o próprio Windscheid. Nesse quadro, totalmente concretista, proclamou, contudo, na linha de Plósz e Degenkolb, que o autor não teria direito a uma sentença favorável, mas apenas a uma sentença de qualquer conteúdo, que se presume justa...".[50] Parece-nos – pois não estamos também nós imunes à incompreensão – que a suposta contradição decorreria de Pontes de Miranda transitar de uma concepção concretista a uma concepção abstracionista. Mas isto não ocorre no pensamento do nosso maior jurista, pois, segundo sua doutrina, ao aproximar-se de Savigny ou Windscheid, e guardadas as diferenças, referia-se Pontes de Miranda à ação de direito material, enquanto, ao aproximar-se de Plósz e Degenkolb, referia-se a outro fenômeno, qual seja, à "ação" processual.

Assim como não há contradição entre Savigny e Windscheid, de um lado, ao falarem da ação em sentido material, e Plósz e Degenkolb, de outro, ao falarem da "ação" em sentido processual, não há contradição no pensamento de Pontes de Miranda, que admite tanto a existência da *actio*, de que trataram Savigny e Windscheid, como da "ação" processual, cuja abstração fora demonstrada por Plósz e Degenkolb. Só haveria a apontada contradição se Pontes de Miranda conceituasse "a ação", referindo-se a um único fenômeno, tanto nos termos como aqueles designaram a *actio* quanto nos termos como estes últimos configuraram a "ação" processual. Mas assim como os mencionados autores referiam-se a fenômenos diversos, Pontes de Miranda considerou fenômenos diversos, o que impede acusá-lo de contradição por usar conceitos diversos. Até onde consta, a lógica manda justamente que coisas diversas recebam conceitos diversos. E tanto o nosso jurista se referia a coisas diversas que diante da homonímia usava aspas sempre que mencionava uma delas. Certamente, para diferenciá-la da outra. Há nisso alguma contradição?

Ao desenvolver o argumento contra a ação de direito material, Carlos Alberto Alvaro de Oliveira voltou, na réplica que agora consideramos, a

---

[50] Idem, ibidem, p. 672.

reforçar a sua existência. Veja-se o que diz, citando Liebman: "não há dúvida de que o processo é instrumento de *realização do direito material*, mas tal finalidade é alcançada *por meio do agir do Estado*" (grifos nossos).[51] Se entendemos bem, a satisfação (a "realização") do direito material se dá por meio da ação (do "agir"!) do Estado. E então devemos voltar a perguntar ao eminente Professor em que esta sua afirmação difere da de Pontes de Miranda quando este jurista postula a existência de uma ação, para a realização do direito, que se exerce pelo Estado em substituição ao agir do titular do direito? Cremos que não haja aí diferença alguma. Talvez a divergência esteja apenas em atribuir-se a esta ação o nome de ação de direito material, por parte de Pontes de Miranda, e em negar-se esta designação, por parte de Carlos Alberto Alvaro de Oliveira. Se for assim, Pontes de Miranda tem razão ao identificar a existência desta ação. Poderíamos então, no máximo, discutir o seu *nomen iuris*. Mas Pontes de Miranda, mesmo sem a possibilidade de entrar no debate, saiu-se vitorioso.[52]

Todas as posteriores tentativas de infirmar a teoria da ação de direito material pecam por confundir as ações pertencentes a cada um dos planos do ordenamento, como se uma só houvesse. Isto ocorre, por exemplo, quando Carlos Alberto Alvaro de Oliveira afirma: "Embora verdadeiro que a ação tende a produzir um determinado efeito jurídico a cargo da contraparte, esse efeito derivará da decisão do juiz e, assim, a ação, enquanto direito, tem por objeto imediato aquela decisão, dirigindo-se contra quem pode e deve emaná-la, isto é, o juiz, na sua qualidade de órgão do Estado".[53] O mesmo se verifica na seguinte passagem: "A ação serve para a tutela do direito material, mas não se confunde com o direito que se pretende seja

---

[51] Idem, ibidem, p. 673.

[52] Guilherme Rizzo Amaral também não logrou demonstrar convincentemente onde se situaria a essencial diferença entre aquele agir do Estado, para a realização do direito, e a chamada ação de direito material. Apesar disso, exclamou convicto: "Realmente, não há como equiparar o *agir* do juiz e a *actio* romana, exercida pelo particular, ou a ação de direito material pregada por Pontes de Miranda. O juiz não age tal qual o particular o faria não fosse a proibição da auto-tutela. São atuações em níveis completamente distintos!" ("A polêmica em torno da 'ação de Direito material'", op. cit., p. 539). Parece-nos que, segundo o notável processualista, a impossibilidade de equiparação se deve à circunstância de o agir do juiz ser realizado no "nível" processual, ao passo que o agir do titular do direito seria realizado noutro "nível". Mas, se alguém tomasse indevidamente a posse de uma coisa minha, e não houvesse a proibição da autotutela, eu iria até onde a coisa estivesse e a tomaria de quem a detivesse. Dada aquela proibição, o juiz iria até onde a coisa estivesse e a tomaria de quem a detivesse. As duas ações se realizariam no mesmo "nível", qual seja, no plano da realidade dos fatos, e até mesmo no mesmo lugar, recaindo sobre a mesma coisa e atingindo da mesma forma a realidade. Qual a diferença de "nível" entre aquelas ações? Pensamos não haver nenhuma, pois trata-se do mesmo agir, todavia variando o agente. Nada além disso, ao menos se ficarmos na caracterização da ação em si. E como Pontes de Miranda sustenta a obviedade de que no mundo civilizado a ação material é realizada pelo juiz em substituição ao titular do direito, caracterizar a distinção nestes termos não pode servir de objeção à sua teoria. Ter-se-ia de apontar alguma distinção capaz de obscurecer a identidade essencial entre o agir do titular do direito e o do juiz em seu lugar. A substituição do agente não descaracteriza essencialmente a ação, a ponto de impor a ela nova qualificação. Isto é demasiado elementar.

[53] Carlos Alberto Alvaro de Oliveira, "Efetividade e tutela jurisdicional", op. cit., p. 673.

POLÊMICA SOBRE A AÇÃO

atendido em juízo".[54] E ainda nesta outra: "com o monopólio estatal da administração da justiça, a ação só pode ser pensada como um poder dirigido contra o Estado, pois só esse pode garantir a tutela jurisdicional dos direitos e determinar os pressupostos pelos quais deve ela ser outorgada. Não se cuida, portanto, de um direito privado, mas de um direito revestido de natureza pública, que por seu caráter, sua direção, seu conteúdo e seus requisitos se distingue essencialmente da pretensão privada".[55]

Isto tudo parece realmente correto, mas quanto à "ação" processual. Em todas estas citadas passagens, Pontes de Miranda teria posto a ação entre aspas. Todavia, o objeto da atual polêmica é outro, pois a respeito da "ação" processual estamos todos de acordo. Dizer que esta última é abstrata e dirigida contra o Estado não infirma a existência concomitante da categoria sobre a qual estamos a divergir. Só não percebe isto quem insiste em partir da premissa de que o objeto do debate é o conceito de uma e única ação, que sendo única teria inexoravelmente de pertencer ao direito material ou ao direito processual. Mas é justamente esta premissa que está em questão. Quem a dá por pressuposta sequer alcança o argumento rival. É o caso de Carlos Alberto Alvaro de Oliveira, que em razão disso sequer compreende as particularidades do pensamento de Pontes de Miranda. Isto o torna imune ao argumento. Por isso, dedicamo-nos repetidamente a atacar aquela equivocada premissa. Apenas quem superá-la compreenderá o acerto da opção pontiana.

Mas em Carlos Alberto Alvaro de Oliveira a equivocada premissa resiste com a força de um paradigma. Na tentativa de demonstrar que a sua diferença em relação a Pontes de Miranda não é meramente terminológica, sustenta o seguinte: "Se é da essência do direito, o agir para a sua integral realização, representando a ação de direito material a inflamação do direito após a lesão (a 'metamorfose' de Savigny), a sentença haveria de ser sempre favorável, porquanto a demanda pressuporia por hipótese a existência do direito".[56] Mas isto é de um equívoco flagrante: a ação de direito material pressupõe a existência do direito, mas a demanda não. A sentença de procedência pressupõe o direito afirmado pelo autor, mas a demanda e o exercício da "ação" processual, com a subseqüente satisfação do direito à jurisdição, não o pressupõem de forma alguma. E Pontes de Miranda, Ovídio A. Baptista da Silva ou nós mesmos jamais dissemos o contrário. Carlos Alberto Alvaro de Oliveira lê Pontes de Miranda nestes termos porque pensa na mencionada ação de direito material como se em verdade se estivesse tratando da "ação" processual. Mas não é o caso... É lógico que a demanda, a "ação" processual, não pressupõe a existência do direito mate-

---

[54] Idem, ibidem, p. 674.
[55] Idem, ibidem, p. 674.
[56] Idem, ibidem, p. 675.

rial. Pressupõe apenas a existência do direito que por si realiza: o direito à prestação jurisdicional. Não pressupõe o direito subjetivo material afirmado pelo autor, que implicará sentença procedente e ação para satisfação apenas nos casos em que isto for imposto pelas circunstâncias de direito material.

A longa réplica de Carlos Alberto Alvaro de Oliveira desdobra-se ainda a ponto de afirmar, contra a concepção de Pontes de Miranda, que não se pode conceber uma ação de direito material dirigida contra o adversário porque o autor "nada pede ao demandado, mas ao órgão judicial, e o que ele pede não lhe pode ser concedido pelo demandado...".[57] Donde se renova nossa convicção de que a doutrina em análise não foi compreendida. Pontes de Miranda é claríssimo ao distinguir pretensão, que é poder exigir, exercício de pretensão, que é exigir de fato, e ação material, consistente naquele agir para satisfação, independentemente do comportamento voluntário do sujeito passivo. O processo é necessário justamente porque a exigibilidade e o exercício da exigência não convencem o sujeito passivo, uma vez ou outra, a satisfazer o direito do titular. No momento do processo já não se trata, portanto, de pedir algo ao demandado, esperando que este conceda algo. Trata-se de agir contra ele. Agir para satisfação. Isto se fará, é claro, apenas quando o autor tiver razão. É a este agir que Pontes de Miranda designa ação de direito material.

No mais, o embate contra a ação de direito material se desenrola pelo ataque aos seus pontos fracos, consistentes em sustentar que as sentenças condenatórias e mandamentais correspondem a ações condenatórias e mandamentais. E neste ponto os polemistas têm razão ao criticar a concepção pontiana. Ações de direito material que se possam qualificar de condenatórias ou mandamentais não há, e nisto Pontes de Miranda foi incoerente apenas por não levar suas premissas às últimas conseqüências. Mas esta conclusão não é nova, pois nós mesmos já a desenvolvemos. E se nos voltamos nesta oportunidade contra a negação da ação de direito material, isto se deve também ao propósito de reconhecer o acerto de algumas objeções apresentadas à teoria de Pontes de Miranda, todavia demonstrando a sua insuficiência para invalidar a categoria sobre a qual nos debruçamos.

5. Ainda sobre a classificação das ações: a teoria da ação de direito material aplicada à análise das sentenças de procedência, especialmente às chamadas condenatórias e mandamentais

A respeito da sentença mandamental, a atenção de Carlos Alberto Alvaro de Oliveira foi despertada pelo fato de Pontes de Miranda não se ter dado conta "da evidente inexistência da ação de direito material *em relação*

---

[57] Idem, ibidem, pp. 676/677.

POLÊMICA SOBRE A AÇÃO

157

a ela" (grifo nosso).[58] Isto implicaria, nos termos da crítica, a invalidade da tese segundo a qual o conteúdo da sentença deve expressar o verbo capaz de realizar a ação de direito material, pois o reconhecimento da existência de uma espécie de sentença identificada pela mandamentalidade suporia como antecedente a existência de ações (de direito material) mandamentais.

Guilherme Rizzo Amaral estende essa objeção sustentando a inexistência de ações declaratórias, constitutivas ou condenatórias, todavia identificando no mandamento, assim como na execução, "possíveis ações privadas". Segundo este eminente processualista, "não encontramos, no plano do direito material, pretensão à declaração, constituição ou condenação", e por isso não seria dado sustentar a existência de ações (de direito material) declaratórias, constitutivas ou condenatórias.[59]

Nestas mencionadas objeções há uma obviedade que se levanta insuperavelmente contra as particulares conclusões de Pontes de Miranda. De fato, ação condenatória não pode haver, pois o verbo "condenar", como o temos sempre compreendido ao definir a sentença condenatória, não expressa ação capaz de satisfazer direito algum. Nós mesmos, inspirados pelas idéias expostas num conhecido ensaio de Ovídio A. Baptista da Silva,[60] mas sem deixarmos de as desenvolver a nosso modo, tivemos já a oportunidade de demonstrar o acerto desta conclusão, ao abordar a teoria da condenação do ponto de vista da ação de direito material:

> Quem tenha claro que o processo deve, em regra, realizar a ação de direito material cuja existência foi comprovada, não escapa da conclusão de que entre aquela ação e a sentença deve, também em regra, haver congruência (Ovídio A. Baptista da Silva, *Curso de Processo Civil*, v. 1, 4ª ed., São Paulo, RT, 1998, p. 160). E, portanto, a sentença condenatória só realizará uma ação de direito material se ao direito tutelado corresponder uma ação condenatória. Como a ação de direito material satisfaz o direito independentemente da vontade e do comportamento do sujeito passivo, é incompreensível como a sentença condenatória, ao exigir, justamente, um comportamento voluntário, consiga realizar a ação material correspondente ao direito tutelado. Em verdade, não é possível falar em ação condenatória porque a sentença que corresponderia a esta ação não tem, segundo a tradição, aptidão para realizar, desde já, ação alguma.[61]

Parece-nos, contudo, que esta evidente conclusão, apesar de ter escapado a Pontes de Miranda, é incapaz de invalidar a sua teoria da ação de direito material. Ao contrário, demonstra a importância de predispormos mecanismos de tutela capazes de realizar as diversas ações de direito material, e, conseqüentemente, a urgência com que devemos banir do horizonte

---

[58] Idem, ibidem, op.cit., p. 677.

[59] Guilherme Rizzo Amaral, "A polêmica em torno da 'ação de Direito material'", op. cit., p. 540.

[60] Ovídio A. Baptista da Silva, "A ação condenatória como categoria processual", *Da sentença liminar à nulidade da sentença*, Rio de Janeiro, Forense, 2001, pp. 233-251.

[61] Fábio Cardoso Machado, *Jurisdição, condenação e tutela jurisdicional*, op. cit., p. 100.

a técnica da condenação, justamente em razão da sua incapacidade para satisfazer o direito do autor vitorioso, senão por recurso a outro processo.

Esta análise, ao invés de invalidar a teoria da ação de direito material, oferece o melhor argumento que se pode apresentar em favor da perspectiva sugerida por ela. Se a sentença deve conter a aptidão para realizar, sem delongas, a ação capaz de satisfazer o direito do autor vitorioso, já é hora de abandonarmos o sistema da condenação, com a sua inexorável conseqüência, a execução obrigacional autônoma. Isto implicaria, conforme as reformas do CPC vêm comprovando, um inegável ganho de efetividade. A teoria da ação de direito material reforça em termos dogmáticos aquela conclusão, cujo acerto o bom-senso confirma: por que exortar o réu ao cumprimento de uma prestação se agora já é possível passar à execução? Por que "condenar" – "ação" que não satisfaz – se já é legítimo executar, satisfazendo o direito digno de tutela?

A despeito da sugestão do bom-senso, a análise da condenação, do ponto de vista da ação de direito material, permitiu-nos concluir que, na verdade, não há eficácia condenatória. A propósito, dissemos o seguinte:

> A sentença dita condenatória deve em realidade ser considerada executiva porque, dentre as eficácias que contém, a executiva é a que realiza praticamente a ação de direito material. Só é possível esquivarmo-nos desta conclusão se encontrarmos outra *causa* processual imediata para os atos executivos subseqüentes. Mas outra causa não há, senão a eficácia executiva da sentença. Após a sentença dita condenatória não há nova decisão sobre se deve-se executar: o Processo de Execução pode sim conter decisões, mas não sobre se o direito reconhecido pela sentença pode dar lugar à execução. O Processo de Execução *realiza*, em regra simplesmente, *atos executivos*, tendo em vista a aptidão da sentença para produzi-los. Esta aptidão para produzir atos executivos, mesmo em processo autônomo, constitui, justamente, a eficácia preponderante da sentença a que chamamos condenatória.[62]

Eis por que sugerimos que em todos os casos nos quais a sentença é tradicionalmente "condenatória" deve-se impor a execução imediata, de modo a garantir que a sentença ostente forte conteúdo executivo, merecendo de fato o nome "sentença executiva". Se não existem ações (de direito material) condenatórias, mas sim ações (de direito material) executivas, nestes casos as sentenças devem ser não disfarçadamente executivas, como as chamadas "condenatórias", mas executivas na maior dose possível, a ponto de dispensar novo processo.[63]

Justamente porque não pensa nestes termos, desprezando a perspectiva oferecida pela teoria da ação de direito material, Carlos Alberto Alvaro de Oliveira admite que o legislador possa eleger a seu modo as técnicas de tutela, inclusive mantendo a técnica da condenação, que lhe parece até ade-

---

[62] Idem, ibidem, pp. 187/188.
[63] Idem, ibidem, p. 189.

quada para os casos em que se trate de agredir o patrimônio do réu.[64] Mas quem pense a partir da premissa segundo a qual a sentença deve conter o verbo que expressa a ação capaz de satisfazer o direito reconhecido, poderá banir a condenação em favor de uma sentença que desde já implique o início dos atos tendentes à expropriação. Neste caso, o juiz diria: tem razão o autor; execute-se o réu, desde já ou ao término de um determinado prazo, para o fim de expropriar os bens necessários à satisfação do direito do autor. Isto não implica, obviamente, a supressão da possibilidade de defesa do executado em face de atos executivos. Apenas dispensa novo inadimplemento como requisito para a execução, bem como novo processo para levá-la a cabo. Que isto traria um considerável ganho de efetividade, e que seria mais adequado do ponto de vista do direito material, é algo que dispensa argumentos. Seria à toa? Cremos que não.

Assim como a sentença chamada "condenatória" é incapaz de realizar, por si e prescindindo de um novo processo, qualquer ação de direito material, a sentença mandamental não nos parece corresponder a nenhuma forma de ação mandamental. O mandamento não expressa um agir capaz de satisfazer por si, independentemente de algum comportamento voluntário, o direito do autor. Mas isto, para nós, também não é novidade, nem invalida a teoria de que nos ocupamos.

Ao avaliarmos o pensamento de Pontes de Miranda, para quem a sentença mandamental corresponde a uma ação (de direito material) mandamental,[65] a preocupação com a coerência obrigou-nos a abandonar o pensamento do notável jurista quanto a esta sua particular conclusão. Deparados com a circunstância de que a ordem não expressa uma ação capaz de satisfazer o direito independentemente do comportamento do destinatário – justamente por forçar este desejado comportamento –, manifestamonos contrariamente ao alvitre segundo o qual poderia haver ações mandamentais. Todavia – e talvez paradoxalmente, ao menos para quem adote uma postura conceitualista comprometida apenas com o rigor formal das construções teóricas –, defendemos o recurso generalizado à tutela mandamental, mesmo quando possível a execução direta.[66] Parece-nos que, en-

---

[64] Carlos Alberto Alvaro de Oliveira, "Efetividade e tutela jurisdicional", op. cit., p. 678.

[65] "Aqui, a ação, de direito material, é mandamental, e a sentença na 'ação', na lide, atende à característica da ação que foi proposta. Há o direito, a pretensão e a ação, para, no plano processual, se obter o mandado" (Pontes de Miranda, *Tratado das ações*, t. VI, São Paulo, RT, 1976, p. 09).

[66] Dada a inconveniência de repetir aqui todo o desenrolar da reflexão que nos conduziu a essa conclusão, pede-se vênia para remeter o leitor ao nosso *Jurisdição, condenação e tutela jurisdicional*, op. cit., pp. 261 e ss. Quanto à classificação das sentenças do ponto de vista das ações de direito material, recomenda-se notar as conclusões de Daniel Francisco Mitidiero. Partindo do pensamento de Pontes de Miranda, e levando-o, como fizemos, às últimas conseqüências, este ilustre processualista defendeu a existência de apenas três espécies de ações de direito material: declaratórias, constitutivas e executivas. Condenatórias e mandamentais poderiam ser apenas algumas pretensões, não ações (Daniel Francisco Mitidiero, *Elementos...*, op. cit., p. 131). Quanto à inexistência de ações condenatórias e mandamentais, parece-nos rigorosamente correta a conclusão do autor. Mas devemos observar que, no

quanto a sentença condenatória deve ser abandonada, por absoluta inaptidão para oferecer adequada e tempestiva tutela, a sentença mandamental deve ser generalizada, apesar da incapacidade para realizar qualquer ação de direito material. Conceitualmente isto pode parecer uma heresia, mas se justifica, uma vez considerados os específicos fins do processo.

Apesar da incapacidade para satisfazer por si, realizando a ação de direito material, a sentença mandamental ostenta uma qualidade que recomenda em favor desta técnica sorte diversa da sugerida para a sentença "condenatória", pois a ordem, dotada de suficiente força dissuasiva, tem a virtude de dispensar a ação material, quando possível, e de provocar efeito equivalente à sua realização, quando esta se verifique impossível ou indesejável. E ao contrário do que pode parecer, é justamente a perspectiva da ação de direito material que recomenda o generalizado recurso à ordem. Verificando se é o caso de realizar-se qualquer ação sobre os fatos para a satisfação coativa do direito, ou se uma qualquer ação deste tipo é impossível, difícil ou indesejável, pode-se optar pela sentença executiva, capaz de realizar a ação executiva, no primeiro caso, ou dispensar a execução direta, recorrendo-se à técnica mandamental, que torna desnecessária a ação material sobre a realidade, quando logra dissuadir o destinatário da ordem. Neste caso se trata, realmente, de técnica incapaz de realizar qualquer ação de direito material. Mas que se justifica para evitá-la, por exemplo, com o propósito de abreviar a espera do autor pela satisfação do seu direito, ou para tentar a satisfação quando a ação material se verifique jurídica ou empiricamente impossível.[67]

---

nosso modesto entendimento, não parece possível qualificar as pretensões conforme a mencionada sugestão. Como não é o caso de inaugurar neste momento a análise do problema, limitemo-nos a formulá-lo: a pretensão é sempre pretensão a algum comportamento; é exigibilidade dirigida a outrem, ou mesmo a uma universalidade de pessoas, e tem em vista sempre algum comportamento; como poderíamos, então, qualificar uma pretensão designando-a "condenatória" ou "mandamental"? Parece-nos que isto seria possível apenas se houvesse pretensões à condenação ou ao mandamento. Pretensões, aliás, dirigidas então ao juiz, que deveria em determinadas circunstâncias condenar ou mandar. Mas a pretensão de direito material não consiste na exigibilidade de uma condenação ou de um mandamento, e não é dirigida ao juiz, salvo quanto à pretensão à jurisdição. A condenação é apenas exortação àquele comportamento exigido, enquanto o mandamento é ordem que tem em vista aquele mesmo comportamento. Como poderiam a pretensão à entrega de uma coisa, ou a pretensão a que ninguém ofenda minha honra, serem qualificadas como condenatórias ou mandamentais? Tanto se pode condenar àquela entrega ou a esta abstenção, como se pode ordenar aquela entrega ou esta abstenção. A condenação exorta o condenado a se comportar de modo a cumprir a exigência, enquanto o mandamento ordena este mesmo comportamento. Neste caso, condenatórias ou mandamentais seriam as pretensões, ou alguns dos mecanismos de tutela utilizados com o propósito de satisfazer pretensões que não comportam aqueles adjetivos?

[67] Como se pode perceber, deste ponto de vista fica prejudicada a objeção de Carlos Alberto Alvaro de Oliveira quando suscita contra a ação de direito material a possibilidade de o juiz alternar entre a execução direta e a tutela mandamental ("O problema da eficácia da sentença", op.cit., p. 19). Trata-se, precisamente, da seguinte alternativa: age-se para a satisfação imediata – realizando a ação de direito material – ou tenta-se convencer o demandado a satisfazer, por ato próprio, a pretensão do autor, justamente para evitar a ação material – normalmente mais onerosa e demorada, em seu propósito de satisfazer forçadamente a pretensão, quando comparada ao ato voluntário do sujeito passivo. Todavia,

Destas reflexões podemos, portanto, extrair a parcial conclusão de que ação condenatória não há, razão pela qual sentença condenatória não deve haver – por aquele motivo mas também por sua inefetividade para satisfazer o direito do autor –, ao passo que ação mandamental também não há, apesar de que sentença mandamental pode e deve haver, por tornar desnecessária a ação executiva ou por gerar resultado equivalente mesmo quando nenhuma ação direta seja possível.

Resta inexplorado, assim, apenas o problema da existência de ações declaratórias e constitutivas – já que, do ponto de vista assumido, a existência de ações executivas fica imune a objeções. Quanto ao ponto, e para não abusar da paciência do leitor, retomaremos sucintamente os argumentos de Ovídio A. Baptista da Silva e Daniel Francisco Mitidiero, pois, dada a evidência da veracidade que expressam, são suficientes.

Ao responder às ponderações de Guilherme Rizzo Amaral, para quem não há como verificar a existência de ações declaratórias e constitutivas porque ao particular não seria possível um agir equivalente ao do juiz quando declara ou constitui,[68] Daniel Francisco Mitidiero asseverou tratar-se de "ações normativas".[69] Como tais, não teriam qualquer relevância se praticadas por alguém despido de autoridade. O que não as torna impossíveis. Quaisquer de nós poderíamos afirmar em face de outrem a existência dos nossos direitos, assim como poderíamos de fato nos desvincular de uma obrigação em face de outrem, se, por exemplo, este não cumprisse a prestação a que estivesse também obrigado. Mas o direito reserva à autoridade judicial, por razões óbvias, a competência para emitir declarações que não se possam mais controverter, assim como para criar, extinguir e modificar relações jurídicas neste caso, todavia, sem exclusividade, pois todos podemos fazê-lo, em inúmeras circunstâncias, sem a necessidade de qualquer intervenção autoritativa. De qualquer forma, isto não é em absoluto relevante para a solução do problema da existência das ações declaratórias ou constitutivas, pois, conforme lição de Ovídio A. Baptista da Silva, lembrada pelo mesmo Daniel Francisco Mitidiero, a impossibilidade de satisfazer um

---

se a ação que satisfaz é a extinção de uma relação jurídica, não pode o juiz ordenar nada; deve romper o vínculo. Se a ação que satisfaz é uma declaração, não é possível "optar" pelo recurso à tutela mandamental; deve o juiz declarar. A "opção" pela tutela mandamental é certamente possível e até recomendável, todavia nos casos em que dispense convenientemente a ação material ou naqueles em que esta seja materialmente impossível. Trata-se de uma técnica que, em algumas circunstâncias, evita a última *ratio* do processo, por implicar a satisfação da pretensão reconhecida sem a necessidade de se agir forçadamente sobre a realidade dos fatos. Isto não autoriza ninguém a afirmar, todavia, que se possa alternar entre diversas formas de agir independentemente da especificidade da realidade de direito material. Aliás, Carlos Alberto Alvaro de Oliveira não o nega, mas se recusa a trabalhar com a categoria que permite explicar a razão disto.

[68] Guilherme Rizzo Amaral, "A polêmica em torno da 'ação de Direito material'", op. cit., p. 540.

[69] Daniel Francisco Mitidiero, *Elementos...*, op. cit., p. 126.

direito independentemente do processo não implica a sua inexistência nem que através do processo não se o satisfaça agindo para este fim.[70]

Se qualquer pessoa pode propor uma "ação" declaratória é porque todos têm direito a que um juiz se pronuncie acerca da existência ou inexistência de uma relação jurídica. Ao pronunciar-se, no sentido em que for, o juiz estará agindo – ou declarar não é uma ação? E estará declarando para satisfazer um direito: o direito à declaração. Ao declarar, parece-nos que estará satisfazendo o direito: agindo para a sua definitiva satisfação. Se a este agir não se queira chamar ação de direito material, chame-se como quiser. Nenhuma nomenclatura nem teoria alguma obscurecerá o fato de tratar-se de uma ação para a satisfação de um direito. Ação que, cumpre esclarecer, supõe sim um direito exigível, que se satisfaz através de uma pura e simples declaração.

Da mesma forma, ao constituir ou desconstituir uma relação jurídica, o juiz o faz para satisfazer o direito do autor que postula a constituição ou a desconstituição. Trata-se de ações, não há dúvida. Estas ações supõem pretensões correspondentes a direitos que se vêem satisfeitos pela constituição ou desconstituição. Ações que, portanto, supõem direitos; que dependem deles e que têm neles a sua causa. Sendo assim, continua aberto para os opositores de Pontes de Miranda o desafio de demonstrar que estas ações, inconfundíveis com a "ação" processual, não pertencem ao plano do direito material.

6. Conclusão

No desenrolar de seu ataque à teoria da ação de direito material, Carlos Alberto Alvaro de Oliveira percebeu que "o princípio da efetividade impõe a superação de modelos ultrapassados de tutela jurisdicional para certas situações lesivas ao direito material, em prol de mais eficaz e rápida realização do direito material (daí – concluiu –, o surgimento das tutelas executiva e mandamental)".[71]

Ao referir-se a "modelos ultrapassados de tutela jurisdicional", só pode o insigne jurista ter pretendido aludir ao modelo da condenação. Até

---

[70] Referimo-nos a uma passagem da mais recente obra do notável jurista, apropriadamente citada por Daniel Francisco Mitidiero (*Elementos...*, op. cit., 127): "Mesmo aceitando que as pretensões declaratória e constitutiva não se possam realizar fora do processo, isto não terá a menor relevância para demonstrar que elas não *existam* antes ou fora do processo. Ignora-se, quando se argumenta desse modo, a distinção básica entre 'carecerem do processo' para realizarem-se e 'não existirem' fora, ou antes dele. Mesmo porque, quando dizemos que a *declaração* necessita do processo para realizar-se, estaremos, por força de uma contingência lógica proclamando que essa declaração, enquanto 'direito exigível' (pretensão), existia antes do processo! Tanto existia antes, que o processo fora concebido para realizá-lo" (Ovídio A. Baptista da Silva, *Processo e ideologia – O paradigma racionalista*, Rio de Janeiro, Forense, 2004, p. 172).

[71] Carlos Alberto Alvaro de Oliveira, "Efetividade e tutela jurisdicional", op. cit., p. 678.

porque, só a condenação pode ser substituída, com ganho de efetividade, pelas técnicas executiva e mandamental. E ninguém cogitou, até o momento e por absoluta impossibilidade, de substituir as sentenças declaratórias e constitutivas. Sendo assim, a consciência impõe questionar porque devemos considerar a sentença "condenatória" ultrapassada e por que, como conseqüência, devemos substituí-la pelas sentenças executivas e mandamentais.

Do ponto de vista dogmático, respondemos já a essas duas questões, ao demonstrar, de um lado, a incapacidade da sentença "condenatória" para gerar a pronta ação capaz de satisfazer o direito, e, por outro, a aptidão da sentença executiva, que nestes termos se qualifica justamente por implicar esta imediata ação, bem como a conveniência da sentença mandamental, que apesar de não prescindir do comportamento voluntário do réu se mostra muitas vezes capaz de dissuadi-lo, evitando o desenrolar da ação direta do Estado em favor e no lugar do titular do direito. Resta em aberto, portanto, outra pergunta, cuja resposta devemos nos arriscar a tentar: por que a doutrina brasileira já dá sinais de superar o modelo paradigmático da condenação, e por que sugere esta superação através do recurso generalizado às técnicas executiva e mandamental?

Certamente, não devemos este inegável avanço à doutrina italiana, que começa apenas a ensaiar alguns passos nesse sentido. Parece-nos claro que o direito processual brasileiro só chegou ao estágio atual, prometendo novos avanços no sentido da superação da condenação e em favor da adoção de meios imperativos, como as sentenças executivas e mandamentais, graças às formulações de Pontes de Miranda e à posterior sofisticação da sua teoria, devida principalmente a Ovídio A. Baptista da Silva. Sem as fortes objeções que a teoria da ação de direito material oferece à técnica da condenação e à doutrina italiana, certamente nossas reformas processuais não poderiam hoje servir de exemplo para os demais países que adotaram o modelo francês. A doutrina italiana, orientada por este modelo, continua subjugada pelo paradigma da condenação, e por isso demonstra dificuldades para evoluir a passos largos como temos logrado conseguir. É um dever da doutrina brasileira, portanto, reconhecer que nossas recentes evoluções doutrinárias e legislativas devem-se sim à teoria das ações de Pontes de Miranda e à conseqüente rejeição da teoria italiana, que ainda não evoluiu por não a ter conhecido.

— 8 —

A Teoria Circular dos Planos
(Direito Material e Direito Processual)*

HERMES ZANETI JUNIOR

Mestre e doutorando em Direito junto à UFRGS. Professor dos Cursos de
Pós-Graduação da ULBRA, FADISMA, ESMP, IPEJUR-IMED, entre outros.
Advogado em Porto Alegre. E-mail: zaneti.ez@terra.com.br.

"Se quisermos pensar o direito processual na
perspectiva de um *novo paradigma de real
efetividade*, é preciso *romper de vez com
concepções privatísticas e atrasadas*, que não mais
correspondem às exigências atuais e que deixaram
de ser adequadas às elaborações doutrinárias e aos
imperativos constitucionais que se foram
desenvolvendo ao longo do século XX. Nesse
panorama, um dado importante é o *declínio do
normativismo legalista*, assumido pelo positivismo
jurídico, *e a posição predominante*, na aplicação do
direito, *dos princípios, conceitos jurídicos
indeterminados e juízos de equidade*, com toda sua
incerteza, porque correspondem a uma *tomada de
decisão não mais baseada em um prius anterior ao
processo*, mas dependente dos próprios elementos
que nele serão colhidos."

Carlos Alberto Alvaro de Oliveira[1]

---

* Ensaio originariamente publicado em ZANETI JR., Hermes. Direito Material e Direito Processual:
Relações e Perspectivas – uma homenagem a Galeno Lacerda. *Revista Processo e Constituição –
Faculdade de Direito da UFRGS*, n. 1, p. 245-278, dezembro, 2004, com substanciais alterações
posteriores efetuadas pelo autor.

[1] ALVARO DE OLIVEIRA, Carlos Alberto. Efetividade e tutela jurisdicional. *Revista Processo e
Constituição – Faculdade de Direito da UFRGS*, n. 2, p. 05-32, maio, 2005.

1 – Introdução: Premissas Históricas do Debate

> "Outra coisa que talvez não sobreviva a estes dias inacreditáveis é o *nosso velho hábito de confundir tecnologia com civilização*. Um hábito do qual nós já deveríamos ter desconfiado quando se concluía que só um *povo civilizadíssimo como o alemão* seria capaz de desenvolver métodos de extermínio em massa tão eficientes quanto os dos *nazistas*."
>
> Luis Fernando Veríssimo[2]

O tema das relações entre processo e direito material tem tomado dimensão exagerada na atual fase do processo civil. Talvez esse exagero esteja vinculado ao sentimento de culpa e à "aparente" cegueira que dominou grande parte dos processualistas europeu-continentais na chamada fase processualista.[3]

Em verdade, estas relações são tão importantes e evidentes que jamais deixaram de existir, pelo menos na perspectiva já muito alentada por Cappelletti: a de que *o direito material representa a primeira influência ideológica no âmbito da legislação processual*.[4] O processo civil sempre demonstrou, neste quadrante, uma tendencial técnica adequada para a consecução dos fins almejados pelo direito material.

Grande valor tem a discussão porque, hoje, no atual desenvolvimento do Estado e da sociedade brasileira, *revalida-se o papel dos direitos fundamentais essenciais à dignidade do homem*, também como direitos materiais. Essa valorização não é repentina. É antes o fruto de intenso sofrimento da humanidade[5] e do labor de grupos sociais e dos Estados democráticos.[6] Aqui o ponto revela-se em toda a sua expressão: os direitos humanos ou

---

[2] Luis Fernando Veríssimo comentando a guerra Iraque *vs.* EUA. VERÍSSIMO, Luis Fernando. Retrocesso. *Zero Hora*, Porto Alegre, quinta-feira, 10/04/2003. p.3. *grifo nosso.*

[3] Refere-se aos processualistas italianos e alemães, principalmente aos primeiros, de quem o Código de Processo Civil brasileiro, atualmente vigente, bebeu a maior parte das suas orientações. Tudo em razão da vinda ao Brasil, ainda em 1941, do Prof. Enrico Tullio Liebman e de seu comprometimento na formação de toda uma geração de processualistas conhecida como Escola de São Paulo. São expoentes deste pensamento, entre tantos, Cândido Rangel Dinamarco, Ada Pellegrini Grinover e Alfredo Buzaid, este último, idealizador e responsável pela aprovação, do Código de Processo Civil de 1973 (Lei n 5869/73), uma vez que exercia, à época, a função de Ministro da Justiça.

[4] CAPPELLETTI, Mauro. A ideologia no processo civil. Tradução: Athos Gusmão Carneiro. *AJURIS*, ano VIII, n. 23, p. 16-33, novembro, 1981. p. 17.

[5] Basta, para exemplificar, referir a Declaração Universal dos Direitos do Homem e a constituição das Nações Unidas como resposta ao choque causado pela II Grande Guerra.

[6] Sem falsos utopismos ou ufanismos, podemos ser conscientes da nossa incipiente experiência democrática brasileira, a democracia no Brasil, entendida como duas eleições diretas sem interrupção, tem menos de vinte anos, somos recém-saídos da ditadura militar, que deixou suas marcas profundas no ensino e na cultura de nosso país. Em 2004 marcamos a passagem de quarenta anos do golpe de 31 de março de 1964, que mergulhou o país na noite escura e ainda não iluminada da ditadura militar.

fundamentais (como se passará a chamá-los doravante neste ensaio, sem perder de vista a pretensão universalista do termo) necessitam de efetiva realização.[7]

Destarte, neste momento privilegiado de democratização do Direito, entra em cena a personagem sonora do texto: *o processo*,[8] que deve ser compreendido como o caminho para a realização, com Justiça, do direito material resistido, controverso, o direito insatisfeito automaticamente. O processo é o instrumento com o qual fazemos a escrita, pelo Poder Estatal (Poder Judiciário), da nova ordem jurídica, pacificando o conflito e *entregando a cada um o que é seu mediante um procedimento em contraditório*. Tal é a dinâmica esposada classicamente pelo Direito. Consoante a sábia lição de Michel Villey, os fins do Direito se resumem no brocardo: *suum cuique tribuere*;[9] os meios, no brocardo: *audiatur et altera pars*.[10]

Por tudo isso, o *conceito* que segue se revela essencial para o presente ensaio: *o processo devolve (sempre) algo diverso do direito material afirmado pelo autor, na inicial, algo que por sua vez é diverso mesmo da norma expressa no direito material positivado*.[11] Diverso está aí como elemento de substituição, mesmo que idêntica à previsão legal: a norma do caso concreto passou pela certificação (pelo *"accertamento"*, como se diz na Itália) do Poder Judiciário. Pode-se dizer, neste sentido, que entre *processo e direito material* ocorre uma *relação circular*: o processo serve ao direito material, mas para que lhe sirva é necessário que seja servido por ele.[12]

Nesta senda, o processo constrói uma verdade interna razoável e argumentativa, um "direito material novo". Tal é a expressão da aqui proposta *teoria circular dos planos*, que alberga a racionalidade material e processual do direito.

---

[7] BOBBIO, Norberto. *A era dos direitos*, 7ª. reimpressão. Rio de Janeiro: Campus, 1992. p. 25.

[8] Apenas para evitar o mal entendido, é preciso frisar que existem outras perspectivas de abordagem igualmente dignas, algumas das quais serão longamente expostas a seguir, não há demérito nas ciências quando incide a dúvida, esta é antes a mola propulsora do seu progresso espiral, em marchas e contramarchas. Cf. CARNELUTTI, Francesco. *Metodologia del derecho*. Cidade do México: UTEHA, 1940. p. 103.

[9] VILLEY, Michel. *Filosofia do direito: definições e fins do direito*. São Paulo: Martins Fontes, 2003. p. 47, ss.

[10] VILLEY, Michel. *Filosofia do direito*, p. 242, ss.

[11] Este o fruto natural de qualquer interpretação. Interpretar é transformar, reler, reescrever a norma para o caso concreto. Afirma Humberto Ávila em excelente opúsculo: "...a interpretação não se caracteriza como um ato de descrição de um significado previamente dado, mas como um ato de decisão que constitui a significação e os sentidos de um texto." Assim, ainda dialogando com Humberto Ávila, com reforço em Müller, não existe um significado e sim vários significados, não há significado "pré-dado". A linguagem se concretiza com o uso e como o uso. Cf. ÁVILA, Humberto. *Teoria dos Princípios: da definição à aplicação dos princípios jurídicos*. São Paulo: Malheiros, 2003. p. 23.

[12] Na autorizada dicção de Carnelutti: "Tra diritto e processo esiste un rapporto logico circolare: il processo serve al diritto, ma affinchè serva al diritto deve essere servito dal diritto." CARNELUTTI, Francesco. Profilo dei rapporti tra diritto e processo. *Rivista di Diritto Processuale*, v. 35, n. 4, p. 539-550, 1960.

Trata-se, portanto, de enfrentar a relação entre os planos do Direito, na perspectiva de sua interdependência e complementariedade.[13] Para solucionar essa questão, pretende-se apoiar a base teórica na aplicação da tópica: não se trata de superação inconseqüente da lei, jurisprudência e doutrina, antes pretendemos utilizar racionalmente os precedentes e o direito posto, bem como o importante e sempre presente fundo doutrinário do nosso direito pátrio (a exemplo do "bartolismo").[14] Como será cabalmente demonstrado, a tópica, como técnica de solução de problemas, utiliza esses "elementos" (lei, jurisprudência e doutrina) como tópicos de um catálogo tópico de segundo grau (ou especializado), onde a lei tem precedência em razão de seu *alto grau de normatividade*, decorrente, acima de tudo, do princípio democrático, contudo não representa o papel decisivo nem determinante *a priori*. Aponta-se, assim, para a superação do paradigma legalista – o processo é sempre reflexivo.

As considerações anteriores refletem a contextualidade da norma processual, a incerteza substancial dos temas discutidos internamente no processo. Já foi afirmado, por Pontes de Miranda, que o processo dos ramos do Direito é o mais rente à vida, explica e denota o estado de evolução de uma civilização.[15] Não por outro motivo, como veria o poeta,[16] é característica do processo volatilizar a certeza do direito material; pode-se afirmar que esta é a sua lógica própria, o direito discutido no processo é sempre incerto,[17] é sempre "problemático".[18]

Não é esta a lógica do jurista do direito material "moderno". Ele acredita que a norma é perfeita e que contém todas as hipóteses de incidência;

---

[13] Reconhecer a existência dos dois planos do Direito é imperativo do bom-senso jurídico. Principalmente na complexidade atual do Direito contemporâneo. Conclusão inarredável que alcançou com precisão Elio Fazzalari no conhecido clássico "Notas em Tema de Direito e Processo". Cf. FAZZALARI, Elio. *Note in tema di diritto e processo*. Milano: Giuffrè, 1957.

[14] Importante conceito que representa a abertura dos juristas brasileiros à influência da "boa razão", quer na leitura da doutrina (glosas de Acursio e Bartolo, origem da expressão), quer na busca de fontes de direito comparado para melhor solucionar os *themas* jurídicos.

[15] PONTES DE MIRANDA. *Comentários ao Código de Processo Civil*, 5 ed. Rio de Janeiro: Forense, 1996. tomo I, p. XIII, prólogo.

[16] "Caminho e balança. Ponte e Palavra. Encontram-se em uma passagem. Vai e toma sobre ti. Erro e pergunta. Ao longo da tua única senda." Martin Heidegger. Aus der Erfahrung des Denkens, *apud* ALVARO DE OLIVEIRA, Carlos Alberto. Apresentação. *Revista Processo e Constituição – Faculdade de Direito da UFRGS*, n. 1, p. 5-6,dez. 2004. p. 5. A tradução do poema pelo Prof. Carlos Alberto já havia ocupado local de destaque em sua obra seminal e traduz a capacidade zetética do pensador, a "alma" (espírito) do cientista. Cf. ALVARO DE OLIVEIRA, Carlos Alberto. *Alienação da Coisa Litigiosa*, 2 ed. Rio de Janeiro: Forense, 1986.

[17] Por esta razão, em palestra realizada na PUC/RS, por ocasião do lançamento de coleção de comentários ao CPC, afirmou o Prof. Ovídio Araújo Baptista da Silva, com apoio em Goldshmidt: "O processo é uma máquina diabólica de transformar direitos em expectativas." Para referência próxima a esta idéia, mas sem a beleza plástica da locução Cf. SILVA, Ovídio Araújo Baptista; GOMES, Fábio. *Teoria geral do processo*, 2 ed. São Paulo: Revista dos Tribunais, 2000.

[18] VIEHWEG, Theodor. *Tópica y jurisprudencia*. Madrid: Taurus, 1986. (reimpressão). p. 65.

ocorrendo um fato jurídico *lato sensu*, este já incide automaticamente, bastando ser declarado pelo Juiz caso penda dúvida ou conflito.[19] Desta lógica nasceram as primeiras aproximações do direito material com o processo: A teoria imanentista e, mais tarde, a concretista da ação. Sua matriz é fortemente privatista,[20] a todo direito corresponde uma ação que o assegura, não há direito fora da regra, sem direito subjetivo não há ação.

Na lógica civilista, a conseqüência é óbvia: a cada direito corresponde uma ação que o assegura (art. 75 do antigo Código Civil de 1916); afinal os direitos estão todos na lei e claramente incidentes após a comprovação dos fatos, portanto, a ação que os tutela decorre desta realidade lógica: *é "uma" porque o direito é "uno"*. Na lógica concretista (que também é a lógica da ação de direito material, vista sobre o ângulo do processo), *este fenômeno é indicado pela incidência*. A ação material ou ação concreta (sinônimos para este fim) é agitável somente após a incidência do direito sobre determinado fato jurídico previsto pela norma.

A questão das relações entre direito material e direito processual se potencializa justamente porque, ao tempo do processualismo, na dicotomia completa entre direito e processo, abstraiu-se completamente o valor do direito material para a teoria do processo (ou pretendeu-se abstrair), criando dois planos tão distintos que corrente doutrinária de peso defendeu a inexistência de qualquer direito fora do processo.[21] Essa simplificação extrema

---

[19] Muita atenção se deve prestar, contudo, às novas correntes do próprio direito material. Normas de tessitura aberta, cláusulas gerais e normas de fechamento têm propugnado outra estrutura lógica também para o direito material, rompendo com o dogma liberal-racionalista da supremacia e completude da lei. Nesse sentido é a expressa doutrina de Judith Martins-Costa: "Dotadas que são de grande abertura semântica, não pretendem as cláusulas gerais dar, previamente, resposta a todos os problemas da realidade, uma vez que *essas respostas são progressivamente construídas pela jurisprudência.*" (p.134). Contudo, apesar de abertas, fornecem "o *minimum* de estabilidade e segurança que, no Direito, vem expresso na necessidade de uma regulamentação coordenada dos comportamentos sociais." (p.153). MARTINS-COSTA, Judith. O direito privado como um "sistema em construção": as cláusulas gerais no projeto do Código Civil Brasileiro. *Revista da Faculdade de Direito da UFRGS*, v. 15, p. 129-154, 1998.

[20] Essa visão privatista do processo vem sendo fortemente afastada pelos processualistas contemporâneos. Assim: "Na verdade, não há mais lugar à concepção privatística do processo, tão ao gosto dos civilistas, ainda que a demanda envolva um conflito exclusivamente privado." SILVA; GOMES. *Teoria geral do Processo*, p. 41.

[21] Para o jurista italiano Elio Fazzalari seu compatrício Salvatore Satta é exemplo dessa concepção exacerbada: reduz o direito à jurisdição e o ordenamento ao processo, nas palavras literais "é absolutamente absurdo falar de um direito existente antes e fora da ação" *apud* FAZZALARI, Elio. La dottrina processualistica italiana: dall'azione al "processo" (1864-1994). *Rivista di Diritto Processuale*, anno XLIX, n 4, p. 911-925, out.-dez., 1994. p. 918. No mesmo sentido de Satta parece obrar Alessandro Pekelis afirmando o caráter primário do direito de ação nos ordenamentos jurídicos modernos, no clássico verbete "Azione" do Nuovo Digesto Italiano. Cf. PEKELIS, Alessandro. Azione. In: *Nuovo digesto italiano*. Torino, 1938. tomo II, p. 92-108, esp. p. 108. A crítica de Fazzalari vem com exemplo fulminante: é que, nestas circunstâncias (no quadro dessas teorias), o pacífico *status* de pai ou marido restaria apenas uma "larva" (em germe) e precisaria da concreção pelo juiz para existir no mundo jurídico. Vem a seguir uma forte censura as teorias processuais monistas, após afirmar que o conceito de pretensão processual foi mudado várias vezes assevera: "tali teorie, assolutamente minoritarie rispetto a quelle che contemplano la realtà e la coezistenza della sfera sostanziale e di quella processuale,

reduz o direito à jurisdição, e o ordenamento, ao processo. Distorções dessa ordem acabaram por negar uma realidade já advertida anteriormente, o processo precisa, como instrumento que é, estar adequado ao direito material que pretende servir. Nessa ótica, os princípios da adequação e da instrumentalidade se completam (como será visto infra quando será debatido o tema tendo por base excerto de Galeno Lacerda). Vale ressaltar a tendência atual do direito processual comparado que demonstra uma crescente preocupação dos ordenamentos internos em valorizar a adequação para garantir maior efetividade e economia processual, por exemplo, possibilitando a alteração da demanda em seu curso (*e.g.*, §§ 263 e 264 da Ordenança Processual Alemã, §235, 3 da Ordenança Processual Austríaca, § 94 da Ordenança Processual de Berna, bem como, o art. 273, incisos 1 ao 6 do Código de Processo Civil de Portugal), ao contrário, no Brasil, *ex vi* do art. 264 do CPC, após realizada a citação fica estabilizada objetiva e subjetivamente a demanda, só podendo ser alterada com a expressa concordância da parte *ex adversa*, fica vedada, ainda, qualquer alteração no pedido e na causa de pedir após o saneamento, com isso perde o debate judicial parte de sua racionalidade em prol de formalismo não justificado.[22]

Daí que a realidade mostrou que *a fase científica ou processualista fez tábula rasa do direito material e deixou de lado as necessárias tutelas diferenciadas que esse exigia para sua correta proteção.*

Este texto tem por objetivo resgatar algumas destas questões e propor uma visão pela efetividade do processo, que *resgata, como valor ideológico, o direito material.* Ela demanda adequação do processo e do procedimento *não só ao direito material posto, mas também ao que pretende o autor obter do processo e sua viabilidade frente à força normativa da Constituição.* Antes de representar o fim da fase científica do processo inaugura uma nova metodologia constitucional do mesmo, sem esquecer, justamente por isto, a necessária ponderação entre o valor efetividade e a previsibilidade (segurança jurídica). Preferiu-se o termo previsibilidade à segurança jurídica, a uma, porque afasta a falsa noção de certeza que vem adjacente à clássica conformação do princípio; a duas, porque permite falarmos em *padrão e racionalidade tópica*, sem desmerecer o papel da estabilidade nas relações jurídicas. Como frisou Teresa Arruda Alvim Wambier, em trabalho de destaque: "O fenômeno da *previsibilidade, identificável com a ex-*

---

costituiscono – come chi scrive ha avuto modo di constatare [Diritto e Processo, cit.]- un ramo non valido e non vitale del pensiero moderno [in questo senso, Liebman, L'azione, cit.; Arangio Ruiz, Istituzioni, 1954; Betti, La struttura dell'obligazione, 1955; Micheli, Giurisdizione e azione, 1956; Carnelutti, Il metodo del "non so come"?, 1960; Andrioli, Diritto, 1979.]." Ibidem.

[22] Sobre o tema, confrontar Carlos Alberto Alvaro de Oliveira, que insere a temática na perspectiva da máxima cooperação processual. ALVARO DE OLIVEIRA, Carlos Alberto. Poderes do juiz e visão cooperativa do processo. *Revista Processo e Constituição – Faculdade de Direito da UFRGS*, n. 1, p. 89-121, dezembro de 2004.

pectativa de que os conflitos sejam resolvidos à luz de certos padrões, tem sido vivido como um valor em si mesmo, já que a regularidade objetiva, como fenômeno oposto a arbitrariedade, em si mesma é capaz de gerar certo grau de satisfação social".[23]

Neste particular, uma retomada sobre as polêmicas da ação e da natureza jurídica do processo poderá ser de algum auxílio para se compreender melhor como se deu a evolução do pensamento jurídico e qual o seu estado atual.

Após esta longa introdução, pode-se afirmar que se apresentam como premissas: 1) a natureza constitucional de todo o processo (afastado o falso paradoxo entre um processo constitucional e um processo infraconstitucional);[24] 2) a "cláusula aberta do controle judiciário" (art. 5°, XXXV), com a decorrente democratização do acesso à Justiça; 3) a autonomia da ação em relação ao direito material, sua prevalência como ação abstrata;[25] 4) a prevalência da natureza jurídica do processo entendida como procedimento em contraditório (módulo processual);[26] 5) a prevalência da tópica sobre o sistema (técnica de solução de problemas), vinculada a uma racionalidade prática procedimental e entendida como lógica jurídica em *senso latu* – modo de pensar do jurista; 6) a conseqüente recuperação do conceito de juízo: processo é *actum trium personarum*: autor, juiz e réu; 7) a percepção de que é irreal e moderna a fissura entre Filosofia e Política,[27] Direito e Moral,[28] e também, a fissura entre Direito e Política;[29] 8) a denúncia do

---

[23] Cf. WAMBIER, Teresa Arruda Alvim. *Controle das decisões judiciais por meio de recursos de estrito direito e de ação rescisória*. São Paulo: Revista dos Tribunais, 2002. p. 391.

[24] O paradoxo não subsiste quando prevalece um de seus elementos, no caso a constitucionalização do processo civil. Cf. ZANETI JR., Hermes. Processo constitucional: relações entre processo e Constituição. MITIDIERO, Daniel; ZANETI JR., Hermes. *Introdução ao estudo do processo civil: primeiras linhas de um paradigma emergente*. Porto Alegre: Sergio Antonio Fabris, 2004. p. 23-62.

[25] Nesse sentido, afirma Elio Fazzalari: "Quanto all'"azione", risulta infine superata la contrapposizione "concretezza-astrattezza" così a lungo vissuta in ordine all'azione cognitiva. Ormai si prende atto ch'essa prescinde dall'effettiva esistenza e titolarità del diritto...". FAZZALARI. *La dottrina processualística*, p. 920.

[26] ZANETI JR., *Processo constitucional: relações entre processo e Constituição*, p. 47-48.

[27] ARENDT, Hannah. Filosofia e política. In: *A dignidade da política: ensaios e conferências*. Organização Antônio Abraches. Tradução Helena Martins. Rio de Janeiro: Relume-Dumará, 1993. p. 91-115. VALLÉE, Catherine. *Hannah Arendt: Sócrates e a questão do totalitarismo*. Tradução: Armando Pereira de Souza. Lisboa: Instituto Piaget, 2003. POPPER, Karl. *A sociedade democrática e seus inimigos*. Tradução Milton Amado. Belo Horizonte: Itatiaia, 1959.

[28] HABERMAS, Jürgen. *Direito e moral*. Tradução: Sandra Lippert. Lisboa: Intituto Piaget, 1992. (TANNER LECTURES 1986). Também como apêndice em HABERMAS, Jürgen. *Direito e democracia: entre facticidade e validade, t. II*. Tradução: Flávio Beno Siebeneichler. Rio de Janeiro: Tempo Brasileiro, 1997. p. 193-247. ALEXY, Robert; BULYGIN, Eugênio. *La pretensión de corrección del derecho: la polémica sobre la relación entre derecho y moral*. Tradução: Paulo Gaido. Bogotá: Universidad Externado de Colombia, 2001.

[29] SANTOS, Boaventura de Souza. *Crítica da razão indolente: contra o desperdício da experiência*. São Paulo: Cortez, 2000. ZANETI JR, Hermes. O problema da verdade no processo civil: modelos de prova e de procedimento probatório. In: ZANETI JR, Hermes e MITIDIERO, Daniel. *Introdução ao estudo do processo civil: primeiras linhas de um paradigma emergente*. Porto Alegre: Sergio Antonio Fabris Editor, 2004.p.115-164. ALVARO DE OLIVEIRA, Carlos Alberto. Procedimento e ideologia no direito brasileiro atual. *AJURIS*, ano XII, n. 33, p. 79-85, março, 1985.

falso problema da "politização do Judiciário",[30] bem como a valorização do papel do Poder Judiciário como um dos espaços de discussão política no marco da sociedade democrática e, assim, como "motor" da democracia participativa. Isso porque temos a pretensão de fundar como *epicentro* da doutrina processual o *conceito de processo*, e não mais o conceito de *ação* (que antes serve de *veículo* para o debate judicial que se dá no primeiro).[31]

O próximo passo é ingressar nas polêmicas criadas por três orientações (aqui dimensionadas com as devidas reduções de sentido)[32] sobre as relações entre processo e direito material na perspectiva da ação.

2 – A Relação Direito Material e Direito Processual na Perspectiva da Ação e sua Superação pelo Processo como Discurso Prático do Caso Especial

2.1 – Síntese das Teorias Abstrata-Monista e Dualista da Ação e Apresentação da Teoria Instrumental.

Faça-se uma breve síntese. A teoria monista de direito processual entende ser a abstração e a autonomia da ação a prova da inexistência de direito fora do processo ou pelo menos sua irrelevância. Uma vez iniciada a contenda judicial, esta poderá ter como resultado uma condenação, uma declaração ou uma constituição, que são as respostas processuais ao afirmado pelo autor na inicial.

A *teoria dualista da ação* pretende ver uma necessária etapa prévia – *ação de direito material* – como essência das sentenças de procedência (plano material) escorada e amparada judicialmente em um direito processual de "ação" (assim com aspas para diferenciar da ação de direito material)[33] abstrato e autônomo posto frente ao Estado em razão da auto-

---

[30] Sobre o tema confrontar a exposição de motivos do projeto "Observatório do Judiciário" proposto pelo Prof. Dr. Boaventura de Souza Santos. Cf. SANTOS, Boaventura de Souza; MARQUES, Maria Manuel Leitão; PEDROZO, João. Os tribunais nas sociedades contemporâneas. *Revista Brasileira de Ciências Sociais*, ano 11, n. 30, p. 29-62, fevereiro, 1996. SILVA, Carlos Augusto. *O processo civil como estratégia de poder: reflexo da judicialização da política no Brasil*. Rio de Janeiro: Renovar, 2004.

[31] Nesse sentido, cf. FAZZALARI, *La dottrina processualistica, passim*.

[32] Seria impossível, para não dizer tarefa muito além do espaço proposto para esta discussão, enveredar pelos nuances teóricos de cada autor. Isso porque, como é sabido, quase todos os autores relevantes em direito processual se valeram do tema da ação para identificar e salientar as suas próprias concepções do problema. Como ficou expresso por SATTA e CALAMANDREI, citados por ORESTANO: "Al tempo stesso non vi è forse nozione giuridica che oggi presenti maggiori fluidità, incertezza e mobilità, tanto que più volte è stato affermato esistere 'tante dottrine dellazione quanti sono gli scrittori che ne sono occupati' e che esse, 'come le notti della leggenda sono mille e una, e tutte meravigliose'". Cf. ORESTANO, Riccardo. L'azione. In: *Enciclopedia del diritto*, tomo IV. Milano: Giuffrè, s.d. p. 785-822. p. 785. No mesmo sentido, fazendo uma resenha das teorias de Chiovenda, Pekelis, Calamandrei e Orestano cf. TARELLO, Giovanni. *Dottrine del processo civile: studi storici sulla formazione del diritto processuale civile*. Bologna: Il Mulino, 1989. (Quattro buoni giuristi per una cattiva azione). p. 241-261.

[33] PONTES DE MIRANDA. *Tratado das ações*, 2 ed. São Paulo: Revista dos Tribunais, 1972. tomo I, *passim*.

tutela vedada ao particular, portanto, duas ações: dualista, uma ação de direito material, outra, "ação" de direito processual.[34]

A corrente instrumentalista da ação, por sua vez, embora dissidente em vários pontos e aproximando-se, dependendo do autor, de uma corrente mais ao plano unitário do Direito ou ao plano dualista,[35] tem autoridade suficiente e congruência adequada para justificar a ultrapassagem do problema aparente surgido: *faz assento na vinculação do direito processual ao direito material afirmado in status assertionis.* Trata de reconhecer os planos do Direito e permitir que o direito material afirmado seja o objeto do processo; frisa-se, não se traduz em um ponto anterior reconhecido como ação de direito material preexistente somado à pretensão processual,[36] apenas regula o instrumento para determinar-lhe a potencialidade de, em abstrato, servir ao direito afirmado na inicial. Resta, dessarte, aberto o espaço para uma (des)ontologização do conceito de ação, "desvalorizar a importância conceitual da 'ação'", passando a tônica para as tutelas jurisdicionais processuais: condenar, declarar, constituir, mandar ou executar.[37]

2.2 – Crítica da Essencialidade da Ação de Direito Material para Compreensão das Relações entre Direito e Processo.

Por sua importância para uma das mais relevantes escolas de processo, especial espaço deve ser dedicado ao estudo da ação de direito material. Tendo Pontes de Miranda e Ovídio Araújo Baptista da Silva como principais expoentes, a ação de direito material é pressuposto para falar-se em uma orientação dualista (ação de direito material e "ação" de direito processual). Determina a divisão entre os planos de direito material e direito processual, explicitando que existe o direito subjetivo material, a pretensão material e ação de direito material, ao lado, do direito subjetivo processual, da pretensão processual e da "ação" de direito processual. Com isso pretende solucionar o impasse histórico entre as teorias da ação: a ação imanen-

---

[34] A brilhante sistematização da matéria que empreendeu em texto seminal, levou Daniel Mitidiero a criar este expressivo epíteto para a teoria, cf. MITIDIERO, Daniel Francisco. Por uma nova teoria geral da ação: as orientações unitárias e a orientação dualista da ação. In: ZANETI, HERMES JR. e MITIDIERO, Daniel Francisco. *Introdução ao estudo do processo civil: primeiras linhas de um paradigma emergente.* Porto Alegre: Sérgio Antônio Fabris, 2004. p. 63-114. Cf. MITIDIERO, Daniel Francisco. *Comentários ao Código de Processo Civil (art.1º. a 153).* São Paulo: Memória Jurídica, 2004. tomo I.

[35] Sobre o problema dos planos do Direito, que é mais relacionado com a criação jurisdicional do que propriamente com a ação, ver tópico supra.

[36] Sobre a perspectiva da pretensão processual, defendendo um estado de vinculação da pretensão processual (seu reflexo jurídico) com a ação material, mas atribuindo-lhe um caráter dinâmico cf. RIBEIRO, Darci Guimarães. *La pretensión procesal y la tutela judicial efectiva: hacia una teoría procesal del derecho.* Barcelona: J.M. Bosch Editor, 2004. p. 125-126.

[37] ALAVARO DE OLIVEIRA, *Efetividade e tutela jurisdicional*, p. 31.

tista e a ação concreta seriam a própria ação de direito material,[38] enquanto o direito subjetivo ao processo e à pretensão à tutela jurídica seriam préprocessuais e a "ação" processual seria abstrata. Nesse sentir, a admissão, por esta doutrina, da insuperável qualidade da "ação" abstrata de demonstrar com segurança a existência de "ação" processual, quando a ação material é julgada improcedente,[39] vencendo as resistências opostas à ação como direito concreto.

A crítica à ação abstrata por parte da concepção dualista fundamentase em três aspectos: 1) o papel da ação que origina o processo não se confunde com o direito ao processo, direito de acesso à Justiça;[40] 2) a ação abstrata estabelece um requisito metajurídico de que o autor esteja de boa-fé em seu pleito;[41] 3) e, por fim, a ação abstrata, posta com exclusividade no ordenamento, resulta na inarredável supressão do plano do direito material.

Algumas breves notas podem demonstrar o porquê da opção, neste estudo, pela manutenção da teoria abstrata da ação. A primeira questão há de ser verificada dentro da tradição constitucional brasileira. Ora, o pleito civil *lato sensu* e a possibilidade de revisão judicial dos atos dos outros poderes ligada à experiência nacional do *habeas corpus* e do mandado de segurança demonstram claramente a tendência de *ampliação do direito de ação para atingir todas as "posições jurídicas justicializáveis"*.[42] Nesse

---

[38] Conforme explicitou Daniel Mitidiero: "Se tivermos em conta que *a ação imanentista não representa outra coisa que a ação material* ... as noções ofertadas pelos juristas da orientação clássica, salvo certas imprecisões terminológicas, afiguram-se essencialmente corretas." (p. 66). Mais adiante a referência a Liebman (LIEBMAN, Enrico Tullio. L'azione nella teoria del processo civile. In: *Problemi del processo civile.* Napoli: Morano Editore, 1962. p. 29.) e a Araken de Assis (ASSIS, Araken. *Cumulação de ações,* 4 ed. São Paulo: Revista dos Tribunais, 1998. p.61.) que possibilita o mesmo paralelismo de entendimento com relação a ação concreta. MITIDIERO, *Por uma nova teoria geral da ação,* p. 77.

[39] O problema que atormentou os teóricos da ação concreta estaria assim superado definitivamente, cf. ASSIS, Araken. *Cumulação de ações,* p. 63.

[40] Ovídio Araújo Baptista da Silva, com apoio no art. 75 do antigo Código Civil, afirma que a ação de direito material é essencial ao bom desempenho da função processual (determinando, inclusive, o procedimento mais adequado) e que a crítica desta – *serve aos interesses ideológicos na ordinarização e plenarização dos procedimentos*: "Por que e qual o resultado de tais proposições doutrinárias? A resposta é fácil. Se a ação processual é invariavelmente *abstrata*, ou seja, sem causa, dela dispondo tanto o autor que tenha razão quanto aquele que não a tenha, e desprezando-se o conceito de ação de direito material como fenômeno estranho ao direito processual, não haveria por que conservarem-se as inúmeras 'ações especiais', de ritos diferentes. Se é verdade que, no plano do direito material, a cada direito corresponde uma ação que o assegura, perante o direito processual, todos os direitos só terão uma 'ação', que há de ser uma ação *ordinária* e *plenária,* abolindo-se as ações especiais e sumárias." SILVA, Ovídio Araújo Baptista da. *Curso de processo civil: processo de conhecimento,* 6 ed. São Paulo: Revista dos Tribunais, 2002. vol. I. p. 110.

[41] PONTES DE MIRANDA, *Comentários ao CPC,* p. 98, tomo I. MITIDIERO, *Por uma nova teoria geral da ação,* p. 80.

[42] Cf. ALEXY, Robert. *Teoria de los derechos fundamentales.* Madrid: Centro de Estudios Politicos y Constitucionales, 2001. p. 173-245. Este tema foi explorado no texto citado onde se afirmou que *"quando existe um direito este também é justicializável"* (Idem, p. 496) visando à superação da resistência à defesa judicial de determinados direitos objetivos fundamentais, assegurados no texto legal, mas excepcionados no *forum.* Esta, aliás, revelou-se a orientação do nosso Supremo Tribunal Federal no reconhecer direito subjetivo à saúde para concessão de medicamento para portadores do vírus HIV:

sentido, ocorre uma notável aproximação com a tese de Couture – ação como espécie do direito de petição.[43] Ter ação como direito cívico significa "poder", ou seja, garantir a discussão da "questão" sobre a existência e limites do direito subjetivo em foro institucionalizado, apto a construir soluções para os problemas surgidos na vida dos direitos, que é dinâmica. Aliás, corolário lógico da afirmação fundamental de que os direitos em juízo são "incertas expectativas".

Quanto à boa-fé no processo como óbice ao atendimento de uma concepção abstrata da ação convém lembrar que não se trata, como erroneamente se afirmou, de conceito metajurídico. A boa-fé passa a ser hodiernamente conceito jurídico de larga importância, quer na sua expressão subjetiva, quer na sua preferível expressão objetiva. Desse jaez, a imperativa *percepção de que a má-fé não é a antítese da boa-fé objetiva*, que é, antes, *a exigência pura e independente de que cada pessoa obre como "obraria um homem reto: com honestidade, lealdade e probidade" aferida perante os casos concretos e considerados o* status *cultural e pessoal dos envolvidos*.[44] Ora, a teoria abstrata não propugna um requisito metajurídico, propugna sim uma "pretensão de correção", ou seja, que os atores judiciais estejam atentos às regras do jogo e não atuem em contradições performativas.[45]

Afastados os dois primeiros óbices, resta enfrentar uma importante consideração de fundo sobre a ação de direito material. Ovídio Araújo Baptista da Silva subdivide a questão em dois equívocos fundamentais: a) a transferência para o direito processual da categoria conhecida como *actio* no direito romano (equivalente à pretensão de direito material, *sic*.[46]); b) a idealização de um direito processual inteiramente desligado do direito ma-

---

"O direito público subjetivo à saúde representa prerrogativa jurídica indisponível assegurada à generalidade das pessoas pela própria Constituição da República (art. 196)... A interpretação da norma programática não pode transformá-la em promessa constitucional inconseqüente." Ag.Reg. no Recurso Extraordinário n 271286/RS, Relator Min. Celso de Mello, julgamento 12.09.2000, Segunda Turma, jurisprudência, acórdãos, verbete: HIV/AIDS, acesso em: 09.02.2003. Sobre o tema da justiciabilidade ou justicialidade do direito à saúde consulte-se a valiosa contribuição de Paulo Gilberto Cogo Leivas. Cf. LEIVAS, Paulo Gilberto Cogo. *A estrutura normativa dos direitos fundamentais sociais*. Dissertação de Mestrado. Porto Alegre. Universidade Federal do Rio Grande do Sul, 2002. (Orientador: Luís Afonso Heck).

[43] COUTURE, Eduardo J. Las garantías constitucionales del proceso civil. In: *Estudios de derecho procesal civil*, 3 ed. Buenos Aires: De Palma, 1998, tomo I, p. 19-95. p. 24 e ss.

[44] MARTINS-COSTA, Judith. *A boa-fé no direito privado*. São Paulo: Revista dos Tribunais, 2000. p. 411.

[45] ALEXY; BULYGIN. *La pretensión de corrección del derecho: la polémica sobre la ralación entre derecho y moral, passim*. Como foi definitivamente esclarecido na polêmica, para que o ordenamento seja jurídico, é obrigatória a formulação da pretensão de correção. Isso difere da sua satisfação, quer dizer, a pretensão formulada pelo ordenamento pode ser deficientemente atingida por uma norma ou decisão judicial, caso em que deverá ser efetuada sua correção para ser conforme ao ordenamento que a formula. (Idem, p. 68).

[46] Cf. supra, ponto 5.1.

POLÊMICA SOBRE A AÇÃO

terial: "a ponto, como disse Pekelis, de a própria existência daquele depender do exercício da ação processual".[47] Como afirmou em seguida a abalizada doutrina: "Este equívoco é tão profundo e arraigado no pensamento e na tradição doutrinária, seguida fielmente pelos processualistas, que ninguém questiona como a 'ação' processual, que eles concebem *una* e *abstrata*, poderia ter *conteúdo* declaratório, ou constitutivo ou condenatório, sem tornar-se 'azione della tradizione civilistica'. O prodígio de alguma coisa que, não tendo substância, por ser igual a si mesma, e a todos indistintamente concedida, possa ser declaratória, constitutiva ou condenatória é uma contradição lógica que não chega a ofender a racionalidade dos juristas que lidam com processo".[48]

Ovídio Araújo Baptista da Silva vai ainda mais longe nas suas considerações. Fiel ao seu entendimento, afirma que: "deve, portanto, ficar assentado que a classificação das ações e sentenças diz respeito às eficácias de direito material de cada uma delas, segundo seus respectivos conteúdos. Mesmo sendo classificação de direito material, o problema é eminentemente processual, dizendo respeito aos processualistas. O estudo das *sentenças de procedência* (!) permite o reencontro dos vínculos entre direito material e processo, contribuindo, portanto, para a desejada efetividade da tutela jurisdicional".[49]

Pretendendo alinhar a argumentação que vem sendo exposta, apesar da dificuldade natural pela autoridade da crítica e profundidade das considerações, pode-se afirmar que: a ação (tomada aqui, para efeito de simplificação, em lugar das tutelas judiciais processuais) não é "una" ou "uma", e sim tantas quantas forem possíveis as suas eficácias (tutelas judiciais processuais). A denominação que recebe será conforme a eficácia preponderante, porém a ação não deixa de conter outras eficácias (tutelas judiciais) por ser uma ação condenatória, *e.g.,* a eficácia declaratória que em todas comumente se apresenta.[50] Assim entenderam, por exemplo, Liebman[51] e Barbosa Moreira.[52]

O excessivo rigorismo em aproximar as classificações da ação das ações de direito material acaba por levar a novas perplexidades lógicas, por exemplo, a inexistência da eficácia condenatória, pois "toda a teorização

---

[47] SILVA, Ovídio Araújo Baptista. *Jurisdição e execução na tradição romano-canônica*, 2 ed. São Paulo: Revista dos Tribunais, p. 172.

[48] SILVA, *Jurisdição e execução na tradição romano-canônica*, p. 179.

[49] SILVA, *Jurisdição e execução na tradição romano-germânica*, p. 180.

[50] A pluralidade de eficácias é mérito reconhecido a PONTES DE MIRANDA na doutrina nacional. Cf. BARBOSA MOREIRA, José Carlos. Conteúdo e efeitos da sentença: variações sobre o tema. *AJURIS*, n. 35, p. 204-212, 1985.

[51] LIEBMAN, Enrico Tullio. *Eficácia e autoridade da sentença*, 3 ed. Rio de Janeiro: Forense, 1984. *passim*, e esp. p. 30.

[52] BARBOSA MOREIRA, *Conteúdo e efeitos da sentença: variações sobre o tema, passim.*

acerca da natureza da ação condenatória fora coisa vã, posto que esta, materialmente considerada inexiste".[53] Ou, ainda, a inexistência da eficácia mandamental por não estar completamente aderente ao direito material.[54] Daí a tentativa recente, e bem-sucedida, de sistematizar, de um lado, as tutelas dos direitos, e de outro, as técnicas processuais voltadas para a sua consecução (Marinoni).[55] Quando Marinoni fala em técnicas processuais, entende-se, aqui, tutelas jurisdicionais de direito processual.

Daí por que, para a doutrina mais esclarecida, os verbos *condenar*, *mandar*, etc, não podem ser abstraídos do seu conteúdo processual e, por conseqüência, afastam de si a noção de eficácias de direito material, afirmada algures como correta. Assim afirma Alvaro de Oliveira: "O provimento jurisdicional, embora certamente se apóie no direito material, apresenta outra força, outra eficácia, e com aquele não se confunde, porque, além de constituir resultado de *trabalho de reconstrução e até de criação por parte do órgão judicial*, exibe o selo da autoridade estatal, proferida a decisão com as garantias do devido processo legal. *Tanto é assim que declarar, condenar, constituir, executar ou mandar são verbos que não constam do repertório do direito material. Este fala em indenizar, em resolver contrato, em renúncia de Direito, etc*".[56]

---

[53] MITIDIERO, *Por uma nova teoria geral da ação*, p. 106.

[54] Parece ser este o sentir de Luiz Guilherme Marinoni (p. 431) ao perquirir por um novo conceito de mandamentalidade. Em outro sentido: "Como a classificação trinária é marcada pelos princípios que presidiram a formação da escola sistemática, e como a classificação quinária que foi proposta não está plenamente ligada ao direito substancial, procuramos formular – a partir da idéia de que as tutelas devem realizar as várias ações de direito material e seguindo uma bela e árdua discussão que vem sendo travada principalmente pelos civilistas italianos [nota descritiva]- um esboço de uma classificação das tutelas que pudesse expressar os resultados do processo no plano do direito material." (p. 431). Marinoni oferece a seguinte classificação em substituição à tutela condenatória: "i) tutela ressarcitória (aí incluída a tutela ressarcitória em forma específica), ii) tutela reintegratória, iii) tutela do adimplemento e iv) tutela inibitória (aí inseridas a tutela inibitória que tem por escopo prevenir *tout court* a prática de um ilícito, as tutelas destinadas a impedir a continuação ou a repetição de um ilícito, e as tutelas inibitórias relacionadas ao adimplemento)".(p. 426). A estas se somam a sentença declaratória e constitutiva. Tudo isto inserido dentro do legítimo movimento pela revalorização da tutela jurisdicional do direitos: "Pensar em termos de 'tutela dos direitos', dando-se vasão às relações entre o processo e o direito material, parece ser uma tendência do direito moderno." (p. 395). MARINONI, Luiz Guilherme. *Tutela inibitória: individual e coletiva*. São Paulo: Revista dos Tribunais, 1998.

[55] MARINONI, Luiz Guilherme. *Técnica processual e tutela dos direitos*. São Paulo: Revista dos Tribunais, 2004. Na sua precisa lição, a tutela jurisdicional revela-se como apenas uma das formas de proteger o direito. Com igual intensidade e importância (e, a depender do caso concreto, ainda maior relevo) estão a tutela da norma [– que poderá ser prestada de forma espontânea –] e a tutela administrativa. "*a tutela jurisdicional e as tutelas prestadas pela norma de direito material e pela administração constituem espécies do gênero tutela de direitos*" (p. 146). "Percebe-se, ademais, que a sentença definida como mandamental *não é sinônimo de tutela inibitória*" (p. 147). E ainda: "a sentença e os meios de execução, portanto, *são apenas técnicas para uma adequada prestação jurisdicional.*" (p. 147).

[56] Cf. ALVARO DE OLIVEIRA, Carlos Alberto. *O problema da eficácia da sentença.* GENESIS: Revista de direito processual civil, Curitiba, p. 437-449, n. 29, julho/setembro de 2003. p. 443. No mesmo sentido, com aprofundamento substancial das questões cf. ALVARO DE OLIVEIRA, *Efetividade e tutela jurisdicional*, p. 29-30.

POLÊMICA SOBRE A AÇÃO

Nós defendemos, nesse sentido, a aceitação das eficácias das ações como eficácias processuais sentenciais,[57] tutelas jurisdicionais processuais capazes de proporcionar a adequada e efetiva realização do direito material porque contém em potência os efeitos materiais que deverão alterar as relações e situações jurídicas subjacentes. Esta a característica instrumental do processo, retornar direito material, trabalhado em contraditório amplo (juiz e partes), ao *Lebenswelt* (mundo da vida). Uma relação circular, um círculo hermenêutico.

2.3 – Teoria da Circularidade dos Planos: a Prevalência do Processo como Logos Argumentativo sobre a Ação para Explicar as Relações entre Direito e Processo.

Pode ser singela a observação, desculpem o truísmo, mas como se vem frisando: o direito material se torna incerto no processo. A tal ponto de caracterizar-se naturalmente como afirmação, portanto, sempre estará ali *in status assertionis*, jamais como verdade insofismável, imutável. Como esclareceu Fazzalari, a relação direito material/direito processual não se dá mais unicamente entre o direito material e a ação (a demanda representa o início, o movimento em direção à tutela), mas entre o direito afirmado e todo o processo judicial.[58] Conseqüentemente, o processo toma a situação afirmada como um *topos* argumentativo.[59] E serve a lógica para sua solução. Como se tem entendido, por mais de uma oportunidade, trata-se de abertura à racionalidade prática procedimental que privilegia o problema, portanto, de abertura para a lógica dialética.

Quanto à doutrina da "tutela dos direitos" na perspectiva material,[60] e da ação de direito material, sua validade sem dúvida se deve à era *pandectista* (*usus modernus pandectorum*) e ao momento de afirmação dos direitos privados.[61] Aceitá-la, hoje, incondicionalmente e sem as reservas necessá-

---

[57] Cf. ZANETI JR, *Mandado de segurança coletivo*, p. 163.

[58] "Il rapporto va instituito non più e soltanto fra azione e diritto soggettivo, bensì fra l'intero processo giurisdizionale e tale diritto." FAZZALARI, *La dottrina italiana*, p. 923. Do mesmo autor, com maior vagar cf. FAZZALARI, Elio. *Note in tema di diritto e processo*. Milano: Giuffrè, 1957. p. 112.

[59] Idem, p. 924.

[60] Cf. MARINONI, *Tutela inibitória, passim*. Outra visão de "tutela dos direitos", mais preocupada com o retorno material da sentença e identificando a tutela com as eficácias sentenciais (declaratória, constitutiva, condenatória, mandamental e executiva *lato sensu*) revela-se na opção teórica de Carlos Alberto Alvaro de Oliveira, *O problema da eficácia da sentença, passim*. A reflexão crítica vai unicamente contra a identificação pela escola paranaense de "tutelas do direito" como tutelas materiais, resultados materiais do processo, não a acepção do mestre gaúcho, tutelas processuais do direito material, de que aliás se compartilha, como pôde ser observado ao longo do texto.

[61] Nesse sentido a afirmação de Gustavo Tepedino como crítica ao fetichismo legislativo da escola da exegese, à completude da norma e ao sistema fechado que acarreta, bem como, à partição estanque direito público e direito privado que daí decorre e finalmente a consequência cultural: "insculpiu-se na cultura jurídica, como consequência, *a convicção de que sem a regulamentação específica de cada situação subjetiva, com a definição exata dos poderes do titular, não há bom direito.*" Cf. TEPEDINO,

rias, resultaria retirar a validade da afirmação de que a iniciativa do processo judicial se coloca nele mesmo, no senso de que é a sua característica juspublicística que governa o seu desenvolvimento (em contraditório) e o provimento de mérito. Ou seja, que essa característica projeta sua própria eficácia nas situações jurídicas substanciais por "força própria" decorrente da soberania do Estado-juiz e da legitimação pelo procedimento ligada à "pretensão de correção". Como expressivamente marcou Fazzalari: "não por certo em virtude de uma norma de direito privado".[62] Luiz Guilherme Marinoni prestou valiosa contribuição ao extremar a "tutela dos direitos" da "técnica processual", com isso teríamos preservadas as eficácias sentenciais como técnicas processuais (inclusive a eficácia mandamental) para atingir à tutela dos direitos (e.g, tutela inibitória),[63] um passo importante, mas que entende-se ainda não alcançar a realidade fática do processo, a potencialidade criativa do mesmo na teoria circular dos planos.

Parte do *problema está em reconhecer apenas eficácia de declaração ao comando judicial e negar-lhe a eficácia substantiva decorrente do imperium.* Esta dimensão acaba resultando o que foi criticamente afirmado por *Fazzalari* de *"superfetação".*[64] Afirmar a necessária ação de direito substancial ou material como característica intrínseca e essencial ao entendimento da relação entre direito e processo é reproduzir o paradigma, *evitando a compreensão prospectiva do processo como instrumento potencializador da Justiça material.*

Não se pode esquecer, de outra banda, que *a ação de direito material existe e é aferível de pronto nos casos em que o sistema jurídico ainda possibilita a autotutela.*[65] Por exemplo, existe ação de direito material na auto-executoriedade administrativa, existe ação material no desforço e defesa imediata da posse esbulhada ou turbada (art. 1210, § 1º, da Lei

---

Gustavo. Introdução: Código Civil, os chamados microssistemas e a Constituição: premissas para uma reforma legislativa. In: TEPEDIDNO, Gustavo (org.) *Problemas de direito civil–constitucional.* Rio de Janeiro: Renovar, 2000. p.1-16. esp. p. 2.

[62] Fazzalari se refere ao papel especial da sentença e das decisões judiciais no ordenamento, frente ao caráter público do processo (FAZZALARI, *La dottrina processualistica,* p. 924). Por outro lado, em toda obra do autor italiano podemos notar uma forte vinculação à regra, ao direito positivo escrito em leis, o que se justifica frente ao modelo de legalidade estrita e privatista do processo civil italiano (confrontar a nossa crítica a Fazzalari, infra 4.4.3).

[63] MARINONI, *Técnica processual e tutela dos direitos, passim.* As riquíssimas pesquisas do Prof. Marinoni estão entre o que de mais atual e contributivo existe para a formação de um processo brasileiro no Estado Democrático de Direito.

[64] FAZZALARI, *La dottrina processualistica,* p. 924. Cf. ALVARO DE OLIVEIRA, *Efetividade e tutela jurisdicional,* p. 25. Com especial menção a crítica de Couture a teoria da ação material em Pontes de Miranda.

[65] Como foi bem salientado por Carlos Alberto Alvaro de Oliveira, mesmo nesses casos restará viável, frente à tutela judicial, a análise superveniente daquela conduta, se conforme ou não ao direito. Cf. ALVARO DE OLIVEIRA, *O problema da eficácia da sentença, passim.*

10.406/2002, novo Código Civil), como existe ação material no embargo extrajudicial de obra nova, perante duas testemunhas, pelo qual o nunciante pretende evitar a continuidade da obra (art. 935 do CPC), ou ainda, existirá ação de direito material no exemplo citado por Pekelis do art. 713 do Código Civil italiano que permite ao proprietário de abelhas perseguir o enxame pelas terras vizinhas para obter sua restituição por mão própria.[66] Todos exemplos de *agir para a satisfação de um direito próprio independentemente da vontade do titular*. Para Ovídio e Pontes de Miranda a ação de direito material se caracteriza justamente por esse agir com a ausência da vontade do obrigado. "A ação de direito material é, pois, o exercício do próprio direito por ato de seu titular, independentemente de qualquer atividade voluntária do obrigado".[67]

Sem dúvida subsiste a categoria. Apenas afirma-se que *sua essencialidade significaria um limite excessivo para realização de novos direitos que precisam* ser construídos pela jurisprudência, nos quais as circunstâncias fáticas não denotam automaticamente sua incidência, dependendo esta da laboriosa atividade das partes e do juiz no processo judicial (é o caso dos princípios jurídicos e das cláusulas gerais que precisam ser preenchidos, no caso concreto, caso ocorra desacordo sobre sua extensão e densificação e, também, o caso das "posições jurídicas justicializáveis" que ainda não foram expressamente reconhecidas como direitos subjetivos, *e.g.*, questões ambientais complexas, direito à saúde, direitos de gênero).

Nestes casos, a incidência não coincide com a aplicação da norma em abstrato, mas sim com a decisão judicial, que constitui essa incidência, cria direito. Portanto, não existe ação de direito material anterior a ser exercida concomitantemente à "ação" processual. Para além dessas constatações, podemos reafirmar que, frente à incerteza substancial do direito *in status assertionis* (afirmado), posto em uma ação judicial, não faz nenhum sentido, principalmente em sociedades complexas, exigir-se uma "ação material" anterior. Tudo que é sólido, desmancha no ar.

Assim, indicando a corrente instrumentalista e a ação abstrata como opções teóricas mais corretas, e partindo destas para esboçar os traços próprios da *teoria da abstração-criativa da ação* ou "prospectiva" do processo[68] acen-

---

[66] PEKELIS, *Azione*, p. 94.

[67] OVÍDIO, *Curso de processo civil*, vol. I, p. 81.

[68] Em excelente tese de doutorado, nuper-publicada pela editora Forense, o Professor Danilo Knijnik expõe as causas da releitura da dicotomia questão de fato/questão de direito e indica na causa processual o surgimento de um processo prospectivo em conjunto com o instrumentalismo processual: 1º) causa hermenêutica (falibilidade do conhecimento e falácia subsuntiva, historicismo, espiral hermenêutica e pré-compreensão); 2º) causa dogmática (fuga para as cláusulas gerais, conceitos jurídicos indeterminados e normas elásticas); 3º) causa processual (instrumentalismo e processo prospectivo). KNIJNIK, Danilo. *O Recurso Especial e a questão de fato: por uma teoria tricotômica*. Tese de doutorado: São Paulo: Universidade de São Paulo, 2002. (Orientador: Antônio Carlos Araújo Cintra). p. 19.

tua-se que as relações entre processo e direito material se dão pela afirmação (*in status assertionis*) do direito material na petição inicial[69] e pela conseqüente adequação da tutela pleiteada aos interesses do autor. Não se diga que a jurisdição não atua sobre hipóteses, que atua exclusivamente sobre fatos reais, *o mais certo que se tem hoje é a afirmação da incerteza consubstancial à discussão judicial.* O direito material quando levado ao juízo se torna uma expectativa, se volatiliza toda a certeza que eventualmente tem seu requerente ou mesmo a que lhe parece oferecer o ordenamento jurídico material.[70]

A redação do art. 83 do Código de Defesa do Consumidor (Lei 8.078/90) e do art. 82 do Estatuto do Idoso (Lei 10.741/2003), entre outros novos diplomas legais, evidencia e confirma essa leitura porque, ao contrário do que estabelecia o art. 75 do antigo Código Civil de 1916 (não transcrito para o novo diploma do direito civil), determinam *cabíveis todas as espécies de ações (sic. tutelas jurisdicionais processuais) capazes de propiciar a adequada e efetiva tutela dos direitos afirmados perante o judiciário.* Como corolário, de uma mesma situação de direito material afirmada, surgem diversas tutelas judiciais possíveis, ou seja, a ação não é mais "uma" ou "una", antes traduz sua potencialidade em diversas eficácias voltadas à efetividade da tutela.[71] Nesse sentir afirma Carlos Alberto Alvaro de Oliveira: "...*a eficácia se apresenta apenas como uma forma de tutela jurisdicional, outorgada a quem tenha razão, seja o autor, seja o réu (sentença declaratória negativa)... a distinção entre as diversas espécies de tutela jurisdicional não é arbitrária*".[72]

Após estas breves considerações, em que se acredita ter evidenciado o ponto de vista, revela-se importante analisar-se, nesta perspectiva, dois trechos históricos de autores de monta sobre os temas versados.

Cf. KNIJNIK, Danilo. *O recurso especial e a revisão da questão de fato pelo Superior Tribunal de Justiça.* Rio de Janeiro: Forense, 2005. esp. p. 13-82. Nessa última perspectiva "reconhece-se ao processo uma função transcendente ao interesse individual e privado, ganhando valor o precedente judicial no contexto das fontes do direito." Daí surgem "questões mistas" (questões de fato e de direito) que poderão ser analisadas no âmbito de sua "nomofilaquia tendencial, no sentido que se transformam, uma vez examinadas, enfrentadas e catalogadas, em questões de direito, e, como tais possam ser cotejadas." (Idem, p. 268-269).

[69] BARBOSA MOREIRA, José Carlos. Legitimação para agir. Indeferimento da petição inicial. In: *Temas de direito processual – primeira série,* 2 ed. São Paulo: Saraiva, 1988. p. 200.

[70] Em sentido contrário cf. a crítica de GOMES, Fábio; SILVA, Ovídio A. Baptista. *Teoria geral do processo.* São Paulo: Revista dos Tribunais, 1997. p. 125. MITIDIERO, *Por uma nova teoria geral da ação,* p. 85.

[71] Esta, aliás, é uma lição que aos poucos começa a ficar antiga em tema de ações coletivas. Cf. ZANETI JR., HERMES. *Mandado de segurança coletivo.* Porto Alegre: Sergio Antônio Fabris, 2001.

[72] ALVARO DE OLIVEIRA, Carlos Alberto. *O problema da eficácia da sentença.* GENESIS: Revista de direito processual civil, Curitiba, p. 437-449, n. 29, julho/setembro de 2003. p. 443.

3 – A Crítica de Pontes de Miranda ao Caráter Instrumental do Direito Processual

Analise-se a seguinte passagem de Pontes de Miranda:

FINALIDADE DO PROCESSO; FUNÇÃO JUDICIÁRIA; PETIÇÃO E DEMANDA.- (a) *A Finalidade preponderante, hoje, do processo é realizar o Direito, o direito objetivo, e não só, menos ainda precipuamente, os direitos subjetivos.* Na parte do direito público, tendente a subordinar os fatos da vida social à ordem jurídica (sociologicamente, a prover ao bom funcionamento do processo de adaptação social que é o Direito), uma das funções é a da *atividade jurisdicional.* (Dissemos uma das funções, porque muitas outras existem, como a polícia preventiva, a fiscalidade, a administração e a própria atuação educacional do Estado). (b) Desde que a natureza do Estado obrigou, se não à extinção, pelo menos à grande diminuição da possível justiça de mão própria, impôs-se-lhe prover à distribuição dos julgamentos onde quer que se faça preciso restaurar o direito ferido. *Seria erro crer-se que a organização judiciária é conseqüência necessária do direito objetivo. Não seria impossível a concepção romana primitiva, nem a estrutura de vida social em que as ofensas aos direitos ficassem entregues inteiramente a árbitros, portanto a terceiras pessoas que não são órgãos estatais.* O Estado só responde e só se interessa pela função judiciária dentro da sua esfera. O direito objetivo que ele aplica é o seu ou o de outro Estado; por onde se vê que não existe ligação necessária entre o direito objetivo e o aparelho de justiça. *O processo não é mais do que o corretivo da imperfeita realização automática do direito objetivo. Daí dizerem muitos juristas que é meramente instrumental. Outros vão além: consideram as regras jurídicas processuais como secundárias, inconfundíveis com as de direito material, tidas por primárias.* Legislação e Justiça seriam assim funções sucessivas, em ordem decrescente. Não é aqui o lugar para se criticar tão defeituosa compreensão da atividade jurisdicional, nem para se chamar atenção, o que seria fácil, *para a arbitrariedade separativa que faz do legislador o único foco da elaboração jurídica,* e da justiça atividade de segunda plana, mecânica e incapaz de criação. *A base de tudo isso está a inadmissível identificação de direito e lei.* O legislador faz a lei. *O direito é feito pelo legislador e por outros aparelhos jurisferantes, dentre os quais está o juiz, desde que não se apague a origem democrática da lei, princípio básico nos países civilizados.* No momento que *alguém se sente ferido em algum direito, o que é fato puramente psicológico,* o Estado tem interesse em acudir à sua revolta, em por algum meio ao alcance do lesado, ainda que tenha havido erro de apreciação por parte do que se tenha ofendido. *A justiça vai recebê-lo, não porque tenha direito subjetivo, de direito material, nem, tampouco, ação [sic.]: recebe-o como alguém que vem prestar perante os órgãos diferenciados do Estado a sua declaração de vontade, exercendo a sua pretensão à tutela jurídica.* A *petitio* não é mais que ato jurídico processual, como existem atos jurídicos de direito civil, de direito comercial, de direito administrativo, de direito das gentes. A justiça de mão própria foi a justiça primitiva. Mas, a pretexto de justiçar, o mais forte fazia prevalecer o que lhe interessava. Aos poucos foi-se introduzindo a escolha de juiz e, depois, a vigilância estatal para essa escolha. A justiça estatal, tal como é hoje, resulta de desenvolvimentos milenares. À medida que se acentuava e se estendia, proibiram-se os atos de justiça de mão própria. A substituição dessa por aquela processou-se mediante a assunção da tutela jurídica pelo Estado, que a prometia e criava os órgãos necessários a ela.[73]

Desta visão pode-se extrair que para Pontes de Miranda: 1) o Estado está obrigado a prestar a jurisdição; 2) o processo não é instrumento do direito material porque "não existe ligação necessária entre o direito objetivo e o aparelho da justiça" (*sic*.); 3) o direito não se confunde com a lei, pode ser criado por outros órgãos "jurisferantes", a exemplo do próprio juiz; 4) a petição que inaugura o processo é apenas ato jurídico processual, aquele que requer algo perante o judiciário não necessariamente tem o direito subjetivo, direito material ou mesmo a ação de direito material. Nesse sentido recordamos, para Pontes de Miranda a "ação" processual decorria da obrigatoriedade do Estado de prestar a jurisdição, ou seja, da pretensão processual abstrata à tutela jurídica. A ação de direito material somava-se o exercício da "ação" ou remédio jurídico (*sic*.).[74]

Os instrumentos processuais são elaborados e sofrem influência da ideologia interna ao direito material e diretamente das ideologias políticas, portanto, o processo jamais pode ser considerado distante do direito material a ponto de se afirmar que não existe ligação entre este e "o aparelho da justiça". Ao tentar valorizar a ação de direito material, Pontes de Miranda,

---

[73] PONTES DE MIRANDA. *Tratado das ações*, 2 ed. São Paulo: Revista dos Tribunais, 1972. p. 233-234 (tomo I, ação, classificação e eficácia).

[74] A teoria dualista fica aí caracterizada novamente. Direito subjetivo, pretensão e ação de direito material exercidos através do direito subjetivo, pretensão e ação de direito processual, portanto constitui erro grave afirmar que Pontes de Miranda era concretista (cf. HENNING, Fernando Alberto Corrêa. *Ação concreta: relendo Wach e Chiovenda*. Porto Alegre: Sergio Antonio Fabris Editor, 2000. esp. p. 170-171). O autor deixa claríssimo em toda sua obra que a "ação" processual é abstrata, tem fundamento constitucional e independe do direito material. Vale repassar um pequeno trecho da obra de Pontes de Miranda onde parece incorrer em erro, baralhando sua própria sutil distinção: "O remédio jurídico processual é o oriundo da lei processual, o caminho que tem de ser perlustrado por aquêle que vai a juízo, dizendo-se com direito subjetivo, pretensão e ação, ou somente com ação. Tão diferentes são ação e remédio jurídico processual, que todos os dias, ao julgarem os feitos, os tribunais declaram que o indivíduo não tem a "ação" [aqui deveria ser sem aspas, por referir-se a ação material, visto que a ação processual para Pontes é sempre procedente]. No entanto, usaram o remédio jurídico processual. Poderiam dizer mais: que não tinham, sequer, pretensão; nem, ainda mais, direito subjetivo." Ao que demonstra a leitura atenta Pontes de Miranda usou suas "aspas distintivas" onde não devia. Cf. PONTES DE MIRANDA, *Tratado das ações*, p. 94. Contudo vale uma ressalva, todos os autores concretistas de uma forma ou de outra, utilizando um ou outro expediente, procuram demonstrar a existência de um "direito" de acesso à Justiça (Nesse sentido de forma clara, HENNING, *Ação concreta*, p. 168 e 171), a distinção está apenas na afirmação de Pontes de que este acesso será mediante uma "ação" processual e daí se inferir que admite uma "ação" abstrata ao lado da sua ação concreta. Trazendo expressamente o sentido dessa classificação: "É de notar que aquilo a que vimos chamando ação abstrata não é o mesmo que a 'ação' (assim, com aspas) na teoria de Pontes. Ação com aspas, na teoria de Pontes, é o ato pelo qual se exerce a *pretensão de tutela (que é o nome que esse mestre dá àquilo que chamamos ação abstrata)*. Vê-se que a pretensão de tutela de Pontes é coisa completamente diferente da pretensão de tutela de Wach, pois nesse último há pretensão de tutela à ação concreta, não na ação abstrata. Felizmente a ação (sem aspas) de Pontes é a boa e velha ação concreta: trata-se do *ente jurídico que assiste àquele que tem razão*, e não de um ato que ele pratica. Em fim, para compreender as teorias da ação é preciso primeiro redigir um dicionário que traduza a linguagem de uma para as demais." Idem, p. 173, nota 277.

acaba por cindi-la, no plano lógico, da ação de direito processual, agindo de forma radical (dualismo de planos). Assumir a instrumentalidade do processo não o torna servil ao direito material, há aí erro de monta, o instrumento, como ente individualizado e separado do direito que instrumentaliza, poderá produzir um resultado melhor do que o objeto sobre o qual trabalha, e mesmo um resultado diverso. Portanto, também há origem democrática nas sentenças que, como notou Pontes de Miranda, criam direito, pois a criação não se limita à lei.[75] A vinculação entre o direito material e o processo se dá por um "nexo de finalidade". Não há "integração ontológica" entre processo e direito material; são entes distintos, com lógicas distintas, como se verá à seguir. O processo lida com a aplicação do direito, com a busca pela Justiça e não só com a lei, espécie de "justiça" previamente estabelecida pelo legislador para casos-tipo.

Importante deixar expresso que não se trata de abandonar o princípio democrático, nas palavras de Pontes de Miranda, todo esforço pela Justiça da decisão é válido no Estado de direito "desde que não se apague a origem democrática da lei, princípio básico nos países civilizados".[76]

4 – A Crítica de Galeno Lacerda ao Processo como Adjetivo e como Direito Formal

Em passagem histórica, de lição inolvidável e rara poesia, afirma Galeno Lacerda:

CAUTELA E INSTRUMENTALIDADE DO PROCESSO. PRINCIPIO DE ADEQUAÇÃO – *Erro arraigado, cometido até por autores de tomo, consiste em definir o direito processual como direito adjetivo, ou como direito formal.* O primeiro, de impropriedade manifesta, legou-nos BENTHAM. *Tão impróprio é definir o arado como adjetivo da terra, o piano como adjetivo da música, quanto o processo como adjetivo do direito em função do qual ele atua. Instrumento não constitui qualidade da matéria que modela, mas ente ontologicamente distinto, embora a esta vinculado por um nexo*

---

[75] Nesse sentido, outra passagem, ainda mais clara, trazida do prólogo aos Comentários de 1973: *"Pensar-se que é essencial ao processo a apuração da verdade, como é essencial à ciência, revela que não se leva em conta terem existido períodos em que não se tinha tal escopo, e ainda hoje o juiz tem por fatos verdadeiros circunstâncias ou situações que não no são. Tampouco é essencial ao processo realizar o direito objetivo, porque o elemento pacificador superou a esse,* em muitas épocas. *Confunde-se, ali e aqui, com o ponto a que tende a evolução dos institutos a essência deles.* Tempos houve em que o processo, em vez de realizar, criava o direito. *Ainda hoje ele cria.* É de esperar-se que, dentro das futuras planificações econômicas, a sua criação, dentro delas, seja enorme. *O que lhe é essencial é aplicar o direito.* Não há só aplicação de direito preexistente. *Aplica-se, também, o direito que se revela no momento, coincidindo então incidência e aplicação judicial,* como coincidem incidência e aplicação espontânea quando a lei manda que no dia tal se pratique o ato tal e as pessoas sujeitas a ela, obedecem. *Tal concepção,* que completa e supera a de Oskar Bülow, Josef Kohler, Heinrich Degenkolb, Giuseppe Chiovenda e Lorenz Brütt, *permite harmonizarem-se a conceituação do processo e a conceituação das fontes e interpretação do direito."* Sem negrito no original. Cf. PONTES DE MIRANDA, *Comentários ao CPC*, p. XXVIII.
[76] PONTES DE MIRANDA, *Tratado das ações*, tomo I, p. 233-234.

de finalidade. Se não é qualidade, também não será *forma,* conceito que pressupõe a mesma e, no caso, inexistente integração ontológica com a matéria. A toda evidência, processo não significa *forma* do direito material. Aqui, *o erro provém de indevida aplicação aos dois ramos do direito das noções metafísica de matéria e forma, como conceitos complementares.* Definidas as normas fundamentais, reguladoras das relações jurídicas, como direito material, ao direito disciplinador do processo outra qualificação não restaria senão a de formal. O paralelo se revela primário em seu simplismo sofístico. *O direito material há de regular as formas próprias que substanciam e especificam os atos jurídicos materiais, ao passo que o direito processual, como instrumento de definição e realização daquele em concreto, há de disciplinar, também, as formas que substanciam e especificam os atos jurídicos processuais.* Em suma, a antítese não é direito material – direito formal, e sim, *direito material – direito instrumental.* Isto porque *instrumento, como ente "a se", possui matéria e forma próprias, independentes da matéria e da forma da realidade jurídica, dita material, sobre a qual opera.* Instrumento é conceito relativo, que pressupõe um ou mais sujeitos-agentes, um objeto sobre o qual, mediante aquele, atua o agir, e uma finalidade que condiciona a ação. Requisito fundamental para que o instrumento possa atingir e realizar seu objetivo há de ser, portanto, a *adequação.* Como são três os fatores a considerar, a adequação se apresenta sob *tríplice aspecto: subjetiva, objetiva e teleológica.* Em primeiro lugar, cumpre que o instrumento se adapte ao sujeito que o maneja: o cinzel do Aleijadinho, forçosamente, não se identificava com um cinzel comum. Em segundo, impõe-se que a adaptação se faça ao objeto; atuar, sobre madeira ou sobre pedra exige instrumental diverso e adequado. Em terceiro, urge que se considere o fim; trabalhar um bloco de granito para reduzi-lo a pedras de calçamento, ou para transformá-lo em obra de arte, reclama de igual modo adequada variedade de instrumentos. Assim também há de suceder com o processo, para que possa cumprir a missão de definir e realizar o direito.[77]

Do texto extraíram-se as seguintes ilações: 1) consiste em erro crasso a denominação direito adjetivo ou direito formal como sinônimo substitutivo de processo civil; 2) o processo civil é instrumento, direito instrumental, e, portanto, ente ontologicamente, estruturalmente, distinto do direito material; 3) o instrumento (direito processual) liga-se ao objeto (direito material) por um nexo de finalidade (prestação jurisdicional com Justiça – pretensão de correção); 4) o direito material regula as formas próprias dos atos jurídicos-materiais, assim como o direito processual regula as formas próprias dos atos processuais; 5) como instrumento, conceito relativo, o processo necessita ou pressupõe três elementos: os sujeitos, o objeto e a finalidade, aos quais deverá estar adequado (princípio da adequação).

---

[77] LACERDA, Galeno. *Comentários ao Código de Processo Civil* , v. 8, tomo I, 7ª. ed. Rio de Janeiro: Forense, 1998. p. 23-24. LACERDA, Galeno. O Código como sistema legal de adequação do processo. *Revista do Instituto dos Advogados do Rio Grande do Sul – Comemorativa do Cinqüentenário,* p. 161-170.

Revela-se de suma importância a fixação deste entendimento. Entre os muitos autores que vacilavam nesta compreensão está o genial Pontes de Miranda, que, em várias passagens, afirmava o caráter formal do processo.[78] Contudo é imprescindível a clara menção de que o grande jurista jamais subordinou, como secundário, o direito processual ao direito material.[79]

O brilhantismo de Galeno Lacerda expresso na lição supra conduz às considerações seguintes sobre a relação entre processo e direito material, observando-os em seus *nexos de finalidade frente ao constitucionalismo contemporâneo e aos princípios e cláusulas gerais como normas jurídicas de menor densificação.*

5 – Alternativa de Solução para o Impasse: a Mudança de Perspectiva e a Influência do Moderno Constitucionalismo e da Principiologia na Relação Direito e Processo

> "A *fratura entre direito substancial e direito processual é*, em um certo senso, *moderna: é o resultado do esforço do pensamento jusnaturalístico de construir um sistema de direito, independente de qualquer ordenamento positivo*; nesta atmosfera é imersa a concepção do processo como *técnica a serviço de um sistema dos direitos privados.*"
>
> Alessandro Giuliani[80]

---

[78] Para uma amostragem basta ler à larga os Comentários ao CPC de 1973 nos quais Pontes reafirma este entendimento em variegadas paragens. Cf. PONTES DE MIRANDA. *Comentários ao Código de Processo Civil*, tomo I, 5ª. ed. Rio de Janeiro: Forense, 1996. esp. p. 33,34, 38 e *passim*. Não obstante a distância temporal da lição o fascínio do genial alagoano não deixou de seduzir mentes mais jovens como Daniel Mitidiero que inadvertidamente adotou em seus escritos seminais a expressão "direito formal". Cf. MITIDIERO, Daniel. Notas sobre o art. 1º do Código de Processo Civil. *Revista Jurídica*. Porto Alegre: Notadez Editora, n. 299, p. 19-43. *passim*.

[79] Nesse sentido: "Velhas *convicções superficiais e livrescas tinham a lei (feita pelo príncipe!) como o direito em sentido próprio e o processo (em nome do príncipe!) como fato secundário, transeunte, ninharia da vida diária. Por extensão, também o direito processual (aliás, também feito pelo príncipe!)*. A crítica de tais hierarquizações começou no século XIX e chegou, por seu turno, ao exagero de considerar o direito processual, não *abaixo* nem *ao lado* do direito material, mas *acima dele* (Heinrich Degenkolb, *Beiträge*, 54; Whilhelm Sauer, *Grundlagen*, 20). As duas atitudes extremas são tão erradas como a hierarquização entre corpo e psique, objetivo e subjetivo, liberdade física e de pensamento e vontade, etc. As cisões, produto nosso, da vida, com intuitos práticos. *No desenvolvimento do homem, teses e antíteses, que suscitam, no terreno filosófico, o materialismo e o idealismo, com as suas sínteses variáveis para cada momento histórico de inevitável redução.*" PONTES DE MIRANDA, *Comentários ao CPC*, p. XXIX.

[80] GIULIANI, *Il concetto di prova: contributo alla logica giuridica*, p. 232. Para Guliani, o afastamento da concepção de prova como *argumentum* causou esta fratura. "O modo de conceber a prova condiciona não somente as relações entre questão de fato e questões de direito, mas também aquelas entre direito substancial e direito processual." (ibidem).

5.1 – Remédios Precedem Direitos:[81] **a Precedência das Ações como Direito Cívico (*Status Activus Processualis*)[82] aos Direitos na Tradição da *Common Law* e no Período Clássico (*Legis Actiones* e *Per Formulas*) do Direito Romano**

Em primeiro lugar é preciso (re)frisar a separação lógica que começou a ocorrer, mais intensamente, em meados do século XVI entre o direito razoável/tópico e o direito racional(sic.)/apodítico, que é também a separação entre o *judicium* e o *processus*, entre ordem isonômica e ordem assimétrica.[83] Com ampla fundamentação em Giulliani[84] e Picardi,[85] podemos afirmar que a apropriação do direito pelo príncipe (Estado) e a nacionalização da soberania repercutiram profundamente no conceito mesmo de direito. Esta lógica, contudo, não contaminou o direito de *common law*, que por circunstâncias políticas e históricas (*Magna Charta Libertatum* na Inglaterra;[86] Constituição da Filadélfia nos EUA) manteve-se fiel a uma outra lógica jurídica, a lógica da probabilidade, do razoável.

A implicação daí decorrente é que os juristas do *common law* raciocinam ainda com a mentalidade dos operadores romanos e áticos, no que

---

[81] A afirmação é corrente no direito norte-americano. Impressionou a força de sua exclamação nas primeiras palavras proferidas pelo Prof. Patryck Wolley em conferência na UFRGS: "A primeira declaração é a de que um direito sem um remédio não é um direito...". WOLLEY, Patrick. Introdução ao direito norte-americano – curso intensivo por professores da Universidade de Texas-Austin. 20 e 21 de agosto de 2001, Salão Nobre da Faculdade de Direito da UFRGS. Nesse sentido, revela-se de grande importância a doutrina da atipicidade das formas, reconhecida nos remédios (aqui: ações), sendo de grande utilidade sua aceitação para impedir que exista um direito justicializável sem ação. Cf. YARSHEL, Flávio Luiz. *Tutela jurisdicional*. São Paulo: Atlas, 1999. p.179-180. Claro está, contudo, que as regras de adaptabilidade do procedimento à tutela material pretendida devem ser preservadas e até mesmo melhoradas, uma tendência não rivaliza com a outra, antes compartilham o mesmo objetivo de prestar jurisdição efetiva. Sobre o princípio da adaptabilidade ou adequação ver ALVARO DE OLIVEIRA, Do formalismo no processo civil, p. 116-120; LACERDA, Galeno. O Código como sistema legal de adequação do processo. *Revista do Instituto dos Advogados do Rio Grande do Sul – Comemorativa do Cinqüentenário*, p. 161-170.

[82] A expressão *status activus processualis,* formulada por P. Häberle, vem referida por CANOTILHO, J. J. Gomes. Tópicos de um Curso de Mestrado sobre Direitos Fundamentais, Procedimento, Processo e Organização. *Boletim da Faculdade de Direito de Coimbra*, p. 151-163, 1990. esp. p. 155. Cf. tb. SARLET, Ingo. *A eficácia dos direitos fundamentais*, 4 ed. Porto Alegre: Livraria do Advogado, 2004. esp. p. 208-212 (Direitos à participação na organização e no procedimento).

[83] ZANETI JR, Hermes. *O problema da verdade no processo civil: modelos de prova e de procedimento probatório*. In: ZANETI JR, Hermes e MITIDIERO, Daniel. Introdução ao estudo do processo civil: primeiras linhas de um paradigma emergente. Porto Alegre: Sergio Antônio Fabris Editor, 2004. p.115-164. p.120.

[84] Para uma leitura mais ampla cf. GIULIANI, Alessandro. *Il concetto di prova: contributo alla logica giuridica*. Milano: Giuffrè, 1971. Cf. GIULIANI, Alessandro. L'ordo judiciarius medioevale. *Rivista di Diritto Processuale*, ano XLIII, n. 3, p. 598-613, abril/junho de 1988.

[85] PICARDI, Nicolà. Diritto moderno. In: *Enciclopedia del diritto*. Milano: Giuffrè, sd., tomo XXXVI, p. 101-118.

[86] Sobre essas circunstâncias anotou Carlos Alberto Alvaro de Oliveira em referência expressa à garantia do devido processo legal: "Concebida originariamente como freio ao poder real, e para servir de estatuto de convivência política e econômica entre as elites dominantes na Inglaterra do século XIII, culminou por constituir elemento fundamental do Estado de Direito." ALVARO DE OLIVEIRA, *Do formalismo no processo civil*, p. 85.

significa *afirmar que as ações precedem os direitos*, repudiando o direito previsto (totalmente) em um sistema fechado *a priori*, assim, mais abertos à formação dialética do direito. Justamente porque acolheu o espírito do processo romano sem ser influenciado, até por conseqüências históricas, pelo direito de Justiniano, o direito do *common law* restou vizinho ao direito romano clássico, ao período formulário, mais expressamente. De maneira que sua contraposição com a tradição continental é a contraposição do *Corpus Iuris Civilis*, direito romano da fase pós-clássica (*cognitio extraordinem*) ao direito romano do período clássico, *per formulas* (sem esquecer, por óbvio, o forte papel de outros elementos da tradição, como a criação da jurisprudência na tradição do *judge-made-law* e a influência determinante dos institutos do direito germânico e canônico na tradição de *civil law*).[87]

Por outro lado, os juristas da tradição romano-canônica tendem a privilegiar as regras de direito material (substancial), reforçando seu caráter abstrato.[88] Não por outro motivo ficou reservado ao direito processual o papel mais lógico-formal: a aplicação do direito ao caso litigioso, em um rígido silogismo. Daí expressiva locução de Leibniz: "todas as formas de procedimento [processo] na justiça não são outra coisa, em efeito, do que uma espécie de lógica [formal], aplicada às questões de direito".[89]

No período clássico do direito romano, a existência ou não do direito dependia da sua agitação em juízo. O cidadão romano era mais consciente de seus direitos na expressão: "eu tenho uma ação"; do que propriamente na nossa atual dimensão "eu tenho um direito".

[87] Nesse sentido: "En cuanto al processo romano clássico [que Cappelletti convocava ao período formulário – séc. I a.c ao séc. III d.c., período da ascensão da civilização e cultura jurídica romana, incluindo o período *legis actiones* em um momento pré-classico]... se puede decir desde luego... que afinidades com ese sistema se encuentran antes bien en el de los países del *common law* que en el de los países europeo-continentales y em general de los países del *civil law*..." CAPPELLETTI, Mauro. El processo civil italiano en el cuadro de la contraposicion "civil law" – "*common law*": apuntes historicos-comparativos. In: *Processo, Ideologias, Sociedad*. Buenos Aires: EJEA, 1974. p. 315-361. p. 317. Inclui, aqui, os países da América Latina, contexto que pretendemos afastar na presente tese quanto ao direito processual constitucional *lato sensu*. Mais adiante, afirma que ocorre hoje o enfraquecimento das parelhas direito romano clássico-*common law* (Pringsheim)/ direito justinianeo – *civil law* (idem, p. 361), graças ao desenvolvimento atual do direito, apontando que os pontos de encontro estão se multiplicando.

[88] Conforme ficou assente da lição de Renè David, entre muitos: "Tradicionalmente, o interesse dos juristas do continente europeu volta-se para as regras substanciais do seu direito (*substantive law*). O processo é por eles abandonado, assim como tudo o que diz respeito às provas ou à execução das decisões de justiça."; diferentemente: "O direito inglês [e poderíamos incluir aí o norte-americano] não é um direito de universidades nem um direito de princípios [como máximas hierarquizadas]; é um direito de processualistas e práticos." Esta noção persiste na Inglaterra e nos Estados Unidos da América nesses países o jurista se pergunta com frequência: de que vale a afirmação de um direito ou princípio se na prática ele não pode ser aplicado? Mantém-se no espírito dos juristas o interesse vivo pelo processo como forma de aplicação e construção do direito. DAVID, Renè. *Os grandes sistemas do direito contemporâneo*. 3 ed. São Paulo: Martins Fontes, 1996. p. 320-323.

[89] LEIBNIZ, Noveaux Essais, IV, n. 16, parágrafo 9, *apud* PICARDI, *Diritto moderno*, p. 111.

Tucci e Azevedo identificam esta propensão com o direito material de ação, na célebre fórmula de Celso (o direito de alguém perseguir, mediante um processo, aquilo que lhe é devido – *D*. 44.7.51, *libro III digestorum*). Discorda-se desta relação imediata, até porque, entende-se mais correto e essencial ao elaborado conceito de ação de direito material, a existência de um direito subjetivo anterior a sua persecução em juízo, ou seja, um direito que não se apresentava na ótica romana antes da decisão final. A ação material é efetivamente a ação de quem tem o direito antes, sem isso não poderia agir, agiria contra o direito (sic.).[90] O tema reflete, assim, a opção para o enfrentamento das relações entre direito e processo.

A discussão não é recente, nem se credita à doutrina brasileira. Bem clara passagem em Liebman na qual este espanca as dúvidas sobre a sua concepção da estrutura do processo romano. Para Liebman a coisa julgada na tradição romana clássica era a resposta dada pela jurisdição, criava direito e vinha ligada "à concepção, que tinham os romanos clássicos, das relações entre direito e processo: pois para eles apenas levava em conta a *actio*, e o direito se considerava unicamente segundo as diversas fases do *agere*; e para eles, mais do que quaisquer outros seria errôneo falar a respeito da coisa julgada numa ficção ou presunção de verdade, visto que era ela o que de mais concreto e real se podia dar, *enquanto a sentença não declarava a existência ou inexistência dum direito, mas criava antes um direito novo*".[91]

Consoante o que vem sendo afirmado, desde que o direito abandonou o sistema das ações do direito romano, existe cizânia entre a noção processual (*sic*. formal – meramente declaratória, de reconhecimento do direito, *in abstrato*, ato de inteligência) ou material (constitutiva, criadora da norma individual, *in concreto*, ato de vontade) da sentença, e do seu conseqüente caráter ora declaratório, ora constitutivo.[92]

O brilhante processualista José Roberto dos Santos Bedaque, que tão bem soube adequar seus estudos aos temas da atualidade e tão grande valor vem dando a matérias candentes da teoria processual,[93] expressamente re-

---

[90] Nesse sentido, CRUZ E TUCCI, José Rogério; Luiz Carlos de Azevedo. *Lições de história do processo civil romano*. São Paulo: Revista dos Tribunais, 1996. p. 45-46. Cf. SILVA, *Jurisdição e execução na tradição romano-canônica*, p. 172.

[91] Cf. LIEBMAN, Enrico Tullio. *Eficácia e autoridade da sentença: e outros escritos sobre coisa julgada*, 3 ed. Rio de Janeiro: Forense, 1984. p. 4, sem grifo no original. Em sentido oposto, cf. SILVA, *Jurisdição e execução na tradição romano-canônica*, p. 172.

[92] Cf. MESQUITA, José Inácio Botelho de. *A autoridade da coisa julgada e a imutabilidade da motivação da sentença*. São Paulo: s.e., 1963. esp. p. 17-23.

[93] Bedaque elaborou sua dissertação de mestrado sobre os poderes instrutórios do Juiz (BEDAQUE, José Roberto dos Santos. *Poderes instrutórios do juiz*, 2 ed. São Paulo: Revista dos Tribunais, 1994); sua tese de doutorado sobre as relações entre o processo e o direito material (Cf. BEDAQUE, José Roberto dos Santos. *Direito e processo: influência do direito material sobre o processo*, 2 ed. São Paulo: Malheiros, 1997.); e a sua tese para o concurso de cátedra sobre as tutelas de urgência e sumária

feriu a adoção da tese anglo-saxã como alternativa possível de solução para a dicotomia radical entre direito material e processo. Afastou-a, contudo, sob a argumentação de que na tentativa de relativizar o binômio "confunde os dois planos do ordenamento jurídico".[94]

Não se enxerga, assim, o tema, antes ao contrário. Faça-se uma breve digressão sobre as conclusões de Bedaque que são esclarecedoras. Para Bedaque "[o] próprio conceito de direito processual está vinculado de forma inseparável ao fenômeno verificado no plano do direito material, consistente na sua não realização espontânea".[95] Assim, o direito processual seria o conjunto de princípios e regras que regulam o exercício da jurisdição, da ação, da defesa e do processo, sendo que o direito afirmado representaria o suporte para o seu exercício: "a ação não pressupõe direito existente, mas exige-se a afirmação de um direito material para o seu exercício".[96]

Ora, concorda-se plenamente com as assertivas. Apenas se ressalta que a primeira, não-realização espontânea do direito material, depende, para o autor e bem assim para Dinamarco, de um excessivo vínculo com a noção chiovendiana de atuação concreta da lei, com as devidas sutilezas traduzidas pela visão acurada de outro mestre paulista, para quem: "O escopo jurídico do processo civil não é a composição da lide, ou seja, a criação ou complementação da regra a prevalecer no caso concreto – mas a atuação da vontade concreta do direito." Dependendo este "direito" de uma "*revelação inteligente*" por parte do julgador que leve em consideração fato, valor e norma.[97]

O problema retoma a dimensão dos planos do direito. Deve-se fazer a depuração do que se entende por plano de direito material e plano do direito processual, para verificar se a solução está em acentuar a sua dicotomia, em reduzi-los ao monismo (unitarismo) simplista ou em propor *momentos de atuação, ora atuando o direito por meio da norma material, ora atuando o direito pelo debate judicial*, sendo que este último, na *teoria da circularidade dos planos*, leva em consideração a norma material afirmada, mas não pressupõe sua veracidade e incidência fora e antes do processo. Pelo contrário, possibilita a construção de uma solução pelo processo "prospectivo", voltada a criar a norma material (no sentido de defini-la melhor como

---

(BEDAQUE, José Roberto dos Santos. *Tutela cautelar e tutela antecipada: tutelas sumárias e de urgência*. São Paulo: Malheiros, 2001).

[94] Na passagem, efetua crítica à doutrina da *forms of action* de Di Majo, alegando confusão entre os planos (sic.). Cf. BEDAQUE, José Roberto dos Santos. *Direito e processo: influência do direito material sobre o processo*, 2 ed. São Paulo: Malheiros, p. 21, nota 48.

[95] BEDAQUE, *Direito e processo: influência do direito material sobre o processo*, p. 11.

[96] BEDAQUE, *Direito e processo: influência do direito material sobre o processo*, p. 12.

[97] DINAMARCO, *Instituições*, p. 135.

direito subjetivo, mas também universalizável) em uma metodologia tópica (sem distanciamento do problema).

5.2 – Os planos do ordenamento jurídico: a orientação unitária, a orientação dualista e a teoria circular dos planos.

Conforme bem resume Dinamarco, ter-se-iam duas teorias principais sobre o ordenamento jurídico. Uma teoria unitária (monista), capitaneada por Carnelutti, que seria caracterizada por uma fusão entre processo e direito material em uma só unidade, sendo a produção de direitos subjetivos, obrigações e concretas relações jurídicas obra da sentença judicial. E uma segunda, capitaneada por Chiovenda, em que se identificam dois planos bem distintos o do direito material e o do direito processual. Nesse sentido, seria aplicável o modelo subsuntivista do direito material, ocorrendo o fato e a este correspondendo um suporte fático previsto na norma (*fattispecie, Tatbestand*) aplica-se a *sanctio juris*. *"Os direitos subjetivos constituem criação imediata da concreta ocorrência dos fatos previstos nas normas: a sentença não os cria nem concorre para sua criação."* (*sic.*)[98]

Nesse sentido, como são teses antagônicas e seria impossível sua convivência. Dinamarco toma posição, e assim grande parte dos juristas de tradição romano-germânica: "diante do direito vigente mostra-se frágil e inaceitável a teoria unitária". Tem-se por correta, para Dinamarco, "...a teoria dualista do ordenamento jurídico".[99] A sentença apenas revela direitos.

Isto tudo é verdade e fora de dúvida (*sic.*) no ordenamento italiano, onde expressa vedação constitucional proíbe, com certeza em função dos influxos da Revolução Francesa, a criação do direito pela sentença e vincula o juiz à lei (princípio da segurança jurídica).[100] Não importa se a doutrina mais moderna lê "lei" como "direito", o que importa é a forte estabilização do termo, vedada a virtual criatividade do juiz.

Porém, como bem observa Dinamarco, o *ordenamento brasileiro* vive a peculiaridade de um *"paradoxo metodológico"*. Na sua conformação o direito processual absorveu "conceitos e propostas técnico-processuais" da Alemanha e Itália e a fórmula "político-constitucional" de separação de Poderes norte-americana (com destaque para o sistema de freios e contrapesos e para o *judicial review*).[101]

---

[98] DINAMARCO, *Instituições*, p. 132.

[99] Idem, p. 134.

[100] Art. 101, 2 da Constituição italiana. Cf. CARRATTA, Antonio. Funzione dimostrativa della prova (verità del fatto nel processo e sistema probatorio). *Rivista di Diritto Processuale*, anno LVI, 2001, n. I.p. 79. Para uma acurada critica consultar: ZAGREBELSKY, Gustavo. *El derecho dúctil. Ley, derechos, justicia*, 3 ed. Traducción de Marina Gascón. Madrid: Editorial Trotta, 1999.

[101] Essa característica, como já foi mencionado algures, revela-se na sólida recepção por nossa jurisprudência dos *writs* constitucionais, v.g., o habeas corpus e o mandado de segurança.

Este hibridismo permite abrir o leque de considerações. Nesse sentido, o processo, na sua perspectiva constitucional, abarcando o conceito de princípios, regras e postulados,[102] deve atuar para realização dos direitos fundamentais e não pode ficar restrito, manietado, por uma pré-compreensão do direito. Continuarão existindo dois planos distintos, direito processual e direito material, porém a aceitação desta divisão não implica torná-los estanques, antes *imbricá-los pelo "nexo de finalidade"*[103] que une o instrumento ao objeto sobre o qual labora. Da mesma maneira que a música produzida pelo instrumento de quem lê a partitura se torna viva, o direito objetivo, interpretado no processo, reproduz no ordenamento jurídico um novo direito. Tal é a *teoria circular dos planos.*

5.3 – Os Novos Influxos da Teoria do Direito: Principialização do Direito e o "Retorno Material" da Sentença.

Que as coisas sejam como rigorosamente são. O direito material existe e vige independentemente de qualquer influência do direito processual, do processo ou do Poder Judiciário. Quando o Judiciário é retirado de sua inércia (art. $2°^{104}$ e 262^{105} do CPC) pela afirmação de lesão ou ameaça de lesão a direito, a idéia mesma de direito material se dissolve na potencialidade de sua observância ou não: é transformada em expectativa.[106] A expectativa de resposta judicial procedente que tem o autor se contrapõe a uma expectativa de resposta negativa, de improcedência, que tem o réu.

A rigidez do sistema será determinada pelo tipo de norma afirmada, norma indicada na hipótese como base para a pretensão à tutela jurisdicional. Tendo-se uma *regra, dever-se-á fazer o seu teste de incidência e incidindo o seu afastamento exigirá um ônus argumentativo muito alto:*[107]

---

[102] ÁVILA, *Teoria dos princípios, passim.*

[103] LACERDA, *Comentários ao CPC,* p. 23-24 (ver transcrição supra).

[104] "Art. 2º. Nenhum juiz prestará a tutela jurisdicional senão quando a parte ou o interessado a requerer, nos casos e formas legais." Expressão legal e corolário do princípio *ne judex procedat ex officio.*

[105] "Art. 262. O processo civil começa por iniciativa da parte, mas se desenvolve por impulso oficial".

[106] A lição é antiga, de Goldshmidt, mas vem aceita pela maioria dos grandes processualistas nacionais como um fato do processo e do direito. Nesse sentido a forte expressão de Carlos Alberto Alvaro de Oliveira: "...a interpretação da *regula iuris,* no mundo moderno, só pode nascer de uma compreensão integrada entre o sujeito e a norma, geralmente não unívoca, com forte carga de subjetividade. E essa constatação ainda se reforça pelo reconhecimento de que *todo direito litigioso apresenta-se incerto de forma consubstancial.*" Grifo nosso, Cf. ALVARO DE OLIVEIRA, Carlos Alberto. Poderes do juiz e visão cooperativa do processo. *AJURIS,* ano XXX, p. 55-84, junho de 2003. p. 63. Ou seja, sua essência é incerta, traz em si a incerteza, aliás, vale no âmbito dos fatos a reafirmação de que "...não se pode ter a ilusão de que a verdade material possa sempre ser alcançada." (Idem, p. 58).

[107] Alexy ressalta a necessidade de superação dos "princípios formais" que estatuem as regras nos Estados Democráticos representativos e constituem o caráter *prima facie* das regras jurídicas (ALEXY, Robert. *Teoría de los derechos fundamentales.* Madrid: Centro de Estudios Políticos y Constitucionales, 2001. p. 100). Ávila, por sua vez, segue a mesma senda afirmando que a consideração dos aspectos

regras definem um comportamento. Tendo-se um *princípio*, a carga argumentativa será diferente; *naturalmente mais incertos em seu conteúdo, os princípios irão exigir mais fundamento do requerente*, com apelo aos precedentes e à doutrina que laboraram na sua densificação.[108]

Importante frisar, nesse viés, a noção de "dissociação heurística" proposta por Humberto Ávila para distinguir princípios e regras. Destarte, os dispositivos legais não encerram sempre regras ou sempre princípios (de um mesmo dispositivo podem decorrer *"n"* normas, assim como nem sempre se deve falar em dispositivo expresso, visto a possibilidade de existirem normas sem dispositivo literal e específico, *v.g.*, segurança jurídica), a afirmação de um princípio ou regra é dada como modelo ou hipótese provisória de trabalho sobre a qual atua a atividade do intérprete. É no discurso judicial com a participação das partes e do julgador, com a sua colaboração (pretensão de correção) na interpretação dialógica, que se dá o sentido e significado ora de regra, ora de princípio, ao dispositivo afirmado. Tem-se assim, um sentido reconstruído pela interpretação.

A grande revolução na teoria dos princípios proposta por Humberto Ávila está na inclusão de uma terceira categoria de normas: os postulados normativo-aplicativos. Esta categoria serve como orientação da "metódica de solução" dos conflitos entre regras e princípios para a aplicação do direito. O mesmo dispositivo ou norma poderia, em tese, ser interpretado como regra, princípio ou postulado aplicativo normativo.

Humberto Ávila descreve com alguns exemplos essa realidade. Tome-se o dispositivo que define a igualdade (art. 5°, *caput*, da CF/88), esse dispositivo pode funcionar como regra, quando determina um comportamento contrário ao ato discriminatório, vedando a discriminação; como princípio, quando elege por fim, finalidade, a igualdade de todos perante a lei; e, como postulado normativo-aplicativo (método), "estruturando a aplicação do Direito em função de elementos (critério de diferenciação e finalidade da distinção) e da relação entre eles (congruência do critério em razão do fim)".[109]

---

concretos do caso é natural na aplicação dos princípios, já no caso das regras: "só pode ser feita com uma fundamentação capaz de ultrapassar a trincheira decorrente da concepção de que *regras devem ser obedecidas*" (ÁVILA, *Teoria do princípios*, op. cit. p. 41). Ainda, no mesmo sentido, Peter Häberle afirmou que os aspectos de formação da regra, sua maior ou menor representatividade e discussão no corpo social antes da promulgação, devem ser levados em consideração quando se faz esta análise em uma sociedade aberta de intérpretes da Constituição. HÄBERLE, Peter. *Hermenêutica constitucional: a sociedade aberta dos intérpretes da constituição: contribuição para a interpretação pluralista e "procedimental" da constituição*. Porto Alegre: Safe, 1997. trad. Gilmar Ferreira Mendes – reimpressão 2002, p. 46.

[108] O processo de densificação dos princípios é uma característica necessária de sua correta aplicação: quanto mais densificado o princípio, melhor especificado seu fim, mais controlável será sua realização, maior efetividade terá. AVILA, *Teoria dos princípios*, p. 73.

[109] ÁVILA, *Teoria dos princípios*, p. 93.

Aplicando este modelo ao acesso à Justiça (princípio processual e "garantia síntese"[110] do processo) consubstanciado materialmente na dicção "A lei não excluirá da apreciação do poder judiciário lesão ou ameaça a direito" (art. 5º., XXXV da CF/88) ter-se-ia, como regra, a impossibilidade de restrição do acesso ao Judiciário, a impossibilidade de vedação do direito de ação por norma infraconstitucional. No exemplo: não é exigível no estádio atual do Direito brasileiro o prévio esgotamento das vias administrativas para o exercício da ação, principalmente quando ocorra lesão irreparável.[111] Nesse sentido, a jurisprudência sumulada do STF que determina não ser impeditivo ao ajuizamento de mandado de segurança à existência de recurso administrativo com efeito suspensivo, quando se tratar de ato omissivo, isto porque, por óbvio, a omissão não se supre com a falta de atividade (Súmula 429).[112]

Como princípio: a eleição da finalidade do acesso material, não basta a possibilidade de ingresso no Judiciário, é preciso garantir a possibilidade concreta de "saída", do exercício real dos direitos e de obtenção da prestação jurisdicional com Justiça, garantindo o "processo civil de resultados", daí o surgimento de uma série de normas prevendo a tutela específica, a tutela coletiva, a tutela de urgência, todas voltadas a dar vazão ao princípio do acesso à Justiça.

Como postulado: a aplicação de uma metódica que garanta a real materialidade do acesso, densificando os elementos (critérios de acesso e finalidade de acesso) e as relações entre eles (congruência). Caso na aplicação das regras processuais surja um confronto, deverá o postulado garantir a aplicação da regra ou do princípio; por exemplo, recentemente se percebeu que uma série de ações previdenciárias para concessão do benefício assistencial de prestação continuada (previsto no art. 203, V da CF/88), quer pela ausência de "defesa" técnica adequada do direito, quer por circunstâncias processuais outras, chegavam à fase recursal extraordinária sem a concessão de tutela antecipada com relação ao pedido de implantação do benefício, que apresenta caráter precipuamente mandamental. Tal situação leva ao efeito suspensivo de fato nos recursos extraordinário e especial, restando ao jurisdicionado (se consideradas esgotadas as vias decisórias, art. 463 do CPC) a tutela cautelar (por ação ou por simples petição, como tem entendido o STF) ou o meio francamente ineficaz da execução

---

[110] DINAMARCO, *Instituições*, p. 248.

[111] Como regra, este enunciado comporta exceções e também a própria superação, se os princípios não são absolutos muito menos o serão as regras. Nesse sentido Dinamarco aponta as limitações decorrentes do princípio da separação dos Poderes e do equilíbrio entre estes, os requisitos de admissibilidade da pretensão processual etc. Cf. DINAMARCO, *Instituições*, v. I, p. 199. Porém, se é possível falar em "legítima relatividade" da garantia "não se pode conotar-se por um nefasto *conformismo* diante de situações não-jurisdicionalizáveis, sob pena de nulidade da garantia." Ibidem.

[112] Excepcionando, assim, expressamente, a norma do art. 5º. da Lei 1533/51 e a Súm. 267 do STF.

provisória, pendente de caução para aferir resultado (art. 588 do CPC). Em recente decisão, contudo, o Tribunal Regional Federal da 4ª Região entendeu, mediante provocação do Ministério Público Federal, dar cumprimento à decisão sem inovar no processo, por simples expedição de ofício, dando ciência do conteúdo da decisão e de sua imperatividade ao réu.[113] Aplicouse aí a norma de forma metódica, aplicativa, garantindo o acesso à Justiça.

Portanto, a dissociação é "heurística" no sentido de que a construção é efetuada pelo intérprete fazendo com que "um ou vários dispositivos, ou mesmo uma implicação lógica deles decorrente, possa experimentar uma dimensão imediatamente comportamental (regra), finalística (princípio) e/ou metódica (postulado)".[114]

As regras dão mais estabilidade ao sistema, são precedidas de uma forte carga de legitimação e portanto exigem um maior respeito por parte do intérprete que certamente não pode querer criar sobre uma estrutura rígida de forma irresponsável. A sua maior estabilidade decorre do princípio democrático (criadas segundo o procedimento legislativo provisto na Constituição), por isso seu caráter *prima facie* é identificado com "princípios formais" de sua constituição.[115] Quanto mais qualificada for a constituição da regra, maior será o ônus argumentativo para seu afastamento.

Os princípios naturalmente exigem um esforço hermenêutico e, com isso, são dotados de grande abertura semântica e criativa. O papel da jurisprudência é densificá-los, na medida do possível, para torná-los normas ótimas na realização de seus fins.

Os postulados, como intuitivamente se presume, são instrumentos e portanto guardam grande relação com o processo e sua lógica operativa.

Um postulado, acima de todos os outros, norteia a nossa racionalidade jurídica, a preocupação tópica e discursiva do Direito, o postulado da "pre-

---

[113] Confira-se o despacho: "Trata-se de decidir acerca de petição protocolada pelo Ministério Público Federal para que seja expedido ofício ao réu, para fins de cumprimento, da decisão proferida por Colegiado deste Tribunal, o qual concedeu o benefício assistencial à parte *autora*. O requerente alega, em síntese, que é função promocional e responsabilidade do Órgão a garantia da efetivação dos direitos regulados pela LOAS (Lei 8.742/93), como no caso dos benefícios assistenciais de prestação continuada. Trata-se de garantir a vida e a saúde dos beneficiários. Sustenta a eficácia mandamental da decisão. No caso de não ser deferido o pedido, estar-se-ia aceitando, na prática, o efeito suspensivo *ex facto,* pela simples interposição do recurso especial ou extraordinário. Como é caso de obrigação de fazer, é desnecessária a expedição de carta de sentença para tal desiderato. Defiro a expedição de ofício ao réu, nos termos formulados pelo Ministério Público, com fulcro no disposto no artigo 5°, inciso LXXVIII, com a redação dada pela Emenda Constitucional 45, de 08 de dezembro de 2004, bem como no § 5° do art. 461 do CPC, com a redação dada pela Lei 10.444/2002, devendo ser anexado ao mesmo cópia do acórdão objeto do requerimento ora formulado." REC ESPECIAL EM AC N° 2000.71.02.003698-3/RS, Despacho da 3ª Vice-Presidência, Desa. Federal Marga Inge Barth Tessler, data 01/03/2005.

[114] ÁVILA, *Teoria dos princípios*, p. 60.

[115] Em particular, essa perspectiva de abordagem nos permite criticar a formação de restrições à direitos fundamentais por medidas provisórias, atos normativos da administração pública, leis ordinárias etc. Isto porque, como demonstrado por Alexy em crítica a Dworkin, nem todos os princípios tem o mesmo caráter *prima facie*, nem todas regras tem um caráter definitivo. ALEXY, *Teoria de los drechos fundamentales*, p. 99-100.

POLÊMICA SOBRE A AÇÃO

tensão de correção", aplicável como critério de verificação lógica procedimental das decisões jurídicas e sua conformidade com a aporia da Justiça.

Nessa composição precisa-se acrescentar uma importante mudança no Direito brasileiro: a consolidação da recepção do *stare decisis* mitigado no modelo discursivo e político do processo constitucional e o conseqüente caráter de fonte primária que assume a jurisprudência nesse cenário.

6 – Conclusão

Todas as teorias são parciais, procuram explicar parte da realidade através de premissas metódicas internamente estabelecidas. A validade das teorias está na sua capacidade crítica de fomentar dúvidas e propor alternativas aos conflitos postos na realidade empírica.

Nas linhas deste ensaio procurou-se determinar a necessidade de pensar o processo como instrumento de realização dos direitos fundamentais, na sua característica dinâmica, de construção de sentido no curso da história.

Verificou-se, ademais, que o processo cria direito, principalmente quando o direito não tem mais um conteúdo determinado estritamente pela norma (*v.g.*, princípios e cláusulas gerais).

Resta, nesta ótica, para a doutrina, a tarefa de aprofundar o controle das decisões judiciais (evitar o arbítrio) e a responsabilidade do juiz, bem como, desenhar uma teoria dos modelos jurisprudenciais que possa gerar previsibilidade e harmonia no ordenamento jurídico brasileiro.

O fato está aí, a jurisprudência vinculando a uma determinada interpretação do Direito, quer fortemente (como nas súmulas e nas decisões de controle de constitucionalidade), quer de maneira mais suave, argumentativa (como na possibilidade de julgamento conforme a jurisprudência vinculante), denota que a criação dos tribunais é hoje, no Brasil, fonte primária do direito.

Tem-se uma mera inversão de perspectiva. A verdade é que a percepção da realidade do processo e da aplicação do direito nunca deixou de assombrar a alta doutrina: "*Tempos houve em que o processo, em vez de realizar, criava o direito. Ainda hoje ele cria.* É de esperar-se que, dentro das futuras planificações econômicas, a sua criação, dentro delas, seja enorme. *O que lhe é essencial é aplicar o direito.* Não há só aplicação de direito preexistente. *Aplica-se, também, o direito que se revela no momento, coincidindo então incidência e aplicação judicial*, como coincidem incidência e aplicação espontânea quando a lei manda que no dia tal se pratique o ato tal e as pessoas sujeitas a ela, obedecem".[116]

---

[116] PONTES DE MIRANDA, *Comentários ao CPC*, t. I, p. XXVIII.

— 9 —

Da Ação Abstrata e Uniforme à Ação Adequada à Tutela dos Direitos

LUIZ GUILHERME MARINONI

Professor Titular de Direito Processual Civil da UFPR.
Advogado em Curitiba e Brasília

1. A repercussão da dicotomia tutela pelo equivalente-tutela específica sobre a efetividade da ação

Não há dúvida de que o direito de ação garante a tutela jurisdicional efetiva. Acontece que o direito de ação, para assim ser compreendido, deve ser relacionado com as formas de proteção jurisdicional do direito material.

Essas formas de proteção do direito material podem ser divididas em específica e pelo equivalente monetário. A proteção ou tutela específica do direito material é a que está preocupada com a integridade do direito, e assim não objetiva dar o seu equivalente monetário ao lesado. Tutela específica é o contrário de tutela pelo equivalente monetário, ou melhor, da tutela jurisdicional que protege o direito mediante a entrega de indenização em pecúnia ou da entrega do valor equivalente ao da obrigação descumprida ou cumprida de modo imperfeito.

É claro que, *na época das ações típicas*, as tutelas específica e ressarcitória pelo equivalente somente podiam ser obtidas através das *ações que lhes fossem correspondentes*. Ou seja, houve época em que as tutelas específica e ressarcitória pelo equivalente dependiam das ações que estivessem tipificadas.

Contudo, o surgimento do conceito de direito autônomo de ação eliminou a possibilidade de se pensar que a tutela específica apenas fosse viável diante de algumas espécies de ação. Ora, como a ação, há mais de um século, é indiscutivelmente aceita como *autônoma e atípica*, é pouco mais que evidente que o direito de propor a ação ou de invocar a jurisdição não é – ou jamais foi nos últimos cento e cinqüenta anos – obstáculo para a obtenção da tutela específica.

O que pode constituir óbice à atipicidade da tutela específica, ou seja, à possibilidade de sua obtenção para qualquer situação de direito substancial, é a suposição de que ela é privilégio apenas de alguns direitos, como os direitos reais, e também a falta de técnicas processuais capazes de dar à ação a efetividade necessária para alcançar a tutela específica, como acontecia na época em que a forma processual era disposta apenas para atender ao ressarcimento pelo equivalente monetário.

A tutela ressarcitória pelo equivalente tem relação com os valores do Estado liberal clássico. Em um Estado preocupado com as liberdades formais, e não com as necessidades concretas do cidadão, e que objetivava garantir tais liberdades fingindo não perceber as diferentes posições sociais, nada poderia ser mais adequado – ou conveniente – como forma de proteção jurisdicional que o ressarcimento em dinheiro.

Essa espécie de tutela jurisdicional seguia a lógica de que todos os bens e direitos tinham igual valor, e que assim não só podiam ser medidos através do metro da pecúnia, como possuíam, na expressão monetária, a melhor forma de identificação da necessidade de proteção dos direitos.

Na lógica do Estado liberal havia uma íntima relação entre as idéias de abstração das pessoas e dos bens, de igualdade formal, de autonomia privada e de ressarcimento em pecúnia.[1] Ora, se todos são iguais independentemente das suas diferenças concretas, e para a preservação da liberdade é imprescindível não constranger a autonomia privada, a tutela ressarcitória torna-se ideal, pois, além de igualizar o valor do direito material, não constrange a vontade do obrigado.

Sendo os sujeitos livres para contratar e as regras contratuais estabelecidas a partir da premissa da igualdade formal, basta verificar se elas são observadas, sem qualquer consideração de natureza social.[2] Quando as regras não são cumpridas, a sanção está na nulidade e no ressarcimento em dinheiro, sendo impossível compelir o obrigado a cumprir o que contratou – ainda que isto fosse faticamente possível.

Não se obrigava o sujeito do contrato a adimpli-lo na forma específica não apenas porque a sua obrigação, como qualquer outra, podia ser expressa em dinheiro, mas também porque não era possível, diante dos princípios de liberdade e de defesa da personalidade, que o juiz obrigasse o contratante a fazer ou a não-fazer alguma coisa.[3]

---

[1] V. Salvatore Mazzamuto, *L'attuazione degli obblighi di fare*, Napoli, Jovene, 1978, p. 37 e ss; Adolfo di Majo, *La tutela civile dei diritti*, Milano, Giuffrè, 1993, p. 156.

[2] Salvatore Mazzamuto, *L'attuazione degli obblighi di fare*, cit., p. 38.

[3] Afirma-se que o art. 1.142 do Código Napoleão – segundo o qual toda obrigação de fazer e de não-fazer resolve-se em perdas e danos em caso de inadimplemento – reflete os princípios de liberdade

Na economia liberal, a função do ressarcimento em dinheiro, ao outorgar um equivalente, muito mais que dar tutela ao direito violado, visava a proteger o "mercado" – para o qual os cidadãos não importavam –, mantendo os seus mecanismos inalterados.[4]

De modo que a tutela ressarcitória pelo equivalente não apenas partia da idéia de que todos os direitos eram iguais e de que todas as pessoas tinham as mesmas necessidades, como também a reproduzia, servindo como um meio de igualização das pessoas e dos direitos e de afirmação da economia de mercado[5] – que, sem a outorga de sanção ao descumpridor do contrato, não poderia sobreviver. E isso tudo sem constranger a liberdade do obrigado, que não se via compelido a cumprir uma obrigação, mas tinha contra si imposta apenas uma sanção de *natureza negativa*, ou seja, o pagamento do *equivalente* ao valor do dano ou da obrigação.

Não há dúvida de que o ressarcimento em pecúnia, como forma de proteção jurisdicional dos direitos, não está de acordo com os valores do Estado constitucional. O dever estatal de proteger os direitos, especialmente os fundamentais, obviamente demonstra a preocupação com a proteção da integridade dos direitos, do meio ambiente, do direito do consumidor, do direito à saúde,[6] do direito à educação etc. Na verdade, tais direitos têm uma natureza que não admite a sua transformação em dinheiro. Bem por isso exigem a proteção jurisdicional na forma específica, e não a tutela ressarcitória pelo equivalente.

O CPC brasileiro, até as reformas introduzidas na última década, era estruturado com base em técnicas processuais que não permitiam que a ação alcançasse a tutela específica, ao menos de forma adequada. O sistema do CPC, de lado as sentenças declaratória e constitutiva – que aqui não importam –, valia-se, para a tutela dos direitos, da sentença condenatória, que, quando não adimplida voluntariamente pelo réu, exigia a ação de execução para a realização do seu conteúdo.

A sentença de condenação seguida da ação de execução pode se mostrar adequada para a tutela ressarcitória pelo equivalente. Ou melhor, quando a sentença que condena o réu a pagar dinheiro não é adimplida, a execução por expropriação – penhora, avaliação, alienação etc. – é perfeita

---

e de defesa da personalidade, próprios do jusnaturalismo e do racionalismo iluminista (Cf. Salvatore Mazzamuto, *L'attuazione degli obblighi di fare,* cit., p. 36).

[4] Como escreve Mazzamuto, a imposição de um custo econômico do inadimplemento, ainda que adequado às novas exigências de reprodução do capital, repristina os mecanismos de mercado, mas não pressupõe qualquer programa de sustento do sujeito econômica ou socialmente mais fraco; na verdade, visando a tratar todos da mesma forma, ignora as características e as necessidades socialmente diversificadas dos contratantes, limitando-se a exprimir, em nível de sanção, a equivalência das mercadorias (Salvatore Mazzamuto, *L'attuazione degli obblighi di fare,* cit., p. 38).

[5] Adolfo di Majo, *La tutela civile dei diritti,* cit., p. 156.

[6] V. Clayton Maranhão, *Tutela jurisdicional do direito à saúde*, São Paulo, RT, 2003.

para viabilizar o seu cumprimento, ou seja, para permitir a realização do direito de crédito ou do direito à indenização.

Porém, a tutela específica não encontrava técnica processual adequada antes do art. 84 do CDC e do novo art. 461 do CPC. Ainda que o antigo art. 287 do CPC permitisse ao autor pedir a cominação de multa para obrigar o réu a fazer ou a não-fazer, isso não era suficiente para a obtenção da tutela inibitória (específica preventiva), entre outros motivos porque a parte final dessa norma falava em "pena pecuniária para o *descumprimento da sentença*", deixando de prever a técnica de antecipação da tutela, obviamente imprescindível quando se pensa em tutela inibitória ou preventiva – que dificilmente pode esperar o tempo necessário para o término do processo de conhecimento.

Tentou-se utilizar a ação cautelar de forma incidental à ação baseada no art. 287 (dita cominatória). Essa ação se fundava no art. 798 do CPC, que assim dispõe: "Além dos procedimentos cautelares específicos, que este Código regula no Capítulo II deste Livro, poderá o juiz determinar as medidas provisórias que julgar adequadas, quando houver fundado receio de que uma parte, antes do julgamento da lide, cause ao direito da outra lesão grave e de difícil reparação".

Como a ação do art. 287 não abria oportunidade para a antecipação da tutela, o seu autor passou a propor ação cautelar no curso do processo de conhecimento com o objetivo de obter a tutela inibitória ou preventiva que não podia sequer requerer diante das técnicas processuais do art. 287.

Ainda que se admitisse o uso da ação cautelar incidentalmente à ação cominatória, entendia-se que a sua eventual sentença de procedência não podia ser executada mediante a imposição de multa, uma vez que isso era vedado pelo próprio art. 287, que apenas permitia a cominação da multa "para o caso de descumprimento da sentença". Portanto, mesmo que se admitisse o uso da ação cautelar com fim de antecipação da tutela, não havia como lhe dar efetividade, pois não era possível executar a sua sentença mediante a imposição de multa.

Além disso, como a tutela inibitória é garantida no plano do direito material, e necessita da ação processual apenas para poder ser prestada, dando proteção preventiva ao direito do autor, não há qualquer racionalidade em utilizar duas ações. Ou melhor, não há cabimento em usar a ação cominatória (baseada no art. 287) e a ação cautelar (fundada no art. 798) quando se pretende somente a tutela inibitória, que é substancialmente apenas *uma* tutela, ainda que possa, como qualquer tipo de tutela jurisdicional do direito material, ser antecipada.

Quer dizer que a ação, em razão das técnicas processuais presentes no CPC até a reforma de 1994, não era capaz de permitir a obtenção da tutela

200   *Luiz Guilherme Marinoni*

inibitória, que é a mais importante de todas as tutelas específicas, pois necessária para manter incólume e íntegro o direito (como o direito da personalidade), evitando a sua degradação em pecúnia.[7]

Por outro lado, a sentença condenatória seguida da ação de execução, único modelo que poderia ser pensado para as tutelas de remoção do ilícito e ressarcitória na forma específica antes do novo art. 461 do CPC, com elas era totalmente incompatível.

Não se pode imaginar que a tutela do direito que exige a remoção dos efeitos concretos derivados da violação de uma norma possa se contentar com uma sentença que se limite a condenar o transgressor a fazer ou a desfazer. Quando o contraditório permite a conclusão de que houve a prática de ilícito, não há racionalidade em condenar ou exortar o réu à remoção, devendo o juiz determinar que um seu auxiliar judiciário pratique os atos executivos necessários para a remoção dos efeitos do ilícito – por exemplo, a busca e apreensão dos produtos nocivos à saúde do consumidor.

Isso para não falar que a tutela de remoção, diante da iminência de dano que naturalmente decorre de um ato que viola uma norma de proteção – como, por exemplo, a ameaça de dano proveniente da exposição à venda de produto nocivo à saúde do consumidor –, não pode prescindir de uma técnica processual autorizadora da sua antecipação, isto é, da antecipação da tutela de remoção do ilícito.

A sentença condenatória também se mostrava inadequada ao ressarcimento na forma específica. Como essa forma de ressarcimento exige a eliminação do estrago provocado pelo fato danoso, e isso em regra requer um fazer do infrator, a única técnica processual que poderia ser imaginada para lhe dar tutela seria a sentença condenatória seguida da ação de execução de obrigação de fazer.[8] Nesse caso, seria necessária uma ação de conhecimento com pedido de tutela ressarcitória na forma específica; a sentença, ao conceder essa tutela, condenaria ou exortaria o réu a fazer. Não observada a sentença, seria necessária a ação de execução, que, em caso de novo descumprimento pelo infrator – agora executado –, exigiria que a reparação (ou o fazer) fosse feita por um terceiro. A nomeação de um terceiro para fazer o que deveria ter sido feito pelo infrator não só acarretava grande demora, como também acabava obrigando o próprio lesado a pagar pela reparação, uma vez que, segundo a disposição do art. 634, § 7°, do CPC, o autor da execução é obrigado as adiantar as despesas necessárias ao fazer.

Se a vítima, mesmo depois de vários anos até alcançar a sentença, deve pagar para que um terceiro faça o que sentença condenatória disse que o infrator já deveria ter feito, ela evidentemente não tem a seu dispor técnica

---

[7] V. Luiz Guilherme Marinoni, *Tutela inibitória*, São Paulo, RT, 2003, 3ª. ed., p. 66 e ss.

[8] Embora o ressarcimento na forma específica também possa ser prestado mediante a entrega de coisa.

processual – ou ação adequada – capaz de lhe outorgar a tutela ressarcitória na forma específica.[9]

De modo que a técnica processual que se expressa através do binômio sentença condenatória-execução forçada tem ligação direta com os valores que fizeram supor que a tutela ressarcitória pelo equivalente poderia substituir a tutela específica do direito material. A tutela específica não se concilia com a ação que desemboca na sentença condenatória, exigindo, ao contrário, sentenças e meios executivos diferenciados. Por isso, é possível fazer uma relação entre a neutralidade da tutela ressarcitória pelo equivalente com a sentença condenatória e entre as várias necessidades de tutela dos direitos com as técnicas processuais destinadas a permitir a prestação das tutelas específicas.

Proto Pisani, ao alertar para a importância da distinção entre tutela específica e tutela ressarcitória pelo equivalente, também a relaciona com as teorias da ação, ou, mais precisamente, com a história das teorias da ação, dizendo que, na época em que as ações eram típicas, as tutelas específicas e ressarcitórias ficavam a elas vinculadas, mas, depois da conquista da autonomia da ação – da sua desvinculação do direito material –, as tutelas específicas, porque ficaram subordinadas a uma ação autônoma e atípica – passível de ser utilizada para a obtenção de qualquer tipo de tutela –, passaram a depender apenas das técnicas processuais.[10]

O ilustre professor titular da Universidade de Florença reconhece que, diante da autonomia e da atipicidade da ação, a tutela específica pode ser requerida para a proteção de qualquer direito, mesmo os obrigacionais, e que a sua efetividade depende apenas das técnicas processuais, especialmente da "esecuzione forzata in forma specifica", da "tutela inibitoria", das "misure coercitive" e da "tutela sommaria".[11] Ou seja, quando Pisani argumenta que a tutela específica dos direitos não está mais amarrada às ações típicas, pois a ação autônoma abre oportunidade para a tutela específica de qualquer espécie de direito (daí por que fala em ação atípica), e após afirma que a possibilidade da obtenção da tutela específica agora está na dependência da adequação das técnicas processuais, ele expressamente admite que a ação, ainda que autônoma e atípica, obviamente não pode ser reduzida ao ato solitário em que se faz o pedido de tutela jurisdicional, mas concretiza-se em uma seqüência de atos que dependem de técnicas processuais adequadas, como é o caso, por exemplo, das medidas coercitivas, apontadas

---

[9] Portanto, é correto afirmar que o CPC de 1973 transformou o direito à reparação do dano em direito à obtenção de dinheiro. Isso pelo motivo de que o modelo que foi por ele estruturado para o ressarcimento é completamente inidôneo para a prestação da tutela ressarcitória na forma específica, e assim para atender aos direitos que exigem tal forma de ressarcimento (Luiz Guilherme Marinoni, *Técnica processual e tutela dos direitos*, São Paulo, RT, 2004, p. 444).

[10] Andrea Proto Pisani, *Lezioni di diritto processuale civile*, Napoli, Jovene, 1994, p. 832 e ss.

[11] Andrea Proto Pisani, *Lezioni di diritto processuale civile*, cit., p. 837 e ss.

por ele como um dos "ponti critici" que ainda não foram solucionados para se atribuir efetividade à tutela específica.[12]

Porém, se Proto Pisani constrói um raciocínio contemporâneo para a ação, relacionando a sua utilidade com a necessidade de proteção do direito material – e, por isso, desenhando-a como um ente que se desenvolve e constitui um complexo de técnicas processuais –, acaba cometendo um erro interno ao seu raciocínio ao vincular a efetividade da ação com técnicas processuais – a "esecuzione forzata in forma specifica", as "misure coercitive" e a "tutela sommaria" – e com uma única forma de tutela do direito material: a "tutela inibitoria".

Como é óbvio, Pisani raciocina como se a tutela inibitória fosse uma técnica processual, nos moldes das medidas de coerção e das técnicas processuais de execução. Na verdade, o ilustre processualista italiano coloca a tutela inibitória no mesmo patamar das técnicas processuais, dando-lhe a mesma importância que a essas últimas para a efetividade da ação.

E é nesse ponto que é necessário discordar. A tutela inibitória não é uma técnica processual, como é a multa ou uma medida coercitiva. Se a multa é necessária para permitir a execução da decisão do juiz, essa (a decisão judicial), atrelada à multa (ao meio executivo adequado), é imprescindível para viabilizar a tutela inibitória. Melhor explicando: os meios executivos e a técnica de tutela sumária ou de antecipação da tutela são instrumentos capazes de viabilizar as tutelas prometidas pelo direito material, sendo que a tutela inibitória é apenas uma espécie entre elas.[13]

As sentenças (condenatória, mandamental etc.) e os meios executivos são técnicas que servem à prestação da tutela jurisdicional. Porém, quando se pergunta sobre o significado da tutela jurisdicional perante o direito material, de nada adianta saber se foi proferida uma sentença "x" ou utilizado um meio de execução "y", pois esses são incapazes de refletir *o resultado* que o processo proporciona no plano do direito material, mas apenas *o modo* (a técnica) pelo qual o direito processual tutela os diversos casos conflitivos concretos.[14]

A diferença *da sentença e dos meios de execução* para as *tutelas* é tão grande que a sentença mandamental (que ordena sob pena de multa), além de idônea à tutela inibitória, também pode permitir, por exemplo, a tutela ressarcitória na forma específica – quando o dano pode ser reparado mediante um fazer. Vale dizer: a sentença e os meios de execução *são apenas técnicas* para a efetiva prestação da tutela jurisdicional dos direitos (inibitória, ressarcitória na forma específica etc.).

---

[12] Andrea Proto Pisani, *Lezioni di diritto processuale civile*, cit., p. 837.
[13] Luiz Guilherme Marinoni, *Técnica processual e tutela dos direitos*, cit., p. 145 e ss.
[14] Luiz Guilherme Marinoni, *Técnica processual e tutela dos direitos*, cit., p. 146.

POLÊMICA SOBRE A AÇÃO

A correção é fundamental, pois é indispensável a separação entre tutela do direito e técnica processual para o desenvolvimento do raciocínio preocupado em dar efetividade à primeira a partir da segunda, ou em externar, de forma crítica, a impossibilidade de se obter a efetividade da tutela do direito diante da inadequada estruturação da técnica processual.[15]

Como se vê, a separação entre técnica processual e tutela dos direitos dá ao direito processual a *possibilidade de criticar* a efetividade do direito de ação, que então deixa de ser algo abstrato e indiferente à proteção das pessoas e dos direitos, e assim pode ser *coerentemente* colocado no posto de direito fundamental garantidor de todos os direitos.

Percebe-se que a conversão da tutela específica em tutela pelo equivalente em dinheiro faz com que a ação não tenha motivo para se diferenciar. Se as tutelas dos direitos perdem as suas características quando são transformadas em tutela pelo equivalente monetário, imediatamente deixa de existir razão para técnicas processuais diferenciadas. A redução das tutelas dos direitos a uma única tutela (pelo equivalente), faz com que passe a ser suficiente um único modelo de ação – a ação que, muito mais que autônoma, é indiferente ao que acontece no plano do direito material. A diferenciação das técnicas processuais e, por conseqüência, da ação, é uma decorrência da existência de distintas necessidades no plano do direito material.

Se a ação, vista como entidade totalmente abstrata, não pode identificar as necessidades de quem a propõe, é preciso encontrar algo que seja capaz de apontá-las, pois apenas assim será possível verificar se a ação pode realmente atender aos desígnios do direito material. Ou seja, para analisar a efetividade da ação e, desta forma, sua concordância com o direito fundamental à tutela jurisdicional efetiva, é imprescindível tomar consciência das necessidades que vêm do direito material, as quais traduzem diferentes desejos de tutela, especialmente de tutelas específicas.

A crítica da efetividade da ação (por exemplo, da insuficiência da sentença condenatória) tem como base a distinção entre tutela específica e tutela pelo equivalente, uma vez que somente a partir do momento em que se constata que a tutela específica deve preferir à tutela pelo equivalente é que se pode indagar se a ação está adequadamente estruturada para viabilizar a obtenção das várias tutelas específicas.

A seqüência natural do raciocínio que vem sendo desenvolvido exigiria, à primeira vista, a imediata consideração das formas de tutela dos direitos e das técnicas processuais dispostas na legislação processual. Porém, antes de tal análise, é preciso tratar de um outro problema, tão importante quanto o da distinção entre tutela específica e tutela pelo equivalente mo-

---

[15] Eis a razão pela qual escrevemos o livro *Técnica processual e tutela dos direitos*, cit.

netário. Trata-se da questão da *tipicidade das formas ou das técnicas processuais*, que por muito tempo vinculou e subordinou a ação abstrata e atípica, engessando-a a formas preconcebidas pelo legislador.

2. A ação única como decorrência do princípio da tipicidade das formas processuais

Quando se fala em tipicidade das *formas processuais* se está longe do tema da tipicidade *das ações*. A tipicidade das ações tem a ver com a época em que os direitos estavam subordinados à existência de ações ou dependiam de ações típicas para se realizar.

O princípio da tipicidade das formas processuais não quer significar que as tutelas dos direitos estão subordinadas às ações típicas, mas sim que as técnicas processuais, capazes de dar corpo à ação autônoma e atípica, são apenas as que estão tipificadas na legislação. Tal princípio aceita a idéia de ação atípica, mas vincula a sua realização e desenvolvimento às formas processuais expressamente definidas na lei.

A aproximação da ação ao princípio da tipicidade das formas processuais, aqui realizada, obviamente não foi feita pela doutrina que viveu o momento histórico da afirmação desse princípio, até porque a discussão sobre a ação, no final do século XIX, era restrita ao problema da sua autonomia e da sua abstração, estando muito longe da questão relativa à sua efetividade. O princípio da tipicidade das formas processuais, em outras palavras, poderia no máximo ser relacionado com a efetividade do procedimento e das próprias técnicas processuais.

Contudo, diante de uma leitura histórica e crítica de tal princípio e do direito de ação, é possível dizer que a tipicidade das formas processuais constituiu a expressão do princípio de liberdade, próprio ao jusnaturalismo e ao racionalismo iluminista. Garantia de liberdade totalmente compreensível em um contexto preocupado em proteger as liberdades do arbítrio dos juízes e das suas relações espúrias com o chamado Antigo Regime.[16]

Se o juiz dessa época não merecia qualquer confiança, e portanto o seu poder deveria ser nenhum[17] – como disse Montesquieu[18] –, era natural que o desenvolvimento da ação ou que o desenvolvimento do procedimento ficassem atrelados às formas previstas na lei. Afinal, tal juiz era visto como um "ser inanimado", incumbido de proclamar o "texto exato da lei".[19]

---

[16] Mauro Cappelletti, *Repudiando Montesquieu? A expansão e a legitimidade da "Justiça Constitucional"*, Revista da Faculdade de Direito da UFRGS, v. 20, p. 268.

[17] Montesquieu concluiu que o "poder de julgar" era, de qualquer modo, um "poder nulo" (en quelque façon, nulle) (Montesquieu, *Do espírito das leis*, São Paulo, Abril Cultural, 1973, p. 160).

[18] V. Giovanni Tarello, Storia della cultura giuridica moderna (assolustismo e codificazione del diritto), Bologna, Il Mulino, 1976, p. 291.

[19] Montesquieu, *Do espírito das leis*, cit., p. 158.

POLÊMICA SOBRE A AÇÃO

Vittorio Denti, ao tratar de forma crítica a história do processo de conhecimento, fez ver a razão de ser do princípio da tipicidade das formas processuais no Estado liberal, lembrando que Chiovenda, em conferência proferida em 1901,[20] insistiu para a necessidade das formas como garantia contra a possibilidade de arbítrio do juiz, deixando absolutamente clara "a estreita ligação entre a liberdade individual e o rigor das formas processuais".[21]

Seguindo essa linha, Denti advertiu que a antiga concepção burocrática da função jurisdicional, marcada pela excessiva racionalização do exercício dos poderes do juiz, foi a responsável pela idéia de criar um modelo único de procedimento,[22] de modo que a própria idéia de procedimento único deita raízes nessa concepção primitiva e "liberal" de jurisdição.

E tal idéia, como é fácil perceber, tinha razão de ser nesse momento da história, pois se a forma protege a liberdade, nada melhor que criar uma forma capaz de atender a todos os homens e a todas as situações, particularmente quando o Estado está proibido de se preocupar com as diferenças sociais e concretas entre os indivíduos e os bens.

O procedimento único, idealizado para um mero burocrata, responsável pela aplicação mecânica da lei, culminava em uma sentença que só poderia permitir a declaração da lei. Ao declarar a lei, o juiz poderia desconstituir um contrato, condenar o réu e declarar a existência ou a inexistência de uma relação jurídica. Nesse último caso, a lei era declarada com a função de declarar a existência ou a inexistência de uma relação jurídica, ao passo que no primeiro o juiz declarava a lei para desconstituir um contrato e, no segundo, para condenar o réu. Quer dizer que a sentença, como disse de maneira figurada Carnelutti,[23] era sempre feita com o metal da declaração, ainda que pudesse ter uma das três funções antes lembradas, isto é, ser declaratória (em sentido estrito), constitutiva ou condenatória.[24]

Aliás, o Estado liberal clássico tinha a sentença declaratória (em sentido estrito) como ideal, pois através dela o juiz apenas declarava a existência de uma relação jurídica *já formada pela autonomia de vontade*, sem interferir sobre uma situação jurídica ou condenar o réu.

Na verdade, as sentenças declaratória e constitutiva satisfazem por si mesmas a tutela jurisdicional buscada pelo autor, tornando desnecessária a

---

[20] Giuseppe Chiovenda, *Le forme nella difesa giudiziale del diritto*, 1901.

[21] Vittorio Denti, Il processo di cognizione nella storia delle riforme. *Rivista Trimestrale di Diritto e Procedura Civile*, p. 808, 1993.

[22] Vittorio Denti, Il processo di cognizione nella storia delle riforme. *Rivista Trimestrale di Diritto e Procedura Civile*, p. 808, 1993.

[23] Francesco Carnelutti, *Lezioni di diritto processuale civile*, Padova, Cedam, 1931, v. 2, p. 25 e ss.

[24] Sobre a classificação das sentenças, ver Luiz Guilherme Marinoni e Sérgio Cruz Arenhart, *Manual do processo de conhecimento*, 4ª ed. São Paulo, RT, 2004, p. 412. e ss.

prática de qualquer ato de execução. A mera prolação dessas sentenças é suficiente para que a tutela jurisdicional seja integral.[25]

Apenas a sentença condenatória exige meios executivos para que a tutela do direito possa ser prestada. Tanto é verdade que a doutrina italiana, ao considerar o conceito de condenação, exprimiu a idéia de que a sentença condenatória constitui apenas *uma fase* da tutela jurisdicional, sendo a execução a responsável pela tutela do direito de crédito.[26]

Portanto, se existia apenas um procedimento até as três sentenças, variava o que podia acontecer apenas em relação à sentença condenatória. O não-cumprimento da condenação por parte do réu abria oportunidade ao uso de meios para a sua execução.

Acontece que a sentença condenatória também foi moldada nos ares do Estado liberal, estando presa aos valores da liberdade e da segurança jurídica.[27] Por isso, as mesmas razões que levaram à definição de um único procedimento até a sentença, conduziram à tipificação dos meios para a sua execução.

Se a sentença condenatória é ligada às modalidades executivas tipificadas na lei, elimina-se a possibilidade de o juiz utilizar qualquer outro meio de execução, controlando-se, dessa forma, a sua possibilidade de arbítrio. Na mesma linha, deixando-se claro que a esfera jurídica do réu não pode ser invadida por meio executivo não previsto na lei, garante-se a liberdade ou a segurança psicológica do cidadão. Essa segurança seria derivada da "certeza do direito" ou da garantia de que somente poderiam ser utilizados os meios executivos tipificados na lei.

Tal necessidade de segurança ou de garantia de liberdade é que levou a doutrina a fixar o princípio da tipicidade dos meios de execução. Aliás, há não muito tempo, Mandrioli observou, no direito italiano, que "a precisa referência às formas previstas no Código de Processo Civil implica no reconhecimento da regra fundamental da intangibilidade da esfera de autonomia do devedor, a qual somente poderia ser invadida nos modos e através das formas tipicamente previstas pela lei processual".[28]

Em suma, a definição de uma forma processual única e invariável, característica à "certeza do direito" e voltada a conferir "segurança jurídica", fundou-se na necessidade de proteção da liberdade contra o arbítrio estatal.

É claro que a idéia de um procedimento único também foi legitimada pela desnecessidade, decorrente dos valores da liberdade e da economia

---

[25] V. Luiz Guilherme Marinoni, *Técnica processual e tutela dos direitos*, cit., p. 149.

[26] Crisanto Mandrioli, *L'azione esecutiva*, Milano, Giuffrè, 1955.

[27] Luiz Guilherme Marinoni, *Tutela inibitória*, cit., p. 342 e ss.

[28] Crisanto Mandrioli, L'esecuzione specifica dell'ordine di reintegrazione nel posto di lavoro. *Rivista di Diritto Processuale*, p. 23, 1975.

liberal, de tratamento diferenciado dos direitos (como visto no item antecedente), assim como pelo desejo da escola (chamada sistemática, histórico-dogmática ou chiovendiana) que se estabeleceu no início da afirmação do direito autônomo de ação, *de eliminar do processo qualquer mancha do direito material.*

A imunização do processo em relação ao direito material, proposta pelos teóricos da escola sistemática, atingiu a ação – vista como ato isolado através do qual se pede a tutela jurisdicional – e todos os demais institutos que a rodeavam, como se a ação fosse o centro do universo, e as sentenças e meios de execução, os seus satélites. A ação, como entidade autônoma e abstrata diante do direito material, obviamente era circundada por sentenças e meios de execução identificados a partir de critérios unicamente processuais. Nessa dimensão, como é óbvio, não há como pensar em *efetividade* da ação ou das técnicas processuais perante o *direito material.*

Note-se, aliás, *que a tarefa de separar a ação do procedimento*, isto é, de ver a ação apenas como ato mediante o qual se pede a tutela jurisdicional e o procedimento como o canal que leva ao julgamento do mérito, *certamente contou com o auxílio da tese de que o processo nada tem a ver com o direito material.*

Ora, se o processo é totalmente indiferente ao direito material, não há razão para ligar a ação ao procedimento, dando-se à ação a dimensão de um instituto que se desenvolve com a finalidade de permitir a obtenção da tutela efetiva do direito, e que por isso é totalmente dependente das técnicas processuais. A ação somente pode ser dita dependente do procedimento e das técnicas processuais quando o processo, como um todo, é associado ao direito material.

Ou melhor, para se falar em efetividade da ação, é preciso partir da premissa, atualmente indiscutível, de que o processo deve responder ao direito material, e chegar na conseqüência, daí natural, de que *o direito de ação*, por ser a contrapartida da proibição da tutela privada, é exercido pelo autor para a obtenção da tutela efetiva do direito, e assim inegavelmente exige procedimento e técnicas processuais idôneos.

Portanto, a crítica endereçada ao procedimento único é a mesma que se pode fazer à ação que se desenvolve através de apenas um procedimento. Se o procedimento único é expressão de uma garantia de liberdade própria de um Estado que não mais existe, o mesmo pode ser dito da ação que somente pode ser exercida mediante um único procedimento. Prefere-se criticar o procedimento, e não a ação, pela simples razão de que não se dá à ação um conteúdo que abarca o procedimento e as técnicas processuais.

O princípio da tipicidade das formas processuais, ou a existência de um procedimento único, elimina qualquer possibilidade de vinculação da ação com o direito material e com o procedimento e as técnicas processuais, proibindo que se fale em "efetividade da ação".

3. O escopo de tutela dos direitos

A necessidade de isolamento do direito processual em face do direito material levou a doutrina a afastar das suas preocupações a principal finalidade da jurisdição: a tutela dos direitos.

A escola processual italiana do início do século XX teve o grande mérito de reconstruir o processo a partir de bases publicistas, mas iniciou a história que permitiu ao processo se afastar perigosamente dos seus compromissos com o direito material.

A ação abstrata, preocupada – talvez de maneira excessiva – em se despir de toda e qualquer mancha de direito material, não se ligou a qualquer forma processual que pudesse indicar uma relação do processo com as necessidades do direito material. A escola italiana clássica não só negou à ação qualquer vínculo com um procedimento que pudesse apontar para as necessidades do direito material, como também organizou as formas processuais que necessariamente deveriam estar ao redor da ação a partir de critérios unicamente processuais.

Seguindo a lógica da "neutralidade" em relação ao direito material, que já caracterizava a ação – posta no centro do sistema processual –, os processualistas imaginaram que deveriam criar um universo de sentenças igualmente abstrato.

Tal lógica supunha que a resposta jurisdicional ao direito de ação também deveria ser isenta em relação ao plano do direito material. Por essa razão, as sentenças obviamente não foram vistas como tutelas aos direitos, *ou como instrumentos capazes de propiciar a tutela dos direitos*, mas apenas como provimentos de fecho do processo.

Pensou-se que o processo poderia existir sem qualquer compromisso com o direito material e com a realidade social. Porém, como não é difícil constatar, houve uma lamentável confusão entre autonomia científica, instrumentalidade e neutralidade do processo em relação ao direito material. Se o direito processual é cientificamente autônomo, e o processo possui natureza instrumental, isto está muito longe de significar que ele possa ser neutro em relação ao direito material e à realidade da vida. Aliás, justamente por ser instrumento, é que o processo deve estar atento às necessidades dos direitos.

O mais grave é que a pretendida indiferença do processo em relação ao direito material faz com que o sistema jurídico, que obviamente depende do processo para que as normas sejam atuadas e os direitos sejam efetivados, não tenha a possibilidade de atender às necessidades reveladas pelo

POLÊMICA SOBRE A AÇÃO **209**

direito material. Ora, os institutos do processo dependem da estrutura não apenas das normas que instituem direitos, mas também das formas de proteção ou de tutela que o próprio direito substancial lhes confere.

No Estado constitucional, pretender que o processo seja neutro em relação ao direito material é o mesmo que lhe negar qualquer valor. Isto porque ser indiferente ao que ocorre no plano do direito material é ser incapaz de atender às necessidades de proteção ou de tutela reveladas pelos novos direitos e, especialmente, pelos direitos fundamentais.

Portanto, outorgar à jurisdição o escopo de tutela dos direitos é imprescindível para dar efetividade aos direitos fundamentais. Como é óbvio, esta forma de conceber a função jurisdicional faz com que a ação neutra (única) perca sustentação, já que essa ação é completamente incapaz de atentar para o papel que o direito hegemônico desenvolve diante da sociedade e do Estado.

4. Técnica processual e tutela dos direitos

É preciso advertir que, além da tutela jurisdicional, os direitos encontram outras formas de tutela ou proteção por parte do Estado. Lembre-se de que os direitos fundamentais, quando enquadrados em uma dimensão multifuncional, exigem prestações de proteção. Isso quer dizer, em poucas palavras, que os direitos fundamentais fazem surgir ao Estado o dever de protegê-los. Ora, essa proteção ou tutela devida pelo Estado, obviamente, não se resume à tutela jurisdicional.

O Estado, antes de tudo, tem o dever de proteger os direitos fundamentais mediante normas de direito. É o que ocorre, por exemplo, quando se pensa na legislação de proteção ao meio ambiente e na legislação de defesa do consumidor.

A norma que proíbe a construção em determinado local e a que proíbe o despejo de lixo tóxico em certo lugar constituem normas de proteção ou de tutela do direito fundamental ao meio ambiente sadio.

Embora o Estado tenha o dever de proteger os direitos fundamentais, o art. 5º, XXXII, da CF, não se limitou a dizer que o direito do consumidor é um direito fundamental. Ele disse que "o Estado promoverá, na forma da lei, a defesa do consumidor", deixando expresso que o Estado tem o dever de proteger, mediante normas, o consumidor. Trata-se de um dever de proteção ou de tutela que chamamos de dever de "tutela normativa dos direitos".

Porém, como a edição da norma não basta, o Estado também tem o dever de fiscalizar o seu cumprimento, impor a sua observância, remover os efeitos concretos derivados da sua inobservância, além de sancionar o particular que a descumpriu. Recorde-se das atividades dos fiscais da saúde pública e dos direitos do consumidor e da figura do guarda florestal. Temos, nesse caso, evidente proteção ou tutela administrativa.

Quando o administrador, em processo administrativo, decide que houve infração a uma norma de proteção, o seu dever passa a ser – quando não lhe restar o mero sancionamento do particular pela conduta reprovada – o de fazer valer o desejo da norma, seja no caso de ato comissivo ou de ato omissivo. Assim, por exemplo, nas hipóteses em que o administrador determina a paralisação da construção de obra, a instalação de determinado equipamento antipoluente ou a retirada do mercado de remédio ou produto nocivo. Nessas situações, a proteção, dada pela norma, é mais uma vez afirmada pelo administrador. Aliás, não se pode negar que, mesmo quando o administrador impõe multa ao particular, ele presta tutela ou proteção ao direito fundamental.

No caso em que o legislador se omite diante do seu dever de proteção normativa, o juiz deve supri-la, admitindo a incidência direta do direito fundamental sobre o caso conflitivo.[29] A questão da incidência direta do direito fundamental sobre os particulares é uma das mais tormentosas da atualidade. Em poucas palavras, porém, podemos dizer que entendemos que não é preciso pensar em incidência direta do direito fundamental sobre os particulares quando se dá ao juiz o poder de suprir a omissão do dever de proteção do legislador, uma vez que nesse caso o direito fundamental estará incidindo sobre o sujeito privado mediante a participação da jurisdição, e assim a sua incidência estará sendo mediatizada pelo Estado. Nessa situação, a tutela normativa estará sendo substituída pela tutela jurisdicional.

Não se quer dizer que a jurisdição, na tutela dos direitos fundamentais, apenas apareça no caso de omissão de tutela do legislador. A compreensão da tutela jurisdicional exige esforço e concentração no plano do significado das normas. As normas de proteção de direitos fundamentais, como os do consumidor e ao meio ambiente sadio, não são atributivas de direitos, mas impositivas ou proibitivas de condutas, partindo da consideração de que determinadas condutas devem ser impostas ou proibidas para que os direitos fundamentais sejam tutelados. Portanto, tais normas, quando violadas, não exigem as formas de tutela que costumam ser dadas ao cidadão diante do dano. Como é evidente, a simples exposição à venda de produto nocivo à saúde não dá a consumidor algum o direito de pedir tutela jurisdicional ressarcitória. A única forma de tutela jurisdicional que se pode ter na hipótese de violação de norma de proteção é exatamente aquela que, de forma similar ao que acontece no plano administrativo, impõe a observância da norma ou remove os efeitos concretos derivados da sua violação. Ora, qual seria a forma de tutela jurisdicional diante da violação de norma de proteção

---

[29] V. Claus-Wilhelm Canaris, *Direitos fundamentais e direito privado*, Coimbra, Almedina, 2003, p. 101 e ss.

a direito fundamental senão aquela capaz de fazer valer o próprio desejo da norma descumprida? Nesse caso, a forma de tutela decorre da própria natureza da norma violada. A violação exige a atuação da norma, e não um remédio capaz de garantir proteção ao sujeito que sofreu dano, isto é, a tutela ressarcitória.

Isso não significa que a violação de norma de proteção não possa acabar acarretando danos aos cidadãos ou mesmo a direitos transindividuais, como o direito ambiental. Nesse caso, há duas formas de tutela ressarcitória: pelo equivalente e na forma específica. Quando não há alternativa senão a consideração do valor do dano ou quando o cidadão prefere o ressarcimento em pecúnia ainda que seja possível a tutela específica, impõe-se a tutela jurisdicional ressarcitória pelo equivalente. No caso de direito transindividual, sendo faticamente viável a reparação *in natura*, a tutela ressarcitória deve ser prestada na forma específica.

O Estado tem o dever de tutelar ou proteger os direitos fundamentais através de normas, da atividade administrativa e da jurisdição. Por isso, há tutela normativa, tutela administrativa e tutela jurisdicional dos direitos.

A jurisdição tem o dever de proteger ou tutelar todos os direitos, sejam fundamentais ou não. Porém, dizer que a jurisdição deve atender ao direito material pode significar, simplesmente, que o processo deve acudir aos direitos atribuídos aos cidadãos pelas normas materiais, o que não expressa algo muito relevante, a não ser um clichê que vem sendo utilizado pelos processualistas para dizer algo que é correto, porém óbvio e destituído de importância, especialmente quando se almeja uma dogmática capaz de permitir a efetiva retomada dos laços entre o processo civil e o direito material.

Esse clichê pode ser identificado no ditado de Chiovenda, hoje celebrizado pela doutrina processual, que diz que o processo deve dar a quem tem um direito tudo aquilo e exatamente aquilo que tem o direito de obter. Além de Chiovenda não ter construído essa frase com a mesma boa vontade e intenção dos processualistas que a repetem,[30] ela é insuficiente para identificar uma dogmática adequada aos nossos dias.

A preocupação com a tutela dos direitos não diz respeito apenas à idoneidade do processo para atender aos direitos, pois é uma questão que

---

[30] E não vai aqui nenhuma crítica à doutrina que se vale do ditado chiovendiano. Nós chegamos a usá-lo expressamente em um dos itens do livro "Tutela inibitória", ainda que assim advertindo: "Cabe lembrar, porém, que Chiovenda, apesar de ter dito que o processo deve dar a quem tem um direito tudo aquilo e exatamente aquilo que tem o direito de obter, afirmou, nas suas "Instituições", o seguinte: "Se, por sua natureza ou por falta de meios de sub-rogação, não se pode conseguir um bem senão com a execução por via coativa, *e os meios de coação não estão autorizados na lei, aquele bem não é conseguível no processo, salvo a atuação (se possível, por sua vez) da vontade concreta de lei que deriva da lesão ou inadimplemento do direito a uma prestação; salvo, por exemplo, o direito ao ressarcimento do dano*" (Giuseppe Chiovenda, *Instituições de direito processual civil*, São Paulo, Saraiva, 1965, v. 1, p. 290)." (Luiz Guilherme Marinoni, *Tutela inibitória*, 3ª ed, cit, p. 364).

se coloca, em um primeiro momento, no âmbito do direito material. E, no plano do direito material, implica a adoção de uma postura dogmática que retira o foco das normas ditas atributivas de direitos para jogar luz sobre a esfera das tutelas, local em que se encontram as formas de tutela ou de proteção que os direitos reclamam quando são violados ou expostos a violação.[31]

As *formas de tutela* são garantidas pelo *direito material*, mas não equivalem aos direitos ou às suas necessidades. É possível dizer, considerando-se um desenvolvimento linear lógico, que as *formas de tutela* estão em um local mais avançado: é preciso partir dos direitos, passar pelas suas necessidades, para então encontrar as *formas* capazes de atendê-las.

Assim, por exemplo: a Constituição Federal afirma que "são *invioláveis* a intimidade, a vida privada, a honra e a imagem das pessoas, *assegurado o direito* a indenização pelo *dano material ou moral* decorrente de sua violação" (art. 5º, X), e que "é assegurado o *direito de resposta*, proporcional ao agravo, além da *indenização* por *dano material, moral ou à imagem*" (art. 5º, V). Nesse caso, a Constituição garante de maneira expressa várias *formas de proteção ou de tutela* aos direitos à "intimidade, a vida privada, a honra e a imagem das pessoas".

Ou seja, tais normas não se limitam a atribuir ou a proclamar direitos; consideram as suas necessidades e afirmam as *formas imprescindíveis à sua proteção*. Quando a Constituição diz que tais direitos são invioláveis, afirma que eles exigem uma forma de proteção jurisdicional capaz de impedir a sua violação. Mas, além disso, confere a tais direitos, no caso de violação, indenização, deixando claro que eles devem ser protegidos ou tutelados mediante ressarcimento nos casos de dano material e moral.

Até aí a Constituição garantiu expressamente as tutelas inibitória e ressarcitória em pecúnia. Perceba-se, porém, que a primeira parte do inciso V do art. 5º, ao dizer que "é assegurado o *direito de resposta*, proporcional ao agravo", garante uma forma de proteção ao direito que não se confunde com a inibitória ou com a ressarcitória pelo equivalente. Trata-se da tutela ressarcitória na forma específica, já que destinada a reparar o dano de modo específico, e não mediante o pagamento do equivalente em dinheiro ao seu valor.

Como se vê, a postura dogmática, preocupada com as tutelas, é atenta para as *formas de proteção ou de tutela dos direitos*. Ela não está preocupada em saber se os cidadãos têm este ou aquele direito, ou mesmo com a identificação de direitos difusos e coletivos. É que, na perspectiva das "*formas de tutela dos direitos*", a atribuição de titularidade de um direito fica

---

[31] Adolfo di Majo, Forme e tecniche di tutela, in *Processo e tecniche di attuazione dei diritti*, Napoli, Jovene, 1989, v. 1, p. 11 e ss.

na dependência de que lhe seja garantida a disponibilidade de uma *forma de tutela* que seja adequada à necessidade de sua proteção. Ou melhor, o sujeito só é titular de um direito, ou de uma posição juridicamente protegida, quando esse direito disponha de uma *forma de tutela* que seja adequada à necessidade de proteção que tal posição exija.[32] Como está claro, há aí um proposital desvio de rota dirigido a permitir a *diferenciação entre a atribuição – ou, como dizem alguns, a proclamação – de direitos e a existência de "posições jurídicas protegidas".*

Note-se que ter direito à imagem é algo muito diferente do que ter uma *forma de tutela adequada à sua proteção*, como a tutela inibitória. Ter direito ao meio ambiente sadio não quer dizer ter direito à tutela ressarcitória na forma específica. O direito do consumidor, para deixar de ser mera proclamação, deve ter a seu dispor a tutela capaz de remover os efeitos concretos derivados do ato que violou a norma de proteção, e assim por diante.

Ademais, a questão das *formas de tutela*, por dizer respeito ao plano do direito material, não deve se confundir com o problema de se saber se o processo civil é capaz de dar efetividade aos direitos, ou melhor, às formas de tutela prometidas pelo direito material. Pergunta-se sobre as formas de tutela na esfera do direito material, portanto antes de se analisar a efetividade do processo. Aliás, caso a questão das "formas de tutela" pudesse ser confundida com a da "efetividade do processo", estaria negada a obviedade de que a pergunta sobre a forma de tutela é um degrau que necessariamente deve ser ultrapassado para se chegar à problematização da efetividade do processo.

O processo deve se estruturar de maneira tecnicamente capaz de permitir a prestação das *formas de tutela* prometidas pelo direito material. De modo que, entre as *tutelas dos direitos* e as *técnicas processuais*, deve haver uma relação de adequação. Essa relação de adequação, porém, não pergunta mais sobre as *formas de tutela*, mas sim a respeito das *técnicas processuais*.

Ou melhor, quando se indaga sobre a efetividade do processo já se identificou a *forma de tutela* prometida pelo direito material, restando verificar se as *técnicas processuais* são capazes de propiciar a sua efetiva prestação. Não é por outro motivo que não se pode misturar tutela inibitória com sentença mandamental ou tutela ressarcitória pelo equivalente com sentença condenatória. Também por essa razão não há como deixar de constatar que a tutela antecipada não é uma técnica processual, mas a antecipação da forma de tutela capaz de atender ao direito material. Na realidade, como agora é fácil perceber, há uma *técnica* para a *antecipação da tutela*.

---

[32] Adolfo di Majo, *La tutela civile dei diritti, Milano*, Giuffrè, 1993, p. 43 e ss.

Assim como a sentença e os meios executivos servem para viabilizar a tutela final, a decisão antecipatória e os meios executivos a ela adequados têm o objetivo de permitir a antecipação da tutela.

Resumindo: quando se propõe o binômio técnica processual-tutela dos direitos, não se quer simplesmente reafirmar a velha estória da necessidade de adequação do processo ao direito material. Deseja-se, isto sim, a partir de uma postura dogmática preocupada com as posições jurídicas protegidas e com as formas de tutela necessárias para lhes dar proteção – e não mais apenas com as normas atributivas de direitos –, chegar a uma verdadeira análise crítica da ação e do processo, mediante a verificação da idoneidade das técnicas processuais para prestar as formas de tutela prometidas pelo direito material.

5. As tutelas jurisdicionais dos direitos

Como é intuitivo, a forma ideal de proteção do direito é a que impede a sua violação. Ter direito, ou ter uma posição jurídica protegida, é, antes de tudo, ter direito à uma forma de tutela que seja capaz de impedir ou inibir a violação do direito. Essa forma de tutela é importante sobretudo para os direitos não patrimoniais, isto é, para os direitos que não podem ser reparados por um equivalente monetário.

Não há como pensar em direito à honra ou à intimidade sem tutela inibitória. Do mesmo modo, o direito ambiental simplesmente não existe na ausência desta forma de tutela. Não há exagero em dizer que tais direitos dependem da tutela inibitória. Isso porque, como dito no item antecedente, as normas atributivas de direitos nada valem sem a disposição de formas de tutela dos direitos. Uma norma que atribui ou afirma um direito *inviolável* obviamente só tem sentido quando tem ao seu lado uma forma de tutela capaz de impedir a violação.

Não é por outra razão que a CF afirma que "são *invioláveis* a intimidade, a vida privada, a honra e a imagem das pessoas" (art. 5º, X), e que "todos têm direito ao meio ambiente ecologicamente equilibrado, bem de uso comum do povo e essencial à sadia qualidade de vida, impondo-se ao poder público e à coletividade o dever de defendê-lo e preservá-lo para as presentes e futuras gerações".

É pouco mais que evidente que a tutela inibitória não precisa estar prevista na legislação processual. É até curiosa a tese, sustentada por alguns, de que a tutela inibitória não pode ser requerida por não estar garantida no CPC. Ora, a tutela inibitória nada tem a ver com a legislação processual, pois é parte integrante do direito material. Ela decorre naturalmente da norma atributiva de direito, pois não há direito que, quando ameaçado de lesão, não detenha uma forma de proteção contra a sua violação. E isso fica mais evidente em se tratando de direitos não-patrimoniais, como o direito ao meio ambiente sadio.

Afirmar que o direito ao meio ambiente sadio é de todos, e negar uma forma de proteção capaz de impedir a sua violação sob a alegação de que a tutela inibitória não está prevista na legislação processual, é o mesmo que imaginar que as formas de tutela dos direitos dependem do processo.

A legislação processual tem apenas o dever de instituir técnicas processuais que sejam capazes de viabilizar a obtenção da tutela do direito prometida pelo direito material. Ou seja, a legislação processual deve se preocupar com as técnicas processuais – p. ex., técnica antecipatória e sentença mandamental –, e não com as tutelas dos direitos – p. ex., tutela inibitória.

A tutela inibitória é uma forma de proteção do direito material e pode objetivar impedir ou inibir a violação do direito, a sua repetição ou a continuação de uma atividade ilícita.[33]

A exposição didática das formas de tutela recomenda acompanhar a trajetória dos atos de agressão dos direitos. Se a tutela inibitória se destina a impedir a lesão do direito, o próximo passo na visualização das formas de tutela deve parar no instante em que um ato viola uma norma mas não acarreta um fato danoso. E aqui nos encontramos novamente em situação que exige uma reelaboração dos conceitos da dogmática clássica.

Trata-se da necessidade de repensar o conceito de ilícito civil e, especialmente, de tutela contra o ilícito. O ilícito civil tendo sido pensado como o ato contrário ao direito que produz dano. O elemento dano, em outras palavras, vem sendo exigido como um componente essencial para a configuração do ilícito civil. Argumenta Orlando Gomes, por exemplo, que "o ilícito civil só adquire substantividade se é fato danoso".[34]

Em termos conceituais, há aí uma mistura entre o ato contrário ao direito e o dano, ou uma falta de distinção entre o ato em si (o ilícito) e a sua conseqüência (o dano). Nem sempre o ato contra o direito e o dano ocorrem no mesmo instante, sendo possível que o dano surja após a prática do ilícito e até mesmo freqüentes os casos em que o dano se intensifica com o passar do tempo. Aliás, é possível que exista ato contrário ao direito que não provoque dano. O dano não é apenas uma conseqüência, mas na verdade uma conseqüência eventual do ilícito.[35] Por isso, não há como negar a separação entre ilícito e dano.

---

[33] Sobre o tema da tutela inibitória, v. Luiz Guilherme Marinoni, *Tutela inibitória*, cit.

[34] Orlando Gomes, *Obrigações*, Rio de Janeiro, Forense, 1992, p. 314.

[35] Aldo Frignani, *L'injunction nella common law e l'inibitoria nel diritto italiano*, Milano, Giuffrè, 1974, p. 423 e ss; Cristina Rapisarda, *Profili della tutela civile inibitoria*, Padova, Cedam, 1987, p. 108 e ss.

O que seria possível dizer é que o dano, apesar de não se confundir com o ato contrário ao direito, é imprescindível para se outorgar *tutela* ao direito. Na verdade, o entendimento de Orlando Gomes evidencia a confusão entre o conceito de ilícito e os pressupostos para a tutela ressarcitória. Segundo Orlando Gomes, "não interessa ao direito civil a atividade ilícita de que não resulte prejuízo. Por isso, o dano integra-se na própria estrutura do ilícito civil. Não é de boa lógica, seguramente, introduzir a função no conceito. Talvez fosse preferível dizer que a produção do dano é, antes, um requisito da responsabilidade, do que do ato ilícito. Seria este simplesmente a conduta *contra jus*, numa palavra, a injúria, fosse qual fosse a conseqüência. Mas, em verdade, o Direito perderia seu sentido prático se tivesse de ater-se a conceitos puros".[36]

Orlando Gomes supõe que o conceito de ilícito que não considera o dano é um "conceito puro", que não tem sentido para o direito. Essa sua conclusão parte da premissa de que "não interessa ao direito civil a atividade ilícita de que não resulte prejuízo". Porém, o que diz Orlando Gomes é que o ilícito que não gera prejuízo não abre oportunidade para a tutela ressarcitória do direito. Como a proteção ou a tutela ressarcitória devem ser buscadas através do processo civil, afirma-se, em outros termos, que o ilícito não-danoso não deve ser objeto de preocupação do processo civil, ou ainda que jamais haverá interesse de agir em uma ação civil voltada a proteger um direito contra a prática de um ilícito que não produziu dano.

Acontece que Orlando Gomes, além de ter colocado um elemento que diz respeito à configuração do direito à tutela ressarcitória no conceito de ilícito, deixando de distinguir ilícito de tutela do direito, cometeu um pecado mais grave ao não perceber que a exigência do dano é imprescindível *apenas para uma das tutelas contra o ilícito*, isto é, para a tutela ressarcitória. Ora, não é possível admitir, dentro da realidade contemporânea, que o ressarcimento *seja a única forma de tutela contra o ilícito*.

É certo que a admissão de uma outra forma de tutela contra o ilícito implica a superação de um dogma que vem desde o direito romano. A assimilação entre ilícito e dano é o resultado de um processo histórico que levou a doutrina a admitir que a tutela contra o ilícito seria apenas o pagamento do equivalente ao valor da lesão ou, quando muito, a aceitar que determinados danos poderiam ser reparados *in natura*.

Contudo, na dimensão do Estado constitucional, em que avulta o dever do Estado de proteger os direitos fundamentais mediante a proibição ou a imposição de condutas, a necessidade de tutela contra o ilícito exige uma nova postura dogmática, voltada a explicar a necessidade de uma outra

---

[36] Orlando Gomes, *Obrigações*, cit., p. 313.

forma de tutela contra o ilícito, derivada da existência de normas de natureza protetiva, características a um Estado ciente do seu dever de proteção.

Lembre-se de que o Estado tem o dever de proteger os direitos fundamentais, entre outras formas mediante a instituição de normas de proteção. Por isso, edita normas que proíbem ou exigem condutas para dar proteção ao meio ambiente ou aos consumidores, por exemplo. Parte-se da premissa de que determinadas condutas comissivas podem gerar danos, ou que certas práticas ou condutas são imprescindíveis para se evitar danos ou prejuízos.

As normas que proíbem a construção ou o despejo de lixo em determinada zona, exigem a instalação de equipamento antipoluente ou impedem a venda de produto ou remédio com determinada composição objetivam dar proteção aos direitos fundamentais. Não são normas atributivas de direitos, mas sim normas proibitivas ou impositivas de condutas, tendo a finalidade de proteger os direitos fundamentais. A violação dessas normas expõe os direitos fundamentais aos prejuízos que o legislador deseja evitar quando estabelece proibições ou imposições. De modo que, contra a violação da norma, deve existir uma forma de tutela do direito que é por ela protegido ou uma forma de tutela que faça atuar o próprio desejo da norma violada.

A prática de ato contrário a uma norma de proteção, ainda que não traga dano, exige uma forma de tutela jurisdicional do direito, e, por isso, obviamente, não pode ser indiferente ao processo civil. Não há como admitir, no Estado constitucional, que a única função do processo civil contra o ilícito continue a ser a de dar ressarcimento pelo dano. Num Estado preocupado com a proteção dos direitos fundamentais, o processo civil também deve ser utilizado como instrumento capaz de garantir a observância das normas de proteção, para o que a ocorrência de dano não tem importância alguma.

Nesse caso, só há interesse na tutela do direito quando os efeitos concretos da ação ilícita perduram no tempo. Quando da violação da norma não decorrem danos ou efeitos concretos configuradores de uma situação antijurídica, obviamente não há qualquer interesse na provocação da jurisdição. Esse interesse, no caso em que não há dano, reclama a tutela jurisdicional *para que os efeitos concretos do ilícito sejam removidos ou eliminados.*

É o que ocorre, por exemplo, no caso de exposição à venda de produto nocivo ao consumidor ou de remédio com composição capaz de causar dano à saúde, ou mesmo de venda de produto ou de remédio desprovido das informações necessárias ao seu uso ou ingestão. Nessas hipóteses, qualquer ente legitimado à defesa dos direitos transindividuais pode pedir a tutela de remoção dos efeitos concretos do ilícito, requerendo, como técnica processual, a busca e apreensão dos produtos ou dos remédios.

Não existindo dano, mas uma simples situação antijurídica, a tutela jurisdicional deve estabelecer a situação que lhe era anterior. Daí por que essa forma de proteção do direito constitui uma tutela jurisdicional de remoção do ilícito, a qual também é uma tutela específica, na medida em que não se conforma com a transformação do direito em dinheiro.[37]

A tutela de remoção do ilícito é imprescindível para a jurisdição dar atuação específica às normas de proteção dos direitos fundamentais. Aliás, sem esta espécie de tutela jurisdicional, o dever de proteção estatal aos direitos se tornaria impossível, e o direito de proteção normativa dos direitos fundamentais, quase inútil.

Porém, a tutela de remoção também é imprescindível aos direitos individuais. Basta lembrar, por exemplo, as situações em que produtos evidenciam contrafação de marca comercial ou em que cartazes publicitários configuram concorrência desleal. Nessas hipóteses, ainda que os ilícitos possam ter gerado danos, e para eles a tutela ressarcitória seja adequada, isto obviamente não basta, uma vez que não elimina a necessidade da tutela de remoção do ilícito. A tutela de remoção, *ao invés de remediar o dano, elimina a sua fonte,*[38] impedindo o prolongamento da situação antijurídica que expõe o titular do direito violado a danos. Assim, não importa se algum dano já foi produzido, pois é sempre necessário remover a situação que *constitui a sua causa.*

Enquanto a probabilidade da prática de ato contrário ao direito é pressuposto da tutela inibitória,[39] para a tutela de remoção basta a ocorrência da violação da norma, sendo desnecessário cogitar, em relação a ambas as tutelas, não apenas sobre a probabilidade e a ocorrência de dano, mas também a respeito de culpa, até porque a exigência dessa última se presta apenas a legitimar a imposição da sanção ressarcitória.[40]

A passagem do ato contrário ao direito ao fato danoso faz a ponte entre a tutela de remoção do ilícito e a tutela ressarcitória. É preciso separar o dano, o ressarcimento e as *duas formas de tutela ressarcitória.* Quem sofre um dano tem direito ao ressarcimento, mas pode-se valer, conforme a sua situação concreta, de uma das duas formas de tutela ressarcitória.

A tutela ressarcitória pode ser prestada pelo equivalente ou na forma específica. Ao se admitir que os bens jurídicos podem ser reduzidos a pecúnia, há assimilação entre ressarcimento e pagamento de dinheiro e, desta

---

[37] V. Luiz Guilherme Marinoni, *Técnica processual e tutela dos direitos,* cit., p. 268 e ss.

[38] João Calvão da Silva, *Cumprimento e sanção pecuniária compulsória,* Coimbra, Almedina, 1987, p. 411 e ss.

[39] No que diz respeito à tutela inibitória, é preciso esclarecer que a invocação de dano é *desnecessária,* uma vez que basta a demonstração de ameaça de ato contrário ao direito. Porém, como o dano pode se associar cronologicamente ao ato contrário ao direito, vindo ambos a ocorrer no mesmo instante, é inegável que o autor *pode alegar e demonstrar a probabilidade de dano para caracterizar de forma mais fácil a ameaça.*

[40] E isto quando para a imposição da sanção ressarcitória não for dispensada a culpa, como acontece nos casos de responsabilidade sem culpa.

POLÊMICA SOBRE A AÇÃO **219**

maneira, falta de motivo para a preocupação com uma forma de tutela capaz de permitir a reparação *in natura*.

Porém, há direitos que, pela sua natureza, não podem ser transformados em dinheiro. É o caso, por exemplo, do direito ao meio ambiente sadio. A própria Constituição Federal afirma, em seu art. 225, que o "meio ambiente ecologicamente equilibrado" deve ser preservado "para as presentes e futuras gerações". Não há como dar tutela ao meio ambiente, preservando-o para as presentes e futuras gerações, mediante o ressarcimento pelo equivalente. Isto seria o mesmo que aceitar que, no lugar do meio ambiente sadio, a sociedade pode-se contentar com dinheiro. Na realidade, seria o mesmo que admitir a expropriação do direito ao meio ambiente.

Daí a imprescindibilidade da tutela ressarcitória na forma específica. Enquanto a tutela ressarcitória em pecúnia visa a dar ao lesado o valor equivalente ao da diminuição patrimonial sofrida ou o valor equivalente ao do custo para a reparação do dano, ou ainda pode constituir uma resposta contra o dano acarretado a um direito não-patrimonial (a chamada indenização por dano moral), a tutela ressarcitória na forma específica objetiva estabelecer a situação que existiria caso o dano não houvesse sido produzido.

Porém, em certos casos, o ressarcimento na forma específica não é viável. E, em outros, pode representar apenas parte da integralidade do ressarcimento. Assim, por exemplo, no caso de corte indevido de árvores. Se é possível determinar o plantio de árvores semelhantes às indevidamente cortadas, isto certamente não seria capaz de ressarcir a totalidade do dano, pois as árvores e o próprio ecossistema estariam em uma situação diversa caso o dano não houvesse sido produzido. Em uma situação como essa, o ressarcimento na forma específica deve ser cumulado com o ressarcimento em dinheiro.[41]

A prioridade do ressarcimento na forma específica é imposição que decorre do próprio direito material. Na realidade, se o lesado tem direito ao ressarcimento, cabe-lhe escolher a forma de reparação, que pode ser na forma específica ou pelo equivalente. Apenas quando, diante da situação concreta, o ressarcimento na forma específica for impossível ou configurar uma forma excessivamente onerosa, é que o ressarcimento deverá ser pelo equivalente monetário. Isso quer dizer que nos casos em que a tutela ressarcitória na forma específica for concretamente possível, ela somente será excluída por opção do próprio lesado ou quando o ressarcimento na forma específica, ainda que possível, não for justificável ou racional em vista da sua excessiva onerosidade.

O ressarcimento na forma específica pode ser prestado não apenas através de um fazer, mas igualmente mediante a entrega de uma coisa capaz

---

[41] Luiz Guilherme Marinoni, *Técnica processual e tutela dos direitos*, cit., p. 427 e ss.

de substituir a destruída ou a roubada. Note-se que a tutela ressarcitória na forma específica objetiva proteger o direito mediante uma reparação que se aproxime da reconstituição do estado que era anterior ao dano, tendo como oposto o ressarcimento que se limita a dar ao lesado um *valor em dinheiro* equivalente ao da lesão. De modo que o ressarcimento na forma específica não depende apenas de um fazer, pois também pode ser prestado com a entrega de coisa.

Deixe-se claro, contudo, que o lesado sempre tem a opção do ressarcimento na forma específica, a qual, em relação aos direitos transindividuais, nem mesmo constitui opção, mas sim obrigação, pois o legitimado à sua tutela não pode preferir dinheiro no lugar da reparação *in natura*.[42]

Supor que a tutela ressarcitória pelo equivalente é a única resposta ao dever de reparar o dano, além de admitir que todo bem ou direito pode ser expresso em dinheiro, conduz à idéia de que o infrator pode-se liberar da sua responsabilidade mediante o pagamento de dinheiro – quando então ter patrimônio seria o mesmo que ter a responsabilidade atenuada. Porém, o lesado não tem um mero direito de crédito sobre o patrimônio do infrator, mas sim o poder de obrigá-lo à reparação. A existência de um poder de obrigar à reparação implica a possibilidade de usar a ação para coagir o infrator a fazer ou a entregar coisa equivalente à destruída.[43]

Após a tutela ressarcitória, cabe analisar a tutela contra o inadimplemento da obrigação contratual. No sistema que ignora a tutela específica da obrigação, aquele que necessita do bem, e por isso realiza o contrato, jamais tem efetivamente assegurado o seu direito, ao passo que o detentor do capital ou do bem possui a possibilidade de, a qualquer momento e inclusive em razão de uma "variação de mercado" que não lhe é benéfica, liberar-se da sua obrigação mediante o simples pagamento de dinheiro.

A negação de tutela específica à obrigação contratual se reveste de evidente contradição, pois admite que as partes se obrigam ao contratar, mas, logo após, estão livres para não atender à prestação assumida, como se o adimplemento fosse um 'dever livre' ou um puro ato potestativo, e não algo devido.[44]

A vontade das partes somente é efetivamente considerada quando o contrato produz os seus efeitos normais ou previamente desejados.[45] "O credor acredita no normal desenvolvimento da relação, segundo a vontade

---

[42] Luiz Guilherme Marinoni, *Técnica processual e tutela dos direitos*, cit., p. 427 e ss.

[43] João Calvão da Silva, *Cumprimento e sanção pecuniária compulsória*, cit., 153-154; Jorge Musset Iturraspe, *Responsabilidad por daños*, Buenos Aires, Rubinzal Culzoni, 1988, p. 379-380.

[44] João Calvão da Silva, *Cumprimento e sanção pecuniária compulsória*, cit., p. 173.

[45] Por isso mesmo, entendemos que a tutela inibitória também é uma forma de proteção contra o inadimplemento.

das partes e a função econômica tida em vista no momento inicial".[46] As obrigações que nascem com o contrato, como acrescenta Calvão da Silva, "nascem para ser cumpridas, sendo o seu cumprimento, sem dúvida, o essencial e principal efeito querido pelas partes ao concluírem o contrato. Daí poder falar-se do programa obrigacional como programa de cumprimento e do interesse do credor nesse programa como interesse existencial do cumprimento".[47]

O pagamento do equivalente em dinheiro, como resposta jurisdicional ao não-cumprimento da obrigação contratual, supõe a obrigação como um poder do credor sobre o patrimônio do devedor, e não a obrigação como um direito à prestação. Por isso, a inexistência de tutela específica contra o inadimplemento nega a própria natureza da obrigação, cujo fim é o de dar ao credor uma prestação, e não a de lhe conferir um valor em dinheiro.[48]

Na sociedade de massa, em que é imprescindível a proteção da posição do consumidor, não há como deixar de conferir ao jurisdicionado a tutela do adimplemento na forma específica, objetivando garantir o bem objeto do contrato ou o bem tal como foi contratado, sem vícios ou defeitos.

Além de o inadimplemento poder ser total ou parcial, o adimplemento pode ser imperfeito. As duas primeiras hipóteses dizem respeito, respectivamente, ao não-cumprimento da obrigação na sua totalidade e em parte, enquanto a última se refere ao cumprimento imperfeito da obrigação, isto é, ao cumprimento realizado com vícios.

Os artigos 18, 19 e 20 do Código de Defesa do Consumidor tratam dos chamados vícios de qualidade e quantidade dos produtos e dos serviços, ou seja, dos vícios ou imperfeições no cumprimento das obrigações de entregar produto e prestar serviço. A responsabilidade pelos vícios inerentes aos produtos ou serviços deriva da obrigação do fornecedor em assegurar o cumprimento perfeito, colocando o produto ou o serviço no mercado com a qualidade e a quantidade garantidas.

Quando a obrigação é cumprida de modo imperfeito, surge ao credor o direito de exigir a correção do defeito no cumprimento (a sanação do vício, a complementação de peso ou medida, a substituição do produto ou a reexecução do serviço; arts. 18, 19 e 20 do CDC). O direito a essa tutela se funda na própria obrigação, ou melhor, na garantia de qualidade a ela inerente.

Nos casos de inadimplemento total e parcial, assim como nos de adimplemento com vícios de quantidade e qualidade, há direito à tutela do adimplemento na forma específica, seja com o fim de obrigar ao adimplemento

---

[46] João Calvão da Silva, *Cumprimento e sanção pecuniária compulsória*, cit., p. 147.

[47] João Calvão da Silva, *Cumprimento e sanção pecuniária compulsória*, cit., p. 187.

[48] João Calvão da Silva, *Cumprimento e sanção pecuniária compulsória*, cit., p. 173-174.

– diante de inadimplemento total ou parcial –, seja com objetivo de permitir a sanação do vício, que pode-se dar até mesmo mediante a substituição do produto ou a reexecução do serviço.

A tutela do adimplemento na forma específica cabe no caso de obrigação de fazer (prestar serviço) e de entregar coisa (entregar um produto). Mas, no caso de cumprimento imperfeito de obrigação de entregar coisa, a tutela do adimplemento da obrigação de entrega de coisa pode ser prestada mediante uma técnica processual que imponha um fazer (sentença que ordene um fazer sob pena de multa, por exemplo).[49]

Quando a obrigação não puder mais ser cumprida, a tutela deverá prestar o equivalente *ao valor da prestação inadimplida*. Note-se, porém, que essa tutela se diferencia da tutela pelo equivalente *ao valor do dano*. A primeira tem a ver com a *obrigação inadimplida*, e a segunda, com o *dano*. Por isso, a primeira é tutela da *obrigação* pelo equivalente ou tutela pelo equivalente ao valor da obrigação, e a segunda é tutela *ressarcitória* pelo equivalente.

Além disso, é preciso perceber que nem toda tutela prestada em dinheiro é tutela pelo equivalente. Quando alguém se obriga a pagar quantia em dinheiro, a tutela que confere pecúnia ao outro sujeito do contrato obviamente não é tutela pelo equivalente, mas sim tutela do adimplemento na forma específica.

Tudo isso indica que o direito à tutela específica da obrigação decorre do próprio direito material. A idéia de que a tutela específica não é devida às obrigações, mas apenas aos direitos reais, é devedora da época das ações típicas ou da fase em que a proteção dos direitos reais era mais incisiva do que a das obrigações, o que ocorreu por uma série de motivações políticas e econômicas, que faziam entender que o cumprimento do contrato não possuía a mesma importância da observância e da tutela dos direitos reais. A separação entre tutela específica e tutela pelo equivalente a partir da relação direitos reais-obrigações não tem qualquer sentido na sociedade contemporânea, uma vez que, conforme dito acima, o credor de uma obrigação não tem apenas direito sobre o patrimônio do devedor, mas sim direito à prestação por ele prometida.

Contudo, não há como deixar de mencionar as tradicionais tutelas específicas voltadas à obtenção da coisa com base no direito à posse, no domínio e na posse esbulhada, assim como as tutelas de manutenção de posse e interdito proibitório.

No caso de obrigação de entregar coisa móvel, ocorrida a tradição simbólica, mas não entregue a posse concreta do bem, a tutela a ser exigida

---

[49] É o que ocorre quando, em razão de vício do produto, abre-se oportunidade para o pedido de substituição das partes viciadas do bem.

POLÊMICA SOBRE A AÇÃO

não é de adimplemento da obrigação, mas sim *de imissão na posse da coisa com base no direito à posse* – derivado do documento que expressou a tradição simbólica.

Tratando-se de coisa imóvel, é possível que alguém tenha o direito de haver a posse da coisa de quem se obrigou a transferi-la. Nesse caso, o titular do direito à posse – que pode ser o adquirente – tem direito à tutela de imissão na posse. A exigência da imissão na posse depende da *existência de obrigação de transferência da posse e, portanto, de direito à posse.*

A coisa também pode ser pedida com base no *domínio*. O proprietário sem posse pode pedir a coisa contra o possuidor que não é proprietário. A tutela objetiva a coisa com base no domínio, mas somente pode ser concedida quando o réu exerce a posse de forma injusta. Tal tutela é pedida através da ação tradicionalmente conhecida como reivindicatória.

Quando o possuidor tem a sua posse "roubada" ou esbulhada, cabe-lhe a tutela de reintegração na posse. Essa tutela permite ao autor recuperar a posse de que foi privado pelo esbulho. Além da tutela de reintegração de posse, há a tutela de manutenção de posse e a tutela de interdito proibitório, tidas como tutelas possessórias. A manutenção de posse é devida ao possuidor que tem a sua posse turbada, ao passo que o interdito proibitório se destina a impedir moléstia à posse.

Até agora se falou apenas das tutelas jurisdicionais dos direitos que não dependem de sentenças "satisfativas", mas sim de sentenças que necessariamente se relacionam com meios de execução para prestar a tutela do direito material. A distinção entre sentença satisfativa e sentença não-satisfativa, realizada por doutrina de relevo,[50] permite o isolamento das sentenças que não são, por si, suficientes para a tutela dos direitos – porque necessitam de meios de coerção ou de sub-rogação para que o direito possa ser efetivamente tutelado –, das sentenças em que a tutela do direito se "exaure frutuosamente".[51] Trata-se da separação entre as sentenças condenatória, mandamental e executiva, de um lado, e as sentenças declaratória e constitutiva, de outro.

Como é evidente, as sentenças declaratória e constitutiva não podem ser enquadradas na classificação das *tutelas dos direitos*, uma vez que, assim como as sentenças condenatória, mandamental e executiva, constituem *técnicas* para a tutela do direito material. Ou seja, as sentenças devem ficar de um lado, e as tutelas, dos direitos de outro.

---

[50] Alessandro Rasseli, Sentenze determinative e classificazione delle sentenze, in *Scritti giuridici in onore di Francesco Carnelutti*, Padova, Cedam, 1950, v. 2, p. 580; Salvatore Satta, Premesse generali alla dottrina della esecuzione forzata, *Rivista di diritto processuale civile*, 1932, p. 368; Crisanto Mandrioli, *L'azione esecutiva*, Milano, Giuffrè, 1955, p. 310; Cristina Rapisarda, *Profili della tutela civile inibitoria*, cit., p. 136.

[51] A expressão é de Mandrioli (*L'azione esecutiva*, cit., p. 310).

O problema é que, se as tutelas dos direitos podem ser facilmente separadas das sentenças condenatória, mandamental e executiva, o mesmo não acontece quando se está diante das *tutelas* declaratória e constitutiva e das *sentenças* declaratória e constitutiva. Isso porque se não existe tutela condenatória, mandamental e executiva, há tutela declaratória e tutela constitutiva. Ou melhor: as *sentenças* declaratória e constitutiva prestam *tutelas* declaratória e constitutiva.

Se alguém pode ter, no plano do direito material, direito à tutela pelo equivalente ao valor do dano ou da obrigação, e, no plano do direito processual, direito à técnica condenatória, isso não significa que não se possa ter direito a uma tutela do direito que possa ser prestada mediante uma sentença satisfativa, cujo nome seja idêntico ao da tutela devida na órbita do direito material.

Alguém pode ter pretensão à declaração ou à constituição, pois pode ter direito de exigir que alguém reconheça uma relação jurídica ou que seja constituída ou desconstituída uma situação jurídica. O fato de não ser possível obrigar alguém a reconhecer uma relação jurídica ou a desconstituir um contrato, ou mesmo a circunstância de não ser possível constituir determinadas situações jurídicas fora da jurisdição, obviamente não interfere no problema, pois não descarta a possibilidade de alguém ter a pretensão a estas tutelas no plano do direito material e, assim, *ter o direito a tais tutelas* do direito material *mediante as técnicas processuais* das sentenças declaratória e constitutiva.

6. A influência da tutela do direito sobre a ação

Vistas as formas de tutela imprescindíveis para o sujeito se dizer titular de um direito ou de uma posição juridicamente protegida, importa relacioná-las com o direito de ação.

Ter direito a uma forma de tutela do direito é, simplesmente, ter direito material, pois ninguém tem direito sem ter a sua disposição formas de tutela capazes de protegê-lo diante de ameaça ou de violação. Mas a pretensão à tutela do direito é uma potencialidade, no sentido de que não precisa ser exercida ou reconhecida para ser dita existente.

Todos têm direito à tutela jurisdicional inibitória em caso de ameaça de violação. Do mesmo modo, toda e qualquer pessoa tem direito a ser ressarcida se a sua integridade física for atingida por um dano, ou todo titular de um direito obrigacional, em caso de inadimplemento, tem o direito ao cumprimento da obrigação – obviamente que quando isso for faticamente possível –, ainda que, na outra hipótese, tenha o direito ao equivalente em pecúnia ao valor da prestação obrigacional inadimplida.

Porém, para que o sujeito possa obter uma dessas formas de tutela do direito material, deve exercer o direito de ação. O direito de ação não se confunde com o direito e com a pretensão à tutela do direito, pois essa última é uma potencialidade que, para ser exigida, depende da ação, e diante dela pode ser reconhecida ou não.

Quando a ação é proposta, formula-se o pedido e são expostos os fundamentos de fato e de direito que o embasam. O autor, ao realizar o pedido, apresenta a sua pretensão à tutela *jurisdicional* do direito e, no mesmo momento, pede a sentença que reputa capaz de prestá-la, requerendo, por exemplo, tutela inibitória e sentença mandamental.

Ao pedir determinada tutela jurisdicional do direito, o autor espera um provimento que, apreciando o mérito, a reconheça. Ou seja, a pretensão à tutela jurisdicional do direito não se contenta com qualquer sentença de mérito, porém só com a sentença de procedência; a sentença de improcedência não presta tutela jurisdicional *ao direito*.

Daí a distinção entre a ação e a pretensão à tutela jurisdicional do direito. O direito de ação tem como corolários o direito de influir sobre o convencimento do juiz e o direito às técnicas processuais capazes de permitir a efetiva tutela do direito material. É o direito à ação *adequada*, garantido pelo art. 5º, XXXV, da CF. O autor tem o direito de exercer a ação que lhe permita obter a tutela jurisdicional do direito. Mas isso não quer dizer que a ação adequada seja dependente da existência do direito material, *uma vez que todos têm direito à ação adequada à tutela do direito, sejam ou não titulares do direito material reclamado*.

Na hipótese em que a sentença não reconhece o direito material ou julga improcedente a pretensão à tutela jurisdicional *do direito*, ainda assim há prestação de tutela *jurisdicional* (embora não de tutela jurisdicional *do direito*) ao autor. Nesse caso, há resposta ao direito de ação ou ao direito à tutela jurisdicional efetiva ou adequada ao plano do direito material. Ora, o direito de ação é abstrato em relação ao direito material, dele não dependendo para existir. Portanto, o não-reconhecimento do direito material não tem qualquer repercussão sobre o direito de ação.

A ação é o meio através do qual se pede a tutela jurisdicional do direito. Por isso, embora a ação seja independente ao reconhecimento da pretensão à tutela jurisdicional do direito, é evidente a influência da tutela jurisdicional do direito sobre ela.

Ao propor a ação, o autor afirma o direito e a existência de uma situação de ameaça ou de lesão. Com base em tais afirmações, que configuram a causa de pedir, pede a tutela jurisdicional do direito e o provimento que reputa adequado à sua prestação. Porém, cabe-lhe demonstrar a relação de adequação de tais afirmações com a tutela do direito e a espécie de sentença reclamadas. Vale dizer que, das afirmações de direito e de lesão ou ameaça, deve logicamente decorrer a tutela do direito solicitada.

A ação adequada é a ação conformada a partir da tutela jurisdicional do direito. Ou melhor, assim como existem várias formas de tutela jurisdicional dos direitos – como a tutela jurisdicional inibitória etc. –, devem existir ações adequadas a cada uma dessas tutelas jurisdicionais, não importando, para tanto, como é óbvio, a previsão de procedimentos especiais.

Diante das cláusulas processuais abertas dos arts. 461 do CPC e 84 do CDC, da generalização das técnicas de tutela antecipatória, e especialmente da impossibilidade de que a ausência de procedimento especial possa constituir obstáculo à efetividade da tutela jurisdicional do direito, a ação adequada deve ser construída no caso concreto, ou seja, a partir da pretensão à tutela jurisdicional do direito e da causa de pedir.

O ponto mais importante para a construção da ação adequada é o da tutela jurisdicional do direito. Quando, por exemplo, pede-se tutela de remoção do ilícito, a causa de pedir não deve se referir ao dano e à culpa, ou mesmo à probabilidade de dano, limitando-se a deixar claro que foi praticado um ato contrário ao direito que produziu efeitos concretos que devem ser removidos, ainda que tais efeitos não configurem dano ressarcível. Ou seja, a tutela jurisdicional do direito requer a exposição da causa de pedir que com ela é compatível. Nesse sentido, a causa de pedir tem importância para a conformação da ação adequada apenas porque é um pressuposto do próprio pedido de tutela jurisdicional do direito.

A tutela jurisdicional do direito, portanto, implica o dimensionamento da extensão da cognição do juiz, ou seja, a fixação dos limites do debate e da produção das provas. Além disso, é a tutela jurisdicional, na forma em que se conjuga com a situação concreta, que autoriza a utilização de uma ou outra espécie de sentença ou o uso de determinado meio de execução em vez de outro.

A ação, garantida de forma abstrata e atípica pela Constituição, concretiza-se no momento em que se volta à tutela de uma situação concreta. Como é evidente, esta concretização nada tem a ver com a idéia de proteção concreta ou de ação que requer uma sentença favorável. A concretização, aqui reclamada, diz respeito à necessidade de a ação se adequar à tutela da situação concreta. Trata-se, em outras palavras, de não abrir mão da ação abstrata e atípica, mas a ela acrescentar o *plus*, também garantido pela Constituição, de adequação à tutela do direito material e do caso concreto.

Nessa linha, parece desnecessária e até mesmo forçada a tese de que a ação, quando concretizada, passa a ser uma demanda. Se é a demanda, e não a ação, que possui partes, causa de pedir e pedido, e que conduz à obtenção da tutela jurisdicional do direito, não há qualquer diferença entre a idéia de demanda e de "ação adequada". De modo que se teria que concluir que o direito de ação garante a "demanda adequada", quando o objetivo da distinção seria apenas o de manter desligado o direito de ação do direito material e do caso concreto.[52] Acontece que, como demonstrado, a separação entre os planos do direito de ação e do direito material, que ninguém mais contesta, não elimina, mas na realidade impõe, a aproximação da ação com as tutelas prometidas pelo direito material e com o caso concreto.

A ação, garantida pela Constituição, concretiza-se a partir da *tutela jurisdicional do direito* objeto do pedido. Vale dizer: a dimensão da extensão da cognição do juiz, dos limites do debate e da produção probatória, assim como a definição da sentença e do meio executivo idôneos – que são as características que tornam a ação adequada –, dependem da natureza da tutela jurisdicional do direito.

7. Tutela jurisdicional do direito e tutela jurisdicional

A tutela do direito é prestada, assim como a modalidade de sentença que lhe deve acompanhar é entregue, apenas quando o juiz reconhece a procedência do pedido de tutela do direito. Na hipótese de improcedência, não se presta – nem se poderia – a tutela do direito. Também por uma razão lógica, a negação da tutela do direito impede a concessão da modalidade de sentença postulada. Ora, se uma espécie de sentença é requerida para permitir a efetividade da tutela do direito, é natural que a não-prestação da tutela elimine a possibilidade – e porque não se dizer a necessidade – de se outorgar a sentença solicitada.

Assim, por exemplo, se o pedido de tutela inibitória é julgado improcedente, não se concede uma sentença mandamental. Nessa hipótese, como não há tutela do direito, e sim declaração de que o autor a ela não tem direito, a sentença é declaratória.

A sentença que julga improcedente o pedido não presta tutela de direito material ao réu. Isso apenas poderia acontecer se o réu formulasse pedido de tutela do direito. Como ele apenas se defende, pleiteando a não-concessão da tutela requerida pelo autor, não há como pensar que a sentença de improcedência lhe presta tutela ao direito material.

Até aqui falamos de tutela do direito ou de tutela jurisdicional do *direito material*. Contudo, como o autor inegavelmente exerce o seu direito de ação – praticando todos os atos necessários para influir sobre o convencimento do juiz e tendo à disposição todas as técnicas processuais capazes de lhe permitir alcançar a tutela de direito almejada – ainda que a sentença

---

[52] Por outro lado, se a demanda é compreendida apenas como o primeiro ato da ação, o conceito nada acrescenta, pois não elimina a tese de que a ação é exercida para viabilizar a obtenção da tutela jurisdicional do direito e, portanto, deve ser uma ação adequada à tutela do direito.

seja de improcedência, é evidente que essa sentença lhe presta *tutela jurisdicional*, não importando se não concede a *tutela do direito*.

Ou seja, o juiz, ao proferir a sentença, qualquer que seja o seu resultado, necessariamente confere tutela jurisdicional ao autor e ao réu. A sentença de improcedência dá *tutela jurisdicional* ao autor e ao réu. A sentença de procedência presta a *tutela jurisdicional do direito* solicitada pelo autor e *tutela jurisdicional* ao réu.

Vale dizer que não aceitamos a idéia de que a tutela jurisdicional somente é outorgada pela sentença favorável ou a afirmação de que a tutela jurisdicional apenas é concedida quando a sentença é procedente. A *tutela jurisdicional* é a resposta da jurisdição ao direito de participação em juízo das partes. Mas o juiz apenas presta a *tutela jurisdicional do direito* quando a sentença é de procedência.

Perceba-se que para uma necessidade de direito material há uma forma de tutela idônea (p. ex., ressarcimento pelo equivalente). Com o exercício da ação, essa forma de tutela é requerida através do pedido, que também indica uma sentença idônea (p. ex., condenação). Porém, a tutela do direito somente é concedida, e a sentença outorgada, quando o pedido de tutela é acolhido, isto é, quando a sentença é de procedência; nesse caso há tutela jurisdicional do direito. Contudo, a forma de tutela do direito solicitada, muito mais do que apontar para a sentença devida, constitui a base para a construção da ação adequada.

8. O exercício da ação para a obtenção da tutela do direito

Ao propor a ação, o autor formula o pedido, afirmando a pretensão à tutela jurisdicional do direito. Porém, após apresentar o pedido, o autor continua atuando, ou seja, prossegue exercendo poderes e faculdades com o fim de convencer o juiz da existência do direito material e com a finalidade de obter a tutela do direito.

O autor, ao exercer tais poderes e faculdades, pratica atos concretos, fazendo alegações, produzindo provas, tudo com a finalidade de obter o reconhecimento da sua pretensão à tutela jurisdicional do direito. Mas, o exercício da ação também se estende a eventual requerimento de antecipação da tutela ou de tutela cautelar, pois através delas se antecipa a tutela do direito material ou se viabiliza a sua obtenção ao final do processo. Da mesma forma, a utilização de meio executivo adequado igualmente é imprescindível para a efetiva prestação da tutela jurisdicional do direito. Ou melhor, o exercício da ação, além de implicar a prática de atos voltados a influir sobre convencimento do julgador, concretiza-se no uso de técnicas processuais capazes de propiciar a efetiva tutela do direito material.

Deixe-se claro, porém, que se o autor exerce a ação para obter a tutela jurisdicional do direito, isto não quer dizer que a sentença que não reconhece a pretensão a tal tutela deixa de responder ao direito de ação. Como demonstrado nos dois itens antecedentes, o direito à ação adequada não depende do reconhecimento do direito material.

Contudo, nessa nova perspectiva em que a ação é vista, surge uma nova questão, cuja solução pode impor a negação de validade, diante da atual realidade normativa brasileira, de todas as teorias que até o momento trataram da ação. O problema, em poucas palavras, consiste em saber se o direito de ação é apenas o direito a uma sentença de mérito. Considerando-se os arts. 461 e 461-A do CPC e 84 do CDC, não é mais possível sustentar que o exercício da ação se exaure com a sentença de procedência. Isso porque o autor, quando se socorre das referidas normas, não solicita apenas uma sentença de mérito, mas sim a efetiva prestação da tutela jurisdicional do direito.

Até bem pouco tempo atrás, quando as sentenças se resumiam a declarar, constituir e condenar, a única sentença que não era bastante à tutela jurisdicional do direito era a condenatória. A sentença condenatória não presta tutela ao direito material, restringindo-se a exortar o réu a observar o direito do autor. A condenação, ao impor a sanção executiva, abre oportunidade à propositura da ação de execução, fazendo surgir uma artificial necessidade de duas ações para a obtenção de apenas uma forma de tutela jurisdicional do direito.

Como é obvio, ninguém possui, no plano do direito material, pretensão à tutela condenatória. Aliás, tal suposição, por si só, é uma heresia, pois a sentença condenatória não é uma forma de tutela. Há contrariedade entre sentença e forma de tutela. A sentença é uma técnica processual a serviço da efetiva prestação da tutela do direito. Ou seja, assim como técnica processual e tutela dos direitos estão em campos distintos, sentença e tutela dos direitos não têm a mínima condição de se misturar.

O sujeito, no plano do direito material, pode ter pretensão à tutela ressarcitória, mas jamais à tutela condenatória. Contudo, justamente porque aquele que tem pretensão à tutela ressarcitória pode exercer pretensão à tutela *jurisdicional* ressarcitória, não há racionalidade em dar-lhe o direito de obter apenas uma sentença condenatória. Como essa sentença não é capaz de proporcionar o alcance da tutela ressarcitória, a ação que culmina na sentença condenatória é uma ação inefetiva, caduca ou "pela metade", estando muito longe de ser uma ação adequada à tutela do direito material.

A doutrina processual construiu a necessidade de duas ações (ação condenatória+ação de execução) para a obtenção de uma única forma de tutela prometida pelo direito material. A sentença condenatória foi vista como uma resposta ao direito de ação em razão de uma forma equivocada de se relacionar a técnica processual com a tutela dos direitos. O direito de ação não pode se contentar com a condenação, uma vez que essa, na hipótese de não ser adimplida pelo réu, exige a prática de atos de execução capazes de permitir a tutela do direito. Ou melhor, a pretensão ao ressarcimento pelo equivalente não é satisfeita pela condenação, razão pela qual a ação que a veicula deveria prosseguir para permitir o alcance da tutela do direito material. Frise-se que a pretensão à tutela do direito pode ser satisfeita apenas quando o réu observa voluntariamente a sentença condenatória, o que equivale a dizer que não é a sentença que presta a tutela do direito.

De qualquer forma, a necessidade de duas ações para o alcance de um único fim é uma realidade antiga no direito brasileiro, constituindo uma técnica derivada de uma opção do legislador. Porém, os arts. 461 e 461-A do CPC e 84 do CDC, embora tratando de situações de direito material que exigem sentenças que se liguem a meios de execução, instituem procedimentos que permitem ao autor exercer a ação para alcançar a tutela jurisdicional do direito, e não apenas uma sentença de mérito, ou parte da tutela do direito.

Os artigos 461 do CPC e 84 do CDC afirmam expressamente que, nas ações que podem caminhar através dos seus procedimentos, o juiz deve conceder a tutela específica ou assegurar o resultado prático equivalente ao do adimplemento. Tais artigos dizem ainda, em seus §§5º, que para a *efetivação* da tutela específica ou para a *obtenção* do resultado prático equivalente poderão ser utilizadas as *medidas executivas "necessárias"*, as quais poderão ser determinadas pelo juiz, *de ofício ou a requerimento*. Nessa mesma direção, o §6º do art. 461 estabelece que "o juiz poderá, de ofício, *modificar o valor ou a periodicidade da multa*, caso verifique que se tornou insuficiente ou excessiva".

Por sua vez, diz o art. 461-A, *caput*, que, "na ação que tenha por objeto a entrega de coisa, o juiz, ao conceder a tutela específica, fixará o prazo para o cumprimento da obrigação". Logo a seguir, afirma o seu §2º que, "não cumprida a obrigação no prazo estabelecido, expedir-se-á em favor do credor mandado de busca e apreensão ou de imissão na posse, conforme se tratar de coisa móvel ou imóvel". Por fim, complementa o §3º do art. 461-A dizendo que se aplica "à ação" nele prevista o "disposto nos §§1º a 6º do art. 461".

Como está claro, as ações que podem se valer dos arts. 461, CPC, e 84, CDC, não se exaurem com a sentença de procedência, pois o autor, nesses casos, tem direito aos meios executivos adequados e necessários à efetivação da tutela específica ou à obtenção do resultado prático equivalente. Caso a sentença não seja efetivada, o autor tem direito ao meio de execução que se mostre adequado para efetivá-la. Aliás, cabe lembrar que o juiz pode determinar, não apenas a requerimento do autor, mas também de ofício, as modalidades executivas necessárias, além de poder modificar o valor ou a periodicidade da multa, "caso verifique que se tornou insuficiente ou excessiva", o que evidencia que a sua atividade não termina com a prolação da sentença de mérito.

O mesmo acontece em relação à ação em que se almeja a entrega de coisa, pois nela, não cumprida a sentença de procedência no prazo estabelecido, "expedir-se-á mandado de busca e apreensão ou de imissão na posse". Além disso, em razão do §3º do art. 461-A, admite-se que a execução da sentença que determina a entrega de coisa móvel seja potencializada mediante o uso da multa.

Tais sentenças, embora não-auto-satisfativas, como as sentenças declaratória e constitutiva, são dotadas de *executividade intrínseca*, e assim viabilizam a execução independentemente de ação de execução, ao contrário da sentença condenatória. Por isso, o autor, diante das ações que podem se fundar nos referidos artigos, obviamente não pode se satisfazer apenas com a sentença de procedência, pois tem o direito ao uso dos meios executivos capazes de lhe permitir a tutela específica ou o resultado prático equivalente.

É interessante notar, diante dessa nova realidade, que o "ofício jurisdicional" – nos termos do art. 463 do CPC – não se considera "cumprido e acabado" com a "publicação da sentença de mérito". Como a ação é exercida para viabilizar a tutela jurisdicional do direito, o autor pode continuar exercendo poderes, e exigindo atos concretos – meios executivos adequados –, mesmo depois de proferida a sentença de procedência. O ofício jurisdicional, assim, não termina com a publicação da sentença de mérito, pois é uma conseqüência da ação. O artigo 463, ao proibir o juiz de alterar a sentença de mérito – fora das exceções dos seus dois incisos – , não veda que o processo prossiga e que o juiz *possa alterar as modalidades executivas* determinadas na própria sentença.

De qualquer forma, a grande novidade é que a *ação não se exaure com a sentença de procedência* e, por isso, *o direito de ação não pode mais ser visto como direito a uma sentença de mérito*. O direito de ação é o direito à ação capaz de permitir a obtenção da tutela do direito. Por ser o direito a uma ação *"capaz de permitir"*, o direito de ação não exige uma sentença de procedência ou que a execução satisfaça o direito material. Trata-se do direito a uma ação que, na hipótese de sentença de procedência, permita o uso dos meios executivos capazes de propiciar a efetiva tutela do direito material.

Por isso mesmo, não há como pensar em julgamento da ação. O que se julga, como é evidente, é a pretensão à tutela jurisdicional do direito. A ação é exercida para permitir o julgamento do pedido e o reconhecimento da pretensão à tutela jurisdicional do direito, assim como para exigir o uso dos meios executivos capazes de propiciar a obtenção da tutela do direito reconhecida pela sentença como devida ao autor. *A ação é meio; meio adequado à tutela da situação concreta.*

9. O direito à construção da ação adequada à tutela dos direitos

A ação é um direito – ou uma posição – de que deriva uma série de corolários, como o direito de influir sobre o convencimento do juiz – de alegar, de produzir prova etc. – para que o direito material seja reconhecido e realizado. A ação, muito mais do que um simples direito de pedir a prestação jurisdicional, é um direito de agir diante da jurisdição para obter a tutela do direito. Nesse sentido, a ação – como também acontece com a defesa – se realiza com base no direito de participação, expressão de um princípio político fundamental ao Estado Democrático de Direito. O direito à participação, imprescindível à legitimação do próprio poder jurisdicional, ajunta-se ao primitivo direito de ir a juízo para dar conteúdo ao direito contemporâneo de ação.

Mas, para que o autor possa participar adequadamente, atuando de modo a realmente poder exigir a efetiva tutela do direito material, há a necessidade de que o procedimento aberto à participação seja estruturado de maneira idônea. Ou melhor, não basta imaginar que a proclamação do direito de ação e do direito à participação sejam suficientes para legitimar a proibição da tutela privada e do monopólio estatal de distribuição de justiça. É preciso que o autor possa se valer das técnicas processuais hábeis à efetiva tutela do direito material.

A idéia de que o cidadão tem um direito de ação que se apresenta como espécie do direito de petição – que, por ser inseparável de toda organização em forma de Estado, exerce-se indistintamente diante de todas e quaisquer autoridades[53] – serve apenas para expressar o direito de ação como garantia formal, e por isso foi importante em determinado contexto histórico, em que era imprescindível delimitar a liberdade do cidadão diante da autoridade estatal.

Lembre-se de que essa teoria foi desenvolvida por volta de 1940, época de inacreditáveis violências aos direitos de liberdade não apenas na Europa, mas também no Brasil. Nesse momento, era importante afirmar o direito de ação como garantia formal contra o Estado, tendo chegado Couture a dizer que "el derecho de petición es un precioso instrumento de relación entre el gobierno y el pueblo".[54]

---

[53] Eduardo Couture, *Fundamentos del derecho procesal civil*, Buenos Aires, Depalma, 1993, p. 75.

[54] Eduardo Couture, *Fundamentos del derecho procesal civil*, cit., p. 77.

A teoria de Liebman, isto é, a teoria das condições da ação, veio à luz nesse mesmo período. Vale a pena destacar que Liebman se transferiu para o Brasil um pouco antes da Segunda Guerra Mundial em razão dos horrores do fascismo e do nazismo. Ao retornar à Itália, após o término da guerra, Liebman escreveu o texto publicado sob o título "L'azione nella teoria del processo civile", representativo da aula inaugural da disciplina de direito processual civil da Universidade de Turim, proferida em 24 de novembro de 1949.[55] Embora esse texto contenha argumentos que já haviam sido por ele antecipados em trabalhos publicados na Itália (1936), no Uruguai (1940) e no Brasil (1945, 1946 e 1947), é óbvio que todas as suas idéias estavam mergulhadas nas preocupações que, em 1949, ainda pulsavam daquele lamentável momento da história.

É importante registrar, aliás, que em 1949 já estava em vigor a Constituição da República italiana de 1948, que afirmou, no seu art. 24, primeira parte, que "tutti possono agire in giudizio per la tutela dei propri diritti e interessi legittimi". Liebman disse, no seu texto de 1949, que o direito do cidadão ir a juízo simplesmente afirmando a existência do direito material nada mais era do que o reflexo da instituição dos tribunais por parte do Estado, encontrando base na referida norma da Constituição italiana. Liebman concluiu, inclusive citando Couture, que esse direito abstrato e genérico teria um lugar bem definido no direito constitucional, desenvolvendo uma função de grande importância.

Porém, ao contrário de Couture, Liebman elaborou dois direitos de ação, sendo um fundado na Constituição, e outro, no CPC italiano. Após admitir a relevância do direito de ação de base constitucional, Liebman advertiu que, na sua extrema abstração e indeterminação, esse direito não tem relevância alguma na vida e no funcionamento prático do processo. Foi então que apontou para a necessidade de a ação ser condicionada aos requisitos do interesse de agir (art. 100, CPC italiano), da legitimação para a causa (art. 81, CPC italiano) e da possibilidade jurídica do pedido.

Liebman, ao destacar a base constitucional do direito de ação, concordou com a teoria de Couture, vendo-o como uma garantia do cidadão diante do Estado. Atualmente, porém, o direito de ação está muito mais ligado à necessidade de efetividade na tutela dos direitos do que à garantia de apreciação de qualquer afirmação de direito. A ação não pode mais ser pensada como mera garantia formal, pois deve dar ao autor não apenas a chance de reclamar diante do juiz, mas sim a possibilidade de atuar diante da jurisdição para obter a efetiva tutela do direito material.

Daí a imprescindibilidade de retirar do direito de ação o direito de influir sobre o convencimento do juiz e de utilizar o procedimento e as

---

[55] Enrico Tullio Liebman, L'azione nella teoria del processo civile, in *Problemi del processo civile,* Napoli, Morano, 1962, p. 22 e ss.

técnicas processuais adequadas ao plano do direito material. Portanto, enquanto o direito de ação, na época das teorias de Couture e de Liebman, tinha a natureza de um direito a um não-fazer, no sentido de não permitir ao Estado excluir da apreciação do Poder Judiciário uma afirmação de direito, ou de um direito a um fazer que seria a mera apreciação do pedido de tutela jurisdicional, atualmente ele exige do Estado uma série de prestações, como a edição de procedimentos e técnicas processuais idôneas às variadas situações de direito substancial (devida pelo legislador), assim como a compreensão – por parte da jurisdição – das normas processuais e da própria função do processo a partir do direito material e da situação concreta, obviamente que sempre a partir dos direitos fundamentais processuais.

A idéia de Liebman, de estabelecer um direito de ação apartado do direito de ação de base constitucional, relacionando-o com as chamadas condições da ação, teve o mérito de demonstrar que o direito de ação não pode se desligar do plano do direito material e das situações concretas. A posição de Liebman, portanto, pode ser considerada como uma tentativa de vincular o direito abstrato de ação com o direito material.

Com a sua teoria, Liebman quis dizer que a ação, por ser proposta diante de uma situação de direito material determinada e individualizada, deve conter certos requisitos, isto é, o interesse de agir, a legitimidade para a causa e a possibilidade jurídica do pedido.

Note-se que a teoria de Liebman objetivou dar utilidade à ação, pois, na sua concepção, a ação para a qual bastava a mera afirmação de um direito era dotada de uma abstração e generalidade que a tornavam uma simples decorrência da capacidade jurídica.

Acontece que o direito condicionado de ação, ainda que tenha limitado o direito abstrato de ação sem torná-lo dependente da efetiva existência do direito material, não se preocupou em dar ao cidadão a possibilidade de exercer a ação de modo a realmente poder obter a tutela do seu direito. Liebman jamais procurou extrair do direito condicionado de ação as técnicas processuais adequadas ao direito material, mas apenas limitar a abstração e a generalidade do direito de ação fundado na Constituição.

Mas Liebman também não deu ao direito constitucional de ação a amplitude capaz de garantir as técnicas processuais adequadas. Aliás, caso tivesse pretendido tal extensão ao direito constitucional de ação, não poderia tê-lo separado do direito condicionado, atribuindo ao direito de base constitucional a função de mera garantia de ir a juízo ou de propor a ação.

A teoria de Liebman, ao individualizar duas ações, teve a preocupação de, sem abrir mão da garantia constitucional de ir a juízo, impedir que a ação fosse utilizado de forma indiscriminada. Como dito, essa teoria esteve atenta ao art. 24 da Constituição italiana – que garante a todos o direito de

POLÊMICA SOBRE A AÇÃO

ir a juízo – e aos artigos 81 e 100 do CPC italiano, que afirmam, respectivamente, que o autor deve ser legitimado para a causa e ter interesse de agir. Não foi por outro motivo que Liebman afirmou que a "ação fundada no CPC" deveria cumprir certos requisitos para ser admissível, os quais representariam laços entre o direito de ir a juízo e a situação conflitiva concreta.

A nossa história é diferente, pois não há uma teoria brasileira que parta do ordenamento jurídico nacional; ao contrário, foi o CPC brasileiro que se fundou na teoria de Liebman. O CPC instituiu três condições para a ação no art. 267, VI, seguindo exatamente o modelo inicialmente traçado por Liebman – embora esse, pouco tempo antes da edição do CPC, houvesse excluído das condições da ação a possibilidade jurídica do pedido como categoria autônoma, inserindo-a no interesse de agir.

Acontece que o CPC brasileiro em momento algum afirma que tais condições constituem requisitos para a existência da ação. Aliás, se o CPC dissesse que a ação somente existe quando estão presentes as suas condições, estaria admitindo que a ação fundada na Constituição somente serve para garantir a invocação da atividade jurisdicional, constituindo-se apenas no ato introdutório da ação e de instauração do processo.

Porém, a norma constitucional que afirma a ação institui o direito fundamental à tutela jurisdicional efetiva e, desta forma, confere a devida oportunidade da prática de atos capazes de influir sobre o convencimento judicial, assim como a possibilidade do uso das técnicas processuais adequadas à situação conflitiva concreta.

A idéia de separar a base constitucional da base processual da ação, supondo que a primeira se destina apenas a garantir um direito de liberdade ou de ir a juízo, implica negar que a Constituição garante a efetividade da tutela jurisdicional. Não há como admitir, no Estado constitucional, que o direito fundamental à tutela jurisdicional efetiva possa se limitar ao ato que instaura o processo, como esse direito fundamental pudesse ser apenas o direito de propor a ação ou de pedir a tutela jurisdicional. O direito fundamental à tutela jurisdicional efetiva é o direito de agir em juízo em busca da tutela jurisdicional efetiva do direito material, e isso está a quilômetros de distância dos antigos conceitos de direito de ir a juízo e de direito de pedir a tutela jurisdicional.

Como o direito de ação é exercido diante de uma situação de direito material, as condições da ação são os elementos capazes de demonstrar a adequação da ação ao plano concreto, ainda que apenas em termos de legitimidade para causa, interesse de agir e possibilidade jurídica do pedido. Servem para impedir que a ação *se desenvolva* de forma arbitrária e inútil e, por essa razão, são *requisitos para o julgamento do pedido*, e não *elementos constitutivos da ação*, como propôs Liebman. Por isso mesmo, isto é, porque objetivam impedir que a ação se desenvolva de forma desnecessária, a aferição das condições da ação deve ser feita segundo a *afirmação* do autor, sem tomar em conta as provas produzidas no processo.[56]

Se o direito de ação é marcado pela sua relatividade histórica e, portanto, a sua conceituação deve considerar os valores do Estado, os princípios constitucionais e a legislação infraconstitucional, é natural que, após a sua compreensão à luz da Constituição, a sua identificação seja feita a partir da legislação processual. Diante dos avanços da legislação processual, torna-se imprescindível reconstruir o conceito de ação. Na realidade, é chegado o momento de elaborar um conceito genuinamente brasileiro de direito de ação.

Para tanto, é imprescindível lembrar das normas dos artigos 83 e 84 do CDC e 461 do CPC, ou seja, as normas infraconstitucionais mais comprometidas com o direito fundamental de ação do ordenamento brasileiro. Os artigos 83 e 84 do CDC, além de objetivarem a efetiva tutela do consumidor, destinam-se a viabilizar a tutela dos direitos difusos, coletivos e individuais homogêneos. Ambos são voltados à tutela *específica* do consumidor e à tutela *específica* e *adequada* dos direitos *transindividuais (difusos e coletivos)* e dos chamados *"direitos individuais homogêneos", característicos ao Estado e à sociedade contemporâneos.* Por sua vez, a norma do art. 461, na mesma linha da do art. 84 do CDC, prende-se à necessidade de instrumentalizar a ação de modo a lhe permitir alcançar a tutela *específica dos direitos.*

Tais normas têm uma amplitude enorme, cobrindo quase a totalidade das novas necessidades de tutela jurisdicional. Abrangem a *tutela dos direitos difusos, coletivos e individuais homogêneos e a tutela específica* dos direitos individuais, deixando escapar apenas as tradicionais formas de proteção dos direitos individuais.

Diz o art. 83 do CDC que, "para a defesa dos direitos e interesses protegidos por este Código são admissíveis todas as *espécies de ações capazes de propiciar sua adequada e efetiva tutela".* Cabe decompor a norma em duas partes para demonstrar com maior precisão o seu significado.

Em primeiro lugar, é preciso olhar para a sua parte final, que fala em *"adequada e efetiva tutela".* A preocupação é com a adequada e efetiva tutela *dos direitos.* A ação deve abrir oportunidade para a obtenção da tutela

---

[56] É equivocado admitir uma sentença de extinção do processo quando o juiz pode reconhecer, *a partir das provas produzidas,* que o autor não é o titular do direito material (legitimidade para a causa?) ou não pode exigir o pagamento de uma dívida por não estar vencida (ausência de interesse de agir?). A racionalidade do reconhecimento de inexistência de condição da ação está em impedir o seu desenvolvimento inútil, com gasto de tempo e de dinheiro sem razão de ser. Por isso, o juiz apenas deve aferir as condições da ação com base na *afirmação* do autor. Assim, por exemplo, se o autor *afirma* que o direito material objeto de tutela pertence a outra pessoa, há ausência de legitimidade para a causa.

POLÊMICA SOBRE A AÇÃO **237**

do direito material, e não apenas viabilizar o julgamento do mérito, como pensa ser essencial o conceito clássico de direito de ação. Como é óbvio, não se quer afirmar, com isso, que a ação só existe quando a tutela do direito for prestada, ou quando a sentença reconhecer a existência do direito material, mas sim que a ação deve-se realizar através de um procedimento adequado e, no caso de reconhecimento do direito material, permitir a utilização dos meios executivos idôneos à sua efetiva tutela.

Mas, a primeira parte do art. 83 afirma que, para a adequada e efetiva tutela dos direitos, "são admissíveis *todas as espécies de ações*". Portanto, desde logo temos o dado de que o art. 83 admite a existência de várias "espécies de ações", todas decorrentes do direito fundamental à tutela jurisdicional efetiva (CF, art. 5º, XXXV).

Alguém poderia supor que, quando a norma aceita a existência de várias espécies de ações, refere-se às ações de conhecimento, execução e cautelar e às ações declaratória, constitutiva, condenatória, mandamental e executiva, tomando como base, respectivamente, os *processos* (conhecimento etc.) e as *sentenças* (declaratória etc.).

Mas o intuito da norma vai muito além, pois quando fala em *"ações capazes de propiciar"* a efetiva tutela dos direitos, expressa a necessidade de a ação se estruturar de modo a viabilizar a prestação da tutela do direito, valendo-se do procedimento, da sentença e do meio executivo adequados. A "ação capaz de propiciar" é a ação adequada à tutela do direito, que deve ser uma ação que culmine em uma sentença idônea à prestação da tutela jurisdicional do direito.

Porém, a estruturação técnica da ação depende da espécie da tutela de direito desejada, já que é a tutela do direito que influi sobre a estrutura da ação. As ações são tantas quantas forem as necessidades do direito material, uma vez que devem se diferenciar na medida dos resultados que são objetivados no plano do direito material.

A ação, porque tem que ser capaz de dar tutela efetiva ao direito, garante o procedimento, a sentença e os meios executivos idôneos. A sentença é apenas um dos corolários da ação, podendo ser aferida como idônea apenas a partir do que deseja na esfera do direito material. De modo que não é correto afirmar que a ação mandamental (por exemplo) é capaz de propiciar a efetiva tutela do direito, mas sim que a tutela ressarcitória na forma específica (ainda por exemplo) exige uma modalidade de ação que incorpore a sentença mandamental. Ou seja, a modalidade de sentença não permite a identificação ou a qualificação de uma ação, pois essa obviamente não se caracteriza apenas pela sentença. A ação é estruturada, e assim combina com certa modalidade de sentença (por exemplo mandamental), em razão da tutela almejada no plano direito material (por exemplo ressarcitória na forma específica ou inibitória).

A norma do art. 83 do CDC, portanto, ao falar de ações capazes de propiciar a tutela efetiva dos direitos, quer dizer que o autor tem o direito de propor uma ação estruturada com técnicas processuais capazes de permitir o efetivo encontro da tutela do direito material.

Como a ação é o agir para a obtenção da tutela do direito, ela não se exaure com o julgamento do mérito[57] e, assim, não pode ser indiferente aos meios de execução da sentença, pois esses são imprescindíveis para a efetiva tutela do direito material. Como o autor não pode se dar por satisfeito quando é proferida uma sentença de procedência que necessita ser executada, é fácil entender porque o direito ao meio executivo adequado é corolário do direito fundamental à tutela jurisdicional efetiva.

A ação adequada ao plano do direito material, contudo, está muito longe da ação concreta, isto é, da ação que depende de uma sentença favorável. Não há dúvida de que o direito de ação é da titularidade de quem recebe, ou não, uma sentença favorável. O direito de ação, nesse sentido, é totalmente abstrato em relação ao direito material.

Mas esse grau de abstração não responde ao direito fundamental à tutela jurisdicional efetiva, pois dele decorre o direito a uma ação que seja estruturada de forma tecnicamente capaz de permitir a tutela do direito material, isto é, o direito à ação adequada à tutela do direito material. O direito à ação adequada, embora independente de uma sentença favorável ou da efetiva realização do direito, requer que ao autor sejam conferidos os meios técnicos idôneos à obtenção da sentença favorável e da tutela do direito.

O autor deve poder agir através dos meios técnicos adequados à tutela do direito material e, por isso, tem o direito ao procedimento adequado à situação substancial afirmada, ainda que a sentença seja de improcedência. Da mesma forma, tem o direito ao meio executivo idôneo para o caso de vir a ser proferida a sentença de procedência, mas isso não significa que o direito fundamental à tutela jurisdicional efetiva lhe garanta a *satisfação* do direito material, uma vez que o uso do meio executivo adequado nem sempre lhe proporcionará a *satisfação* do seu direito. Basta pensar na hipótese em que o demandado não tem patrimônio para suportar a execução e, assim, satisfazer o direito de crédito do autor. A efetividade da tutela jurisdicional possui limites relacionados com o patrimônio e a liberdade do réu, pois a realização do direito material pode encontrar obstáculos na falta de higidez patrimonial e na impossibilidade de coerção da vontade.

---

[57] A ação não se extingue com o trânsito em julgado da sentença que julga o mérito. Basta atentar para o fato de que o art. 461 do CPC dá ao autor a possibilidade de pedir a alteração do meio executivo após o trânsito em julgado, e que o juiz detém o poder de assim atuar ainda que sem requerimento do autor (art. 461, §§ 5º e 6º, CPC).

Mas o direito à ação adequada também é algo completamente distinto do direito de ir a juízo ou do tradicional direito abstrato de ação. O direito abstrato de ação, visto como garantia de liberdade, tem um valor muito reduzido no Estado constitucional. Garantir que o Estado não vai excluir da apreciação judiciária ou negar o direito de ir a juízo significa quase nada quando se vê o direito de ação como direito fundamental à tutela jurisdicional efetiva, do qual decorrem vários direitos ao autor e uma série de deveres prestacionais ao Estado.

O direito fundamental à tutela jurisdicional efetiva obriga o juiz a garantir todos os seus corolários, como o direito ao meio executivo capaz de permitir a tutela do direito, além de obrigar o legislador a desenhar os procedimentos e as técnicas processuais adequadas às diferentes situações de direito substancial.

Como mera garantia de liberdade, o direito abstrato de ação poderia, no máximo, impedir o legislador de excluir uma lesão ou ameaça a direito da apreciação do Poder Judiciário e proibir o juiz de deixar de julgar. Além de essas possibilidades serem quase cerebrinas no Estado contemporâneo, tal conceito impediria que o autor se valesse do direito constitucional de ação para garantir o seu direito de agir adequadamente em juízo em busca da efetiva tutela jurisdicional do seu direito. Ou melhor, o direito constitucional de ação, em termos de garantia de efetividade da tutela jurisdicional, simplesmente não existiria.

Isso demonstra que o conceito tradicional de ação, que é do final do século XIX (Degenkolb, Plósz e Mortara) e de meados do século passado (Couture e Liebman),[58] está muito longe daquele que resulta do direito fundamental à tutela jurisdicional efetiva, atualmente expresso no art. 83 do CDC.

Porém, o direito de ação, hoje, é muito mais do que o direito à ação adequada ao plano do direito material. O legislador não se limitou – nem poderia – a estabelecer técnicas processuais adequadas ao plano do direito material, mas instituiu cláusulas gerais, assim como técnicas processuais dotadas de conceitos indeterminados, com o objetivo de dar ao cidadão o direito de construir a ação adequada ao caso concreto.

A legitimidade da jurisdição depende dos direitos de o autor influir sobre o convencimento do juiz e utilizar as técnicas processuais adequadas à proteção do direito material. Acontece que não se pode exigir do legislador a estruturação de tantos procedimentos especiais quantas sejam as situações de direito substancial carentes de tutela. E isso, ainda que pudesse

---

[58] Lembre-se que Liebman, apesar de ter construído a idéia de ação condicionada, não retirou da Constituição da República italiana, ao estabelecer ao lado dessa ação condicionada a ação constitucional, outra coisa que não o direito de ir a juízo.

ser feito através de um trabalho hercúleo e não-producente, jamais permitiria a criação de procedimentos ou de técnicas processuais que se ajustassem perfeitamente às variadas situações de direito material, pois essas, ainda que possam ser visualizadas em abstrato, sempre estão na dependência das circunstâncias do caso concreto.

Já passou a época em que o direito era visto como uma ciência lógico-formal, que trabalhava apenas com derivações dedutivas, ao gosto do positivismo clássico e do jusnaturalismo racionalista. Sabe-se que o direito, atualmente, não pode-se desligar da realidade. O direito deve-se projetar sobre a realidade dos casos concretos e, por essa razão, não se admite – e nem mesmo se deseja – que uma norma possa ter sempre o mesmo sentido.

As normas operam sobre a realidade conforme o valor que lhe é atribuído pelos princípios. As normas processuais relativas ao direito de ação, especialmente em razão da sua natureza instrumental, não podem se desligar dos vários casos concretos, e assim devem ser lidas à luz do direito fundamental à tutela jurisdicional efetiva. A norma processual civil, quando iluminada pelo direito fundamental à tutela jurisdicional efetiva, obriga o juiz a dar-lhe a inteligência capaz de permitir a efetiva tutela do direito material.

O ordenamento jurídico, ao dispor das normas, exatamente porque sabe que não pode atender a todas as situações, diante da riqueza e multiplicidade das particularidades que as formam, trabalha com normas abertas e com normas com significados abertos. Ambas devem ser concretizadas conforme as peculiaridades do caso concreto e, assim, respondem a um direito voltado à realidade, expressando um ordenamento jurídico marcado pelos princípios e pelos direitos fundamentais.

O artigo 461 do CPC outorga ao autor o direito, e ao juiz o dever, de utilizar a sentença e os meios executivos adequados ao caso concreto. Basta lembrar que essa norma diz que o juiz poderá, *"de ofício ou ao requerimento*, determinar as *medidas necessárias"* (§ 5º). Esse parágrafo não institui um conceito dependente de atribuição de significado, mas expressa, nele mesmo, que o modelo adequado apenas pode ser determinado no caso concreto.

As normas que tratam das três espécies de tutela antecipatória, ao contrário, não conferem direito ou poder de determinação de uma técnica entre várias – como acontece quando se dá a possibilidade de escolha da medida executiva necessária –, mas o direito à utilização da técnica, instituída na lei, desde que os seus pressupostos, afirmados em abstrato, se mostrem presentes no caso concreto. Assim ocorre quando se pensa em "fundado receio de dano" ou "justificado receio de ineficácia do provimento final" (artigos 273, I, e 461, §3º), "abuso de direito de defesa" (art. 273, II)

POLÊMICA SOBRE A AÇÃO

e "incontrovérsia" de um dos pedidos cumulados ou de parcela do pedido (art. 273, §6°).

Ainda que a expressão "fundado receio de dano" seja bastante antiga, as liminares de conteúdo antecipatório eram admitidas apenas em procedimentos especiais, como, por exemplo, no mandado de segurança. Não é possível deixar de perceber que a técnica antecipatória, atualmente, pode ser utilizada para potencializar qualquer ação, e assim os referidos conceitos indeterminados podem ser aferidos diante das particularidades concretas pertencentes *a qualquer situação de direito material.*

Não obstante, a diferença entre tais normas não apaga a sua característica principal, que é a de abrir o ordenamento processual ao direito fundamental de ação, permitindo ao autor exercer a ação adequada ao caso concreto. A partir do momento em que as normas relativas à ação passam a se voltar à realidade ou ao caso concreto, rompe-se o gesso da época em que o seu exercício ficava restrito aos modelos processuais previamente fixados na lei, quando se supunha que a ação podia ser completamente indiferente ao direito material.

A legislação processual civil brasileira impõe a tese do direito à construção da ação adequada ao caso concreto. Além dos artigos 461 do CPC e 84 do CDC, que expressamente dão ao autor o poder de agregar à sua ação a técnica processual idônea, o art. 83 do CDC – ao dizer que "são admissíveis *todas as espécies de ações capazes* de propiciar sua adequada e efetiva tutela" – não apenas reafirma o dever de o legislador instituir as técnicas processuais capazes de permitir a efetiva tutela dos direitos, mas na verdade evidencia o direito de o autor construir a ação adequada às necessidades do caso concreto.

As novas regras processuais, partindo do pressuposto de que o direito de ação não pode ficar na dependência de técnicas processuais ditadas de maneira uniforme para todos os casos ou para alguns casos específicos, incorporam normas abertas, isto é, normas voltadas para a realidade, deixando claro que a ação pode ser construída conforme as necessidades do caso conflitivo.

O art. 5°, XXXV, da CF, garante o direito à ação adequada, mas esse direito percorre através do ordenamento jurídico por meio das normas abertas ou dotadas de significados abertos, isto é, mediante as normas dos artigos 83 e 84 do CDC e 273 e 461 do CPC.

10. Ação de direito material, pretensão à tutela jurisdicional do direito e ação adequada

Imagina-se que ninguém, ainda que falando em ação de direito material, nega a existência de um direito de ação autônomo em relação ao direito material.[59] A idéia de ação de direito material é interessante e generosa quando utilizada para evidenciar a necessidade da ação processual se moldar a partir do direito material.[60]

Embora já tenhamos afirmado a lógica da ação de direito material para demonstrar a necessidade de a ação processual se estruturar a partir das diferentes situações de direito material, entendemos que o benefício teórico que pode ser outorgado a partir desta forma de pensar a relação entre o processo e o direito material pode ser melhor obtido mediante a compreensão da categoria das formas de tutela do direito material, a qual é mais adequada ao direito contemporâneo, e, inclusive, comprometida com o Estado constitucional e com os direitos fundamentais.

Tanto as formas de tutela do direito material, quanto as ações de direito material, estão no plano do direito material. Mas, a preocupação com as formas de tutela dos direitos se funda na idéia de que a atribuição de titularidade de um direito fica na dependência de que lhe seja garantida a disponibilidade de uma forma de tutela que seja adequada à necessidade da sua proteção. Ou melhor, o sujeito só é titular de um direito quando tem uma posição juridicamente protegida, isto é, quando o direito proclamado pela norma atributiva dispõe de uma forma de tutela que seja adequada à sua proteção.[61]

Essa forma de tutela – como, p. ex., a ressarcitória – é inegavelmente garantida pelo direito material, pouco importando o fato de a ação de direito material ter sido proibida. A ação de direito material foi proibida, mas as formas de tutela dos direitos constituem um atributo indispensável à própria existência do direito material.

Não é preciso sustentar, para evidenciar que a ação deve-se adequar ao plano do direito material, que a ação de direito material é exercida ou afirmada através da ação, pois através dessa se exerce a pretensão à tutela jurisdicional do direito. Se a titularidade de um direito decorre da existência de uma posição juridicamente protegida, essa proteção certamente se dá através de formas de tutela do direito. Todos têm pretensão à tutela jurisdicional do direito material – como, p. ex., pretensão à tutela inibitória.

---

[59] Como esclarece Daniel Francisco Mitidiero, "de modo nenhum se pode aceitar que se afirme categoricamente que a 'ação' processual depende, para sua existência, da verificação da ação de direito material, porque *é um dado incontestável entre os defensores da teoria dualista da ação* [refere-se a Pontes de Miranda e Ovídio Baptista da Silva] *a abstração da 'ação' processual*" (Daniel Francisco Mitidiero, Polêmica sobre a teoria dualista da ação, *Revista de Direito Processual Civil (Genesis)*, v. 34, p. 692).

[60] A respeito, conferir a extensa e importante obra de Ovídio Baptista da Silva, especialmente, para uma compreensão mais didática, o v. 1 do seu *Curso de Processo Civil*, São Paulo, RT, 2000.

[61] Adolfo di Majo, *La tutela civile dei diritti*, cit., p. 43 e ss.

POLÊMICA SOBRE A AÇÃO **243**

O autor, ao propor a ação, exerce a pretensão à tutela jurisdicional do direito. Ninguém pode exigir e obter ressarcimento (por exemplo), contra a vontade do obrigado, a não ser mediante a ação processual. Isso não é exercício de ação de direito material, mas sim exercício de pretensão à tutela jurisdicional do direito material mediante o exercício da ação processual.

Deixe-se claro, porém, que não se está negando a existência da categoria da pretensão de direito material e a possibilidade teórica de se sustentar que, ainda que a autotutela privada tenha sido proibida, a ação de direito material é afirmada ao se propor a ação processual. O que se está dizendo é que a categoria do direito à tutela do dos direitos permite a elaboração de uma dogmática capaz de responder mais adequadamente às relações entre o direito material e o direito de ação. Essa nova construção teórica, além de preocupada com a proteção do direito material, evidencia que a ação, embora abstrata, deve estar adequada às formas de tutela prometidas pelo direito material. Trata-se, assim, de uma concepção de ação fundada na teoria dos direitos fundamentais, fixando-se nas idéias de dever de proteção (ou de tutela) estatal e de direito fundamental de ação.

De qualquer forma, é preciso chegar no que interessa, ou melhor, no que levou a doutrina a pensar em ação de direito material ainda que consciente da autonomia da ação processual. Isto ocorreu em razão da excessiva abstração que se tentou conferir à ação processual, negando-lhe qualquer tipo de relação com as situações concretas. De modo que a teorização da ação de direito material teve o propósito de permitir que a ação processual pudesse realmente servir à proteção das diversas situações de direito substancial.

Ora, se é inquestionável que o autor tem o direito de exercer a pretensão à tutela jurisdicional do direito através da ação, é evidente o seu direito de exercer a ação processual que lhe permita obter a tutela jurisdicional do direito. Quer dizer que o autor tem, ao lado do direito à tutela jurisdicional do direito – decorrente do próprio direito material –, o direito à ação adequada à tutela do direito (ou o direito à tutela jurisdicional efetiva) – garantido pelo art. 5º, XXXV, da CF. Portanto, tem os direitos de influir sobre o convencimento do juiz e de utilizar as técnicas processuais capazes de permitir a efetiva tutela do direito material.

Isto certamente está longe de significar que a *ação adequada* seja dependente da existência do direito material, pois todos têm direito à *ação adequada* à tutela do direito, sejam ou não titulares do direito material postulado. A ação é o meio através do qual se pede a tutela jurisdicional do direito. A sentença, qualquer que seja ela, responde ao direito de ação, apesar de a tutela jurisdicional do direito, como é natural, apenas poder ser prestada pela sentença de procedência.[62]

Porém, parece ocioso voltar a argumentar que a ação deve ser conformada a partir da tutela jurisdicional do direito. Ao propor a ação, o autor afirma o direito e a existência de uma situação de ameaça ou de lesão para, com base nelas, pedir a tutela jurisdicional do direito e o provimento (a espécie de sentença) que reputa adequado à sua prestação. Além disso, como já demonstrado, os limites da extensão da cognição do juiz – que dão dimensão ao procedimento –, assim como a necessidade de técnica antecipatória, a espécie de sentença e de meio executivo também dependem da tutela do direito reclamada.

Não há exercício de ação de direito material, mas exercício de pretensão à tutela jurisdicional do direito. Mas também não há apenas direito de ir a juízo, mas sim direito à ação adequada à tutela do direito material – a qual, aliás, pode ser construída conforme as necessidades do caso concreto.

11. Classificações das ações, das sentenças e das tutelas jurisdicionais dos direitos

Pontes de Miranda, um dos principais idealizadores da teoria moderna da ação de direito material, classifica as ações em cinco – declaratória, constitutiva, condenatória, mandamental e executiva –, afirmando que "o direito processual tem de atender à eficácia das ações segundo o direito material". Escreve que: "a ação declarativa é ação a respeito de ser ou não-ser a relação jurídica; de regra, a ação constitutiva prende-se à pretensão constitutiva, *res deducta*, quando se exerce a pretensão à tutela jurídica. Quando a ação constitutiva é ligada ao direito, imediatamente, não há, no plano da *res in iudicium deducta*, pretensão constitutiva (há-a, no plano do direito subjetivo à tutela jurídica, que é a especialização, pelo exercício da pretensão à tutela jurídica em pretensão constitutiva; a ação de condenação supõe que aquele ou aqueles, a quem ela se dirige tenham obrado contra o direito, que tenham causado dano e mereçam, por isso, ser condenados (*con-damnare*); a ação mandamental prende-se a atos que o juiz ou outra

---

[62] Fábio Cardoso Machado, em artigo versando o problema da tutela dos direitos, faz importante ponderação: "Se a tutela jurisdicional socorre o réu, quando o Estado a ele reconhece razão e permanece inerte, socorre também o autor, e para tanto deve agir no sentido de tutelar o seu direito. Pode-se, contudo, inverter a perspectiva e simplesmente dizer que o Estado permanece inerte ao reconhecer razão ao réu porque no caso o direito material não exige a tutela do autor, ou não exige tutela porque não há direito. Ou seja, não se trata apenas de tutelar o réu com razão, mas de negar tutela ao autor porque não havia direito digno de tutela. Este é o escopo jurídico fundamental: tutelar os direitos. O que não se dará quando direito não houver, e isto não deve mudar a perspectiva para considerar que houve então tutela ao réu. O processo não visa tutelar quem tenha razão, e sim o autor que tenha razão. Isso não implica esquecer as garantias do réu, mas coloca a função jurisdicional num lugar mais adequado às exigência atuais" (Fábio Cardoso Machado, Sobre o escopo jurídico do processo: o problema da tutela dos direitos, *Revista de Direito Processual Civil (Genesis)*, v. 32, p. 260).

autoridade deve mandar que se pratique. O juiz expede o mandado, porque o autor tem pretensão ao mandamento e, exercendo a pretensão à tutela jurídica, propôs ação mandamental; a ação executiva é aquela pela qual se passa para a esfera jurídica de alguém o que nela devia estar, e não está".[63]

Contudo, essa classificação das ações não guarda coerência com a própria idéia de ação de direito material, pois a eficácia de uma ação de direito material não pode ser balizada pelas formas processuais de proteção dos direitos. Pontes observa, como seu viu acima, que o "direito processual tem de atender à eficácia das ações segundo o direito material". Acontece que a ação de direito material não tem – nem pode ou poderá ter – eficácia condenatória, por exemplo. Na verdade, embora Pontes tenha percebido a necessidade de o processo se conformar ao direito material, utilizou categorias processuais para aludir às eficácias das ações de direito material, o que é uma contradição.

Ainda que aceitássemos a utilidade da categoria de ação de direito material, jamais poderíamos admitir, como fez Pontes de Miranda, uma ação de direito material condenatória ou mandamental. Note-se que Pontes, ao classificar as ações, invoca fundamentos que não estão em um mesmo plano lógico, ora fazendo referência ao seu conteúdo ("a ação declarativa é ação a respeito de ser ou não ser a relação jurídica"), ora justificando-a com base no comportamento do réu ("a ação de condenação supõe que aquele ou aqueles, a quem ela se dirige, tenham obrado contra direito, que tenham causado dano"), ora caracterizando-a a partir do que o juiz faz ("a ação mandamental prende-se a atos que o juiz ou outra autoridade deve mandar que se pratique").

Como é evidente, o dano jamais poderia justificar a eficácia da ação de direito material. O dano somente poderia ser o seu fundamento. Ou melhor, o dano é um dos fundamentos da pretensão à tutela ressarcitória. Portanto, mesmo que se desconsidere o fato de que não se exerce ação de direito material, mas sim pretensão à tutela jurisdicional do direito material, a ação de direito material fundada em dano jamais poderia ter sido concebida como condenatória. Ora, a condenação é uma categoria de direito processual, e não de direito material. Ninguém tem direito à tutela condenatória contra quem praticou dano, mas sim direito à tutela ressarcitória. A condenação é apenas uma técnica afirmada pelo direito processual para viabilizar a tutela ressarcitória.

O que parece, com o devido respeito, é que a classificação pontiana tentou conjugar as eficácias das ações de direito material com o processo, pois embora tenha se baseado apenas na força da ação de direito material para admitir a ação executiva ("a ação executiva é aquela pela qual se passa

---

[63] F. C. Pontes de Miranda, *Tratado das Ações*, São Paulo, RT, 1970, t. 1, p. 32.

para a esfera jurídica de alguém o que nela devia estar, e não está"), curvou-se à sentença condenatória para negar a devida eficácia à ação ressarcitória.

Por outro lado, se é verdade que o juiz pode expedir mandado em atenção a uma determinada circunstância de direito material, isso não quer dizer que não possa expedir ordens para viabilizar outros tantos resultados no plano do direito material. Melhor explicando: os resultados ou as eficácias no plano do direito material nada têm a ver com o mandado, pois esse é um modo de proteção de uma série de situações de direito substancial.

Ademais, o conteúdo sobre o que uma ação versa não pode qualificar a sua eficácia, de modo que a circunstância de a ação dizer respeito à existência ou à inexistência de uma relação jurídica não permite a conclusão de se tratar de ação de direito material com eficácia declaratória. O que importa, também nesse caso, é o resultado da ação. Admitindo-se a ação de direito material, essa ação poderia ser declaratória apenas em razão do seu resultado no plano do direito material, embora nessa hipótese – ao contrário do que acontece quando se pensa na sentença condenatória – o resultado esperado no plano do direito material estivesse sendo plenamente outorgado pela sentença declaratória.

De qualquer forma, a classificação das ações segundo as suas eficácias perante o direito material apenas pode ser aceita por quem admite que o autor exerce ação de direito material. Para quem não aceita o exercício de ação de direito material, mas sim o exercício de pretensão à tutela jurisdicional do direito, o que se deve classificar são as tutelas jurisdicionais dos direitos.

São as tutelas jurisdicionais dos direitos que expressam os resultados que o processo produz no plano do direito material. E aí se apresenta uma distinção fundamental entre as duas classificações. A classificação das ações de direito material, como proposta, não é uma classificação que toma em conta o que o direito material exige do processo. Tanto é verdade que propõe o conceito de ação condenatória, o que constitui evidente confissão de que a forma processual está participando de uma classificação que, segundo o que se afirma como premissa, deveria atender apenas as eficácias das ações no plano do direito material. Ao contrário, a classificação das tutelas jurisdicionais dos direitos se preocupa apenas com os resultados do processo no plano do direito material. Assim, por exemplo, com as tutelas ressarcitória e inibitória, e não com as ações condenatória e mandamental. O objetivo da classificação das tutelas jurisdicionais dos direitos é demonstrar as formas de tutela que o autor tem o direito de obter perante a jurisdição e, como conseqüência disto, a maneira como a ação e o processo devem se estruturar para permitir a sua prestação. Não é por outro motivo que se diz que a ação processual deve-se conformar – ou se fazer adequada – a partir da tutela jurisdicional do direito.

POLÊMICA SOBRE A AÇÃO

A razão de ser da classificação das tutelas tem um objetivo concreto e prático bem definido, pois parte da premissa de que as normas atributivas de direitos não bastam, já que a titularidade de um direito depende da existência de formas para a sua tutela, para deixar claro que a ação, como meio através do qual se pode exigir uma dessas formas de tutela, deve-se estruturar de maneira adequada a permitir a sua obtenção.

Note-se, além disso, que o conceito de ação de direito material é imprestável para explicar o que acontece diante dos direitos difusos.[64] Quando se dá ao Ministério Público (por exemplo) poder para tutelar os direitos difusos, isto é feito, em primeiro lugar, porque todos têm o direito à sua proteção, e, em segundo lugar, porque o Estado, que possui o dever de protegê-los, também tem o dever de viabilizar a participação do cidadão na reivindicação da sua tutela. Como tais direitos são indivisíveis, e, portanto, o cidadão não pode pedir a sua tutela jurisdicional, institui-se um modelo procedimental (a ação coletiva) para viabilizar a sua participação, conferindo-se legitimidade para entes que o fazem presente.[65] O direito à tutela jurisdicional dos direitos difusos,[66] que é de todos e de cada um, somente pode ser exercido pelo ente legitimado.

A categoria da ação de direito material, ao contrário da categoria do direito à tutela jurisdicional do direito, é totalmente inadequada ao fenômeno dos direitos difusos, pois todos têm direito à tutela do meio ambiente (por exemplo) – embora ele tenha que ser exercido, na forma jurisdicional, por um ente legitimado –, mas ninguém possui pretensão de direito material ou ação de direito material contra o poluidor. Lembre-se que o direito à tutela dos direitos tem o Estado como devedor,[67] enquanto a pretensão e a ação de direito material são exercidas contra o obrigado.

No Estado constitucional, mais importante do que teorizar sobre as ações de direito material, é pensar a respeito das formas de tutela devidas pelo Estado para a proteção dos direitos, especialmente dos direitos fundamentais.

Porém, é necessário também esclarecer que a tutela do direito não se confunde com as técnicas processuais destinadas a permitir a sua prestação. É preciso estabelecer, de uma vez por todas, a separação entre as tutelas

---

[64] De acordo com o art. 81, parágrafo único, I, do CDC, entende-se por direitos difusos "os transindividuais, de natureza indivisível, de que sejam titulares pessoas indeterminadas e ligadas por circunstâncias de fato".

[65] Segundo o art. 82 do CDC, são legitimados para a tutela dos direitos difusos (e também dos direitos coletivos e individuais homogêneos – v. art. 81, parágrafo único, II e III), o Ministério Público, a União, os Estados, os Municípios e o Distrito Federal, as entidades e órgãos da administração pública direta ou indireta e as associações. Para maiores detalhes, v. os arts. 81 e 82 do CDC.

[66] Lembre-se que a tutela dos direitos também pode ser prestada mediante normas e atividade fáticas administrativas. Ver o item "Técnica processual e tutela dos direitos".

[67] Fábio Cardoso Machado reconhece que o escopo jurídico do processo é a tutela dos direitos, advertindo que "não se pode esquecer que o direito material institui direitos, cuja tutela compete à jurisdição" (Fábio Cardoso Machado, Sobre o escopo jurídico do processo: o problema da tutela dos direitos, *Revista de Direito Processual Civil* (Genesis), v. 32, p. 260).

prometidas pelo direito material e as técnicas processuais. A tutela jurisdicional ressarcitória e a sentença condenatória estão em planos diferentes, assim como distintas são todas as espécies de tutelas jurisdicionais dos direitos em face das cinco espécies de sentenças.[68]

Como demonstrado em item que especificamente tratou da questão,[69] entre as tutelas dos direitos e as técnicas processuais deve haver uma *relação de adequação*. Frise-se que há direito à tutela do direito material e direito de ação. Quem deve tutela jurisdicional ao direito, assim como resposta ao direito de ação, é o Estado.

Mas o direito de ação, e, através do qual se pode exercer a pretensão à tutela jurisdicional do direito material, é o direito a uma *ação adequada*, vale dizer, que, entre outras técnicas processuais, exige a sentença capaz de permitir a tutela do direito material.

Ora, se a ação adequada, inclusive a sentença, destina-se a viabilizar a tutela do direito, é pouco mais do que evidente que o resultado do processo no plano do direito material não pode ser expresso pelas sentenças, mas apenas pelas tutelas dos direitos.

Carlos Alberto Alvaro de Oliveira afirma que a "constitucionalização do direito ao processo e à jurisdição" ... "determina também uma garantia de *resultado*". Segundo ele, a "tipicidade e a classificação tipológica constituem atributos ou prerrogativas sistemáticas do *resultado de mérito* (e não do meio processual garantido pela norma constitucional)". Desta forma, de acordo com o ilustre processualista, coloca-se "em destaque os efeitos jurídicos e os conteúdos variáveis das diversas formas de tutela jurisdicional, que dão *resposta ao objeto variável* da demanda jurisdicional".[70]

Não obstante, Carlos Alberto não atribui às tutelas jurisdicionais qualquer significado de resultado capaz de expressar os seus "efeitos jurídicos e *conteúdos variáveis*" idôneos para dar "resposta ao *objeto variável* da demanda jurisdicional". Isso porque conclui que os tipos ou formas de tutela jurisdicional são representados por condenar, declarar, constituir, mandar ou executar.[71]

---

[68] Um dos motivos da referida confusão está em que algumas sentenças são bastantes para a prestação da tutela jurisdicional do direito. Trata-se das sentenças chamadas de "satisfativas", ou seja, das sentenças declaratória e constitutiva. Essas sentenças prestam tutelas declaratória e constitutiva. Como se vê, nesses casos as sentenças e as tutelas têm o mesmo nome. Mas isto não impede que se separe a técnica processual e o bem da vida por ela outorgado, ou seja, a sentença declaratória da tutela declaratória e a sentença constitutiva da tutela constitutiva. Todas as outras formas de tutela não se identificam com os nomes das sentenças que as prestam.Ver o item "As tutelas jurisdicionais dos direitos".

[69] Ver o item "Técnica processual e tutela dos direitos".

[70] Carlos Alberto Alvaro de Oliveira, Efetividade e tutela jurisdicional, *Revista de Direito Processual Civil (Genesis)*, v. 34, p. 679.

[71] Carlos Alberto Alvaro de Oliveira, Efetividade e tutela jurisdicional, *Revista de Direito Processual Civil (Genesis)*, v. 34, p. 680.

Carlos Alberto, em sua classificação, não expressa os resultados de mérito ou as respostas aos *objetos variáveis* das demandas jurisdicionais, esquecendo-se do que havia prometido em seus fundamentos. Portanto, ainda que Carlos Alberto esteja certo ao propor uma classificação das tutelas jurisdicionais, e não das ações, o problema da sua teoria está na classificação das tutelas jurisdicionais, ou melhor, no significado que atribui à tutela jurisdicional.

A classificação de Carlos Alberto pode servir como classificação das *sentenças de procedência*, mas jamais como classificação das *formas de tutela jurisdicional dos direitos*. Ao concluir o ensaio intitulado "O problema da eficácia da sentença", também publicado na "Revista de Direito Processual Civil" (Genesis), resume o eminente processualista: "Cumpre ainda sublinhar que as cinco espécies de tutela (declaratória, condenatória, constitutiva, mandamental e executiva *lato sensu*) constituem todas fenômenos jurídicos, mas é preciso considerar que as sentenças declaratórias e constitutivas *satisfazem por si mesmas a pretensão processual*, sem necessidade de qualquer ato material futuro; a condenatória *fica a meio caminho*, criando apenas as condições jurídicas, com a constituição do título executivo, para que tal possa ocorrer em processo autônomo e independente, dito de execução; as duas últimas *satisfazem no mesmo processo*, por meio de atos materiais, realizados depois da sentença, aptos a produzir alterações no mundo fático".[72]

Como está claro, a classificação das tutelas de Carlos Alberto constitui uma explicação das formas pelas quais as sentenças satisfazem as pretensões processuais, constituindo, assim, uma classificação das sentenças de procedência. Diz Carlos Alberto que a *tutela* "condenatória fica a meio caminho, criando apenas as condições jurídicas, com a constituição do título executivo", para que a satisfação possa ocorrer no processo de execução. Ora, se a condenação fica a "meio caminho", e a satisfação ocorre no processo de execução, não há como entender a *condenação como tutela*, mas apenas como um *meio técnico processual* destinado a viabilizar a *satisfação, ou seja, a tutela ressarcitória*.

Carlos Alberto ainda afirma, ao referir-se ao que chama de "tutelas mandamental e executiva", que essas duas "*satisfazem* no mesmo processo, por meio de atos materiais, realizados depois da sentença, aptos a produzir alterações no mundo fático". O eminente professor volta a falar de como e onde as "*tutelas* satisfazem", quando na verdade está discorrendo sobre como e onde as "*sentenças* satisfazem".

O significado de tutela somente pode ser encontrado quando se pergunta o que a sentença satisfaz, ou melhor, o que a sentença presta como forma de tutela do direito. A sentença mandamental, por exemplo, pode

---

[72] Carlos Alberto Alvaro de Oliveira, O problema da eficácia da sentença, *Revista de Direito Processual Civil (Genesis)*, v. 29, p. 445.

prestar tutela inibitória ou tutela ressarcitória na forma específica, pois o juiz pode ordenar sob pena de multa para alguém não violar um direito ou para alguém reparar um dano na forma específica. Ora, é evidente que a sentença mandamental não constitui uma forma de tutela do direito, até porque, se fosse assim, teríamos uma única forma de tutela produzindo resultados substanciais completamente diferentes. Na verdade, a técnica processual estaria sendo chamada de tutela jurisdicional, esquecendo-se os resultados do processo no plano do direito material – esses sim as formas de tutela. Formas de tutela, como é pouco mais do que óbvio, são as tutelas inibitória e ressarcitória na forma específica (por exemplo), e não as sentenças.

Sublinhe-se que a pretensão processual tem duas faces, constituindo a tutela jurisdicional do direito resposta à pretensão à tutela jurisdicional do direito, e não resposta à pretensão à sentença. Apenas a pretensão à tutela jurisdicional do direito, e não a pretensão à sentença, possui um conteúdo variável capaz de influir sobre a utilização das técnicas processuais – por exemplo, das sentenças e dos meios executivos.

Porém, o que realmente importa é que as formas de tutelas jurisdicionais dos direitos são exigidas e prometidas pelo direito material, nada tendo a ver com as sentenças e com os procedimentos. Falar em tutela jurisdicional dos direitos implica assumir uma postura dogmática preocupada com uma forma peculiar de pensar o direito material e a sua relação com o direito processual. Nessa dimensão, frisa-se que a titularidade de um direito deve significar uma posição juridicamente protegida, para a qual são imprescindíveis formas de tutela ao direito. Vale dizer que importa mais do que afirmar que existe direito ao meio ambiente sadio, saber que há direito à tutela inibitória e à tutela ressarcitória na forma específica, assim como vale mais do que estabelecer que há direito à honra, deixar claro que há direito à tutela inibitória e à tutela ressarcitória em razão de dano moral. Apenas depois é que entra em cena o problema da adequação das técnicas processuais para a prestação de tais tutelas. Em suma, não há como pensar em tutela jurisdicional sem separar as várias formas de tutela dos direitos exigidas e prometidas pelo direito material das técnicas processuais que devem viabilizar a sua prestação.

A importância da relação entre as formas de tutela dos direitos, que se inserem no processo como pretensões à tutela jurisdicional dos direitos, e a ação processual, está em garantir o direito à ação adequada à prestação das tutelas exigidas pelo direito material. Por isso não há como imaginar que as tutelas jurisdicionais são as *formas processuais* de prestação das tutelas dos direitos.[73]

---

[73] Guilherme Rizzo Amaral, em ensaio sobre a polêmica em torno da ação de direito material, refutou as posições de Pontes de Miranda e Ovídio Baptista da Silva e aderiu aos argumentos de Carlos Alberto Alvaro de Oliveira para rejeitar a teoria da ação de direito material. *Não obstante, percebeu de maneira bastante clara a importância da distinção entre técnica processual e tutela do direito*: "Ora, a formulação de Carlos Alberto Alvaro de Oliveira é a de que 'a eficácia se apresenta apenas como uma forma

Aliás, a idéia de que a tutela jurisdicional é a sentença *implicaria a negação de todo o esforço de se ter uma ação adequada ao plano do direito material*. Ora, se existe direito à ação adequada é porque há, também, direito à sentença adequada à tutela do direito material. Como a ação adequada, isto é, as técnicas processuais idôneas, devem ser conformadas a partir da tutela jurisdicional pleiteada, é evidente que a sentença não pode ser confundida com a tutela jurisdicional do direito, uma vez que deve-se pautar a partir dela.

A não-aceitação da teoria da ação de direito material implica assumir a responsabilidade pela construção de outra que possa explicar de forma dogmaticamente coerente as relações entre o processo e o direito material. Tal teoria, além de ter que dar conta do que se garante no plano do direito material, deve evidenciar o modo como o direito material influi sobre o processo para permitir a obtenção do que é por ele prometido. Daí a razão pela qual se entende que o conceito de tutela jurisdicional deve ser buscado nas formas de tutela do direito material, e que a pretensão à tutela jurisdicional do direito deve influir na conformação da ação adequada. *Há pretensão à tutela jurisdicional do direito* – isto é, à tutela inibitória, e não à sentença mandamental, por exemplo – *e há direito à construção da ação adequada à tutela do direito e ao caso concreto.*

Se não se pode aceitar a perfeição dogmática da idéia de ação de direito material, também é indiscutível que a teoria da ação abstrata e única – ou de demanda indiferente ao direito material, caso se prefira – não está de acordo com o Estado constitucional, os direitos fundamentais e a própria legislação processual. O que se propõe, em outras palavras, é a existência de um direito à construção da ação adequada à tutela do direito material e ao caso concreto, o qual é obviamente autônomo em relação ao direito material, mas tem a sua legitimidade dependente da tutela jurisdicional de direito reclamada.

---

da tutela jurisdicional, outorgada a quem tenha razão, seja o autor, seja o réu (sentença declaratória negativa). *Está, portanto, no plano processual*, mas não atrelada diretamente à ação processual *senão aos provimentos jurisdicionais. Esta idéia é consentânea, embora não o afirme expressamente o seu autor, à de técnica de tutela, exposta por Luiz Guilherme Marinoni.* Para este último, quando 'se percebe, contudo, a necessidade de distinguir *os meios* (que permitem a prestação da tutela) *do fim* a ser obtido (o resultado no plano do direito material), *apresenta-se como adequada a distinção entre tutela jurisdicional stricto sensu e técnicas de tutela jurisdicional'*. Assim, *classifica Luiz Guilherme Marinoni as sentenças (condenatória, mandamental, etc.) como 'técnicas de tutela'. Estas técnicas de tutela, uma vez adotadas, no plano processual, terão como objetivo buscar a produção de um resultado, este no plano material"* (Guilherme Rizzo Amaral, A polêmica em torno da ação de direito material, *Revista de Direito Processual Civil (Genesis)*, v. 33, p. 542). Como está claro, após evidenciar que Carlos Alberto constrói a sua idéia de tutela jurisdicional a partir dos "provimentos jurisdicionais" ou do que chamados de "técnicas processuais", Rizzo percebeu a distinção entre a nossa posição e a de Carlos Alberto. *Enquanto Carlos Alberto está preocupado com os "provimentos jurisdicionais", entendemos que a identificação da tutela jurisdicional deve ser encontrada no plano do direito material, ou melhor, no plano das formas de tutela dos direitos e dos resultados que as técnicas processuais devem proporcionar para que o processo possa responder à sua missão perante o direito material.*

— 10 —

Tutela Jurisdicional
(no confronto doutrinário entre Carlos Alberto Alvaro de Oliveira e Ovídio Baptista da Silva e no pensamento de Flávio Luiz Yarshell)

GABRIEL PINTAÚDE

Advogado. Mestre em Direito Processual Civil na UFRGS.

Introdução

Da *actio* romana até a obra clássica de Oskar Bülow e a polêmica entre Windscheid e Muther existiu processo civil na experiência jurídica, o que não existiu, efetivamente, foi uma ciência específica, com princípios e método próprios, que tomasse esse processo praticado na práxis como objeto de estudo teórico e sistematização autônoma, apartada dos demais ramos jurídicos, já consagrados pela História. Essa etapa anterior ao nascimento do Direito Processual Civil como ciência e ramo do Direito é designada pelo Professor Cândido Dinamarco de "sincretista" ou "imanentista", e pelo Professor Daniel Mitidiero de "praxista". Aqui não precisamos adentrar na questão de que no Direito Romano havia sistema de ações, e não de direitos, bastando referir que, por certo, nessa fase o processo civil não passava de capítulo do Direito Civil, referente ao exercício dos direitos, ou, segundo o jurisconsulto romano Celso, seria o estudo relativo ao "perseguir em juízo aquilo que nos é devido". A autonomia científica proporcionou a construção dos conceitos na nova disciplina (tecnicismo), tendo como fulcro, principalmente, a teoria da relação jurídica processual (de natureza pública), que seria reconhecida, finalmente, como algo distinto da relação jurídica material, sendo diversos os elementos informadores desses conceitos. É a instauração da fase "autonomista", "conceitualista", ou, segundo Mitidiero, "processualista". Posterior e recentemente, os juristas dedicados ao estudo dessa ciência incipiente deram-se conta das insuficiências do processualismo como método de trabalho e, inclusive, dos malefícios de sua adoção indiscriminada, diante das vicissitudes da sociedade contemporânea, do comprometimento axiológico de todos os planos do Direito e da tomada de consciência de que o processo só pode ser assim caracterizado por constituir meio de efetivação e realização de algo desejado pela ordem jurídica, com concretização de uma finalidade subjacente. Assim ingressamos no paradigma "instrumentalista" (Dinamarco), diante da verificação do nexo teleológico ou finalístico de interdependência entre o Direito Processual e o Direito Material, que aquele é chamado a dar atuação concreta. Num primeiro momento, o instrumentalismo pode ser considerado formal: é a constatação de que o processo não pode ser visto como um fim em si mesmo. O Professor Galeno Lacerda é um dos que discorrem sobre essa temática, ao afirmar a importância do princípio da finalidade dos atos processuais e o da não-decretação de nulidade quando da ausência de prejuízo à parte, consubstanciados na instrumentalidade das formas, *topoi* esses formadores da parte da codificação de processo que relativiza as nulidades processuais ("sobredireito processual"). Essa noção forma aquilo que Dinamarco chama de parte negativa da instrumentalidade, sendo a parte positiva sinônimo de efetividade do processo. Esta, por sua vez, é composta por quatro tópicos: o acesso ao juízo, o modo de ser do processo, a efetividade *stricto sensu* das decisões e a justiça dessas decisões. O processualista Luiz Fux, por exemplo, é um dos juristas que faz nítida distinção entre instrumentalismo formal e instrumentalismo substancial.[1]

A passagem para um instrumentalismo substancial se daria em virtude dessa valorização da efetividade, mediante aquilo que José Roberto Bedaque e Luiz Guilherme Marinoni denominam de "relativização do binômio direito-processo" (*substance-procedure*). Essa noção é corroborada, justamente, pelos princípios da aderência (à realidade social e ao direito material) e da adequação (composta pela adequação subjetiva, objetiva e teleológica). A teoria da cognição judicial de Kazuo Watanabe também parte do pressuposto do Direito Processual como instrumento de realização efetiva e concreta dos ditames do Direito Material, e para isso a cognição pode ser utilizada como técnica, com especial importância da *summaria cognitio* (de forma a proporcionar o "acesso à ordem jurídica justa", consoante sua célebre formulação). Esse instrumentalismo substancial, representado pelo paradigma da efetividade, necessita mesmo da atenuação (mas não eliminação) da "linha divisória" entre o Direito Material e o processo: só assim, sem que se vislumbre esses planos como estanques, torna-se implementável o fortalecimento do nexo de interdependência eficacial recí-

---

[1] Fuz, Luiz. *Tutela da evidência e tutela da segurança*. São Paulo, Saraiva, 1994.

proca, com intercâmbio e interpenetrações axiológicas (relação de integração, autonomia vista não como indiferença ou neutralidade); com, enfim, integração teleológica (mas nunca ontológica). Trata-se de flexibilização permeabilizadora entre o "ser" jusmaterial e o "pode ser" jusprocessual: é a tutela da aparência e a tutela da evidência, com base em juízos de verossimilhança. Isso ocorre mediante necessária colaboração tridimensionalista (no sentido realiano), com atividade conjunta dos planos para colocação à disposição, aos agentes sociais, dos bens jurídicos indispensáveis para promoção e concretização real de um determinado "estado ideal de coisas", assimilável às finalidades subjacentes nas normas componentes do ordenamento jurídico.

Com Carlos Alberto Alvaro de Oliveira e seus discípulos (com destaque para os Professores Danilo Knijnik, Mitidiero, Hermes Zaneti Júnior e Guilherme Rizzo Amaral), vem sendo construído um novo paradigma (maneira de concepção ou modelo de pensamento) a respeito do processo: é o formalismo-valorativo. É um *modus operandi* baseado no culturalismo e no constitucionalismo e na efetiva tomada de posição a respeito do escopo precípuo do processo: realização concreta da justiça material no caso, além da implementação efetiva do Direito Material. O processo é vislumbrado não como mera técnica, e sim como instrumento ético e como fenômeno essencialmente cultural, reflexo da cultura e tradição de uma determinada comunidade humana espácio-temporalmente situada, submetida à imperatividade (atributividade) do Direito e à autoridade do Estado. Culturalismo e constitucionalismo, na verdade, estão imbricados: a axiologia constitucional, informadora do processo équo, reflete a cultura da sociedade política, e está num fluxo contínuo com aquela para sua explicitação lingüística (sintática, semântica e pragmática). No âmbito jusfilosófico, as raízes do culturalismo jurídico estão nas obras do alemão Emil Lask, do argentino Carlos Cossio (e sua teoria egológica) e no tridimensionalismo experiencial do brasileiro Miguel Reale. No âmbito processual civil, é o labor doutrinário de Galeno Lacerda e de Carlos Alberto Alvaro de Oliveira que vem propiciando a "infiltração" culturalista no seio da dogmática processualística. Alvaro de Oliveira é o jurista que melhor vem analisando as características fundamentais desse novo paradigma: o contraditório material-constitutivo; a cooperatividade processual ("máxima cooperação ou colaboração intersubjetiva em uma comunidade de trabalho" ou "equilíbrio cooperativo isonômico na divisão de tarefas entre as partes e o juiz"), instrumentalizada pela necessária estrutura dialógica do debate judiciário; o renovado ativismo judicial; a boa-fé e a lealdade das partes; a igualdade material entre todos os sujeitos processuais, inclusive o juiz; o modelo probatório preponderantemente persuasivo, com consciência da possibilidade de erro (busca da verdade possível e/ou provável); a lógica dialética, com discursividade

POLÊMICA SOBRE A AÇÃO

jurídica essencialmente prática e tópica, preocupada na resolução do problema (problematicidade como pólo metodológico e preocupação com o "caso"); o desmascaramento da efetividade "perniciosa"; a redefinição do adágio *juria novit curia*, com diálogo dos sujeitos processuais inclusive nas questões de direito (até porque estas estão inter-relacionadas com as questões de fato), evitando surpresas em interpretações normativas; a revitalização do conceito de procedimento (pois a ação é exercida ao longo de todo o *iter* procedimental), cuja essência está na sua realização em contraditório; a legitimação democrática do processo, mediante a participação na decisão, formando a denominada cidadania processual (*status activus processualis*) e, ainda (e não exaustivamente), a visualização do processo civil sob a perspectiva dos direitos fundamentais (com equacionamento constitucional para existência de equilíbrio entre a efetividade e a segurança jurídica, harmonia propiciada pela utilização fundamentada e legitimada do postulado normativo aplicativo – norma metódica – da proporcionalidade, conforme já doutrinou Teori Albino Zavascki).

Diante do chamado "processo constitucional", ou "tutela constitucional do processo", ou "princípios constitucionais do processo civil" (cujo sobreprincípio está consubstanciado no devido processo jurídico procedimental) é que se torna possível a construção da temática da "tutela jurisdicional". Assim, esse conceito pode ser teorizado tendo por base três âmbitos. Primeiro, diante das relações entre processo e Constituição, mediatizadas pelo direito fundamental à tutela jurisdicional efetiva, adequada e tempestiva, cuja expressão textual na Carta Magna está na garantia da abstração e incondicionalidade da ação processual ("remédio jurídico processual" ou "cobertura geral do sistema"), decorrente de direito subjetivo público, também denominado de princípio da controlabilidade (ou inafastabilidade do controle jurisdicional). A fundamentabilidade desse direito (formal e material; com eficácia vertical, horizontal e vertical com repercussão lateral – multifuncionalidade – e caracteres de ordem subjetiva e objetiva, além da aplicabilidade imediata) serviria, segundo Marinoni, de "elo de ligação" entre direito e processo e "elemento de legitimação" na atuação de um em função (instrumental) do outro. Diante disso e como segundo âmbito de teorização, a tutela jurisdicional funciona como conceito que equaciona o relacionamento entre Direito Material e processo civil (servindo de espécie de "projeção" de um plano do sistema jurídico no outro). Dinamarco, por exemplo, mostra preocupação, ao discorrer sobre o escopo jurídico do processo (ao lado do escopo político e social), acerca dos chamados "pontos de estrangulamento" entre direito e processo, e os institutos da prova, da responsabilidade patrimonial e da coisa julgada seriam os principais deles – ele doutrinou sobre isso quando de sua defesa da teoria dualista do ordenamento jurídico. Este jurista arrolou alguns exemplos do Direito Positivo brasileiro, como a interrupção da prescrição a partir da citação e o momento de eficácia da sentença constitutiva, para mostrar como o ordenamento pátrio só pode ser concebido como dualista.[2]

Essa problemática não deixa de estar conectada com uma distinção filosófica mais ampla: trata-se da justiça material em contraposição à legitimação procedimental, ou o confronto teórico do substancialismo com o procedimentalismo. A primeira concepção revela a primazia pelos resultados materiais obtidos para a consecução da justiça, e a segunda, por seu turno, mostra a relevância da construção dos procedimentos: se estes se mostrarem adequados, o resultado obtido será, necessariamente, equânime. Os modernos teóricos do discurso, como Jürgen Habermas, Robert Alexy,[3] Stephen Toulmin, Alexsander Peczenik e Aulis Aarnio, se vêem na contingência de construírem suas teorias com características preponderantemente procedimentais, para conseguirem alcançar um resultado materialmente justo (com pretensão de correção). Assim, mostra-se imprescindível a elaboração de adequados procedimentos (devendo ser, eles mesmos, eqüitativos) para a obtenção daquele resultado. A problemática, de certa forma, é tão penetrante e abrangente que teóricos tão díspares quanto John Rawls[4] (e sua teoria da *Original Position*) e Niklas Luhmann (*Legitimação pelo Procedimento*) não puderam se furtar de enfrentá-la. Também José Joaquim Gomes Canotilho a ela faz menção quando discorre sobre a relação entre os direitos fundamentais e a organização/procedimento (ou a participação no procedimento).

No âmbito específico das relações e interações entre Direito Material e Direito Processual, o que os autores em geral têm buscado é exatamente um equilíbrio entre duas concepções com sentidos vetoriais diferentes: nem um substancialismo (ou o "monismo" de Direito Material) nem um procedimentalismo (ou "monismo" de Direito Processual). Esse equilíbrio parte do pressuposto da existência de um ordenamento jurídico "dualista". Para ir além dos "monismos", deve-se reconhecer a dignidade de ambos os planos do sistema, o material e o processual, com seus respectivos âmbitos de atuação (um necessita do outro em suas interações recíprocas, mas não se anulam, nem um aniquila o outro na sua existência ou funcionalidade precípua). Assim, a solução não está na adoção de um dualismo que considere os planos de maneira estanque: há interdependência e interpenetração eficacial e teleológica, sem retirada dos contornos ontológicos de cada um deles. Isso é assim também em virtude da hermenêutica jurídica contemporânea: a diferença entre texto e norma, texto e contexto; a pré-compreensão

---

[2] Dinamarco, Cândido Rangel. *A instrumentalidade do processo*. São Paulo, Malheiros, 1996.

[3] Alexy, Robert. *Teoría de la argumentación jurídica*. Madrid, Centro de Estudios Constitucionales, 1997.

[4] Rawls, John. *A theory of justice*. Cambridge, Harvard University Press, 1971.

ou reflexão; o "círculo hermenêutico" ou integridade (com inter-relação na interpretação da norma e do fato e também a integridade normativa temporal das decisões, segundo Ronald Dworkin); a unidade (entendida como coerência) do ordenamento jurídico e a existência de categorias normativas distintas pelo grau de determinação da finalidade e da conduta (as regras como normas imediatamente comportamentais e mediatamente finalísticas, com maior pretensão de abarcância e menor necessidade de inter-relações com outras normas; os princípios como normas mediatamente comportamentais e imediatamente finalísticas, com menor pretensão de abarcância e maior necessidade de inter-relações com outras normas – parcialidade – ou atos institucionalmente legitimados de interpretação; por fim, os postulados normativos aplicativos, normas metódicas ou estruturas formais de aplicação das demais normas, com destaque para a proporcionalidade e a razoabilidade). O ponto de vista adotado para a análise do relacionamento entre Direito Material e processo não deve-se afastar da hermenêutica contemporânea: a ineliminável constitutividade judicial na construção do Direito ("reconstrução"), realizada dentro do processo, a impor temperamentos em uma visão dualista do ordenamento jurídico que entendesse o plano material como absolutamente suficiente, como se tudo estivesse lá previamente dado e regulado (com todas as soluções e respostas) e à jurisdição coubesse apenas uma função declarativa. Também esse modelo de pensamento acerca dos planos, condizente com a hermenêutica contemporânea, impõe se rejeite a concepção de que não haveria direitos subjetivos fora do processo, sendo tudo, absolutamente, nele e dentro dele construído, como se o julgador não partisse, em suas decisões, de necessários dados prévios, para fazer suas conexões de sentidos ao julgar os casos ("monismo processual").

O tema ainda pode ser enfocado por outro ângulo: segundo a teoria de Cezar Saldanha,[5] existem, basicamente, três níveis no ordenamento jurídico, distribuídos verticalmente: o Direito Constitucional, o Direito Ordinário e o Direito Judiciário (abaixo deste está a realidade concreta da vida de relação). Segundo o constitucionalista gaúcho, é a partir da vida de relação (passando pelo nível Judiciário, Ordinário, até chegar ao Constitucional) que "sobe" a "matéria-prima" tridimensional, com depuração em seus elementos constitutivos nesse *iter* (com máxima depuração e abstração axiológica no nível Constitucional), para, então, haver "retorno" dessa carga axiológica, rearticulando fluida e dinamicamente os níveis, até chegar à vida concreta de relação, "subir" de novo e assim sucessivamente. Conclusão disso está na autonomia dos níveis, mas com interdependência e inter-relacionamento entre todos eles (não são estanques). Eles possuem suas

---

[5] Souza Junior, Cezar Saldanha. *A supremacia do Direito no Estado democrático e seus modelos básicos*. Porto Alegre, Fabris, 2002.

competências e âmbitos de atuação específicos, não anulados pela atuação dos demais; no entanto, estão em constante intercâmbio, e suas operacionalidades estão em função dos demais. Essa visão, de certa forma, está atrelada a uma concepção sociológica do Direito, que o aludido publicista, na esteira do pensamento de Eugen Ehrlich e Manfred Rehbinder, faz ingressar nos fundamentos de sua teoria da Supremacia do Direito (com equivalência definicional com Estado de Direito). Resumidamente, esses sociólogos do Direito doutrinam que existe um direito bruto na sociedade, que ingressa aos julgadores representantes do Estado para, então, ser trabalhado pelos juristas e doutos. Posteriormente, de acordo com as instituições estatais, advém o direito legislado, que retorna para a sociedade e essa, por sua vez, "remodela" esse direito a seu modo, consoante suas idiossincrasias e vicissitudes. Esse direito vai ingressar, novamente, aos juízes, e assim sucessivamente. O primeiro vetor, proveniente da sociedade para as instituições estatais, passando pelo trabalho dos juristas, é denominado direito genético. O segundo vetor, o direito legislado que ingressa na sociedade, é denominado de direito operativo. A perspectiva sociológica e a interdisciplinariedade não é de todo estranha aos estudos processuais: basta lembrar a "sociologia da administração da Justiça", de Boaventura de Souza Santos.

Essa laboriosa construção teórica serve para elucidar as influências multivetoriais, multidirecionais e multipolares quando se está a analisar Direito Material e processo e a correlação com a Constituição. A ordem constitucional relaciona-se com processo (é o "processo constitucional", a jurisdição constitucional, os "*writs* constitucionais" ou "remédios constitucionais" e os "princípios constitucionais do processo civil", além das garantias processuais penais e da irradiação de eficácia do devido processo jurídico procedimental para os processos administrativos; poderíamos, ainda, fazer digressão acerca da parte processual e da parte material da Constituição, e de como ficam os direitos fundamentais – "direitos fundamentais processuais" e "direitos fundamentais materiais" – nessa questão). A ordem constitucional, também, relaciona-se com o Direito Material, seja com o Direito Público (além, obviamente, do próprio Direito Constitucional, com o Direito Administrativo, com o Direito Tributário, com o Direito Penal, dentre outros), seja com o chamado Direito Social (para quem gosta de *tertius genus,* o Direito do Trabalho e o Direito Previdenciário), seja, enfim, com o Direito Privado (observe-se que o atual Código Civil promoveu a unificação do direito obrigacional): aí está o vivo debate acerca da "constitucionalização" do Direito Privado (com questões nas relações de consumo e de como se operacionaliza a eficacização dos direitos fundamentais nas relações horizontais interprivadas, com a temática conecta das cláusulas gerais e dos conceitos jurídicos indeterminados e das normas civis materiais "dirigidas ao juiz". Marinoni ainda suscita as "cláusulas gerais

POLÊMICA SOBRE A AÇÃO

processuais"). O relacionamento entre Direito Material e Direito Processual deve, necessariamente, tomar em consideração essa dupla irradiação da ordem constitucional (e sua complexa constelação vetorial axiológica) para ambos os planos: o resultante desse entrelaçamento multifocal é a "tutela jurisdicional".

O outro âmbito de análise da temática é a relação entre Direito Processual e Teoria do Direito (até porque a própria concepção de Direito incorporou a noção alexyana de "pretensão de correção"): é a partir daí que são feitas as distinções entre normas primárias e normas secundárias (e a possível existência de normas terciárias; essas noções trazem à lembrança as célebres normas de reconhecimento de Herbert Hart), normas de primeiro grau e normas de segundo grau (e normas de terceiro grau, como as regras de competência) ou normas substanciais e normas instrumentais, por exemplo. O tema da tutela dos direitos (e a respectiva classificação das tutelas), tão precioso para o Professor Marinoni, também só aqui é devidamente elucidado: a tutela preventiva, a tutela inibitória, a tutela de remoção do ilícito, a tutela sancionatória, a tutela ressarcitória, a tutela específica, dentre tantas outras designações que podem ser feitas. As considerações realizadas acerca da hermenêutica e do monismo/dualismo do ordenamento jurídico também só com o arsenal (aparato) conceitual da Teoria do Direito podem ser adequadamente dimensionadas. Igualmente é a partir dela que são elucidados, mediante comparação e confronto, os conceitos de tutela normativa (que seria estática), tutela jurídica, tutela penal, tutela administrativa, tutela civil, tutela dos direitos, tutela de pessoas (segundo Dinamarco), dentre outros, com o de tutela jurisdicional (dos direitos, tutela dinâmica): assim fica melhor esclarecido o âmbito de atuação dos planos substancial e o do plano instrumental e qual as relações entre eles (e suas estruturas e funcionalidades, com o nexo teleológico e escopo transcedental último comum da justiciabilidade intersubjetiva/transindividual), com depuração conceitual-teórica e pragmática da "tutela jurisdicional". Também em sede de relação Teoria do Direito e processo, a influência do constitucionalismo faz-se presente: enfim, os fundamentos das categorias normativas são buscados na Constituição e não há como pensar em axiologia/teleologia jurídica sem a Justeoria e sem a Jusfilosofia, porque são elas que problematizam o multiculturalismo jurídico e que confrontam a juridicidade com a moralidade;[6] em suma, são essas disciplinas que contrapõem a Zetética (termo consagrado por Theodor Viehweg), em que predomina a lógica da pergunta (bem ressaltada na hermenêutica filosófica de Hans-Georg Gadamer)[7], do diálogo e do questionamento fundamentado, com a Dogmática, em que predominam os dogmas e a lógica da resposta.

---

[6] Sobre isso, Fuller, Lon. *The morality of Law*. New Haven, Yale University Press, 1964.

[7] Gadamer, Hans-Georg. *Verdade e método*. São Paulo, Vozes, 2004.

A questão da justiça e a busca por concretização do "processo justo" (com implementação da justiça do caso concreto) enseja um largo espectro de questões, problematizáveis pela Filosofia do Direito, mas que ultrapassam os limites de seu objeto de estudo, fazendo parte da Filosofia (Ética Social) e formando a chamada Teoria da Justiça.[8] Apenas para ilustrar, segundo essa teoria, a justiça é enfrentada como tema com o arsenal da Política, da Economia, da Sociologia e da Psicologia, além do Direito. Isso é assim porque a justiça é mesmo a justificação última ou a razão na sociedade, formando aquele complexo racional equilibrador entre igualdade e liberdade (com o suporte da estrutura dos meios e dos fins). A "justa alocação dos recursos humanos" dentro de uma poliarquia moral dialética, racional, aberta e circunscrita impõe a distinção entre macrojustiça e microjustiça e as subdivisões entre justiça comutativa, justiça distributiva e justiça social. Dentro da ética social moderna, muitas são as correntes que formulam suas diferentes teorias da justiça, como os neolibertários, a teoria da escolha pública (Buchanan) ou social, a moralidade por acordo (Gauthier), o liberalismo de processo pleno privado de Robert Nozick, as teorias dos contratos sociais liberais, a teoria das esferas específicas ou supereqüidade eficiente de Michael Walzer, a teoria da justiça de John Rawls, o recursismo de Dworkin, a teoria da justiça plena prática por necessidades (Kolm) e os utilitarismos (as teorias do "bem-estar social", os utilitaromorfismos e o conseqüencialismo respeitoso de John Harsanyi). Incluem-se nesse âmbito questões como responsabilidade, mérito, merecimento, necessidades básicas (e sua satisfação), recursos primários e produtivos, recursos humanos e naturais, capacidades produtivas, força de trabalho e explorações sociais, capital humano, bens (de produção e de consumo, materiais e imateriais, transicionais e posicionais), poderes, renda e riqueza, posições sociais, esferas de atuação, utilidade cardinal e marginal, motivações e objetivos individuais e supra-individuais, felicidade, auto-realização, "vida boa", bem comum, imperfeições de mercado, igualitarismos (de oportunidades e multidimensionais), implementações motivacionais éticas, "tamanho" do setor público, benevolência e inveja, pluralismo, tolerância e inúmeras outras. Essa problemática leva, necessariamente, à definição dos campos de atuação dos poderes do Estado e suas relações recíprocas (e a chamada "justicialização da política ou politização da Justiça"). O processo civil já foi vislumbrado como instrumento de poder; dentro das vicissitudes do Estado Constitucional contemporâneo, ainda está em aberto a melhor definição da questão da inserção do processo como instrumento de justiça social, e o italiano Vittorio Denti ventilou o tema em livro: *Processo Civile e Giustizia Sociale*. A questão toma contornos mais dramáticos diante da normatividade dos direitos sociais e da sua necessidade de concretização

---

[8] Por todos, Kolm, Serge-Christophe. *Modern theories of justice, Massachussets*, MIT Press, 1996.

POLÊMICA SOBRE A AÇÃO

(com a problemática orçamental estatal correlata e o "controle judicial de políticas públicas").

Em última análise e diante das considerações feitas, a tutela jurisdicional pode ser vista, ela própria, como o pólo metodológico da teoria do processo civil contemporâneo. Pode, também, dependendo do enfoque de análise, ser confrontada com cada um dos consagrados pólos metodológicos fundamentais da trilogia processual: ora com a ação (que foi o principal conceito da primeira fase da ciência processual e tópico para a gradual dissociação do processo em relação ao Direito Material); ora com a jurisdição (conceito valorizado por Dinamarco, como manifestação do poder estatal e repensado a partir da tomada de consciência de seus reais escopos e dos caracteres específicos que a definem) e ora com o processo (revitalizado, hodiernamente, com o conceito de "procedimento em contraditório", a partir das contribuições dos italianos Elio Fazzalari, Crisanto Mandrioli e Nicola Picardi – com as idéias acerca do (com)plexo de posições subjetivas jurídico-processuais –, pelo formalismo-valorativo de Carlos Alberto Alvaro de Oliveira, além dos princípios da adequação e adaptabilidade procedimental e, ainda, algumas outras preocupações doutrinárias, como as de Antônio Carlos de Araújo Cintra e a de Marinoni sobre as considerações da realidade concreta das posições sociais dos litigantes – aderência às necessidades do Direito Material, por exemplo). Como o tema da "tutela jurisdicional" está, indissociavelmente, ligado ao culturalismo e ao constitucionalismo, esse confronto (conjunto ou particularizado) deve ser mediatizado pelas garantias da Constituição, quanto à ação, quanto à jurisdição e quanto ao processo e procedimento (a garantia da ação, a inafastabilidade do controle jurisdicional – só assim fica inteligível a designação desta como "direito fundamental à tutela jurisdicional efetiva, adequada e tempestiva" – e o devido processo jurídico procedimental).

I – Primeira parte: o confronto doutrinário entre Carlos Alberto Alvaro de Oliveira e Ovídio Baptista da Silva

O formalismo-valorativo (culturalista) de Carlos Alberto Alvaro de Oliveira, diante da releitura dos institutos processuais a partir da Constituição, de novos modelos de pensamento para a processualística, e da redefinição das relações entre Direito Material e processo, com conseqüente autonomização e emancipação plurissignificativa da tutela jurisdicional, precisou confrontar-se com os pilares da ciência processual pontiana-ovidiana, cujo núcleo essencial está representado pela classificação das ações e sentenças consoante suas preponderantes cargas de eficácia ("eficácia(s) da sentença" e seu quinarismo classificatório – constante quinze). Não se trata, absolutamente, de mera questão terminológica: diante da teoria das "formas de tutela jurisdicional" de Alvaro de Oliveira, em substituição à(s) eficácia(s) da sentença, o formalismo-valorativo viu-se na contingência de fundamentar a imprestabilidade do conceito de ação de direito material – uma vez que é a partir da eficácia desta que é realizada a classificação das sentenças ("classificação das ações segundo a preponderante carga eficacial da futura sentença de procedência") –, para o equacionamento da relação Direito Material-processo, justamente ao afirmar que tal conceito "quebra" a harmonia correlacional entre os planos e não se coaduna com a ontologia específica de cada um deles. Não corresponderia, enfim, aos parâmetros da interdependência finalística (efetividade da tutela jurisdicional), conforme os ditames da ordem constitucional.

I.1 – A ação de direito material

A norma jurídica é composta por uma hipótese legal e uma conseqüência jurídica. Segundo a doutrina da infalibilidade da incidência, consagrada por Pontes de Miranda, quando sucede a concretização do suporte fático no mundo da realidade empírica fenomênica (suporte fático concreto), correspondente à descrição do suporte fático abstrato contido na norma, ela incide, infalivelmente, e as conseqüências jurídicas são implementadas. A incidência da norma "colore" o fato, tornando-o fato jurídico. Essa é a premissa para a construção da "teoria do fato jurídico", magistral e didaticamente consolidada por Marcos Bernardes de Mello.[9] Esse jurista divide os fatos jurídicos em espécies lícitas e ilícitas (atos ilícitos). Dentro das lícitas, há os fatos jurídicos *stricto sensu,* provenientes de fatos da natureza. Há, também, os chamados atos-fatos, que são os provenientes de atos humanos volitivos, mas que entram no mundo jurídico sem a consideração da vontade, como se da natureza fossem. Clóvis do Couto e Silva, no Direito pátrio, foi o grande teórico dos denominados "atos existenciais", atos que, por definição, teriam o elemento volitivo em seu núcleo, mas acabam ingressando no mundo jurídico com abstração dessa característica. Os fatos jurídicos que levam em consideração a vontade humana são os atos jurídicos *stricto sensu* e os negócios jurídicos. Nos primeiros, as conseqüências jurídicas são dadas *ex lege*; nos segundos, por seu turno, tais conseqüências são escolhidas pelos agentes, mediante sua expressão volitiva (vários foram os debates tedescos sobre a teoria do negócio jurídico, podendo citar o travado entre Oskar Bülow e Otto Karlowa, sobre ser a vontade ou o comando/preceito – teoria preceptiva – dela resultante a essência do negócio jurídico. Também Karl Larenz teorizou sobre a matéria e, na Itália, Emilio Betti celebrizou a teoria da pressuposição). No âmbito estritamente processual, controverte-se acerca da existência de negócios jurídicos processuais

---

[9] Mello, Marcos Bernardes de. *Teoria do fato jurídico*. São Paulo, Saraiva, 2004.

ou se todos os atos processuais seriam equiparáveis aos atos jurídicos *stricto sensu*.

O fato jurídico possui um *iter* vivencial: plano da existência, plano da validade e plano da eficácia. No primeiro, verificar-se-á se o fato ingressou, ou não, no mundo jurídico: para isso, necessário o preenchimento de todos os elementos do suporte fático abstrato. Depois de caracterizado como fato jurídico (existente), ele, então, ingressa num plano diverso na respectiva conformação qualitativa: verificar-se-á se ele preenche, ou não, os requisitos de validade: aqui serão analisados se houve dolo, coação, ou se foi praticado por incapaz, por exemplo, para, daí, enquadrar-se na categoria das nulidades ou das anulabilidades. Por último, ingressa o fato no plano eficacial: é a análise da condição e do termo, por exemplo. É nesse âmbito que se analisa a irradiação dos efeitos dos fatos jurídicos: são as situações jurídicas e as relações jurídicas, com o surgimento dos direitos, deveres e obrigações. Assim, segundo Pontes de Miranda e Marcos Bernardes de Mello, ao direito subjetivo corresponde um dever; esse direito (*status*), não satisfeito espontaneamente por quem tem o dever de fazê-lo, ganha uma nova "roupagem" (é o mesmo direito com novo atributo, e não outro direito): surge a pretensão. É o exemplo da nota promissória que vence. Essa pretensão é o poder exigir; é a exigibilidade. Correspondente à pretensão, está, agora, a obrigação: quem antes tinha dever, agora tem a obrigação de cumprir. Ainda aqui, mesmo com a exigência, necessário o cumprimento voluntário do obrigado. Caso isso não ocorra, aí surge um "novo momento dinâmico" (não mais um dado estático) na vida do direito subjetivo, um "plus" com nota de combatividade, a ser dirigido, agora, contra o acionado: é a ação de direito material (os mencionados autores ainda falam da possibilidade do contraponto da exceção, a ser oposta contra o acionante-excepcionado). Essa ação, agora sim, prescinde da conduta do acionado (antes obrigado): é a satisfação material direta do direito subjetivo.

Entretanto, na sociedade política institucionalmente organizada, mediante um poder legitimado pela ordem constitucional, que fundamenta o Estado Democrático e Social de Direito (Estado Constitucional), não pode haver exercício de autotutela, uma vez vedado o exercício arbitrário das próprias razões (inclusive criminalizado no Código Penal brasileiro): é a vedação da "justiça de mão própria". Isso perturbaria a paz social: seria a imposição do mais forte, aniquilando a liberdade individual. Segundo Pontes de Miranda e Ovídio Baptista da Silva, haveria, diante dessa circunstância, uma duplicação de ações: a ação de direito material e a ação de direito processual: a primeira dirigida contra o adversário, e a segunda, dirigida contra o Estado, ambas exercidas simultaneamente. Uma observação: por tal razão, o romanismo, imanentismo ou sincretismo que estaria subjacente àquela disposição material civil (não mais vigente) que dispunha que a todo direito corresponde uma ação que o assegura, representaria, de acordo com o Professor gaúcho, acerto científico, pois a ação ali mencionada é a de direito material. "A todo direito corresponde uma ação de direito material que o assegura", seria a formulação lingüística de Ovídio Baptista, para dissipar dúvidas. (O Professor Watanabe também sugeriu um texto: "a toda afirmação de direito corresponde uma ação que o assegura". Poderíamos escrever: "a toda afirmação de direito corresponde uma forma de tutela jurisdicional que o assegura"). Cabe salientar que o trinômio direito-pretensão-ação, nos moldes assinalados, possui contornos claros quando se trata de direitos obrigacionais (relativos). Em relação aos direitos reais (absolutos) e aos direitos potestativos ou formativos, devem ser feitas algumas adaptações esquemáticas. Quanto aos primeiros, Pontes e Ovídio sustentam que nascem concomitantes o direito subjetivo e a pretensão; esta possui direção vetorial *erga omnes,* e a individualização se dará quando de sua infringência ou desrespeito: e aí se está, já, diante da ação material. Quanto aos segundos, não há a "etapa" intermediária da pretensão na vida do direito subjetivo: há "passagem" direta para a ação material, pois o direito potestativo (espécie tão prestigiada por Giuseppe Chiovenda como premissa para a construção de seu sistema processual), coloca o sujeito contra o qual é dirigido em posição de sujeição, em que se prescinde de sua expressão volitiva para a efetivação dos efeitos jurídicos (os direitos formativos são insuscetíveis de violação e a eles não corresponde uma prestação).

Nessa perspectiva, o que foi dito em relação ao plano material pode ser repetido para o plano pré-processual e processual: existe um direito subjetivo público, como *status,* garantia da utilização da "máquina judiciária"; a nova "roupagem" é a pretensão processual, o poder exigir, a exigibilidade que caracteriza a pretensão "à tutela jurídica" ("pretensão à prestação jurisdicional"); esta precisa, entretanto, do efetivo exercício representado na ação (processual), o agir contra o Estado, para obtenção da resposta jurisdicional. A ação processual é una, abstrata e incondicionada; logo, não pode ser objeto de classificação. A classificação, segundo Ovídio Baptista, é das ações de direito material, e o critério classificatório é a preponderante carga de eficácia da futura sentença de procedência (declaratória, constitutiva, condenatória, executiva ou mandamental). Basicamente, a análise é feita com base no resultado eficacial representativo daquilo que o demandante faria contra o demandado, caso não houvesse a vedação da autotutela (assim está colocado, para o aludido jurista, o modo como se dá a projeção do Direito Material no processo civil).

Para melhor esclarecimento do pensamento de Ovídio Baptista, precisamos vislumbrar como o Professor concebe o Processo Civil e como ele o estrutura metodologicamente.[10] No processo de conhecimento, estariam as ações declaratórias, constitutivas e condenatórias. A execução seria composta pela execução obrigacional, pela execução real e pelas ações mandamentais. Por fim, a tutela de urgência, que abarcaria a cautelar. Os procedimentos especiais o jurista só os analisa na sua exegese do Código de Processo Civil. Na parte relativa ao processo de cognição, o autor separa a análise das ações da análise das sentenças, classificando aquelas em função da carga eficacial destas. Assim, há, na sua obra, conexão direta entre as ações (de direito material) e as sentenças, de tal forma que a classificação das ações, na parte relativa ao processo cognitivo, é exaustiva, nada precisando ser dito em relação à classificação de sentenças, porque é a mesma. Importante notar: a ação material, por óbvio, é fenômeno do Direito Material, e a sentença, também de forma evidente, é fenômeno, por excelência, do Direito Processual. Apesar disso, a classificação daquela é feita em função desta, com terminologia conceitual intercambiável.

No que tange à execução, Ovídio Baptista separa a execução dita obrigacional (por créditos) e a execução real, denominada por Pontes de Miranda de "execução *lato sensu*" (ou "ações executivas"). Elas são explicadas, segundo Ovídio, de acordo com as categorias de Direito Material, provenientes do Direito Romano: trata-se dos direitos obrigacionais (pessoais ou relativos: Direito das Obrigações) e os direitos reais (absolutos: Direito das Coisas). Há ainda uma categoria híbrida e complexa, as obrigações *propter rem*. O jurista assim o faz por entender que o processo civil não tem o condão – e não pode fazê-lo, sob pena de perda de legitimação e distorções em sua finalidade – de "mutilar" o Direito Material, e a cientificidade mesma do Direito Processual só é concebível quando há o respeito deste ramo jurídico pelos ditames categoriais-institucionais consagrados no plano material. Preocupações semelhantes (na esteira do pensamento ovidiano) tem Luiz Guilherme Marinoni, ao criticar Adroaldo Furtado Fabrício, quando esse processualista afirma que seriam as leis de processo que determinariam a executividade das sentenças e, na Itália, Andrea Proto Pisani, ao discorrer sobre as insuficiências da condenatoriedade. Então, de acordo com o processualista gaúcho, o que hoje conhecemos como condenação (e seu corolário na universalização da ordinariedade/plenariedade) seria fruto histórico da trilogia romana *obligatio, actio* e *condenatio* (Pontes: "correlato ao conceito de condenação é o conceito de prestação"). Por outro lado, o que atualmente denominamos reivindicação seria herança da *vindicatio* romana. A *actio* do Direito Romano tardio, segundo Ovídio Baptista, suprimiu a tutela interdital, mutilando as especificidades das pretensões materiais veiculadas em juízo.

---

[10] Silva, Ovídio Baptista da. *Curso de processo civil*. São Paulo, RT, 2000.

Na execução obrigacional, há o chamado "conflito condenatório": o vencedor da ação, para satisfação de seu direito, necessita de atos materiais que incidam em patrimônio legitimamente alheio. Por isso imprescindível um processo de execução *ex intervallo*, com maiores garantias de defesa. Na execução real (aquela que tem aptidão para veicular "pretensões reais"), por seu turno, há o "conflito executivo": a incidência de atos materiais para satisfação do direito do vencedor dar-se-á em patrimônio que lhe é próprio, indevidamente na posse do vencido (ou com desconstituição da legitimidade do título causal da posse, o contrato locatício, por exemplo). Por isso desnecessário um novo processo; basta um ato que faça migrar o bem de um patrimônio a outro (na mesma relação processual). Trata-se, consoante Francesco Carnelutti (quando este jurista italiano explica algumas questões relativas ao direito e ao processo segundo a teoria das obrigações) de questão relativa à "linha divisória" das esferas jurídicas e suas respectivas incolumidades.

Apenas para ilustrar como contraponto, essa problemática pode ser explicada, segundo Carlos Alberto Alvaro de Oliveira, pelos princípios informativos próprios da tutela jurisdicional: a execução *ex intervallo*, por vir a atuar em patrimônio alheio, precisa de maiores garantias de defesa, consubstanciadas no princípio da segurança jurídica. Quando ausente essa contingência, ganha primazia circunstancial o princípio da efetividade.

Por fim, as ações mandamentais são estudadas em conjunto com a execução, e não dentro do processo de conhecimento, justamente por conter o mandamento como conteúdo principal decisório-sentencial (e não como mero *posterius* ou como efeito externo da decisão, não compondo seu conteúdo, como entendia Alfredo Buzaid). Tal mandamento como eficácia preponderante ganha realidade na mesma relação processual, para satisfação do direito. Ao denominá-las de "ações mandamentais", Ovídio Baptista manifesta o posicionamento doutrinário já mencionado: mandamentais são as ações de direito material, cuja sentença de procedência – chamada "sentença mandamental" – contém essa mandamentalidade como carga eficacial preponderante. Há, evidentemente, segundo essa doutrina, um perfeito intercâmbio discursivo e lingüístico-conceitual (e reflexos conseqüencialistas pragmáticos daí advindos) entre a fenomenologia da juridicidade material e a fenomenologia da juridicidade processual, pela manipulação funcional e operacional do conceito de ação de direito material.

I.2 – As críticas ao conceito

Não existe ação de direito material dentro do processo civil ou ela não ingressa no plano processual. A ação de direito processual, conforme já mencionado, é una, formal, abstrata, incondicionada e inclassificável. O que se projeta dentro e para o processo – e promove as relações e interações entre os dois planos, o material e o processual – é a afirmação de direito contida na *causa petendi*. A ação de direito material tem sua existência limitada às raríssimas hipóteses em que o ordenamento jurídico permite o exercício direto do direito, a autotutela, que, ainda assim, estão sujeitas à revisão judicial, consoante o *due process of law* (devido processo jurídico procedimental).

Não pode, mesmo, haver ação de direito material dentro do processo (ou que ingresse nele), uma vez que, por uma questão lógica – *contraditio in terminis* – quem afirma não age, e quem age não afirma. Ou se afirma, ou se age. Quem está a afirmar não está agindo, pois ao agir já não está mais afirmando. Pode até agir afirmando, mas aí está, essencialmente, agindo. Mas não se pode afirmar agindo, porque daí não se está, mais, afirmando (e sim agindo). Não há como transpor isso, pela natureza mesma do pensamento, da verbalização e da ação humana. Em suma, não há como meramente afirmar uma ação; logo, não há como agir (ou fazer agir) uma mera afirmação, concomitantemente. Trata-se, em última análise, de problema de lingüística (disciplina fundada pelo célebre Ferdinand de Saussure)[11], que traz à lembrança o paradoxo do mentiroso, outrora mencionado por Wittgenstein: quando a pessoa afirma "eu estou mentindo" ela estará, ao fim e ao cabo, mentindo se estiver dizendo a verdade, e dizendo a verdade se estiver mentindo. A problemática também vai de encontro àquilo que os clássicos nos ensinaram e nos legaram sobre a natureza da racionalidade prática, consoante testemunho inexcedível do filósofo escocês, aristotélico e comunitarista, Alasdair MacIntyre,[12] quando ele discorre sobre os *"animales racionales e dependientes"*. Ignorar isso é ignorar como a razão é aplicada à ação: enfim, é fazer *tabula rasa* da distinção entre a razão (pura) teórica e a razão prática, um dos maiores legados do kantismo.

Imaginemos Caio e Tício dentro de uma sala fechada. Tibúrcio está do lado de fora da sala, mas lhe é possível ouvir aquilo que, porventura, os dois estiverem falando. Sabe-se que Caio tem um punhal na mão. Então, Tibúrcio (que não pode vê-los) ouve o grito de Caio: "eu estou matando Tício!". Duas são as possibilidades diante do fato: ou Caio simplesmente berrou (diríamos: afirmou) e Tício mantém-se vivo ou, ao contrário, ele realmente matou-o, e o fez anunciando. Tibúrcio só poderá saber o que sucedeu efetivamente ao entrar na sala. Se Tício estiver morto, Caio agiu de fato (independentemente de ter anunciado/gritado/afirmado); se Tício estiver vivo, Caio, ao contrário, apenas e meramente afirmou. O resultado morte somente se dá quando da ocorrência da ação (e não a mera afirmação), seja se o agente o faz de forma calada ou gritando.

---

[11] Saussure, Ferdinand de. *Curso de lingüística geral*. São Paulo, Cultrix, 1991.

[12] MacIntyre, Alasdair. *Justiça de quem? Qual racionalidade?* São Paulo, Edições Loyola, 1991.

É no mínimo paradoxal colocar a ação de direito material como liame entre os planos do ordenamento jurídico e explicar a hipótese de improcedência do pedido: como explicar a existência de ação material no processo, se ela não existia? Ou seja: como pode ter havido ação (material) na hipótese de improcedência do pedido? Como pode haver exercício de ação sem ação? De acordo com Carlos Alberto Alvaro de Oliveira, não se pode exercer o que não se tem. Assim, a ciência processual pontiana-ovidiana, fazendo ingressar no processo a ação material, sendo esta, conceitualmente, um *momentum* ("plus", "emanação" ou "inflamação") na vida do direito (sendo esse mesmo direito com nota de combatividade, "armado para a guerra", depois de passar pela exigibilidade intermediadora representada pela pretensão), pressupõe a existência desse direito subjetivo, caso queira manter-se fiel aos seus arcabouços esquemáticos. Ainda, além do que já ficou dito, a réplica desses autores, ao mencionar a possibilidade de "afirmação da ação material", como se fosse equivalente com "afirmação do direito", está, confessadamente, a manifestar a imprestabilidade mesma do conceito de ação material, e por isso não há razões para sua manutenção na explicação da fenomenologia da interação direito-processo.

Conforme visto, Ovídio Baptista coloca, na sua concepção de estrutura de processo civil, as ações condenatórias como uma das espécies componentes do processo de conhecimento, ao classificar as ações (de direito material). Mas se tornou clássica, por outro lado, a categorização que esse processualista faz da ação condenatória em outros estudos, como sendo figura jurídica exclusiva e eminentemente processual, não havendo, portanto, ação condenatória de direito material ou ação condenatória no plano material, destoando, assim, da metodologia fundamental, por ele engendrada, de ciência processual.[13]

O processo civil é absolutamente imprescindível para que alguém obtenha declaração de que não possui, ou de que possui, vínculo – consubstanciado em relação jurídica – com outrem; de declaração se trata por ser declaração judicial ("certeza oficial"). O mesmo se diga quanto à constituição (criação, modificação ou extinção de situações jurídicas): só a (des)constitutividade judicial separa cônjuges e só ela divorcia. Só se desconstitui avença contratual com a decisão judicial imperativa pertinente, realizada mediante o processo, com o "selo" autoritativo proveniente do agente representativo do Estado (juiz).

Somente por meio do exercício da jurisdição é que pode haver o fenômeno, por isso mesmo de natureza jurisdicional, da existência de sentenças ditas com executividade intrínseca (execução *lato sensu*). Elas primam pela

---

[13] Silva, Ovídio Baptista da. A ação condenatória como categoria processual. *In: Da sentença liminar à nulidade da sentença*, Rio de Janeiro, Forense, 2001.

estatalidade, portanto. Quanto à mandamentalidade, a imperatividade autoritativa é da sua essência: o seu "gene" hereditário da interditalidade tutelar do classicismo romano não o nega. O próprio Ovídio Baptista é o mais autorizado a confirmar isso: é por meio de seu vasto conhecimento histórico que esse dado é corroborado. É também esse jurista que nos ensina que o juiz romano-germânico é caudatário, principalmente, da tradição da *actio* e o juiz da *Common Law*, por sua vez, da tutela interdital imperativa.[14]

A erudição do Professor gaúcho ajuda-nos na constatação dos problemas decorrentes da adoção da acionabilidade material intra ou endoprocessual. A doutrina ovidiana nos afirma que a ação de direito material é assimilável àquilo que decorre da eficácia preponderante da sentença de procedência. Mas quando a mandamentalidade do mandado de segurança, decorrente da procedência sentencial, exige a nomeação em cargo obtido por concurso público, por exemplo, Ovídio descarta tal premissa científica.[15]

Ainda, também é o próprio processualista que afirma que nas interpelações judiciais, por exemplo, não há ação de direito material; logo, não há ação material a ingressar no plano do processo e a ditar qual a eficácia sentencial preponderante. Nestes processos, o que existe é apenas exercício de pretensão: a explicação fenomenológica da correlação direito-processo deve partir de outros dados ou elementos, portanto.[16]

O erudito economista e filósofo Eduardo Gianetti escreveu sobre a denominada "entropia da informação", ou distorções (malentendidos) ocorrentes nas trocas intelectuais, na sua tese de Phd na universidade de Cambridge.[17] A resposta que Ovídio Baptista[18] dirige a Carlos Alberto Alvaro de Oliveira[19] sobre a suposta aptidão científica do conceito de ação de direito material para sustentar a interatividade entre Direito Material e processo enquadra-se no conceito daquele pensador pátrio. Senão, vejamos.

Ovídio afirma que Alvaro de Oliveira confunde direito subjetivo com pretensão (a "emanação" do direito). Isso não só não ocorre nos escritos de Alvaro, como este jurista fundamenta suas considerações, justamente, nesse característica fundamental da pretensão e da ação, a de serem emanações, "plus", "novos momentos" ou "novas roupagens" a revestir o direito. Esse é o ponto de partida da crítica de Alvaro, inclusive com fundamentações históricas, passando pela pandectística alemã. Também, "o direito impuro"

---

[14] Silva, Ovídio Baptista da. *Jurisdição e execução na tradição romano-canônica*. São Paulo, RT, 1996.

[15] Silva, Ovídio Baptista da. *Curso de processo civil*. Vol. 2, São Paulo, RT, 2000.

[16] Silva, Ovídio Baptista da. Direito subjetivo, pretensão de direito material e ação. *Revista da Ajuris*, 29.

[17] Gianetti, Eduardo. *O mercado das crenças*. São Paulo, Companhia das Letras, 2003.

[18] Silva, Ovídio Baptista da. Direito material e processo. *Gênesis Revista de Direito Processual Civil*, 33.

[19] Oliveira, Carlos Alberto Alvaro. O problema da eficácia da sentença. *Revista de Processo*, 112.

que Ovídio não entende como pode haver, em Alvaro significa, exatamente, o estado de incerteza (e a transmutação qualitativa) que o direito adquire ao ingressar no plano processual. Ovídio Baptista, ainda, menciona que Alvaro não reconhece as incertezas e as expectativas inerentes da vida dos direitos dentro do processo. Basta recordar que esse último autor defendeu dissertação vitoriosa, que se tornou livro célebre, em que um dos fios condutores da obra é, justamente, a "incerteza consubstancial do direito litigioso": *Alienação da Coisa Litigiosa*. Tendo em vista essa consideração, não procede a acusação do Professor Ovídio no sentido de que Alvaro confundiria os planos do sistema jurídico, não reconhecendo o Direito Material como o mundo do "ser" e o processo como o mundo do "pode ser". Se a incerteza consubstancial do direito litigioso caracteriza o processo como sendo "a máquina diabólica de transformar os direitos em expectativas", logicamente que no processo as "coisas podem ser"; ao contrário do plano material, em que as "coisas são". A diferença metodológica também fica evidente quando Ovídio usa, pejorativamente, o termo "tutela", em que haveria "suplicantes": ninguém agiria, nem as partes, nem o juiz, segundo o Professor, nesse mundo assim terminologicamente caracterizado. Quanto ao questionamento de Ovídio sobre onde Alvaro colocaria as eficácias (se no plano material ou no plano processual), podemos dizer que esse autor vislumbra a tutela jurisdicional como possuindo suas eficácias próprias, consoante suas formas específicas, partindo dos dados do Direito Material, reelaborando-o qualitativamente. Por último, vale trazer à luz a constatação de Guilherme Rizzo Amaral:[20] Ovídio Baptista coloca todo o sistema de Direito Material na ação material e, por igual, coloca todo o sistema de Direito Processual na ação processual.

Por tudo quanto o exposto, a teoria ovidiana, calcada na ação material, mostra-se, segundo a terminologia popperiana, também consolidada por Imre Lakatos, falseável, uma vez confrontada com a metodologia alvariana, tendo em vista a instauração, por essa, de um verdadeiro novo paradigma para a processualística, para usar um conceito consagrado por outro insigne filósofo da ciência: Thomas Kuhn.[21]

I.3 – O plano do Direito Material e o plano do Processo Civil

É fruto do gênio de Carlos Alberto Alvaro de Oliveira a constatação definitiva de que o Direito Processual possui uma linguagem (e ontologia) que lhe é peculiar, cujos verbos formam seu núcleo operativo (correspondentes às formas de tutela jurisdicional): "declarar", "constituir", "conde-

---

[20] Amaral, Guilherme Rizzo. A polêmica em torno da "ação de direito material". *Gênesis Revista de Direito Processual Civil*, 33.
[21] Kuhn, Thomas. *A estrutura das revoluções científicas*. São Paulo, Editora Perspectiva, 2000.

nar", "executar" e "mandar". Para usar a terminologia de Marinoni, o processo tem suas técnicas próprias, para a tutela dos direitos. O Direito Material, por seu turno, também possui sua linguagem (e ontologia) e seus verbos nucleares operativos, como "indenizar", "reparar", "ressarcir", "resolver" etc. A tutela inibitória, por exemplo, um dos temas centrais da doutrina processual marinoniana, tem sede no plano material: inibir é verbo do Direito Material, que ingressa no processo através da *causa petendi*, consubstanciando o pedido mediato. A inibição é efetivada mediante o mandamento, por exemplo.

No exercício da função jurisdicional incidem regras e princípios de Direito Público; o juiz é uma autoridade estatal que exerce atos próprios de seu ofício (investidura). É o terceiro imparcial. Assim, a tutela jurisdicional possui suas normas específicas de funcionamento e operacionalização. A manipulação conceitual de ação de direito material para o interior do processo prejudica o desenvolvimento e a emancipação do processo cooperativo e da lealdade processual, pois é ínsita à sua construção o elevado *quantum* privatístico, sendo da essência de sua conceituação o ser dirigida contra o adversário, tornando o processo "algo privado das partes ou um duelo" (o sujeito age materialmente contra o adversário, e a eficácia preponderante da sentença de procedência reflete aquilo que esse sujeito faria contra esse adversário, caso não existisse a vedação da autotutela, segundo a construção de Ovídio Baptista). Claro está que no processo as partes não se vêem como "irmãos" (sendo a litigiosidade variável segundo graus, de acordo com a extensão e a profundidade do conflito social): o fulcro da problemática está em como solucionar e gerir a cooperatividade quando da instauração da demanda e no interior do *iter* procedimental.

A ação de direito material, vista como noção apta a servir de liame entre Direito e Processo, apresenta simetria definicional com a concepção carneluttiana de lide, caracterizada como pretensão resistida, sendo que, há bastante tempo, os processualistas vêm questionando a (suposta) funcionalidade deste conceito para fins jurídico-processuais. Por outro lado, a ação (material) está em relação de assimetria axiológica com o texto constitucional garantidor da incondicionalidade da ação (processual): esta equivale à controlabilidade judicial em "lesões" ou "ameaça de lesões" a direitos. Ainda, a ação material confunde, no conteúdo de um único conceito, norma primária com norma secundária, constituindo equívoco à luz da Teoria Geral do Direito. Assim, na teoria pontiana, está subjacente a idéia de que a "força" conducente à realizabilidade dos direitos encontra-se no Direito Privado (tendo em vista o contexto histórico em que a obra do jurista se insere), e não, conforme as exigências contemporâneas, no Direito Constitucional.

Resta problemático, igualmente, o intercâmbio classificatório, realizado por Pontes e Ovídio, entre ações e sentenças: o enquadramento da sentença de improcedência como declaratória negativa (sustentada por esses juristas) mostra a autonomia – classificatória – da categoria sentencial em relação às ações, uma vez que "declaratoriedade" (positiva ou negativa) configura terminologia utilizada para classificação das ações (de direito material), e, por óbvio, na sentença de improcedência (declaratória negativa) o que é constatado (declarado) é, justamente, a ausência de ação (material), segundo sustentam os próprios juristas defensores da teoria. É Barbosa Moreira quem escreve: "adite-se uma observação derradeira, esta referente à correspondência entre a sentença e a ação. A inclusão de ordem na sentença independe de pedido do autor: deixa-o expresso o art. 461, § 5º, do Estatuto Processual, *verbis* 'de ofício ou a requerimento'. O autor de modo nenhum precisa pleiteá-la para que o juiz a emita. Não fica excluída, portanto, a possibilidade de figurar o elemento mandamental (e até como preponderante) em sentença que acolha pedido de natureza diversa – condenatório, por exemplo. Será uma exceção à regra clássica da identidade entre a natureza da ação e a da sentença de procedência".[22]

Por fim, a concepção ovidiana, calcada em Pontes, apresenta irremediável compromisso com o "processo civil de autor" (Cândido Dinamarco), em contraposição com as exigências contemporâneas por um "processo civil de resultados".

I.4 – O significado da polêmica para o tema "Tutela Jurisdicional"

Esse confronto doutrinário apresenta como resultante uma tomada de consciência da complexidade inerente às questões relativas ao relacionamento Direito Material e Direito Processual, com enriquecimento e depuração conceitual, imprescindíveis ao progresso da ciência. A doutrina de Alvaro procura, declaradamente, extirpar do processo reminiscências privatísticas, quando da configuração da tutela jurisdicional como construção operacionalizável por regras e princípios próprios, de Direito Público, com seu arsenal lingüístico e sua metodologia específica.

A processualística culturalista só concebe o processo civil com uma metodologia em que esteja subjacente a relação da Constituição e dos direitos fundamentais nela consagrados com os institutos processuais fundamentais, uma vez que só com esses moldes projetivos se torna possível a resolução dialética e tópica, adequadamente fundamentada (legitimada, justamente, pela ordem constitucional), da macroproblematicidade estrutu-

---

[22] Barbosa Moreira, José Carlos. A sentença mandamental. Da Alemanha ao Brasil. *Revista de Processo*, 97.

rante do processo civil contemporâneo: o equacionamento entre efetividade processual e segurança jurídica. A partir daí, com a "passagem" de macrossistema para microssistema, as problematicidades microprocessuais e seus subinstitutos correlatos vão adquirindo categorização adequada e soluções com cunho de aceitabilidade racional. Pode-se fazer uma analogia, para o processo, com aquilo que José Ortega y Gasset chamou de "razão vital" (e que foi introduzido na experiência jurídica por Luis Recasens Siches): trata-se de efetuar a adequada contextualização dos problemas (circunstancialidade) para sua resolução fundamentada, consoante o sistema.

A depuração conceitual da "tutela jurisdicional" fez Alvaro de Oliveira elencar seus cinco princípios fundamentais: além da efetividade e segurança, já mencionados, o princípio dispositivo, o princípio da demanda e o princípio da adequação. A dimensão emancipatória da tutela jurisdicional está conectada com a relação dialética que deve fundamentar a teoria e a prática: o afastamento da efetividade "perniciosa" e a busca incessante da qualidade na prestação jurisdicional (com equivalência definicional de implementação de justiça nas decisões judiciais).

II – Segunda parte: o pensamento de Flávio Luiz Yarshell

O Professor e processualista Flávio Luiz Yarshell,[23] representante da nova geração da Escola Processual de São Paulo, enfrentou, diretamente, o tema "tutela jurisdicional", tentando desvendar qual seria o "remédio jurídico processual" adequado para tutelar os direitos materiais que entram *in status assertionis* em juízo, dentro do largo espectro de categorias acionáveis. Ele encara (como primeira aproximação conceitual) a tutela jurisdicional como aquela concedida a quem tem razão segundo o Direito Material.

Sua afinidade doutrinária com o formalismo-valorativo está na consciência do processo como procedimento em contraditório e na tomada de posição em relação à imprestabilidade da ação de direito material para configurar os contornos científicos da tutela jurisdicional. Além disso, seu ponto de partida é a visualização da dimensão constitucional da temática: a garantia da ação, a controlabilidade ou inafastabilidade do controle jurisdicional e o devido processo jurídico procedimental. A partir daí, ele analisa a progressiva "escalada de situações jurídicas", consoante expressão de Dinamarco.

Merece transcrição literal fragmento do ensaio de Carlos Alberto Alvaro de Oliveira, em que fica expressa a conexão de sua visão a respeito do tema com o *topoi* jurídico que Yarshell utiliza como fio condutor de sua

---

[23] Yarshell, Flávio Luiz. *Tutela jurisdicional*. São Paulo, Atlas, 1999.

argumentação e como *medium* para confrontar a tutela jurisdicional (sob o ângulo constitucional) com os institutos fundamentais do Direito Processual Civil ("trilogia processual"): "nesse aspecto, diga-se, em primeiro lugar, que a constitucionalização do direito ao processo e à jurisdição (a exemplo do art. 5º, inciso XXXV, da Constituição brasileira), de envolta com a garantia da efetividade e de um processo justo (art. 5º, incisos XXXVII, LIII, LIV, LV, LVI), determina também uma garantia 'de resultado', ressaltando o nexo teleológico fundamental entre 'o agir em juízo' e a 'tutela' do direito afirmado. Essa mudança de perspectiva não permite mais referência à ação como tal – nem à demanda ou à exceção em si, 'instrumentos' tecnicamente neutros – mas, sim, aos *tipos* de pronunciamento e de tutela, que com o exercício de seus poderes as partes podem obter do processo. Perdeu sentido, portanto, falar *ex ante* de *tipicidade* ou de *atipicidade* da ação, ou recorrer à tradicional *tipologia* das ações, visto que a *tipicidade* e a *classificação tipológica* constituem atributos ou prerrogativas do 'resultado' de mérito (e não do meio processual garantido pela norma constitucional). Põe-se assim em destaque os efeitos jurídicos e os conteúdos variáveis das diversas formas de tutela jurisdicional, que dão resposta ao objeto variável da demanda jurisdicional".[24] (grifos nossos).

II.1– O significado de "tipo" e "tipicidade" em Direito Processual Civil

O tipo e a tipicidade constituem conceitos operacionais e funcionais consagrados no âmbito do Direito Penal e no do Direito Tributário, tendo em vista as características desses ramos e os valores neles envolvidos: a liberdade humana num e a exação existente noutro. Desta forma, os conceitos mencionados têm cunho nitidamente garantista, requerendo um "encaixe" subsuntivista ou um enquadramento em uma "moldura legal", correspondência "estrita" ou "forte", que não ocorrem em outros âmbitos jurídicos. Entretanto, a tipificação legal (que também serve como técnica) é usada, igualmente, em outras searas, de forma mais esparsa, assistemática e sob outras justificativas (porém na própria idéia de legalidade – e imposição de tipos – está ínsita a garantia da liberdade pela vedação do arbítrio): a tipicidade dos meios executivos no Direito Processual Civil e a tipicidade dos direitos reais (*numerus clausus*), em contraposição à atipicidade dos direitos pessoais (*numerus apertus*), no Direito Civil, por exemplo. Também na filosofia, Hegel utilizou o conceito de tipo (aberto ou fechado) dentro da idéia de sistema (também aberto ou fechado). Na metodologia jurídica, os alemães Karl Engisch, Claus-Wilhem Canaris e Karl Larenz

---

[24] Oliveira, Carlos Alberto Alvaro. Efetividade e tutela jurisdicional. *Gênesis Revista de Direito Processual Civil*, 34.

enfrentaram o tema em suas obras principais (juntamente com o conceito de tipologia). Na doutrina italiana, debate-se sobre a suposta tipicidade da constitutividade, e Adolfo di Majo foi um dos que enfrentaram a questão.

Basicamente, Yarshell utiliza-se do chamado "princípio da tipicidade" para servir de instrumento analítico (e legitimador) da "passagem" do abstrato – a garantia da ação e a inafastabilidade do controle jurisdicional, consagradas no texto constitucional – para o concreto, consubstanciado na regulamentação concreta dessas garantias. O tipo e a tipicidade servem de mecanismo intermediador (*medium*) para o confronto da tutela jurisdicional com os institutos fundamentais do processo civil: ação/exceção – a (a)tipicidade da ação, seu significado para a tutela jurisdicional e o *feedback* do significado desta para aquela –, jurisdição – e sua tipologia, ou tipologia das tutelas jurisdicionais – e processo/procedimento – a (a)tipicidade do processo/procedimento, seu significado para a tutela jurisdicional e o *feedback* de rearticulação de significações e conexões de sentido.

II.2 – Ação/exceção e tutela jurisdicional

Segundo Yarshell, a regra geral no sistema jurídico brasileiro é a da atipicidade da ação: é a garantia da ação como "cobertura geral do sistema" (garantia "pré-processual") ou aquilo que Pontes de Miranda já designara por "remédio jurídico processual".

O doutrinador paulista faz sua análise, primeiro, analisando a (a)tipicidade da ação consoante os elementos constantes da tradicional teoria dos três *aedem*: partes, causa de pedir e pedido. Também faz o confronto analítico com as condições da ação. Tanto quanto às partes, quanto ao pedido e quanto às condições da ação, o Professor da Universidade de São Paulo conclui pela existência da regra geral aludida. Pode-se dizer o mesmo quanto à *causa petendi,* com a ressalva excepcionante da ação rescisória. As hipóteses e os fundamentos de cabimento da rescisória são dados na lei processual de forma exaustiva (taxatividade), por isso ela seria, segundo tal perspectiva, considerada uma "ação típica".

Em última análise, a mencionada atipicidade da ação representa aquilo que Cândido Dinamarco designou outrora como "universalidade da tutela jurisdicional".

A postura metodológica de Yarshell, quanto à ação, é aquela consolidada por Carlos Alberto Alvaro de Oliveira e Elio Fazzalari (que também formulou a idéia dos "módulos processuais"): a ação não representa apenas o acesso ao juízo; analiticamente, ela é a soma das posições jurídico-processuais subjetivas ativas do autor no processo, exercidas ao longo de todo o procedimento. Ela não é, assim, somente o poder de ingresso em juízo ou o poder de "desencadear o funcionamento da máquina estatal judiciária".

O agir é independente do direito (substancial): é o exercício dos poderes concretos (demanda) ao longo de todo o procedimento (posições jurídicas subjetivas).

Alvaro de Oliveira ressaltou que a doutrina alemã possui idéias peculiares a respeito da ação, que se "converteria no poder processual de propor uma demanda ao órgão jurisdicional, tendo em vista que sua *diferenciação tipológica* se exauriria na diferenciação objetiva dos pronunciamentos de tutela, que o seu exercício permite solicitar e possivelmente obter. A ação, em termos práticos, pode ainda se dizer autonomamente identificada como um *quid* diverso do poder técnico de proposição da demanda de tutela".[25] Ainda segundo Alvaro, para os alemães, a ação "introduz o juiz e atua à aspiração ao pronunciamento jurisdicional, contendo o requerimento ao tribunal de outorgar tutela jurídica pela sentença. (...) A ação é qualificada também como o requerimento de outorga de tutela jurídica pela sentença, configurando assim a forma de introdução de todo processo".[26] (grifos nossos). Nesse sentido, esse poder ou demanda de tutela desencadeia o funcionamento de um instrumento que deve ser estruturado de acordo com as necessidades do Direito Material, capaz de dar proteção às situações carentes de tutela.[27]

II.3 – Jurisdição e tutela jurisdicional

A jurisdição pode ser analisada sob o ângulo do seu resultado: a tutela jurisdicional seria aquela concedida em favor do vencedor da demanda. De certa forma, esse enfoque coaduna-se com a idéia a respeito de tutela jurisdicional como representando o "resultado jurídico-substancial do processo", o retorno do direito material que entra como "matéria-prima" no processo, por este reelaborado e reconstruído qualitativamente.

Yarshell, entretanto, não afasta o enfoque perspectivista da importância dos "caminhos", ou seja, aqueles meios existentes para a obtenção do resultado. O exercício da jurisdição, por meio do processo, faria com que a tutela jurisdicional também estivesse contida nos meios, tutelando, assim, tanto autor-demandante, quanto réu-demandado, segundo esse ângulo de

---

[25] Oliveira, Carlos Alberto Alvaro. Efetividade e tutela jurisdicional. *Gênesis Revista de Direito Processual Civil*, 34.

[26] Idem.

[27] Luiz Guilherme Marinoni vem tentando conciliar, em seus últimos ensaios, a idéia da ação abstrata com a construção de "ação(ões) adequada(s) à tutela (efetiva) dos direitos e ao caso concreto", buscando amparo legal no art. 83 do Código de Defesa do Consumidor: "Para a defesa dos direitos e interesses protegidos por este Código são admissíveis todas as espécies de ações capazes de propiciar sua adequada e efetiva tutela". O processualista paranaense busca, também, suporte na doutrina processual do italiano Andrea Proto Pisani, para quem a ação constitui "direito à pré-ordenação de meios e técnicas adequadas à tutela (efetiva) dos direitos".

análise. Diante disso, torna-se possível dizer que na sentença de extinção do processo sem julgamento do mérito haveria, pois, tutela jurisdicional.

O escopo social da jurisdição, a pacificação ("pacificação com justiça", ensina Dinamarco) social proporcionaria, por seu turno, a tutela jurisdicional ao vencido: as garantias mínimas de procedibilidade, consubstanciadas no devido processo jurídico procedimental (acesso ao juízo e inafastabilidade da jurisdição, duração razoável do processo, obrigatoriedade de motivação da sentença e fundamentação das decisões, publicidade, ampla defesa, contraditório, juiz natural/imparcial e igualdade material das partes – igualdade de tratamento, igualdade de "riscos" e igualdade de oportunidades ou paridade de "armas"), implementam a justeza e a equanimidade processual ("processo équo", segundo o mesmo Dinamarco), de forma a evitar arbitrariedades, legitimando o resultado da decisão. Essa legitimação, consoante o sistema constitucional, tem reflexos psicossociais no abrandamento ou na mitigação da litigiosidade, vista sociologicamente, bem como no incremento da confiança, credibilidade e respeito à função jurisdicional.

É na parte relativa à tipologia da jurisdição que o processualista discorre sobre as "formas ou espécies de tutela jurisdicional", consoante nomenclatura de Carlos Alberto Alvaro de Oliveira: tutela meramente declaratória, tutela constitutiva, tutela condenatória, tutela executiva e tutela mandamental. Yarshell não descarta as outras tipologias utilizadas na doutrina processual, como tutela ressarcitória, tutela restitutória, tutela repristinatória, tutela preventiva, tutela inibitória, tutela específica, tutela coletiva, dentre outras designações. Cabe lembrar que, segundo Alvaro, essas classificações fazem parte da linguagem própria do Direito Material, enquanto a outra tipologia forma a linguagem do processo, a compor a tutela jurisdicional (e suas formas). A crítica que pode aqui se feita a Yarshell é a mesma que pode ser feita a Dinamarco e Bedaque: além das indefinições na classificação da tutela condenatória (ora separada da executiva, ora dita condenatória-executiva), o processualista afirma que a tutela mandamental (e a executiva *lato sensu*, quando classificada esta separadamente) não pode ser vislumbrada como autônoma segundo o critério da natureza do provimento judicial. Assim, a mandamentalidade não seria intrínseca da natureza do provimento, e sim "exterior" a ele: seria, por conseguinte, um modo de efetivação prática da decisão. O mandamento não faria parte do conteúdo do provimento, portanto.

II.4 – Processo/procedimento e tutela jurisdicional

Quanto ao processo/procedimento, a tipicidade (derivada da própria legalidade) dos atos processuais informa o tema do formalismo (a questão das formas dos atos processuais, "invólucro" ou exteriorização do ato –

formalismo em sentido estrito -; o formalismo, segundo Alvaro, pode também ser compreendido em sentido amplo)[28]: trata-se de evitar o arbítrio (garantindo a liberdade), mas proporcionando a convivência conjunta com o princípio consagrado da instrumentalidade das formas, cujos pilares estão nos *topoi* da finalidade e do prejuízo: não se nulifica um ato se, praticado de forma diversa da prevista legalmente, ele atingiu a finalidade essencial subjacente e, também, se preservam ou se conservam os atos processuais praticados em dissonância com as formas legais, desde que a sua prática não tenha causado prejuízo à parte, integrante da relação processual.

A tipicidade procedimental, em última análise, consubstancia-se nos ritos: é a conformidade com o tipo previsto na norma ou o enquadramento dentro de um "modelo" legal. Dentro dessa ótica, a idéia que tem sido ressaltada pelos processualistas é a da flexibilização implementada pela adequação ou adaptação procedimental, consoante a situação material controvertida em juízo (adaptabilidade do procedimento). Assim, a tutela jurisdicional não pode ser negada por falta de previsão legal de procedimento, e a ordinariedade, segundo Yarshell, deve ser vislumbrada, nesse contexto, como residual.

A conversibilidade dos ritos (ou as possibilidades de conversão consoante o sistema processual) transforma-se, desse modo, em tema crucial para conferir essa "maleabilidade" ou "fluidez" na relação procedimento-situação material posta em causa: essa relação, segundo Marinoni, seria um dos componentes do conteúdo do direito à tutela jurisdicional efetiva. Formaria o que ele chama de "direito ao procedimento idôneo ao direito material e à realidade social", que incluiria a técnica processual e o procedimento adequado, o direito à técnica antecipatória, o direito ao provimento adequado e o direito ao meio executivo adequado.

Ainda segundo o processualista paranaense, do direito fundamental à tutela efetiva decorria o dever, para o juiz, de conformar o procedimento adequado ao caso concreto. É ele quem escreve que "as regras que conferem ao juiz o poder de conceder tutela antecipatória no processo de conhecimento e de determinar a chamada medida executiva necessária, ao mesmo tempo em que apontam para a idéia de que a *tipificação legal* não é a melhor solução para a prestação jurisdicional, deixam claro o seu dever de concretizar o direito fundamental à tutela jurisdicional diante do caso concreto".[29] (grifos nossos).

Conclusões

Em homenagem ao seu brilhantismo, reproduzimos as palavras do Professor Daniel Mitidiero, pela afinidade de idéias (no que tange ao for-

---

[28] Oliveira, Carlos Alberto Alvaro. *Do formalismo no processo civil*. São Paulo, Saraiva, 2003.

[29] Marinoni, Luiz Guilherme. *Técnica processual e tutela dos direitos*. São Paulo, RT, 2004.

malismo-valorativo, e não em relação ao seu conceito – ovidiano – de ação material), quanto à teoria contemporânea do processo civil brasileiro: "tudo alinhado, conclui-se que o processo civil contemporâneo não pode ser encarado senão como um fenômeno cultural, de estatura constitucional e que mantém uma relação de interdependência com o direito material, vocacionado à busca pela justiça no caso concreto. Dentro dessas coordenadas, impostas pelo formalismo-valorativo, novo capítulo dentro da história da ciência processual, a jurisdição passa a ser compreendida como uma manifestação do poder do Estado desempenhada por um terceiro imparcial de maneira autoritativa e irrevisível, mercê do exercício da 'ação' processual, entendida como um exercício de pretensão à tutela jurídica que desencadeia um plexo de posições jurídicas subjetivas a serem deslindadas ao longo de um processo justo, que se qualifica como devido processo legal em função da previsão de garantias mínimas de procedibilidade, necessariamente encarado como um procedimento em contraditório".[30]

Ovídio Baptista da Silva (apesar das críticas aqui feitas à sua doutrina processual), por seu turno, mostra bem a complexidade da relação Direito Material e Processo Civil, quando discorre sobre a "efetividade dos direitos subjetivos", a "execução *in natura* das obrigações" e os "*nuovi diritti*": "essencialmente, o que está em jogo é a relação fundamental entre direito material e processo, indispensável ao estabelecimento da linha de fronteira entre ambos. Em resumo, é necessário determinar até que ponto o direito material haverá de curvar-se às limitações, como assevera Andrea Proto Pisani, impostas "probabilmente per esigenze sistematiche più che pratiche", criadas pelo direito processual, e até que limite este pode avançar no sentido de conformar o direito material às suas "exigências sistemáticas", sem perder sua função instrumental, transformando-se num estorvo mutilador do sistema jurídico que lhe cabe realizar, no plano jurisdicional.

O que está em jogo, no fundo, é a velha questão posta por Tabet: "Il giudice civile deve arrestarsi di fronte ad um ostacolo che è posto dalla stessa funzione del processo", "in ossequio allá subordinazione della norma sostaziale a quella processuale", uma vez que, segundo ele, o "precetto primario" deve necessariamente conformar-se ao direito processual, e não este, enquanto instrumento, haverá de afeiçoar-se ao direito a que serve.

Hoje a situação inverteu-se, e a busca de "efetividade", insistentemente reclamada pelos *nuovi diritti,* obriga os processualistas a levarem em conta a função instrumental do processo, de tal modo que as "esigenze sistematiche", quer dizer, as harmoniosas construções teóricas dos processualistas, não acabem colocando o direito material numa camisa-de-força.

---

[30] Mitidiero, Daniel Francisco. *Elementos para uma teoria contemporânea do processo civil brasileiro.* Porto Alegre, Livraria do Advogado, 2005.

Como observa, oportunamente, Michele Taruffo, a tendência dos sistemas jurídicos que recebem inspiração do direito francês é (...) entregar ao direito processual a função de generalizar as formas de atuação coativa capazes de atender aos provimentos jurisdicionais, sem a menor consideração para as especificidades do direito material a ser protegido.

"(...) Encontramo-nos assim ante duas tendências fundamentais: de um lado o sistema da *Common Law*, que, através do instituto das *injunctions*, orienta-se no sentido da adaptação do processo ao direito material, de modo a que o primeiro assegure a execução específica da prestação devida (*specific performance*); de outro lado, os sistemas jurídicos derivados do direito francês, que, levando às últimas conseqüências o desvirtuamento do conceito de obrigação iniciado no direito romano tardio, primeiro reduziram o direito todo a uma relação de crédito; depois conceberam a execução, exclusivamente, para atender ao direito obrigacional, independentemente das peculiaridades da relação jurídica litigiosa, embora continuem a proclamar a função instrumental do processo.

Substancialmente, encontramo-nos, no direito brasileiro, e naqueles que recebem inspiração do modelo francês, ante o desafio criado pelas novas contingências históricas, sociais e econômicas, perante as quais as relações jurídicas tendem a tornar-se, preponderantemente, relações obrigacionais de prestação de serviços, predominantes do setor terciário da economia política; ou gerando, seguidamente, conflitos de natureza supra-individuais, de conteúdo não-econômico, que põem definitivamente à prova o modelo tradicional de realização jurisdicional desses *nuovi diritti*".[31]

Luigi Paolo Comoglio também faz conexões entre os sistemas da *Common Law* e da *Civil Law,* quando reflete sobre a "flexibilização" do sistema processual.[32] Adolfo di Majo, ao escrever sobre a integração direito substancial-direito processual (e a resolução de aparentes antinomias entre ambos), dispõe (citado por Alvaro): "è oggi rappresentato dalla Constituzione, la quale si è dichiarata allo stesso modo sensibile non solo all'aspetto della enunciazone di diritti o pretese dei cittadini ma anche a quello della loro tutele, provvedendo a dare a questa tutela garanzia constituzionale".[33] Assim, diante das considerações do jurista italiano, pode-se afirmar que a Constituição deve ser interpretada no sentido da necessária correlação entre as situações substanciais tutelandas e as possibilidades de agir em juízo, como garantia de efetividade dessas situações de direito material, às quais devem corresponder formas de tutela adequadas. Conforme Marinoni, deve haver reflexão acerca das necessidades do Direito Material, e os resultados

---

[31] Silva, Ovídio Baptista da. *Curso de processo civil*. Vol. 2, São Paulo, RT, 2000.

[32] Comoglio, Luigi Paolo. Note riepilogative su azione e forme di tutela nell'otica della domanda giudiziale. *Rivista di Diritto Processuale*, 1993.

[33] Majo, Adolfo di. *La tutela civile dei diritti*. Milano, Giuffrè, 1993.

jurídico-substanciais do processo devem proporcionar efetiva tutela e proteção dos direitos.

As concepções expostas mostram a constante renovação do tema "tutela jurisdicional", tendo como substrato os paradigmas fundamentais da instrumentalidade e da efetividade do processo, mediante o equacionamento da relação Direito Material-Processo Civil. Como complexo objeto de estudo e como "ponto de encontro ou conexão" entre direito substancial e processo, a tutela jurisdicional ganha dignidade e dimensão plurissignificativa diante de ricas (e complexas) construções doutrinárias e depurações conceituais, tanto dos processualistas experientes, quanto das mentes mais jovens, e tem (ou deve ter) sempre em vista o cotidiano da prática forense e a qualidade da prestação jurisdicional.

Para Marinoni, a temática faz a transição do "processo civil clássico" para um "novo processo civil", comprometido com a estatura constitucional do direito (fundamental) à tutela jurisdicional efetiva, adequada e tempestiva: "direito à tutela do direito". O clássico Francesco Carnelutti outrora mencionou que o processo serve ao Direito, mas, para que sirva ao Direito, deve ser servido pelo Direito. Podemos acrescentar que essa interdependência tem na ordem constitucional a sua referibilidade necessária, que dá os contornos legitimatórios da relação de integração teleológica e eficacial entre os planos, para a construção de pautas de decidibilidade conforme a complexa (e multivetorial) constelação axiológica da Constituição e, em especial, da dogmática dos direitos fundamentais, com "canais abertos" com a realidade concreta social fenomênica ("força normativa", conforme Konrad Hesse, e "afetividade" – sentimento – constitucional, de acordo com o Ministro do Supremo Tribunal Federal Carlos Ayres Britto).

Assim, a Constituição está em relação com o Direito Material, com o Direito Processual e com a realidade da vida; o Direito Material recebe a influência constitucional, conecta-se com o processo e está relacionado com a realidade da vida, e o Direito Processual, por seu turno, recebe a influência da Constituição, está em relação de interdependência com o Direito Material e conectado com a vida social de relação. Tutela jurisdicional, portanto, é ponto de intersecção entre Constituição, Direito Material, Direito Processual e realidade da vida: essa constatação mostra a dimensão e a magnitude do tema.

Em José Roberto Bedaque, tutela jurisdicional "é o conjunto de medidas estabelecidas pelo legislador processual a fim de conferir efetividade a uma situação da vida amparada pelo direito substancial".[34] Cabe mencionar, ainda, a aguda observação de Arruda Alvim: "por isso é que dissemos que, sem a articulação do direito processual civil ao direito material, na ordem

---

[34] Bedaque, José Roberto dos Santos. *Direito e processo*. São Paulo, Malheiros, 1995.

prática, a proteção somente desta última revelar-se-ia sem grandes objetivos práticos, porque não ancorada numa tábua de instrumentos destinados a tornar eficaz o direito material construída em torno de valores sociais contemporâneos, em que se pretende traduzir um sentimento mais adequado de justiça. Por isso, é insuficiente proteger no plano do direito material, se inexistirem formas de viabilizar essa proteção".[35]

Assim, afastado o conceito de ação de direito material como apto a efetuar o liame entre os planos do ordenamento jurídico, com a emancipação da significação da tutela jurisdicional consoante os novos paradigmas impostos pelo formalismo-valorativo (culturalista e constitucionalista), com reflexos dessa renovação em todos os institutos fundamentais do Direito Processual (ação/exceção, jurisdição e processo/procedimento) e na própria lógica que informa o Direito em geral, e o processo civil em especial (reafirmação da tópica, da nova retórica de Chaim Perelman[36] e da dialética – não com o sentido de dialética erística dada por Arthur Schopenhauer),[37] podem-se, enfim, dimensionar adequadamente os grandes pilares processuais contemporâneos: a instrumentalidade e a efetividade. Em última análise, pode-se encarar o processo civil contemporâneo (em tempos de "pós-modernidade" ou "modernidade líquida") e a tutela jurisdicional de acordo com o instrumentalismo, compreendido como *background* filosófico, doutrina consagrada pelo norte-americano John Dewey (seguidor do pragmatismo de William James, e que possui continuação contemporânea com o neopragmatista Richard Rorty)[38]: fazer das teorias e das construções doutrinárias instrumentos (efetivos e concretos) para a prática e para a transformação da experiência.

Bibliografia

Amaral, Guilherme Rizzo. A polêmica em torno da "ação de direito material". *Gênesis Revista de Direito Processual Civil*, 33.

Andolina, Italo. *"Cognizione" ed "esecuzione forzata" nel sistema della tutela giurisdizionale*. Milano: Giuffrè, 1983.

Arruda Alvim, José Manoel. Anotações sobre as perplexidades e os caminhos do processo civil contemporâneo. Sua evolução ao lado da do direito material. *Revista de Direito do Consumidor*, 2.

Barbosa Moreira, José Carlos. A sentença mandamental. Da Alemanha ao Brasil. *Revista de Processo*, 97.

---

[35] Arruda Alvim, José Manoel. Anotações sobre as perplexidades e os caminhos do processo civil contemporâneo. Sua evolução ao lado da do direito material. *Revista de Direito do Consumidor*, 2.

[36] Perelman, Chaim. *Tratado da argumentação. A nova retórica*. São Paulo, Martins Fontes, 1996.

[37] Schopenhauer, Arthur. *Como vencer um debate sem precisar ter razão*. Rio de Janeiro, Topbooks, 2003.

[38] Rorty, Richard. Philosophy and the mirror of nature. *Princeton, Princeton University Press*, 1979. Também do mesmo autor: Consequences of pragmatism. Minneapolis, University of Minnesota Press, 1982.

——. Questões velhas e novas em matéria de classificação das sentenças. *Revista Dialética de Direito Processual*, 7.

——. Tutela sancionatória e tutela preventiva. *Revista Brasileira de Direito Processual Civil*, 18.

Bedaque, José Roberto dos Santos. *Direito e processo*. São Paulo: Malheiros, 1995.

Carnelutti, Francesco. *Diritto e processo*. Napoli: Morano, 1958.

Comoglio, Luigi Paolo. Note riepilogative su azione e forme di tutela nell'otica della domanda giudiziale. *Rivista di Diritto Processuale*, 1993.

Denti, Vittorio. *La giustizia civile*. Bologna: Il Mulino, 1987.

Dinamarco, Cândido Rangel. *A instrumentalidade do processo*. São Paulo: Malheiros, 1996.

——. *Fundamentos do processo civil moderno*. São Paulo: RT, 1986.

Fazzalari, Elio. *Note in tema di diritto e processo*. Milano: Giuffrè, 1957.

Fux, Luiz. *Tutela da evidência e tutela da segurança*. São Paulo: Saraiva, 1994.

Gil-Robles, Álvaro. *Los nuevos limites de la tutela judicial efectiva*. Madrid: Centro de Estudios Constitucionales, 1996.

Machado, Fábio Cardoso. *Jurisdição, condenação e tutela jurisdicional*. Rio de Janeiro: Lumen Juris, 2004.

Majo, Adolfo di. *La tutela civile dei diritto*. Milano: Giuffrè, 1993.

Marinoni, Luiz Gulherme. *Técnica processual e tutela dos direitos*. São Paulo: RT, 2004.

——. *Tutela inibitória*. São Paulo: RT, 2003.

Mello, Marcos Bernardes de. *Teoria do fato jurídico*. São Paulo: Saraiva, 2004.

Mitidiero, Daniel Francisco. *Elementos para uma teoria contemporânea do processo civil brasileiro*. Porto Alegre: Livraria do Advogado, 2005.

Montesano, Luigi. *Le tutele giurisdizionale dei diritti*. Bari: Cacucci, 1981.

Moreira Alves, José Carlos. Direito subjetivo, pretensão e ação. *Revista de Processo*, 47.

Oliveira, Carlos Alberto Alvaro. *Alienação da coisa litigiosa*. Rio de Janeiro: Forense, 1986.

——. *Do formalismo no processo civil*. São Paulo, Saraiva, 2003, incluindo todos os artigos do apêndice.

——. Efetividade e tutela jurisdicional. *Gênesis Revista de Direito Processual Civil*, 34.

——. O problema da eficácia da sentença. *Revista de Processo*, 112.

——. Perfil dogmático da tutela de urgência. *Revista da Ajuris*, 70.

Pérez, David Vallespin. *El modelo constitucional de juicio justo em el âmbito del processo civil*. Barcelona: Atelier, 2002.

Pontes de Miranda. *Comentários ao Código de Processo Civil. Prólogo*, Rio de Janeiro: Forense, 1974.

——. *Tratado das ações*. Vol. 1, São Paulo: RT, 1978.

Proto Pisani, Andrea. *Appunti sulla giustizia civile*. Bari: Cacucci, 1982.

Silva, Ovídio Baptista da. *Curso de processo civil*. São Paulo: RT, 2000.

——. *Da sentença liminar à nulidade da sentença*. Rio de Janeiro: Forense, 2001.

——. Direito material e processo. *Gênesis Revista de Direito Processual Civil*, 33.

——. Direito subjetivo, pretensão de direito material e ação. *Revista da Ajuris*, 29.

——. *Jurisdição e execução na tradição romano-canônica*. São Paulo: RT, 1996.

Taruffo, Michele. *La giustizia civile in Itália dal'700 a oggi*. Bologna: Il Mulino, 1980.

Telles, José Homem Corrêa. *Doutrina das acções*. São Paulo: Jacintho Ribeiro dos Santos, 1918.

Tucci, José Rogério Cruz e. *A causa petendi no processo civil*. São Paulo: RT, 1993.

Watanabe, Kazuo. *Da cognição no processo civil*. São Paulo: RT, 1987.

Yarshell, Flávio Luiz. *Tutela jurisdicional*. São Paulo: Atlas, 1999.

Zaneti Júnior, Hermes. Direito material e direito processual: relações e perspectivas. *Revista Processo e Constituição*, 1, UFRGS.

— 11 —

Direito Material, Processo e Tutela Jurisdicional*

CARLOS ALBERTO ALVARO DE OLIVEIRA

Professor Titular de Processo Civil da Faculdade de Direito da UFRGS.
Doutor em Direito pela USP.

1. As relações entre processo e direito material vêm constituindo, já há mais de dois séculos, objeto de constantes reflexões dos juristas. Basta pensar nas diversas teorias a respeito da ação, elaboradas exatamente para tentar equacionar o difícil problema.

Claro que essa tarefa só tem sentido para quem vislumbra a existência de dois planos distintos e inconfundíveis, cada um com atribuições específicas e próprias. De um lado, o direito material, enquanto sistema de normas dirigidas a resolver os conflitos de interesses contrapostos, determinando os interesses prevalentes por meio da previsão de poderes, deveres e faculdades. De outro, o direito processual, constituído por sua vez de um sistema de normas destinadas a disciplinar mecanismos mais ou menos complexos (processos), com vistas a garantir o reconhecimento e o cumprimento do direito material mesmo na hipótese de ausência de cooperação espontânea por parte de quem assim deve agir.[1]

Força é convir, ademais, ter caído em total descrédito, salvo honrosas exceções, a tese monista do ordenamento.[2]

Se em vez de conceber, no complexo ordenamento jurídico, ressalta acertadamente Antonio Segni, dois sistemas de normas, dois ordenamentos,

---

* Ensaio destinado a integrar livro em homenagem a José Carlos Barbosa Moreira.

[1] Definições de Andréa Proto Pisani, *Lezioni di Diritto Processuale Civile*, 3ª ed., Napoli, Jovene, 1999, p. 4.

[2] Adotam uma posição monista, entre outros, J. Binder, Allorio, Satta e, entre nós, recentemente, Darci Guimarães Ribeiro, *La pretensión procesal y la tutela judicial efectiva – Hacia una teoria procesal del derecho*, Barcelona, Bosch, 2004, *passim*.

um substancial e outro processual, este destinado a assegurar, a correr em ajuda do primeiro, quando necessário, concebemos o ordenamento jurídico como unidade, direito material e processual se confundem, e o direito (substancial) só existe quando o Estado concede a tutela jurisdicional. Assim, absorvendo todo o ordenamento substancial no processual ou inversamente, nega-se a existência do direito, a não ser como poder de pedir ao Estado a tutela jurídica, ou a aplicação de sanções, o que vem a dar no mesmo. Fundamento dessa concepção é que o direito é poder, força, e que essa habita na organização do Estado, único aplicador das sanções. Para semelhante concepção, elemento essencial do direito é a sanção, ou melhor, o direito não é senão poder de aplicar sanções ou de pedir sua aplicação ao Estado. Põe-se, assim, a essência do direito na força que a faz aplicar no caso de inobservância, negando, implícita ou explicitamente, constitua a adesão espontânea o fundamento da obediência à norma. Não é possível aceitar uma tal concepção, que exclui haja direito onde falta a força para aplicá-lo. Tampouco o problema da obediência ao contexto normativo se resolve (Binder), afirmando-se que não se deve confundir o problema psicológico da observância do ordenamento jurídico em geral com o vínculo das normas em relação ao indivíduo: a experiência jurídica se funda, o ordenamento jurídico se constrói, com a formação de um *animus* adequado, que é de todos e dos indivíduos, de modo a assegurar a observância do ordenamento e das normas. A concepção monista desconhece que nenhuma norma pode ser aplicada contra o dissenso geral. Praticamente, as violações a uma norma podem ser reprimidas quando não constituem senão uma mínima percentagem em relação às ações espontâneas de cumprimento da norma, nem a coação explica a observância da lei por parte dos órgãos destinados a fazê-la observar. Para além do direito positivo, a norma vive nos fatos, surge desses e do coração dos homens, e o Estado reconhece essas criações espontâneas fundadas no *animus* dos *socii* mais do que na força. Esta age (quando age) apenas para realizar a ação, tal como prevista na lei. E o estabelecimento de um sistema de coações constitui um passo posterior da lei positiva, além do juízo imperativo de valor que constitui o comando jurídico: soma-se a este e dele se distingue (se não se contrapõe). Daí a necessidade de distinguir também os dois ordenamentos: o relativo ao direito processual e o concernente ao direito material.[3]

Ademais, assentar o fenômeno jurídico só no processo é esquecer o que normalmente ocorre. Em regra, o direito subjetivo é satisfeito no próprio plano do direito material, sem necessidade de intervenção do juiz, mediante o exercício pelos sujeitos de direito dos poderes, deveres e facul-

---

[3] Reproduzi aqui, em tradução livre, as judiciosas observações de Antonio Segni, in *Commentario del Codice Civile*, a cura di Antonio Scialoja e Giuseppe Branca, Libro sesto, *Tutela dei Diritti*, Bologna, Zanichelli, Roma, Foro Italiano, 1953, p. 287-288.

dades que dele decorrem. Ademais, o monismo entrevê a lei como um plano, um projeto de ordem jurídica, atribuindo ao juiz o papel de verdadeiro legislador, o que não corresponde à realidade das coisas. A esse ângulo visual, o direito material nasceria do resultado do processo e não existiria antes da sentença.

Em contrapartida, todo exercício de direitos ou cumprimento de deveres antes da sentença ou fora do processo não poderia ser considerado como tal e ocorreria num espaço vazio. Semelhante concepção não só deixa de explicar como a lei tem força para obrigar pelo menos o juiz como também determina, necessariamente, deva ser atribuída força retroativa a todas as normas ditadas pelo órgão jurisdicional, pois recolheriam tipos realizados sempre antes da sua vigência. Por último, a sentença, suposta sua força legal, haveria de ter eficácia normativa perante todos.[4] A verdade é que o monismo não se configura nos ordenamentos jurídicos estabelecidos por via de codificação, entre os quais se inclui o brasileiro, circunstância a distinguir de forma translúcida o direito material do processual, o momento da incidência do momento da aplicação.[5]

2. Realmente, nada obstante as afinidades e conexões existentes entre o direito material e o processual, não se pode simplesmente esquecer a existência de dois planos bem definidos. Indispensável distinguir claramente o plano do direito material e o plano do direito processual, o que é fenômeno pertinente ao primeiro e ao segundo e procurar entender com maior claridade como eles se relacionam entre si.

No plano do direito material, o direito se exerce normalmente sem maiores problemas, não há crises. A dívida é satisfeita, o direito de propriedade acatado, o meio ambiente preservado, o direito de personalidade respeitado etc. A realização do direito subjetivo dá-se normalmente por meio de faculdades, poderes e imperativos jurídicos (deveres e obrigações), exercidos ou atendidos pelo titular, por terceiro ou terceiros. Apenas excepcionalmente o sistema permite a justiça de mão própria, chamada aí de ação de direito material por seus defensores.

A esse respeito, mostra-se útil a especificação realizada por Elio Fazzalari[6] dos esquemas de exercício do direito subjetivo, *no plano do direito material*, partindo dos mais simples para os mais complexos:

---

[4] Essas críticas de J. Goldschmidt, *Princípios Generales del Proceso*, I, *Teoria General del Proceso*, Buenos Aires, Ejea, 1961, p. 41, à concepção de Bülow, com maior dose de razão se aplicam aos defensores de posições claramente monistas.

[5] Sobre o tema, Elio Fazzalari, *Note in tema di diritto e processo*, Milano, Giuffrè, 1957, p. 46-53, e C. A. Alvaro de Oliveira, *Alienação da coisa litigiosa*, 2ª ed., Rio de Janeiro, Forense, 1986, p. 55-59.

[6] Fazzalari, *Instituzioni di Diritto Processuale*, 5ª ed., Padova, Cedam, 1989, p. 264-265. A observação aplica-se perfeitamente ao direito brasileiro, porque este em nada difere das coordenadas estabelecidas no ordenamento italiano a respeito.

a) o *direito realizado por uma faculdade do titular* (e.g., a faculdade de ocupar a *res nullius*);

b) o *direito realizado por um poder do titular*, o chamado "direito *potestativo*" (e.g., o poder de transferir um direito, o poder de renunciar ao direito etc.);

c) o *direito realizado pela obrigação de outrem*, que é o esquema apresentada pelo "direito de crédito";

d) o *direito realizado por faculdade do titular e por deveres (de abstenção) de todos os consociados*, que é o esquema apresentado pelo "direito absoluto real";

e) o *direito realizado apenas por deveres (de abstenção) de todos os consociados* (excluído o titular), que é o esquema apresentado pelos "direitos meramente absolutos" (e.g., os direitos de personalidade), entrando aí também os direitos que passam como direitos "reais", nos quais falta contudo o núcleo da faculdade (e.g., as "servidões *negativas*").

Também no plano do direito material, o Estado estabelece conseqüências que, segundo seus desígnios, devem suceder à inobservância daqueles preceitos destinados a proteger certos interesses, sancionando de modo ainda abstrato as possíveis transgressões. Ali residem as *obrigações* e *situações novas* que a lei estabelece em relação a todos os que, no futuro, venham a incidir em suas previsões – como as obrigações de ressarcimento, obrigações de repristinar situações anteriores (entre as quais a de restituir), suspensão ou perda de direitos, interdição ao exercício de poderes etc.[7] Essa tutela normativa (ressarcitória, inibitória etc.) mostra-se, contudo, abstrata, prevista para o geral das espécies. De mais a mais, o "núcleo fisionômico" da obrigação não contém, como seu conteúdo, a ação creditória ou o elemento sanção em geral, porque *exteriores à sua estrutura.*[8]

Dentro desses padrões, estatui o art. 12 do Código Civil: "Pode-se exigir que cesse a ameaça, ou a lesão, a direito da personalidade, e reclamar perdas e danos, sem prejuízo de outras sanções previstas em lei". Texto que prevê, no plano do direito material, a possibilidade de inibir o ato contrário a direito da personalidade, inclusive de forma preventiva, e o ressarcimento das perdas e danos daí decorrentes. E que permite, no plano do direito processual, tanto a *tutela mandamental* quanto a *condenatória*, conforme os princípios próprios deste campo.

---

[7] Cândido R. Dinamarco, *Fundamentos do Processo Civil Moderno*, tomo II, 3ª ed., rev. e atualização de Antõnio Rulli Neto, São Paulo, Malheiros, 2000, p. 809-810.

[8] Cf. Karl Larenz, *Lehrbuch des Schuldrechts*, 12ª ed., 1979, § 2, IIII, principalmente p.18, Manuel de Andrade, *Teoria Geral das Obrigações*, p. 27 e ss., Trabucchi, *Istituzioni di diritto civile* p. 32, *apud* João Calvão da Silva, *Cumprimento e Sanção Pecuniária Compulsória*, 4ª ed., Coimbra, Almedina, 2002, p. 138.

Consoante o art. 138 do Código Civil, "São anuláveis os negócios jurídicos, quando as declarações de vontade emanarem de erro substancial que poderia ser percebido por pessoa de diligência normal, em face das circunstâncias do negócio". Texto que prevê, no plano do direito material, a possibilidade de anulação do negócio jurídico, criando um direito potestativo ao que emitiu declaração de vontade viciada de vir a pleitear, no plano do direito processual, a *tutela constitutiva*, com desconstituição do mesmo negócio jurídico. Constatado em juízo o suporte fático da norma, o demandado haverá de se sujeitar ao novo estado jurídico, decorrente do comando sentencial.

A responsabilidade por ato ilícito e o respectivo ressarcimento das perdas e danos estão previstos nos arts. 186 e 927 do Código Civil, podendo dar origem à tutela condenatória em favor do que se afirmar prejudicado.

Nos termos do art. 1.210 do Código Civil, "O possuidor tem direito a ser mantido na posse em caso de turbação, restituído no de esbulho, e segurado de violência iminente, se tiver justo receio de ser molestado". Daí decorre a *tutela mandamental* no caso de turbação e *executiva lato sensu* se configurado esbulho, que se apresentam como as mais apropriadas, no plano do direito processual, para a solução desses conflitos possessórios.

O art. 1.228 do Código Civil estabelece a faculdade de o proprietário usar, gozar e dispor da coisa, e o direito de reavê-la do poder de quem quer que injustamente a possua ou detenha. O direito de reivindicar, possibilidade genérica e abstrata estabelecida no plano do direito material, deve ser exercido concretamente em juízo, pela forma de tutela mais adequada no plano do direito processual, que, no direito brasileiro, é a *tutela executiva lato sensu* do art. 461-A do CPC.

Consoante o disposto no art. 1.238 do Código Civil, "Aquele que, por 15 (quinze) anos, sem interrupção, nem oposição, possuir como seu um imóvel, adquire-lhe a propriedade, independentemente de título e boa-fé; podendo requerer ao juiz que assim o declare por sentença, a qual servirá de título para o registro no Cartório de Registro de Imóveis". À aquisição da propriedade pela usucapião (plano do direito material) corresponderia a respectiva *tutela declaratória* (plano do direito processual), com ou sem a explicitação contida na segunda parte do dispositivo, totalmente supérflua para esse efeito.

Concretamente, a regulação normativa abstrata se realiza, se não cumprida voluntariamente, por meios de atuação pré-ordenados para torná-la efetiva, sejam de natureza administrativa, sejam de natureza jurisdicional. O monopólio da atividade jurisdicional pelo Estado determina a resolução pelos órgãos jurisdicionais de qualquer crise sofrida pelo direito material, salvo raríssimas exceções.

Passa-se, então, ao plano do direito processual. Este obedece a normas de direito público e constitucional, que estabelecem abstratamente os deveres/poderes do órgão judicial e os poderes, faculdades e ônus das partes. O juiz, as partes e os demais personagens do processo (perito, testemunha etc.) agem por meio de atos concretos. Os atos (e posições processuais) são ligados pelo vínculo do procedimento, isto é, do fato que a norma os coloca em seqüência ordenada e cronológica, de modo que cada um pressupõe o presente (ou os precedentes) e é pressuposto do seguinte (ou seguintes). Essa perspectiva permite definir a ação tendo em conta também as múltiplas posições subjetivas (das quais o autor é munido no processo) e o vínculo que as une. Assim, a ação se apresenta como uma situação subjetiva complexa, isto é, como o conjunto dos poderes, faculdades e ônus do autor no processo; conjunto individualizado e reduzido à unidade (na mesma medida da *função* do juiz, isto é, do conjunto de seus deveres/poderes) pelo vínculo que coordena aqueles poderes e estes deveres/poderes no *procedimento*, por ser cada um, direta ou indiretamente, conseqüência de um outro e pressuposto de um outro ainda.[9] A ação, é claro, inicia-se com a demanda e só se conclui com o último ato do processo. Também devem ser levados em conta os poderes, faculdades e ônus do demandado, que reage na mesma medida em que o autor age, sem distinção substancial nesse particular.

O *procedimento*, sempre em contraditório (pois, por hipótese, o pronunciamento final do órgão judicial interferirá na esfera jurídica de outrem), é impregnado dos valores e garantias próprios de cada sociedade, com atendimento aos sobreprincípios fundamentais da segurança e da efetividade e emprego de técnicas que visam a uma realização mais adequada das finalidades próprias de cada processo.[10]

Por essas razões, parece de pouca valia, embora louvável, a proposta de uma readequação da ação (processual), com vistas a dar maior efetividade ao processo.[11] A desmitificação da ação processual e da reação do demandado – que nada mais são do que o agir ou reagir em juízo, pelo exercício dos poderes (abstratos) e dos atos (concretos) do procedimento – evidencia que a desejável *efetividade* do processo depende no essencial da dimensão dos poderes etc. das partes e dos poderes/deveres do órgão judicial, da conformação e adequação do procedimento, de técnicas mais apropriadas, e das formas de tutela jurisdicional, na medida em que todos esses fatores é que se mostram realmente significativos para uma melhor realiza-

---

[9] Adoto, com algumas adaptações, o enfoque dado ao problema por Fazzalari, *Note in tema di diritto e processo*, cit., p. 110-112.

[10] A respeito do tema, com amplo desenvolvimento da idéia de um formalismo valorativo, C. A. Alvaro de Oliveira, *Do Formalismo no Processo Civil*, 2ª ed., São Paulo, Saraiva, 2003, passim.

[11] É a sugestão de Luiz Guilherme Marinoni, *Da ação abstrata e uniforme à ação adequada à tutela dos direitos*, ensaio ainda inédito, p. 24-31.

ção dos valores fundamentais do processo. Ademais, não é possível esquecer alguns fatores extraprocessuais, entre os quais o excesso de causas no sistema (a determinar as chamadas etapas mortas do processo), a composição numérica adequada dos quadros que administram justiça (juízes e serventuários em geral), a formação técnica e ética de juízes, advogados, promotores de justiça, procuradores, funcionários da justiça, peritos etc. e principalmente de uma mentalidade que não seja apenas tecnoburocrática, mas empenhada na realização dos valores fundamentais do processo.

Na verdade, mais importante do que readequar a ação processual, atípica por definição, é estabelecer meios e procedimentos adequados, de conformidade com técnicas melhor predispostas à realização dos direitos, e principalmente tutelas jurisdicionais seguras e eficientes, além de adequadas. O agir, a ação (ou a reação), será muito mais a conseqüência disso tudo do que o seu pressuposto, como parece pretender tal proposta. Além de tudo, a sugestão esquece os atos próprios do ofício do juiz, aspecto que escapa ao simples agir das partes. Tudo somado, parece muito mais correto falar no direito a um processo adequado do que numa ação adequada.

Estabelecidos esses contornos, cumpre examinar ainda o conceito e o papel da técnica no plano processual.

O termo pode ser pensado em várias acepções. Na primeira, a "técnica jurídica" (*Rechtsteknik*) designa, em oposição à "ciência jurídica" ou ciência dos princípios abstratos (*Rechtswissenschaft*), a arte de adaptação dos princípios à vida e às circunstâncias concretas, de tempo, lugar e matéria. Numa segunda acepção, a técnica jurídica relaciona-se à elaboração jurídica, de qualquer sorte intelectual, a saber, à análise e ao desenvolvimento dos conceitos (*Begriffe*), por meio dos quais necessariamente se expressa o direito quando chega ao estágio científico, ou mesmo, mais amplamente, todo o trabalho de sistematização lógica do complexo normativo pelo esforço combinado da doutrina e da jurisprudência. O que importa para o presente ensaio, no entanto, é o caráter *instrumental* do ordenamento jurídico, e especialmente do processo, bem representado por uma terceira acepção, para a qual a técnica jurídica visa ao conjunto dos meios e procedimentos para garantir a realização das finalidades gerais ou particulares do direito.[12]

Analisando o problema da técnica na perspectiva específica da tutela jurisdicional, Adolfo di Majo distingue com razão a forma de tutela, que é

---

[12] A respeito, com amplo desenvolvimento, Jean Dabin, *La technique de lélaboration du droit positif, spécialment du droit privé*, Bruxelles, Bruylant, Paris, Sirey, 1935, p. 2-10. Além das três concepções expostas no texto, Dabin indica ainda uma quarta, partindo da distinção entre a matéria do direito e a sua forma, e que confia à técnica a tarefa de colocar em forma adequada uma matéria jurídica previamente dada. Ainda sobre o tema, com outras indicações bibliográficas, C. A. Alvaro de Oliveira, *Do Formalismo no Processo Civil*, cit., p. 125.

POLÊMICA SOBRE A AÇÃO **291**

a tutela definida em abstrato em relação a uma determinada necessidade, e a técnica, que concerne aos instrumentos concretos destinados a realizar a necessidade.

Depois, ao examinar as tutelas que classifica como satisfativas, trata das técnicas coercitivas, caracterizadas pelo uso da força pelo aparato estatal, uso da força que pode ser exercido contra o patrimônio do sujeito ou, mais genericamente, contra a esfera desse.

Pertencem à *primeira espécie* de técnicas coercitivas as medidas de execução forçada que se definem "por expropriação" e autorizam o credor, "para conseguir o que lhe é devido", a fazer expropriar os bens do devedor, segundo as regras estabelecidas pelas leis do processo. Tais técnicas encontram-se a serviço das formas de tutela satisfativa de créditos em dinheiro (quer se trate de créditos originários de dinheiro ou resultantes da conversão de créditos insatisfeitos).

Classificam-se na *segunda espécie* as medidas que autorizam o credor a obter, por meio dos órgãos judiciários, a execução forçada em forma específica. Adolfo di Majo classifica também entre as técnicas coercitivas as que não têm como finalidade a obtenção pelo titular do direito da utilidade do bem devido, mas *constranger* o sujeito a adimplir espontaneamente a própria obrigação por meio de ameaça de conseqüências aflitivas (v.g., *astreintes*, ameaça de prisão civil, *contempt of court*). Trata-se de uso indireto da coerção, meios de coação, e não de sub-rogação. Entende o jurista italiano que tal espécie de técnica se revela recomendável nas hipóteses em que não for possível o emprego da coerção direta (v.g., caráter infungível da prestação devida ou obrigações negativas de abstenção, não suscetíveis às técnicas de execução forçada).[13]

Dos exemplos acima mencionados fácil constatar a impossibilidade de confundir as formas de tutela jurisdicional com as técnicas que podem ser empregadas para uma melhor realização da própria tutela jurisdicional. A tutela emanada do juiz constitui exercício de poder, representando assim valor, pois implica efeito jurídico e todo efeito jurídico é valor jurídico condicionado.[14] Por isso afirma-se correntemente não consistir o direito numa técnica, mas numa estrutura complexa, integrada também dos elementos do direito não-escrito: os valores, os costumes, os institutos, o próprio *ius involutarium*, tudo a compor uma morfologia da práxis social.[15] técnicas,

---

[13] Adolfo di Majo, *La tutela civile dei diritti*, Milão, Giuffrè, 1987, p. 45-48.

[14] Não sendo possível maior aprofundamento dessa idéia no âmbito estreito do presente trabalho, remeto o leitor ao notável ensaio de Angelo Falzea, *Efficacia giuridica*, in *Ricerche di Teoria Generale del Diritto e di Dogmática Giuridica*, tomo II, Milano, Giuffrè, 1997, p. 3-194, também publicado in *Enciclopedia del Diritto*, vol. XIV, Milano, Giuffrè, 1965, p. 432 e ss.

[15] Assim, Vittorio Frosini,*Tecniche giuridiche*, in *Enciclopedia del Diritto*, vol. XLIV, Milano, Giuffrè, 1992, p. 46.

porém, embora sirvam ao valor, não podem ser com ele confundidas. A esse respeito, observa acertadamente Del Vecchio que as regras técnicas constituem os meios obrigatoriamente empregados para se conseguir um propósito, mas não prejulgam se é lícito, obrigatório ou ilícito propor-se o fim de que se trate. A técnica nada tem a ver com o valor das finalidades a que serve, pois concerne exclusivamente aos procedimentos que permitem realizá-las, sem se preocupar por esclarecer se são boas ou más. Apreciar o mérito dos fins do indivíduo é problema ético, não técnico.[16] Tudo isso, leva-me a retificar entendimento anteriormente manifestado,[17] em que considerava como técnicas as formas de tutela jurisdicional, equívoco a que certamente fui conduzido pelo caráter instrumental do direito processual, que é meio, como a técnica, mas dela se distancia por ser positivação de poder, embebido de valores.

Do ponto de vista material, a tutela jurisdicional atua por meio dos verbos declarar, condenar, constituir, mandar e executar para o reconhecimento e realização do direito material, mas em nível qualitativo diverso ao do direito material. Nenhum desses verbos existe no plano do direito material, porque são imanentes ao império e imparcialidade pressupostos pelo exercício da jurisdição. E isso porque, embora o direito material constitua, certamente, a matéria-prima com qual trabalha o juiz, este ao exercer sua tarefa a transforma. A tutela jurisdicional não apresenta assim o direito material em estado puro, mas algo de mais, de qualitativamente diverso. A sua força e eficácia são outros (diversas do direito material, não "jurisdicionalizado"), pois se trata de obra de criação e de autoridade,[18] embora nessa matéria exerça o direito material inegavelmente forte influência. Além disso, em alguns casos, trata-se de reconstruir, com técnicas adequadas, o caminho vedado ao particular.

Aliás, a questão da reconstrução e criação do direito, no plano jurisdicional, vem sendo objeto de constante consideração da filosofia do direito atual. Cada vez mais se firma o entendimento de que o intérprete, o aplicador do direito, entre eles o juiz, o chamado intérprete autêntico (Kelsen), interpreta não normas, mas textos normativos e representações fáticas. O produto da interpretação é a norma, a norma de decisão, no caso do juiz.[19] De tal sorte, a interpretação (= aplicação) do direito "tem caráter constitutivo – não meramente declaratório, pois – e consiste na produção, pelo

---

[16] Del Vecchio, *LHomo Juridicus*, Roma, 1936, p. 11, *apud* Eduardo García Máynez, *Introducción al Estudio del Derecho*, 4ª ed., Mexico, Porrua, 1951, p. 13.

[17] *Efetividade e tutela jurisdicional*, in *Revista Forense*, 378(mar./abr.2005):113-133, esp. p. 129.

[18] Essas idéias, já avançadas no ensaio de minha autoria, *O problema da eficácia da sentença*, in *Revista da Ajuris*, 92(dez. 2003):149-162, *passim*, são agora desenvolvidas mais amplamente no texto.

[19] Impossível aprofundar o exame do tema nesta sede. Ver, a respeito, o trabalho seminal de Eros Roberto Grau, *Ensaio e discurso sobre a Interpretação/Aplicação do direito*, 3ª ed., São Paulo, Malheiros, 2005, *passim*, com ampla indicação bibliográfica.

intérprete, a partir dos textos normativos e dos fatos atinentes a um determinado caso, de normas jurídicas a serem ponderadas para a solução desse caso, mediante a definição de uma norma de decisão. *Interpretar* é, assim, dar concreção (= concretizar) ao direito. Neste sentido, a interpretação (=interpretação/aplicação) opera a inserção do direito na realidade; opera a mediação entre o caráter geral do texto normativo e sua aplicação particular; em outros termos, ainda: opera a sua inserção na vida".[20]

O mesmo raciocínio pode ser realizado em relação a qualquer outro sujeito, não só ao juiz. Além do intérprete autêntico, também os demais integrantes do mundo produzem norma, a partir de elementos colhidos no texto normativo (mundo do dever-ser) e de elementos do caso ao qual será ela aplicada, a partir de dados da realidade (mundo do ser). E com base nessa interpretação aplicam a norma produzida fora do processo, exercendo as posições simples ou complexas concernentes ao direito subjetivo, embora não criem normas de decisão, tarefa exclusiva do órgão judicial.[21]

Essas ponderações permitem reforçar a idéia de que o "comando" contido na sentença (qualquer que seja o seu conteúdo) incide na esfera substancial dos litigantes criando uma *nova situação jurídica*. Por outro lado, não se pode esquecer que se trata de ato de império, inexistente por isso mesmo no plano do direito material. Decorre daí a natureza sempre constitutiva da sentença,[22] compartilhada é claro com a eficácia principal (força) e por outras de menor intensidade, conforme o caso.[23]

3. Se não há dúvida quanto à existência dos dois planos, como já se acentuou, verificando-se a respeito quase unanimidade de pontos de vista, o difícil é estabelecer as relações entre eles, sem realçar ou apoucar demasiadamente o papel de um e outro, fazê-los enfim conviver em harmonia,

---

[20] Eros Roberto Grau, *Ensaio*, cit., p. XIII, que refere, nesse passo, a exposição de Gadamer sobre o pensamento de Aristóteles. Tendo presente essa perspectiva, já havia destacado no ensaio *Efetividade e tutela jurisdicional*, cit., 113-114, que "se quisermos pensar o direito processual na perspectiva de um novo paradigma de real efetividade, é preciso romper de vez com concepções privatísticas e atrasadas, que não mais correspondem às exigências atuais e que deixaram de ser adequadas às elaborações doutrinárias e aos imperativos constitucionais que se foram desenvolvendo ao longo do século XX. Nesse panorama, um dado importante é o declínio do normativismo legalista, assumido pelo positivismo jurídico, e a posição predominante, na aplicação do direito, dos princípios, conceitos jurídicos indeterminados e juízos de equidade, com toda sua incerteza, porque correspondem a uma tomada de decisão não mais baseada em um *prius* anterior ao processo, mas dependente dos próprios elementos que nele serão colhidos."

[21] Eros Roberto Grau, *Ensaio*, cit., p. 85.

[22] Fazzalari, *Sentenza Civile*, in *Enciclopedia del Diritto*, XLI, Milano, Giuffrè, 1989, p. 1251, sustenta também que toda sentença apresenta sempre natureza constitutiva, no sentido que incide na esfera substancial dos litigantes criando uma nova situação jurídica.

[23] Sem, contudo, atingirem necessariamente a constante 15, criação de Pontes de Miranda, inspirado numa visão matemática que não condiz com fenômeno cultural como o direito. A respeito, a crítica acertada de J. C. Barbosa Moreira, *Conteúdo e efeitos da sentença: variações sobre o tema*, in *Temas de Direito Processual*, Quarta Série, São Paulo, Saraiva, 1989, p. 180-181.

em consonância com a função que cada um deles deve desempenhar, consoante as diretivas do ordenamento, principalmente de ordem constitucional.

Uma das teses mais sedutoras e mais antigas para a solução do milenar problema é a da ação de direito material, que constituiria emanação (*Ausfluss*) do próprio direito material (Savigny). Todavia, a concepção de Savigny (1841) constitui apenas o exemplo mais marcante de toda uma direção da ciência jurídica, num período em que se pretendia basear a ação (e a sentença) no direito subjetivo privado. E não decorre originariamente da Escola Histórica, mas tem suas raízes no antigo direito natural depois recepcionado pela "*Civilprocesstheorie*", a chamada época da ciência processual civil, que começa em 1800 e termina aproximadamente em 1850.[24]

Entre nós, ela constitui um dos elementos fundamentais, embora não o único, da teoria elaborada por Pontes de Miranda. A ação de direito material seria o *mesmo agir* para a realização inerente a todo direito material, com a única diferença que, proibida a autotutela privada, a sua efetivação se daria por meio da ação dos órgãos estatais.[25] Haveria, portanto, para essa concepção, duplicação de ações, exercidas simultaneamente com a demanda judicial: uma, de direito material (ação sem aspas) dirigida contra o demandado; outra, de direito processual (ação com aspas) dirigida em face ou contra o Estado-juiz, para o reconhecimento e realização da própria ação de direito material.

Essa tentativa de relacionar o direito material com o processo estava fadada ao insucesso, porque passava por cima da característica mais marcante do ambiente processual, ou seja, a incerteza consubstancial do direito litigioso. Posto em lide, o direito material torna-se obviamente incerto, assim como a ação de direito material, que dele constituiria parte essencial. À evidência, semelhante visualização do fenômeno apresenta face notadamente privatística, porque põe todo o acento no conceito de ação de direito

---

[24] Oliver Vossius, *Zu den dogmengeschichtlichen Grundlagen der Rechtsschutzlehre*, Ebelsbach, Verlag Rolf Gremer,1985, p. 8. No dizer de Habscheid, *Der Streitgegenstand im Zivilprozess*, Bielefeld, Heimat, 1956, p. 27, a doutrina dominante no direito comum sustentava a idéia da *actio* como "direito de ação" em direta relação com o direito privado. Como se sabe, visualizando a questão com olhos de direito material, Savigny entendia que a ação (de direito material) nasceria da lesão do direito, constituindo emanação deste, dele fazendo parte integrante. Sintomaticamente Windscheid, já no prefácio de sua célebre obra *Die actio des römischen Civilrechts vom Standpunkte des heutigen Rechts* (1856), Neudruck, Aalen, Scientia Verlag, 1984, p. III, ressaltava que "a *actio* do direito civil romano não é o que hoje se entende por ação ou direito de ação, ou seja um meio de tutela jurídica do direito lesado, mas a própria expressão do direito ou pelo menos da pretensão jurídica". Ainda segundo Habscheid, ob. e loc. cits., a visão da ação de direito material sempre contou com inúmeros seguidores, especialmente Hölder, ZZP, 29, p. 50 ss (1901).

[25] Pontes de Miranda, *Tratado das Ações*, I, 1ª ed., São Paulo, RT, 1970, 94-95, 110, 116, *passim*; Ovídio A. Baptista da Silva, *Curso de Direito Processual Civil*, I, 5ª ed., São Paulo, RT, 2000, p. 87, 88 e 93, *passim*. Sobre isso e o que segue, com outras considerações, vide C. A. Alvaro de Oliveira, *O problema da eficácia da sentença*, cit., passim, e *Efetividade e tutela jurisdicional*, cit., *passim*.

material (parte integrante do direito material), ignorando o que ocorre no plano do direito processual e a força imperativa da sentença, haurida no direito público e na soberania do Estado-juiz.

Além disso, advogar a existência de uma ação de direito material, no plano do direito processual, que seria exercida juntamente com a ação processual, constitui assertiva sujeita a todas as críticas usualmente endereçadas à teoria da ação como direito concreto, elaborada por Adolf Wach. O desacolhimento da demanda implica o não-reconhecimento do direito material afirmado no ato de introdução do processo e por conseqüência também da ação de direito material, elemento deste integrante, que teria sido exercida apesar de não existente!

Já Chiovenda havia se apercebido da contradição ao criticar a confusão entre os conceitos de lesão do direito e ação, próprio de quem concebia a ação como um elemento essencial do direito deduzido em juízo, como o poder, inerente ao direito, de reagir contra a violação, como o próprio direito, na sua tendência à atuação. E acentuava, com aquele seu voluntarismo típico, que a vontade concreta da lei que corresponde a toda obrigação é bem mais ampla e compreensiva do que a própria obrigação, mesmo se nascida de uma livre manifestação de vontade dos sujeitos: enquanto a obrigação induz por si o obrigado a adjudicar ao credor um bem da vida *mediante a própria prestação*, a vontade da lei compreende e assegura ao credor na falta da prestação a obtenção do que é objeto da obrigação *por todos os meios possíveis*. Assim, na medida em que o direito obrigacional conserva a sua direção, mesmo depois do inadimplemento, para a *prestação* do obrigado, o direito de ação aspira à obtenção do bem garantido pela lei *com todos os outros meios possíveis*. E o processo, no qual se devem tentar esses outros meios possíveis, não se destina a obter o adimplemento da obrigação, mas, sim, o bem garantido pela lei com os meios possíveis alheios à obrigação, que se revelou instrumento insuficiente. E depois de sustentar que a ação não se assimila à obrigação, não constitui um elemento nem uma função do direito obrigacional, que exsurge e pode se extinguir independente da obrigação, que tende a um efeito jurídico, e não à prestação, destaca Chiovenda este aspecto, da maior importância ao tema: "Quando se afirma que a coação é um elemento do direito e que assim a ação é um elemento do direito *subjetivo*, cai-se num sofisma porque a coação é um elemento do direito como vontade da lei, enquanto do ponto de vista subjetivo uma coisa é o direito à prestação e outra o poder de provocar a coação do Estado".[26]

Tampouco salva a ação de direito material um recuo posterior de seus defensores, para afastar essa óbvia ilação. Ela já não seria ínsita ao próprio

---

[26] Chiovenda, *Istituzioni di Diritto Processuale Civile*, vol. I, 3ª ristampa inalterata della 2ª ed., Napoli, Jovene, 1947, nºs 6 e 7, p. 17-22.

direito subjetivo nem faria parte da sua essência, mas se reduziria a uma simples afirmação.[27]

Em primeiro lugar, ação não se afirma, ação se exerce, pois pressupõe sempre um agir em determinada direção, exercício do poder (ou do direito) de agir. Se ajo, não afirmo; se afirmo, fico no simples plano do verbo, do dizer, e não ajo. *Tertium non datur.*

Mais grave ainda, tal inflexão de rumo termina por reduzir a ação de direito material a um mero *slogan*, uma simples idéia platônica, que não chega sequer a adquirir existência. Por um lado, a ação de direito material, com sua asserção, ficaria por assim dizer em estado letárgico, visto que o agir seria desenvolvido exclusivamente pela ação processual. Por outro, depois de decidido o litígio, ela também não recobraria vida, pois a eficácia da sentença decorre do comando emitido pelo órgão judicial, a recair na esfera substancial das partes, em virtude do império decorrente do exercício da jurisdição e da soberania do Estado. Nem se pode afirmar que o juiz poderia agir a partir daí, porque o juiz apenas exerce atos de seu ofício, mediante o exercício dos poderes que lhe são conferidos por regras de direito público, totalmente distintas das regras de direito material, com alterações ou não no mundo sensível. De tal sorte, a afirmada ação de direito material, uma vez julgada a demanda, passa a se confundir com o resultado do processo, ou em outras palavras com a tutela jurisdicional dispensada pelo Estado.

Chegou-se a afirmar, em tentativa de defesa da teoria de Pontes de Miranda, que o crítico não teria apreendido a sua essência, pois não se teria dado conta de que a ação de direito material e a "ação" processual são fenômenos diversos que pertencem a planos diversos.[28] Ora, basta ler o que escrevi sobre a matéria para se constatar exatamente o contrário. Assim é que, citando Pontes de Miranda, ressaltei que a ação de direito material "pressupõe a existência do direito material, porque é a inflamação do direito material ou da pretensão, ou o próprio direito subjetivo reagindo contra a agressão que lhe foi feita".[29] Em nenhum momento neguei à ação de direito material a sua verdadeira natureza, de fenômeno do plano do direito material. Ao contrário, reiterei várias vezes esse aspecto, porque exatamente aí habita a fraqueza de semelhante elaboração doutrinária: fazer recair no direito privado ou material algo que é próprio do direito constitucional e do direito processual.

---

[27] Ovídio A. Baptista da Silva, *Direito material e processo*, in *Gênesis – Revista de Direito Processual Civil*, 33(jul./set. 2004):615:635, esp., p. 627.

[28] Fábio Cardoso Machado, *"Ação" e Ações: sobre a renovada polêmica em torno da ação de direito material*, in *Magister– Direito Civil e Processual Civil*, 8 (jul./ago. 2004):71-97, esp., p. 80.

[29] Assim, por exemplo, em *Efetividade e Tutela Jurisdicional*, cit., p. 25.

A esse respeito, bem esclarece Lourival Vilanova inexistir relação material entre a relação material e a processual. Poderia haver se a relação substantiva continuasse no interior da relação processual. Mas, esta é cortada: o direito subjetivo de agir, o poder/dever de julgar e o direito subjetivo de contestar compõem um *relação abstrata*. Quer dizer: uma relação tirada (*ab* é prefixo indicador da separação) ou desvinculada de sua *causa* (em sentido técnico-jurídico). A ação em sentido de direito material não continua na ação em sentido processual. A pretensão e o dever de prestação continuam, mas, na nova relação, outra pretensão dirige-se ao órgão, que não se sub-roga no dever de prestar material, mas no poder/dever de prestar a função jurisdicional. O órgão nem fica devedor nem credor perante os sujeitos, como partes contrapostas. Por isso, em lugar da relação horizontal do direito material, instaura-se outra relação, agora em ângulo: duas linhas que partem do autor e do réu, encontrando-se no órgão, como ponto de confluência. Continua a linha reta, horizontal, limitada apenas pelos seus termos, os sujeitos-de-direito, demarcando a relação jurídica material. A relação de conexidade instrumental (Liebman) entre as duas relações não se insere na relação de causalidade jurídica. Tampouco na relação lógica de fundamento: a falta de fundamento na relação substantiva não impede a formação da relação processual: a improcedência do direito material invocado não priva o autor do exercício do direito subjetivo público de pedir o exercício da prestação jurisdicional.[30]

Exatamente essa contradição invencível é que permite a conclusão da inexistência de ações (de direito material) condenatórias e mandamentais, como já reconhecido pelos epígonos de Pontes de Miranda, assim como de ações (materiais) declaratórias, constitutivas ou executivas *lato sensu*. Depois dessa constatação, cabe indagar onde estaria a vigência da ação de direito material – fenômeno exclusivo do plano do direito material – no plano do direito processual. Tudo na verdade não passa de confusão entre os dois planos, com amesquinhamento do plano do direito processual. Este é instrumental, não há dúvida, mas não meramente instrumental, tem vida própria, matéria própria, autonomia, enfim. O que é a ação de direito material? É a eficácia (força, inflamação ou o nome que se lhe dê) do direito material, quando desatendido. Eficácia que seria alcançada, fora do processo, pelo cumprimento voluntário do dever ou da obrigação, ou, se desatendida, realizada pelo juiz, agindo no lugar da parte, exercendo a mesma atividade desta.

Se a teoria fosse correta, à falta de agir da parte passiva deveria corresponder um agir exatamente igual do juiz. Mas não é assim. O que distingue aquela em relação a esta é essencialmente a imparcialidade e a

---

[30] Lourival Vilanova, *Causalidade e Relação no Direito*, São Paulo, Saraiva, 1989, p. 139 (sic).

imperatividade dos atos do juiz. Por tal razão, o ato do juiz nunca se equipara ao do privado porque emanado de um sujeito imparcial, com o selo da autoridade estatal, proveniente da soberania do Estado-juiz. Assim, os fenômenos de um e outro plano, embora inter-relacionados, apresentam caráter diverso, e por conseqüência não há como equiparar a eficácia do direito material com a eficácia jurisdicional. Daí o reconhecimento da existência de dois planos distintos. Para que se pudesse aceitar a tese de Pontes de Miranda, à eficácia do direito material deveria corresponder no plano do direito processual um agir (uma ação de direito material) exatamente igual, mas não é isso que ocorre porque a atividade jurisdicional não é simplesmente substitutiva da atividade privada, nem o processo é meramente instrumental, visto ter substância própria e engendrar meios próprios de atuação.

Decorre daí que só o juiz pode declarar: não existe uma *ação material declaratória*, pois o privado não pode outorgar certeza jurídica.[31] Onde existe, no plano do direito material, atividade de certificação do direito rigorosamente igual à atividade do órgão jurisdicional, não mais sujeita a qualquer revisão posterior ? Essa constatação é ainda mais evidente na declaração de inexistência de relação jurídica. Nessa hipótese, o que se pretende é a declaração da inexistência do próprio direito material e por conseguinte da ação de direito material (que dele faz parte integrante), mesmo assim, a sentença de acolhimento de semelhante pedido geraria eficácia e efeitos. Haveria tutela jurisdicional, nada obstante à inexistência da ação de direito material.

Só o juiz pode constituir ou desconstituir: o sistema impede, nos casos de constituição, positiva ou negativa, o exercício do direito potestativo fora do processo. Não há no plano do direito material *ação material constitutiva*.

Só o juiz pode condenar. Impensável pudesse o privado reconhecer o direito e a lesão, emitir juízo de reprovação e constituir o título executivo. Não há no plano do direito material *ação material condenatória*.

Só o juiz pode mandar. Não há no plano do direito material *ação material mandamental*. Significativamente, os cultores da teoria da ação de direito material vêm reconhecendo, pela força das coisas, pelo menos a inexistência da ação material condenatória e da ação material mandamental.

A execução do título judicial deve ser hoje precedida da condenação; não pode, portanto, ser realizada no plano do direito material antes da prolação da sentença. Essa circunstância não impede, contudo, de se examinar se, depois de reconhecido judicialmente o direito, seria possível ao parti-

---

[31] Desse aspecto, aliás, já se havia apercebido Chiovenda, *Istituzioni*, cit., n° 7, p. 24, ao acentuar que, na ação declaratória, a certeza jurídica não poderia ser prestada pelo obrigado, só sendo alcançável no processo. Mas não se passa diferente com a ordem, o juízo de reprovação contido na condenação, a constituição ou desconstituição.

POLÊMICA SOBRE A AÇÃO

cular realizar ele próprio praticamente o direito reconhecido. Nessa seara, como a atividade jurisdicional tem por objeto a realização de atos materiais, tal tarefa seria possível em tese, mas dependeria do uso da força, atualmente monopolizada pelo Estado.

Talvez seja por isso que Pontes de Miranda passou, na última fase de sua elaboração doutrinária, a apoucar o conceito de ação de direito material, empregando em seu lugar o conceito de pretensão material, que também não resolve o problema.[32] Basta pensar que só se pode falar em pretensão material em relação ao direito obrigacional, matéria-prima da tutela condenatória (obrigações de pagar), e de algumas espécies de tutela executiva *lato sensu* (obrigações de restituir e entregar) e mandamental (obrigações de fazer e não fazer), mas não no que concerne às demandas declaratórias e constitutivas e mesmo em relação a certas demandas executivas *lato sensu* em que se lida com deveres, e não com obrigações. Ademais, mesmo nas demandas condenatórias, executivas *lato sensu* e mandamentais, em que a pretensão de direito material comparece, esta não constitui objeto do litígio, pois, se assim fosse, rejeitado o pedido por falta de pretensão material, o processo ficaria sem objeto.[33]

Além do mais, igualar a atividade do juiz à do privado é empobrecer o direito processual e lhe retirar meios importantes para a necessária efetividade, tão significativa no contexto atual.

Ainda que não se leve em conta as considerações anteriores sobre a inexistência das chamadas ações de direito material no plano do direito material, o exercício da jurisdição, em face da complexidade cada vez maior da sociedade, vem constantemente incorporando meios mais sofisticados e apurados de tutela jurisdicional, que não correspondem a um agir do privado, a uma ação de direito material. Basta pensar na jurisdição constitucional, com suas demandas *abstratas* de declaração de constitucionalidade e inconstitucionalidade. Nas demandas de prevenção do ilícito e da lesão, que não correspondem a qualquer atividade do privado, dado o império típico da ordem emanada do juízo com essa finalidade. Nas demandas pertinentes aos direitos difusos e coletivos, também sem paralelo fora do processo.[34]

---

[32] Veja-se esta passagem de Pontes de Miranda, *Tratado das Ações*, I, cit., p. 36: a pretensão invocada "pertence ao corpo mesmo do direito material, é intrínseca ao direito, que a tem, e os direitos que não a têm só não a têm porque eles mesmos foram nascidos sem ela, ou a regra objetiva a fez precluir ou prescrever. É ponto que merece toda atenção: a pretensão invocada é instituto do direito material, e não do direito formal ou processual." Basta comparar este trecho com o que escrevera Pontes de Miranda em *A acção rescisória contra as sentenças*, Rio de Janeiro, Forense, 1934, § 3, 5, p. 17, para constatar que o conceito de pretensão material veio a substituir em tal contexto a ação de direito material.

[33] Cf. Karl Schwab, *Der Streitgegenstand im Zivilprozess*, München, Beck, 1954, p. 2-3 (p. 5 da edição argentina, trad. de Tomas A. Banzhaf, Buenos Aires, Ejea, 1968).

[34] Coberto de razão, Luiz Guilherme Marinoni, *Da ação abstrata e uniforme*, cit., p. 34-35, reconhece que o conceito de ação de direito material é imprestável para explicar o que acontece diante dos direitos

Nos juízos de eqüidade, em que o próprio órgão jurisdicional, por expressa autorização legislativa, cria a norma de conduta, tendência bastante acentuada nos dias que correm, como se verifica do novo Código Civil brasileiro, que é pródigo em exemplos dessa ordem.

Embora com roupagem diversa, situa-se na mesma linha da teoria da ação de direito material elaborada por Pontes de Miranda, a teoria do direito justicial material, cunhada por James Goldschmidt, que colocava a acionabilidade do direito na norma jurídica material e o conceituava como direito material privado orientado contra o Estado.[35] Por sinal, embora não confesse, Pontes de Miranda faz o conceito de ação de direito material desempenhar o mesmo papel do direito justicial material.

Também se revela inaceitável a idéia de pretensão à tutela jurídica (*Rechtsschtuzanspruch*) preconizada por Wach, como direito a uma sentença favorável, que serviria de ponte entre o direito material e o processual,[36] porque implica concretismo incompatível com a incerteza do direito litigioso, em que cada vez mais parece imperar o dito do poeta, "Io credo chei credette chio credesse".[37] Ora, ambas as partes têm pretensão à outorga de jurisdição, não apenas uma delas, mas não a uma tutela jurídica. E isso porque o órgão judicial deve resolver a controvérsia de acordo com o direito material e os elementos de fato trazidos ao processo, seja a favor do autor, seja a favor do demandado. O que existe é a pretensão de ambas as partes ao exame e resolução da demanda, em consonância com as diretivas estabelecidas pelo ordenamento jurídico, tanto material quanto processual. Mesmo a pretensão à execução (e mais amplamente ao cumprimento da sentença) significa apenas o dever do órgão estatal de empregar as medidas estabelecidas pelo Estado para tanto, e não que a execução (ou o cumprimento) redunde em resultado favorável para o credor ou demandante.[38]

---

difusos. E justifica: "A categoria da ação de direito material, ao contrário da categoria do direito à tutela jurisdicional *do direito*, é totalmente inadequada ao fenômeno dos direitos difusos, pois todos têm direito à tutela do meio ambiente (por exemplo) – embora ele tenha que ser exercido,na forma jurisdicional, por um ente legitimado –, mas ninguém possui pretensão de direito material ou ação de direito material contra o poluidor. Lembre-se que o direito à tutela dos direitos tem o Estado como devedor, enquanto a pretensão e a ação de direito material são exercidas contra o obrigado".

[35] A respeito da exposição da teoria de Goldschmidt e sua crítica, C. A. Alvaro de Oliveira, *Efetividade e tutela jurisdicional*, cit., p. 117-119, 123, *passim*.

[36] Adolf Wach, *Handbuch des Deutschen Civilprozessrechts*, tomo I, Leipzig, Duncker & Humblot, 1885, p. 19-22, 116-119, *passim*. Pontes de Miranda, ressalve-se, embora adote a expressão de Wach, na simbiose que pretendeu fazer de teorias conflitantes, emprega-a como pretensão de outorga de jurisdição, (v.g., Tratado das Ações, I, p. 232, *passim*). Conquanto não concretista, Luiz Guilherme Marinoni, *Da ação abstrata e uniforme à ação adequada e à tutela dos direitos*, cit., p. 31, *passim*, inadvertido do problema terminológico, continua falando em pretensão à tutela jurisdicional do direito material, mediante o exercício da ação processual.

[37] Dante, Inferno, XIII: "Eu creio que ele cria que eu cresse..."

[38] Reproduzo no texto, com algumas adaptações ao sistema jurídico brasileiro, as principais críticas dirigidas por Leo Rosenberg, *Lehrbuch des deutschen Zivilprozessrecht*, 9. Aufl. (última publicada em vida do autor), München, Beck, 1961, § 90, p. 433-436, contra o conceito de pretensão à tutela jurídica.

O fato é que as teorias materiais acerca do objeto litigioso desconhecem a essência do processo, não levam em conta que neste não se discute a respeito de um direito realmente existente, mas apenas sobre um direito afirmado. O autor, ao pedir ao juiz a condenação do demandado ao pagamento de uma certa soma em dinheiro, em decorrência de uma compra e venda, afirma pura e simplesmente que é titular de um direito desse montante. Se esse direito afirmado existe, é outra questão. Ela será esclarecida apenas na sentença. Se acolhida a demanda, o direito exercido é confirmado; se desacolhida, é negado. Todavia, também essa declaração nem sempre se conforma à situação jurídica material, pois o desfecho do processo depende também de o autor se sair bem na demonstração da correção de seu requerimento de tutela jurisdicional. Essa compreensão mostra bem que direito material e objeto da pretensão não são idênticos. Mostra-se, portanto, incorreto definir o objeto litigioso como "o direito, cuja tutela o autor requer com a demanda".[39] Aliás, a circunstância de se tratar apenas de um direito afirmado, e não de um realmente existente já mostra que não são idênticos o objeto da pretensão processual e o direito material.[40]

Bastante semelhante à teoria do direito justicial material é a posição de Lourival Vilanova. Reporta-se ele à dúplice composição da norma jurídica: norma primária e norma secundária. Na primeira, realizada a hipótese fática, isto é, dado um fato sobre o qual ela incide, sobrevém, pela causalidade instituída pelo ordenamento, o efeito, a relação jurídica com sujeitos em posições ativa e passiva, com pretensões e deveres. Na segunda, a hipótese fática, o pressuposto, é o não-cumprimento, a inobservância do dever de prestar, positivo ou negativo, que funciona como fato jurídico (ilícito, antijurídico) fundante de outra pretensão, a de exigir coativamente perante órgão estatal a efetivação do dever constituído na norma primária. Pretende esse modo de ver o problema que se trata de duas proposições normativas, embora eventualmente juntas, por conveniência pragmática, e lingüisticamente formuladas como unidade. E isso porque uma e outra são diversas, lógica e juridicamente, tanto em razão dos sujeitos intervenientes quanto pelos fatos jurídicos e efeitos. A norma seria de direito substantivo; a secundária, de direito adjetivo (*rectius*: processual). Normas diversas que têm como ponto de incidência fatos diversos. E relações jurídicas diversas. A uma *relação jurídica material R*, entre *A* e *B*, sucede outra relação jurídica formal (processual) entre *A* e *C* (órgão *C* que concentrou o emprego da coação) e entre *C* e *B*. Figuradamente, se a relação material era horizontal, unilinear, a relação formal fez-se angular: não se desenvolve linearmente de *A* para *B*, pois conflui em *C*. Perfaz-se outra *relação R*. A norma primária (oriunda de normas civis, comerciais, administrativas) e a norma secundária

---

[39] W. Habscheid, *Der Streitgegenstand*, cit., p. 113-114.
[40] Como bem observa, W. Habscheid, *Der Streitgegenstand*, cit., p. 114-115.

(oriunda de norma de direito processual objetivo) compõem a bimembridade da norma jurídica: a primária sem a secundária desjuridiciza-se; a secundária sem a primária reduz-se a instrumento, meio, sem fim material, a adjetivo sem o suporte do substantivo. O objeto comum de ambos os sujeitos da relação processual, em ângulo (autor-Juiz-réu), o ativo e o passivo, é a prestação da tutela jurisdicional do Estado.[41] Ao que tudo indica, por um lado, a teoria assenta raízes profundas na concepção de August Thon, que vislumbra a força do direito subjetivo na coação judicial, esquecendo a sua realização voluntária, antes ressaltada. Por outro, mostra-se irrelevante denominar de aspecto processual da norma de direito material o que Goldschmidt classificava como direito justicial material.

4. A construção de uma teoria viável para o equacionamento do problema

A meu juízo, a solução do tormentoso problema só pode ser bem encaminhada se centrarmos o foco numa perspectiva de direito constitucional, visto que aí se situa o núcleo duro da garantia da outorga de jurisdição, desde que o Estado chamou o si o monopólio de prestá-la.

Fator importante para esse desenvolvimento constituiu, sem dúvida alguma, a elaboração da teoria do direito subjetivo público, decorrente de estreita conexão com a caracterização liberal dos direitos fundamentais e a construção jurídica do Estado. Essa concepção encontrou amplo desenvolvimento na obra de Georg Jellinek (1892). Para o jurista alemão, a nota distintiva do Estado moderno é o reconhecimento do indivíduo como pessoa e assim como sujeito de direito, apto a "reclamar eficazmente a tutela jurídica do Estado". O simples fato de pertencer o indivíduo ao Estado determina para aquele relevância jurídica nas relações estabelecidas com este. Nesse quadro, "as pretensões jurídicas que resultam de tais condições são o que se designa por direitos subjetivos públicos", que consistem assim em pretensões jurídicas (*Ansprüche*), resultantes diretamente de situações ou condições (*Zustände*) jurídicas. A distinção entre o direito subjetivo público e o direito privado revela-se especificamente nos planos formal e material.

No domínio do *elemento formal*, o direito subjetivo privado resulta do reconhecimento jurídico de faculdades e capacidades já existentes, física e naturalmente, na esfera do individuo enquanto ser humano, com referência a relações entre sujeitos situados em posições jurídicas iguais. Já o direito subjetivo público, consistindo "exclusivamente na capacidade de pôr em movimento normas jurídicas no interesse individual", traduz-se numa "posse" dirigida a obter um reconhecimento ou uma proteção jurídica

---

[41] Assim, a compreensão de Lourival Vilanova, *Causalidade e Relação no Direito*, cit., p. 123-125, reproduzida no texto.

e se funda exclusivamente numa exclusiva concessão do ordenamento jurídico positivo, não em faculdades preexistentes. Nessa medida, o direito subjetivo público refere-se às relações entre o Estado (entidade que cria o direito) e as entidades investidas de poder público e o indivíduo.

No domínio do *elemento material*, ainda que a distinção não possa ser realizada tão rigorosamente – pois todo o direito individual (público ou privado) "deve necessariamente ter por conteúdo um interesse individual" – , considera Jellinek que o interesse subjacente ao direito subjetivo público é reconhecido pelo ordenamento jurídico essencialmente por razões de interesse geral, refletindo o "individuo, não como personalidade isolada, mas como membro da comunidade. Portanto, no que se refere ao elemento material, o direito subjetivo público é o que pertence ao indivíduo em virtude da sua qualidade de membro do Estado".[42]

Acertadamente observa Jorge Reis Novais que a teoria dos direitos subjetivos públicos é indissociável da tutela jurisdicional dos direitos.[43] Basta atentar em que a pretensão de outorga de jurisdição, dirigida contra o Estado como titular da soberania, não constitui um simples efeito reflexo do direito objetivo. E isso porque o dever do Estado de outorgar jurisdição habita não apenas no interesse geral, mas especialmente no interesse de quem busca a satisfação de seu (afirmado) direito perante o órgão judicial. Demais disso, a outorga de jurisdição não fica ao arbítrio do órgão judicial e é vista, pelo contrário, como uma proteção imperativa (embora possa ser favorável ou desfavorável), e não meramente aleatória. O juiz atual não pode mais se eximir de prestar jurisdição com o *non liquet* (não está claro), como aconteceu em determinada fase do direito romano. Por isso, está-se sem qualquer sombra de dúvida em face de direito subjetivo público.[44]

A questão da tutela jurisdicional, se quisermos precisar mais a análise, insere-se no quadro dos direitos fundamentais hoje constitucionalizados. Esse direito fundamental se concretiza, no plano processual, com o exercício da ação (processual, bem entendido), que decorre dos poderes e faculdades concedidos à parte-autora, iniciando-se com a demanda e prosseguindo ao longo de todo o procedimento, por meio de atos concretos. Quando emitido o pronunciamento final do órgão judicial, seja ato executivo ou sentencial, a ação (processual) já terá sido exercida plenamente em sua integralidade, seja qual for o resultado do processo, o que afasta qualquer idéia de concretude.

---

[42] Cf. G. Jellinek, *System der subjektiven öffentlichen Rechte*, e a exposição e ponderações formuladas por Jorge Reis Novais, *Contributo para uma teoria do Estado de Direito*, Coimbra, 1987, separata do volume XXIX do *Suplemento ao Boletim da Faculdade de Direito da Universidade de Coimbra*, p. 79-80.

[43] Reis Novais, ob. cit., p. 81.

[44] Teichiro Nakano, *Das Prozessrechtsverhältnis*, in *Zeitschrift für Zivilprozess*, 79(1966):108.

Hoje, em que não há mais dúvida quanto à construção do conceito de direito subjetivo público, com a constitucionalização da tutela dos direitos, a ponte entre o direito material e o processual dá-se por meio do direito fundamental constitucional de proteção, instrumentalizado pela outorga de jurisdição e respectiva pretensão (ambas situadas no plano do direito público). Por isso, observa Konrad Hesse, as funções ordenadora e pacificadora do direito infraconstitucional dependem em grande medida de que se imponham, quando necessário, por via executiva mediante coerção estatal. Sua observância, pois, sempre resulta garantida *desde fora*.[45]

Os "direitos de proteção", ou de tutela, constituem direitos do titular do direito fundamental frente ao Estado para ser protegido da intervenção de terceiros. Seu espectro é amplo, abrangendo desde a proteção frente a ações de homicídio do tipo clássico até a proteção em face dos perigos do uso pacífico da energia atômica. Também os direitos a procedimentos judiciais e administrativos constituem essencialmente direitos a uma "tutela jurídica efetiva" e a condição para que esta se realize é que o resultado do procedimento garanta os direito materiais do respectivo titular do direito. De um modo geral, trata-se de direitos constitucionais frente ao Estado para que este realize ações positivas fáticas ou normativas, que tenham como objeto a delimitação das esferas dos sujeitos jurídicos de igual hierarquia como também a imponibilidade e a imposição dessa demarcação.[46]

Mais ainda, a concepção dos direitos fundamentais como normas objetivas supremas do ordenamento jurídico tem uma importância capital, não só teórica, para as tarefas do Estado. Daí decorre que qualquer poder do Estado tem uma obrigação (negativa) de se abster de ingerências no âmbito protegido pelos direitos fundamentais, como também uma obrigação (positiva) de levar a cabo tudo que sirva para a realização dos direitos fundamentais, inclusive quando não diga respeito a uma pretensão subjetiva dos cidadãos.[47]

Ao mesmo tempo, em razão do imperativo do monopólio da jurisdição e da proibição de autotutela, constitui dever do Estado, por meio do juiz, outorgar jurisdição e assim possibilitar a realizabilidade do direito subjetivo material.

---

[45] Konrad Hesse, *Constitución y Derecho Constitucional*, in *Manual de Derecho Constitucional*, 2ª ed., trad. de Antonio López Pina, Madrid, Marcial Pons, 2001, p. 8. Ocorre o contrário, prossegue, com as normas constitucionais, pois sua observância não é garantida nem por um ordenamento jurídico existente por cima delas, nem por uma coatividade supraestatal; a Constituição não depende senão de sua própria força e das suas próprias garantias.

[46] Cf. a elaboração doutrinária de Robert Alexy, *Teoria de los derechos fundamentales*, trad. de Ernesto Garzón Valdés, Madrid, Centro de Estudos Constitucionales, 1997, p. 472-474 (procedimentos judiciais e administrativos) e 435-436 (direitos de proteção em geral).

[47] K. Hesse, *Significado de los derechos fundamentales*, in *Manual de Derecho Constitucional*, cit., p. 95, número de margem 23.

POLÊMICA SOBRE A AÇÃO

A esse direito e dever corresponde uma pretensão de jurisdição (*Anspruch auf Rechtspflege*), também chamada de outorga de justiça (*Justizgewährung*) ou, abreviadamente, de pretensão de justiça (*Justizanspruch*) em face do Estado como titular da soberania, que compreende tanto o meio (o processo) quanto o resultado (favorável ou desfavorável), o reconhecimento do direito e sua realização, tanto no plano normativo quanto no plano fático (ambos juridicamente relevantes), de forma efetiva e eficaz.[48]

No sistema constitucional brasileiro, semelhante pretensão encontra-se consagrada no art. 5º, inciso XXXV, da Constituição da República, que assegura o acesso à jurisdição, em caso de lesão ou ameaça a direito, mas essa proteção decorre não só desse direito fundamental, como também do próprio postulado do Estado de Direito, que aí encontra especial expressão.[49]

Impõe-se a formação de um processo justo e eficaz, provido das garantias essenciais que lhe são próprias (juiz imparcial, contraditório, motivação, direito à prova, duração razoável etc.). Essa conformação atenderá é claro aos valores imperantes em cada sociedade, principalmente os já constitucionalizados, e às técnicas adequadas, que poderão ser empregadas em função dos valores. O processo deve ser estruturado levando-se em conta o permanente conflito entre os dois valores essenciais, o da segurança e o da efetividade, sempre contrapostos e em permanente diálogo.

Advirta-se que a pretensão processual não é assimilável à pretensão de direito material, pois esta apenas constitui o fundamento da primeira, é dirigida contra o devedor, está sujeita a objeções, exceções e prescrição, e existe ou não existe, enquanto aquela se dirige ao órgão judicial, não é excluída por meio de exceções ou prescrição, e é apenas *afirmada* no processo como existente ou inexistente.[50]

De outro lado, o resultado deve ser adequado ao direito material trazido à consideração do juiz, respeitado o princípio dispositivo em sentido material, implicando acolhimento ou desacolhimento da demanda. O acolhimento depende dos pressupostos de direitos material e processual estabelecidos para tanto (reconhecimento do direito, realização de prova suficiente etc.). O resultado favorável deve conduzir à plena satisfação do

---

[48] Sobre o conceito de *Justizanspruch*, por todos, na doutrina alemã, Rosenberg/ Schwab/Gottwald, *Zivilprozessrecht*, 16. Aufl., München, Becke, 2004, § 3º, I, p. 17. Heteropicamente, a obrigação pode nascer do próprio processo, como ocorre com a condenação em custas, honorários advocatícios ou com a sanção por litigância de má-fé ou verificar-se casos em que a constitutividade negativa é determinada pela lei processual, a exemplo da chamada "ação rescisória de sentença".

[49] A respeito de norma semelhante, embora mais restritiva, do ordenamento constitucional alemão, observa Wolfgang Heyde, *La Jurisdición*, in *Manual de Derecho Constitucional*, cit., p. 789, número de margem 49: "Esses princípios de garantia *efetiva*, ou melhor *eficaz* (como se diz em recentes sentenças) de amparo jurídico não se depreendem só do art. 19. 4 da Lei Fundamental (de Bonn), mas do próprio postulado do Estado de Direito, cuja expressão é especialmente o art. 19.4 da Lei Fundamental". Assim reza, esclareço, a 1ª parte do mencionado dispositivo: "Toda pessoa cujos direitos sejam vulnerados pelos poderes públicos tem direito a obter tutela efetiva dos juízes e tribunais".

[50] Leo Rosenberg, *Lehrbuch des deutschen Zivilprozessrecht*, cit., § 88, I, 2, *n*, p. 416.

direito em litígio. Ainda aqui devem ser observados os sobreprincípios fundamentais da efetividade e da segurança e o ponto de equilíbrio entre eles, se entrarem em conflito no caso concreto.

5. A necessária processualização por que deve passar o reconhecimento e a realização do direito material não impede, contudo, o processo de guardar íntima relação com o direito material. A mais evidente prova disso é a natureza instrumental do direito processual, chamado a intervir ao se verificar alguma crise no plano do direito material, inclusive em caráter preventivo e até abstrato. E assim é porque uma das suas finalidades precípuas (além da pacificação) consiste na efetiva realização do direito material, de modo a se alcançar a necessária justiça do caso concreto.

Mas o processo, cumpre ressalvar, não é *meramente* instrumental, pois revela um valor próprio, ao estabelecer, como se já se destacou, as formas, inclusive as formas de tutela, com que se pode tornar efetivo o direito material. De tal sorte, a regulação processual constitui um elemento essencial para que o Poder Judiciário possa cumprir sua função na conservação de uma ordem estatal específica e na garantia da segurança jurídica[51] e, além disso, para a efetivação dos direitos e garantias.

Aliás, na lição magistral de Galeno Lacerda, se o direito processual não é qualidade, não é adjetivo, também não será forma, conceito que pressupõe a mesma integração ontológica com a matéria, inexistente em ambas perspectivas. Por isso, processo não significa *forma* do direito material. O erro provém de indevida aplicação aos dois ramos do direito das noções metafísicas de matéria e forma, como conceitos complementares. Definidas as normas fundamentais, reguladoras das relações jurídicas, como direito material, ao direito disciplinador do processo outra qualificação não restaria, dentro dessa perspectiva metafísica, senão a de formal. O paralelo, contudo, se revela primário em seu simplismo sofístico. O direito material há de regular as formas próprias que substanciam e especificam os atos jurídicos materiais, ao passo que o direito processual, como instrumento de definição e realização daquele em concreto, há de disciplinar também as formas que substanciam e especificam os atos jurídicos processuais. Em suma, a antítese não é direito material/direito formal, e sim, direito material/direito instrumental. Isto porque, como ente "a se", possui matéria e forma próprias, independentes da matéria e da forma da realidade jurídica, dita *material*, sobre a qual opera.[52]

---

[51] Cf. a respeito, Wolfgang Heyde, *La Jurisdición*, cit., p. 787, nº de margem 45, com remissão ao entendimento de O. R. Kissel e V. Wache.

[52] Galeno Lacerda, *O Código como sistema legal de adequação do processo*, in *Revista do Instituto dos Advogados do Rio Grande do Sul – Comemorativa do Cinqüentenário* 1926-1976, Porto Alegre, p. 163-164.

Também se verifica instrumentalidade nas ações de controle abstrato da constitucionalidade. Normalmente, a função jurisdicional é exercida pelo Poder Judiciário na solução de interesses concretizados, vale dizer decorrentes da incidência de norma abstrata sobre o suporte fático de sua incidência e da norma individualizada (relação jurídica) que daí surge. A evolução da sociedade e do direito passou a exigir, porém, o exercício da jurisdição com o objetivo de tutelar não apenas direitos subjetivos, mas, sim, a própria ordem constitucional, mediante solução de controvérsias a respeito da legitimidade da *norma juridicamente abstrata*, independentemente de sua incidência em específicos suportes fáticos, como ocorre com a ação direta de inconstitucionalidade e a ação declaratória de constitucionalidade.[53] A circunstância de se cuidar de tutela da ordem jurídica abstratamente considerada, embora possa determinar conseqüências procedimentais significativas, dada a natureza objetiva do processo, não afasta é claro o caráter instrumental deste, porque ainda aqui a matéria que dele é objeto não se confunde com o meio ou com a forma.

A instrumentalidade, nos termos antes expostos, põe a descoberto a indispensabilidade do direito material para o direito processual, no sentido de que este último não teria razão de ser ou mesmo possibilidade de existir se não contasse com o direito material. Ao mesmo tempo, e correlativamente, sem o direito processual não poderia existir um ordenamento que é caracterizado pela proibição de autotutela.[54]

Assentadas essas premissas, o primeiro aspecto a ressaltar, na matéria referente às relações entre os dois planos é que a atividade jurisdicional gira em torno do direito material. Fora dos casos de controle abstrato de constitucionalidade ou inconstitucionalidade, dirige-se contra o ilícito (transgressão de um dever substancial) e a lesão correspondente ou para a prevenção do ilícito e da correspondente lesão, ou da prevenção do agravamento desta, procurando favorecer a posição jurídica subjetiva material servida pelo dever ou pela obrigação.

Por isso mesmo, a situação material (direito, dever, obrigação, ilícito, lesão, conforme o caso) já comparece no processo no próprio ato de introdução do processo, na demanda, por meio da afirmação do autor estampada na causa de pedir (art. 282,III, do CPC). Depois, nas exceções de direito

---

[53] A respeito da distinção apontada no texto e a jurisdição constitucional, cf. a obra fundamental de Teori Albino Zavaski, *Eficácia das Sentenças na Jurisdição Constitucional*, São Paulo, RT, 2001, p. 42-43, passim.

[54] Sobre isso, cf. Proto Pisani, *Lezioni di Diritto Processuale Civile*, cit., p. 4-5, a acrescentar que, nesse quadro, o direito material pelo menos não poderia existir como fenômeno jurídico, na medida em que a sua atuação, em vez de ser garantida pelo Estado, seria atribuída a meras relações de força, com a conseqüência de que o detentor ou os detentores do poder de fato se tornariam os detentores do poder legal, independentemente do estabelecido pelas normas materiais, a determinar a solução dos conflitos não segundo a "justiça", com base em critérios legais, mas por relações de força.

material suscitadas pelo demandado. A situação jurídica material alegada pelas partes servirá ainda de parâmetro para a investigação probatória, quando esta se fizer necessária, e constituirá a matéria prima com que trabalhará o juiz na sentença. Nessa perspectiva dinâmica do processo, o direito material é primeiro afirmado, depois objeto de prova e finalmente passa a ser realidade acertada ou declarada.

Francesco P. Luiso resume de forma bastante adequada essa interferência, ao afirmar que a tutela jurisdicional encontra seu ponto de partida numa realidade de direito material, que se pode descrever nos seguintes termos: um sujeito deveria ter ou não um certo comportamento, segundo as prescrições normativas. Todavia, em concreto, o comportamento não foi realizado como se impunha, ou, pelo contrário, foi realizado apesar do veto normativo. O pressuposto constante da tutela jurisdicional pode ser encontrado, assim, na existência de um ilícito, compreendendo-se por ilícito o comportamento concreto em desconformidade com o dever imposto por uma previsão normativa. Esse é o pressuposto comum a toda atividade jurisdicional. Mas, no concernente à atividade jurisdicional civil, existe um *quid pluris*: a violação do dever, isto é o ilícito, produz também a lesão, a insatisfação de uma situação material protegida. O ilícito provoca (também) a violação daquele interesse protegido e elevado pelo ordenamento à dignidade de situação material, para cuja realização exatamente o ordenamento havia previsto o dever que foi violado.[55]

Por outro lado, o direito material interfere na conformação do processo, impondo-se adequação subjetiva, objetiva e teleológica entre as duas esferas.[56]

A *adequação subjetiva* decorre da situação do sujeito, conforme se tratar, por exemplo, de capaz ou incapaz, de pessoa física ou jurídica, privada ou pública, ou de sujeito sem personalidade, pode variar a legitimação processual das partes, o processo se tornar mais complexo, com a presença da figura de representante ou assistente e a exigência de atos correspondentes, eventualmente, até, de autorização judicial específica. Maior complexidade haverá, também, prossegue Galeno Lacerda, nas hipóteses, de litisconsórcio, de intervenção de terceiros, ou do Ministério Público. A competência funcional altera por completo as regras de procedimento, conforme se tratar de juízo singular ou colegiado.

A *adequação objetiva* pode influir nos efeitos da aquiescência, na natureza da preclusão e da coisa julgada, substituição e sucessão no processo etc. Nos procedimentos especiais, joga grande influência a matéria ob-

---

[55] Francesco P. Luiso, *Diritto Processuale Civile*, vol. I, 3ª ed., Milano, Giuffrè, 2000, p. 7.
[56] Galeno Lacerda, *O Código como sistema legal de adequação do processo*, cit., p. 163-170.

jeto do processo, de modo a conformar o procedimento, a exemplo da demanda de usucapião, de consignação etc.

A *adequação teleológica* determina adaptação do procedimento às diversas funções da jurisdição ou finalidades que se pretende alcançar por meio do processo. Basta pensar no processo de conhecimento à vista do processo de execução, ou nos procedimentos ordinário, sumário e especial, na antecipação de tutela ou no processo cautelar.

Por outro lado, não se pode deixar de levar em consideração que as diversas formas procedimentais reagem sobre a ação (o agir em juízo) e determinam poderes, faculdades e ônus diversos: um só ato é comum a todos os tipos de ações, a demanda (que deriva do poder abstrato de ativar o processo), mas os atos posteriores têm dimensão diversa, em virtude do objeto do processo, da forma etc. E isso porque não parece possível, também aqui, ignorar o liame com o direito material em virtude da inerente instrumentalidade que a função jurisdicional com ele mantém, ao qual servem, ação e processo, por meio do exercício dos poderes, faculdades e ônus das partes, deveres/poderes do juiz, e respectivos atos concretos.[57]

A situação substancial também interfere na adoção da tutela jurisdicional, aspecto que mais de perto interessa ao tema deste ensaio, pois sempre existe uma relação de adequação entre a maneira como se efetiva ou pode se efetivar o direito material e os meios por ele empregados. Além disso, a eficácia e os efeitos da tutela jurisdicional são fortemente influenciados pela eficácia e efeitos decorrentes das normas materiais e do sistema que delas decorre. Não chego a afirmar, na linha defendida por Satta, que a forma de tutela jurisdicional seja definida exclusivamente em função do conteúdo do direito a tutelar e que tal tutela será necessariamente diversa em função da diversa natureza do direito.[58] Outros fatores próprios do plano processual interferem na definição da tutela, como o princípio da demanda e os sobreprincípios da efetividade e da segurança.[59] Mas não há dúvida quanto à grande influência exercida pelo direito material sobre a forma de tutela.

A *tutela declaratória* é adequada para qualquer espécie de direito. O que importa é a incerteza objetiva a respeito da existência ou inexistência de alguma relação jurídica. Em homenagem ao princípio da segurança, afasta-se a possibilidade de declaração de mero fato, com exceção da declaração da falsidade ou inautenticidade de documento. A declaração é despida de qualquer pretensão material: não se pode exigir de outrem a declaração,

---

[57] A respeito, Elio Fazzalari, *Note in tema di diritto e processo*, cit., p. 151, nota 129.

[58] Cf. Satta, apud Adolfo di Majo, *La tutela*, cit., p. 97.

[59] A respeito, C. A. Alvaro de Oliveira, *Efetividade e tutela jurisdicional*, cit., passim.

pois só aquela prestada pelo juiz é apta a resolver a crise de certeza, revestido como é o seu pronunciamento com o selo da autoridade estatal.[60]

En passant, observo que em face do monopólio estatal da jurisdição inexistem também pretensões (materiais) condenatórias, constitutivas, mandamentais ou executivas *lato sensu.* O que existe é a pretensão *processual* à condenação, à constitutividade etc. No plano do direito material, contudo, é possível, v.g., exigir da parte passiva da relação jurídica material o pagamento da dívida, a devolução do prédio locado, o cancelamento do imposto abusivamente lançado. O exercício dessas pretensões (poder de exigir) é no mais das vezes inócuo, embora em algumas hipóteses possa conduzir ao resultado prático de constituir em mora o devedor. Não atendido voluntariamente o direito, a questão passa ao plano processual com o exercício da ação (processual), em que se pede a outorga da tutela jurisdicional adequada e necessária.

A *tutela constitutiva* vincula-se aos direitos que determinam uma modificação jurídica em sentido lato (criar, extinguir, alterar a situação jurídica), a exemplo dos tipos materiais que permitem a anulação ou a nulidade do negócio jurídico, a dissolução da sociedade conjugal, renovação do contrato de locação etc. Aqui o direito potestativo cria uma situação de sujeição, realizando-se independentemente de prestação da parte passiva.

A *tutela condenatória* é própria e exclusiva das assim denominadas obrigações pecuniárias, antigamente chamadas de obrigações de dar dinheiro, em face da adequação da futura execução sub-rogatória nela compreendida, se desatendido o comando condenatório.

A *tutela mandamental* é adequada para os deveres de abstenção decorrentes dos direitos de personalidade e para as obrigações de fazer e não fazer, quando se atua sobre a vontade, e não sobre o patrimônio do demandado. Em princípio, tal espécie de tutela é a mais apta para o exercício das tutelas de caráter preventivo, com vistas a impedir o ilícito, a lesão ou o agravamento da lesão.

A *tutela executiva lato sensu* atua sobre a esfera jurídica do demandado, o mais das vezes sobre seu patrimônio (não sobre a vontade), e afeiçoase às obrigações de entregar e de restituir, bem assim ao dever de restituir coisa certa, como sucede com o desrespeito ao direito de posse decorrente da propriedade. Também é adequado esse tipo de tutela na obrigação de prestar declaração de vontade, em que a atividade do devedor é totalmente substituída pela sentença, que produz o mesmo efeito do contrato a ser

---

[60] K. Hellwig, *Lehrbuch des deutschen Civilprozessrechts*, tomo I, Leipzig, 1903, § 23, II, p. 150, foi o primeiro a intuir que o objeto litigioso na ação declaratória seria a relação jurídica afirmada ou negada, em contraposição à ação condenatória, em que o objeto litigioso seria constituído pela *pretensão* a uma prestação atual ou futura, para cuja realização o devedor deve ser condenado.

firmado (arts. 639 e 640 do CPC).[61] Em outras hipóteses, como ocorre no fechamento do estabelecimento que causa poluição e não se adequou a medidas restritivas objeto de ordem judicial (tutela mandamental), a tutela executiva *lato sensu* passa à frente e se torna a única capaz de realizar plenamente o direito material. Por aí se vê a compenetração entre os dois planos, um reagindo sobre o outro.

Finalmente, além de outras finalidades atingidas com o exercício da jurisdição (realização do direito objetivo, pacificação social) satisfaz-se com o processo o direito subjetivo, a evidenciar nítida conexidade entre a atividade judicial e o direito material. Declara-se a existência de uma concreta relação jurídica ou a autenticidade ou falsidade da carta escrita por alguém, condena-se a pagar determinada dívida, constitui-se (ou desconstitui-se) uma relação ou situação jurídica concreta, manda-se realizar a prática de determinado ato material etc. Há intervenção (jurídica) na vida social, porque o direito é um valor real objetivo, uma realidade que o homem encontra na sua vida e define na sua linguagem e na sua cultura, com base em valores positivamente válidos, para além de toda vontade arbitrária e toda mera subjetividade.[62] Em outras palavras, a tutela é dispensada *sempre* levando em conta o pedido imediato (processual) e o pedido mediato (o bem da vida, na linguagem de Chiovenda). E é por isso, que, embora sob diversas visualizações, fala-se que na sentença de mérito unem-se o direito processual e o material, ou que a mais estreita vinculação entre o direito processual e o material está na sentença, que possibilita a transição do processo no domínio da vida, do direito material.[63] Passa-se, assim, da tutela jurisdicional para a tutela do direito, mas em outro nível qualitativo, porque coberto o comando judicial pelo manto da coisa julgada, gozando da imperatividade própria da soberania que impregna a jurisdição.

---

[61] Nesse sentido, Pontes de Miranda, *Tratado das Ações,* tomo I, cit., p. 212. Adere à tese, com interessantes observações, J. C. Barbosa Moreira, *Questões velhas e novas em matéria de classificação das sentenças,* in *Temas de Direito Processual,* Oitava Série, São Paulo, Saraiva, p 139-140.

[62] Como bem ressalta Angelo Falzea, *Efficacia giuridica,* cit., p. 47-49.

[63] Rosenberg, *Lehrbuch,* cit., § 90, V, I, p. 434: "So stehen im heutigen Recht *Prozessrecht* und *materielles Recht* nebeneinander (s.o. § 1, IV), beide mit selbständigen Aufgaben, aber nicht im Gegensatz zueinander, sondern im Falle des Rechtsstreits demselben Ziele zustrebend, durch die Entscheidungstätigkeit des Richters im Sachurteil dazu verbunden" (Assim, no direito atual (ver, supra, § 1., IV), o direito processual e o direito material estão um junto ao outro, ambos com a mesma tarefa, mas não em contraposição, senão aspirando ao mesmo objetivo, em caso de controvérsia, vinculados para tanto na sentença de mérito, mediante a atividade decisional do juiz"). Para Wolfram Henkel, *Prozessrecht und materielles Recht,* Göttingen, Schwartz, 1970, p. 26, "Prozessrecht und materielles Recht begegnen sich im Verfahren, weil dieses der Entscheidung materiellrechtlicher Streitigkeiten dient. Schon deshalb müssen sie inhaltlich aufeinander bezogen sein. Ihre engste Verknüpfung finden sie im Urteil, das den Übergang des Prozesses in den Lebensreich des materiellen Rechts vermittelt" ("Direito processual e direito material encontram-se no processo, porque a esses serve a decisão do litígio material. Portanto, devem ser relacionados um com o outro pelo conteúdo. Eles encontram sua mais estreita vinculação na sentença, que proporciona a transição do processo ao domínio da vida do direito material").

Quando se fala em tutela ressarcitória, inibitória etc. já se está no plano do direito material, fora do processo, seja porque o ressarcimento e a inibição estavam abstratamente previstos nessa esfera (v.g., arts. 12 e 186 e 927 do Código Civil), seja porque constituem a conseqüência da tutela jurisdicional prestada, cujo comando se projeta no plano do direito material, na esfera substancial das partes. Tanto é assim que essa conseqüência não é alcançada pela tutela ressarcitória, inibitória ou por qualquer outra espécie de tutela de direito material, mas única e exclusivamente pela tutela jurisdicional, por meio de comando declaratório, condenatório, constitutivo, mandamental ou executivo *lato sensu*.[64] Atribuir essa função à tutela de direito material implica manifesta confusão dos dois planos: o do direito processual e o do direito material. Significativo, por sinal, é que os cultores dessa corrente nunca desenvolvem seu raciocínio levando em conta as tutelas declaratória e constitutiva, em que mais claramente aparece a distinção entre os dois planos, porque desde logo se apreende a impossibilidade de declaração ou constituição no plano do direito material. Mas não se passa de forma diferente em relação às demais tutelas, como antes se demonstrou.

Com razão, doutrina Proto Pisani que uma vez invertida a sistemática romanística que, em razão da tipicidade dos direitos de ação, privilegiava a linguagem das *actiones* à do direito subjetivo, e uma vez cindido o direito privado do direito processual e reconstruído este último sobre a base da noção unitária da ação, concebida como categoria geral atípica, a contraposição entre tutela específica e tutela ressarcitória não tinha mais possibilidade de sobrevivência no terreno do direito processual. Do ponto de vista do processo, realmente, como todos os titulares de qualquer direito (seja qual for a sua estrutura ou o seu conteúdo) poderiam agir em juízo com base no direito de ação hoje constitucionalizado pelo art. 24, 1ª alínea, da Constituição (italiana), assim infere-se o conteúdo da tutela – que o processo (ou os processos de conhecimento e de execução) poderia oferecer – não de cada direito exercido em juízo (ou da sua violação individual), mas do complexo de formas de tutela (condenatória, constitutiva, mera declaração, executivas), predispostas pelo ordenamento processual de maneira indiferenciada para todos os direitos que delas poderiam ter concreta necessidade.[65]

---

[64] Flávio Luiz Yarshell, *Tutela Jurisdicional*, São Paulo, Atlas, 1989, p. 164, viu bem que as categorias de tutela vistas sob o ângulo dos resultados substanciais produzidos pelo pronunciamento judicial (ressarcitória, restituitória, repristinatória e inibitória) não substituem ou excluem "a classificação "processual", pela simples razão de que os efeitos substanciais – embora possam e devam ser enfatizados – somente são atingíveis por meio da eficácia processual do provimento". E isso decorre, é claro, acentuo, do monopólio estatal da jurisdição e do seu trabalho necessariamente de reconstrução do direito material lesado ou da atividade que se presta para evitar a lesão ou o ilícito, também inexistente fora do processo, salvo raríssimas exceções.

[65] Proto Pisani, *Lezioni di Diritto Processuale Civile*, cit., p. 815-816.

POLÊMICA SOBRE A AÇÃO

6. Mostra-se importante esclarecer, ainda, o que entendo por tutela jurisdicional, pois não é possível qualquer tentativa de classificação sem primeiro estabelecer o que se pretende classificar, para que seja uniforme, como recomenda a boa lógica, o critério classificatório.[66]

No estudo pioneiro em que resgatou o conceito de tutela jurisdicional entre nós (1993), Cândido Rangel Dinamarco busca estabelecer algumas noções básicas a respeito do tema. Ressalta, em primeiro lugar, que tutela jurisdicional não é o mero exercício da jurisdição, ou somente a outorga do provimento jurisdicional, em cumprimento ao dever estatal que figura como contraposto do poder de ação. Afirma que a ação em si considera-se satisfeita e exaurida sempre que emitido esse provimento, quer seja favorável ou desfavorável. Partindo dessa idéia, ressalta que a tutela jurisdicional está mais ligada a um processo civil de resultados e, invocando Liebman, sustenta que só tem direito à tutela jurisdicional quem tem razão, não quem ostenta um direito inexistente. Mais adiante, conceitua tutela jurisdicional como o amparo que, por obra dos juízes, o Estado ministra a quem tem razão num processo. E esclarece: tutela é ajuda, proteção. A tutela não se confunde com o serviço prestado pelos juízes no exercício da função jurisdicional, com a jurisdição em suma. A tutela é o resultado do processo em que essa função se exerce. Ela não reside na sentença em si mesma como ato processual, mas nos *efeitos* que projeta para fora do processo e sobre as relações entre pessoas. Tutela plena só existe para o vencedor, não para o vencido. O vencido recebe a tutela consistente em não restar sacrificado além dos limites do justo e do razoável para a efetividade da tutela devida ao vencedor. O que não afasta da tutela a demanda julgada improcedente, pois o vencedor, o demandado, recebe uma tutela jurisdicional oposta e de intensidade semelhante à que teria recebido o autor em caso de procedência.[67]

Não é muito diferente o pensamento de José Roberto dos Santos Bedaque. Para ele, a tutela jurisdicional está reservada apenas aos efetivamente amparados no plano do direito material. A tutela jurisdicional deve ser entendida como tutela efetiva de direitos ou de situações jurídicas pelo processo. A rejeição da pretensão do autor confere tutela jurisdicional ao réu, pois elimina definitivamente a possibilidade de discussão a respeito daquele direito considerado inexistente.[68]

Na visão de Flávio Luiz Yarshell, a tutela jurisdicional é o resultado da atividade jurisdicional, os efeitos substanciais (jurídicos e práticos) que o pronunciamento judicial projeta ou produz sobre dada relação material, em favor do vencedor. Mais adiante, obtempera que não parece incorreto,

---

[66] Importante, essa advertência de J. C. Barbosa Moreira, *Questões velhas e novas*, cit., p. 141.

[67] Cândido Rangel Dinamarco, *Fundamentos do Processo Civil Moderno*, tomo II, cit., p. 796-837.

[68] José Roberto dos Santos Bedaque, *Direito e Processo*, 3ª ed., São Paulo, Malheiros, 2003, p. 27, 29, 33, passim.

contudo, admitir maior abrangência da examinada locução – tutela jurisdicional – para com ela designar não apenas o *resultado* do processo, mas igualmente os *meios* ordenados e predispostos à obtenção desse mesmo resultado. A *tutela*, então, pode ser divisada no próprio *instrumento*, nos atos que o compõem e bem ainda nos "princípios", "regramentos" ou "garantias" que lhe são inerentes.[69]

Distancia-se desse modo de ver o problema Luiz Guilherme Marinoni. As formas de tutela pertencem ao plano do direito material.[70] No plano do direito processual, há técnicas – por exemplo, técnica antecipatória e sentença mandamental.[71] Por isso rejeita a existência de tutela mandamental, condenatória etc. e prefere falar em tutela inibitória, ressarcitória etc. Essas, ligadas ao resultado do processo, aos efeitos da sentença, passam a desempenhar o papel que é atribuído por Dinamarco, Bedaque e Yarshell à tutela jurisdicional. Por sua vez – com a acentuação excessiva do elemento material e o apoucamento do elemento jurisdicional – aquilo que esses juristas designam, com a minha adesão, de tutela declaratória, condenatória etc., acaba na visão de Marinoni por ser equiparado ao ato sentencial.

Todavia, como antes procurei demonstrar, a tutela material (inibitória, ressarcitória etc.) é prevista em abstrato no plano do direito material e só se concretiza *depois* de esgotada a função jurisdicional, num retorno qualificado ao plano do direito material, configurando-se então não mais como tutela jurisdicional, e sim como tutela do direito. Nada obstante, o que importa no plano do direito processual é a tutela jurisdicional, fenômeno próprio desse plano, regida pelos elementos inerentes ao processo, especialmente a imperativa adequação ao direito material, os sobreprincípios da efetividade e da segurança, e o princípio dispositivo em sentido material. E isso porque, com o monopólio da jurisdição pelo Estado, não há outra forma possível de reconhecimento e realização quando entre em crise o direito material: a tutela jurisdicional, assim como o processo, é instrumental em relação à tutela do direito.

A postura metodológica adotada por Luiz Guilherme Marinoni transfere para o plano do direito material o que é ínsito ao direito processual,

---

[69] Flávio Luiz Yarshell, *Tutela Jurisdicional*, cit., p. 28, 30-31 e 127. A meu juízo, incluir no conceito de tutela o meio, o processo, implica elastecê-lo demasiadamente, o que não contribui para melhor compreensão do tema porque em face da generalização perde-se o que é essencial ao próprio conceito. Tudo passa a ser tutela, e nada é tutela.

[70] Marinoni, *Da ação abstrata e uniforme*, cit., p. 12.

[71] Marinoni, *Da ação abstrata e uniforme*, cit., p. 14. Em outra passagem (ob. cit., p. 19), o jurista é ainda mais enfático: "as sentenças declaratória e constitutiva não podem ser enquadradas na classificação das *tutelas dos direitos*, uma vez que, assim como as sentenças condenatória, mandamental e executiva, constituem *técnicas* para a tutela do direito material." Embora realmente possa a antecipação ser considerada uma técnica, que serve ao valor da efetividade, já as diversas categorias de sentença e, mais amplamente, as tutelas correspondentes (mandamental etc.), enquanto positivação do poder, não se revestem dessa característica, conforme as razões desenvolvidas no item 2, supra, deste ensaio.

com o grave inconveniente de afastar os princípios próprios desse plano. Além disso, tende a retirar todo elemento axiológico do direito processual, que passa a ser visto mais como técnica, do que como realmente é: fenômeno cultural e positivação do poder, necessariamente embebido em valores (justiça, segurança, efetividade etc.). O perigo de tal visualização do problema está em dar força a uma concepção predominantemente tecnoburocrática do fenômeno processual, despida de carga axiológica, o que acarreta o risco de uma efetividade perniciosa, em detrimento da efetividade virtuosa, ao contrário do que seria desejável.[72] A importância decisiva do aspecto axiológico pode ser bem compreendida se atentarmos, no trato do problema da tutela jurisdicional, à importância dos sobreprincípios da efetividade e da segurança. Nessa matéria, como de resto em todo o direito processual, um e outro exercem papel relevantíssimo, que de modo nenhum pode ser afastado ou ignorado.[73]

A tutela é proteção, defesa do direito, resolução da crise sofrida pelo direito material. No caso da tutela jurisdicional, a proteção dá-se por meio do processo. Não há dúvida, assim, de que os *efeitos* decorrentes da sentença de mérito[74] ostentam grande significado em tema de tutela jurisdicional e sua classificação. Principalmente porque os efeitos, como se verá adiante, tendem a se realizar no mundo sensível, circunstância fundamental para o retorno ao direito material, ao *posterius* que é a tutela do direito. Note-se: a tutela do direito é momento imediatamente posterior ao último ato da tutela jurisdicional. Assim, por exemplo, a entrega do dinheiro satisfaz o direito do autor, produzindo-se em conseqüência a tutela do direito, o ressarcimento. Completa-se, de tal sorte, o ciclo essencial do processo, pois a tutela jurisdicional deve partir da realidade material e à realidade material deve retornar.

A meu juízo, contudo, não se pode deixar de incluir no conceito também a eficácia da sentença. Em primeiro lugar, porque a eficácia é indispensável para a produção do efeito ou efeitos. Depois, porque é na eficácia da sentença que se concentrará a estabilidade da tutela jurisdicional dispensada, sem o que não se poderá cogitar de real efetividade (aqui ligada inclusive ao valor segurança). Cumpre, pois, examinar mais de perto esses dois pressupostos do elastecimento da compreensão tradicional da tutela jurisdicional.

Embora a causalidade jurídica não seja reduzível *sic et simpliciter* à estreita causalidade física, verifica-se entre elas um ponto comum: em am-

---

[72] Sobre a distinção entre a efetividade boa e a ruim e o conceito de uma e outra, C. A. Alvaro de Oliveira, *Efetividade e Processo de Conhecimento*, in *Revista de Processo*, 96 (out.-dez./1999): 59-69.

[73] Remeto mais uma vez o paciente leitor às considerações por mim desenvolvidas nos ensaios antes citados, *O problema da eficácia da sentença* e *Efetividade e tutela jurisdicional.*, e ainda ao trabalho *O Processo Civil na Perspectiva dos Direitos Fundamentais*, *Revista da Ajuris*, 87-I(set.2002):37-49, em que a questão é tratada mais de espaço.

[74] Advirto que a presente investigação está circunscrita ao resultado do chamado processo de conhecimento.

bas é possível constatar a existência de uma relação lógica de condicionalidade. Na norma jurídica, no fenômeno jurídico em geral, e não se passa de forma diferente com a sentença, constitui-se um nexo entre um antecedente e uma conseqüência, entre um fenômeno condicionante e um fenômeno condicionado. No ato sentencial, o fenômeno condicionante é a eficácia (decorrente do ato de vontade do juiz) e o fenômeno condicionado é o efeito, que é um valor do agir humano (um dever-ser), que tende ao fato.[75] De tal sorte, se o efeito é condicionado pela eficácia e, ao mesmo tempo, a eficácia é a condicionante do efeito, não é possível considerar o efeito sem a eficácia. Empregamos o termo "eficácia", impõe-se advertir para espancar qualquer confusão, como sinônimo do elemento contido no conteúdo da sentença, apto para produzir o efeito, e não como já equiparado ao próprio efeito, como costuma ocorrer quando se fala, por exemplo, em eficácia constitutiva da sentença.[76]

Por outro lado, restringir o conceito ao efeito, abstraindo a eficácia, implicaria reduzir a tutela jurisdicional a um *flatus vocis*, porque despida da imutabilidade (e por conseqüência da indiscutibilidade) conferida pela coisa julgada ao comando sentencial. A coisa julgada, lembra com felicidade José Carlos Barbosa Moreira, "é instituto de finalidade essencialmente *prática*: destina-se a conferir estabilidade à tutela jurisdicional dispensada. Para exercer de modo eficaz tal função, ela deve fazer imune a futuras contestações o *resultado final* do processo".[77] Mas, como bem demonstrou o jurista, os efeitos da sentença *não* se tornam imutáveis com o trânsito em julgado: o que se torna imutável (ou se se prefere, indiscutível) é o próprio conteúdo da sentença, como norma jurídica concreta referida à situação sobre que se exerceu a atividade cognitiva do órgão judicial.[78]

Exatamente por compreender a tutela não só a eficácia como também os efeitos, a forma de cumprimento do comando sentencial mostra-se relevante para a classificação. O cumprimento só não importaria a se cuidar exclusivamente de classificação de sentenças, em que seria importante apenas o elemento eficacial ou a força da sentença. Com essa mudança de perspectiva, perde consistência a objeção da doutrina tradicional à classificação quinária, pois para essa corrente a diferença entre a tutela condenatória e a executiva *lato sensu* e a mandamental seria apenas procedimental, na forma como se realiza o comando sentencial.

---

[75] Sobre isso, Angelo Falzea, *Efficacia giuridica*, cit., p. 22-27.

[76] Às vezes ocorre o estranho fenômeno de serem empregados indiferentemente termos que podem ser perfeitamente distinguidos. Sintomaticamente, o magistral ensaio de Falzea, tantos vezes mencionado, ostenta o título de *Eficácia Jurídica*, mas nele nenhuma vez se trata da eficácia, só do efeito jurídico!

[77] José Carlos Barbosa Moreira, *Coisa Julgada e Declaração*, in *Temas de Direito Processual*, São Paulo, Saraiva, 1977, p. 81-89, esp., p. 83.

[78] José Carlos Barbosa Moreira, *Ainda e sempre a Coisa Julgada*, in *Direito Processual Civil (Ensaios e Pareceres)*, Rio de Janeiro, Borsoi, 1971, p. 133-146, tese a que emprestamos adesão, não sendo o caso aqui de tecer maiores considerações a respeito.

POLÊMICA SOBRE A AÇÃO

Semelhante conclusão se reforça por outro aspecto essencial ao fenômeno da eficácia jurídica. Parte-se da idéia, defendida por Falzea, da existência de um condicionamento axiológico real do efeito, dado que o direito (positivamente entendido) constitui um sistema de interesses, isto é, de valores reais objetivos, derivado, pela sua substância, de uma vida comum, e que se manifesta, mais ou menos formalmente, numa comum experiência e cultura. Assim, na situação do mundo real, trazida ao conhecimento do juiz, o efeito deve representar uma solução adequada do problema e um harmônico balanceamento dos interesses em jogo.[79] Dentro dessa perspectiva, a solução adequada do problema, no ambiente processual, só pode ser alcançada ponderando os sobreprincípios da efetividade e da segurança. E é este último que prevalece na hipótese da tutela condenatória, que nem por isso deixa de ser menos tutela do que as outras espécies, pois concede ao autor tudo aquilo que ele poderia alcançar no horizonte do direito material a ela subjacente, sem afrontar as garantias fundamentais da contraparte, fator ineliminável e inafastável.

Observo, *en passant*, que se tem preconizado, aqui e ali, a impossibilidade de se considerar o efeito condenatório como forma de tutela jurisdicional, visto que não produziria qualquer alteração no mundo fático, só no mundo jurídico, determinando apenas um dever-ser, e não uma alteração no ser. É preciso compreender, contudo, que a tutela jurisdicional não é regida apenas pelo sobreprincípio da efetividade, sujeitando-se também aos ditames do sobreprincípio da segurança, fator aliás constante no ambiente processual. Seria inviável, em face deste último, o emprego da tutela executiva *lato sensu*, pois, por hipótese, a execução atingiria bens não pertencentes ao exeqüente, passando o processo em conseqüência a exigir maiores formalidades, em prol do direito de defesa do executado (v.g., manifestação sobre o bem penhorado, sobre a avaliação deste, sobre a própria legalidade da execução etc.). É de justiça reconhecer que Pontes de Miranda, já havia se apercebido decorrer a distinção entre a ação executiva real (v.g., reivindicatória) e as ações de condenação e executiva por créditos da circunstância de que na primeira é pedido que "se apanhe e retire a coisa, que está, contrariamente a direito, na esfera jurídica do demandado e se lhe entregue", enquanto nas segundas "os bens estão na esfera jurídica do demandado, acorde com o direito".[80] No entanto, o grande jurista não esteve advertido de que a diferença decorre no fundo do *sobreprincípio da segurança*. De qualquer modo, sua justificativa entra em conflito com a teoria da ação de direito material, visto que sendo esta impregnada apenas por

---

[79] Angelo Falzea, *Efficacia giuridica*, cit., nº 16, p. 61.

[80] Pontes de Miranda, *Comentários ao Código de Processo Civil*, X, Rio de Janeiro, Forense, 1976, p. 495-496.

elementos de direito material não poderia ser informada por princípios próprios da tutela jurisdicional, entre os quais se inscreve o da segurança.

Pouco importa, outrossim, venha a se realizar *ex intervallo* em outro processo a realização prática do comando condenatório, como ocorre atualmente no sistema brasileiro, ou em outra fase do mesmo processo, como previsto no Projeto que trata do cumprimento da sentença, ora em tramitação no Senado Federal (PLC 52/2004). Em um e outro caso, a exigência de maiores formalidades e de maior amplitude do direito de defesa não podem ser afastadas pelo legislador, que não é nem pode ser onipotente. Daí ter sido mantida no Projeto, como não poderia deixar de ser, a ouvida do executado sobre os bens penhorados, a avaliação destes e até a possibilidade de impugnação incidental à execução, nova denominação dos embargos do executado. Procurou-se, é certo, de forma elogiável, deformalizar a realização prática do julgado condenatório, com vistas ao *sobreprincípio da efetividade*, mas o *sobreprincípio da segurança* não poderia ser inteiramente desprezado, pelas razões anteriormente mencionadas. Diante dessas ponderações, não tenho dúvida em afirmar que, mesmo depois de transformado em lei o Projeto 52/2004, a tutela continuará a ser condenatória, nada obstante as simplificações formais introduzidas.

Saliento, finalmente, que a classificação das tutelas jurisdicionais de modo nenhum pode ser confundida com a das sentenças de procedência.[81]

Em primeiro lugar, porque a classificação destas leva em conta exclusivamente a *eficácia*, e não os efeitos. Mais precisamente, tal nomenclatura considera apenas a eficácia principal da sentença, o que Pontes de Miranda designa de força, atribuindo-lhe peso 5, na sua visão matemática do problema. Trata-se, aí, do que a melhor doutrina entende ser a qualidade do ato, enquanto gerador de efeitos e que se encontraria no conteúdo da sentença, antes do efeito, sendo este necessariamente, por definição, fora daquilo que o produz.[82]

Além disso, a tutela jurisdicional pode ocorrer com ou sem o acolhimento da demanda. Não bastasse isso, a sentença é apenas o ato do juiz, enquanto a tutela compreende, além da eficácia, também os efeitos substanciais produzidos na esfera jurídica das partes, em decorrência do comando sentencial. Na perspectiva adotada no presente ensaio, na linha da elaboração doutrinária de Falzea, a eficácia é ato de vontade (valorizado pelo direito), enquanto o efeito é valor jurídico, fenômenos substancialmente diversos, inconfundíveis entre si, embora inter-relacionados.

---

[81] Como sugere Luiz Guilherme Marinoni, *Da ação abstrata e uniforme*, cit., p. 36, em crítica a meu posicionamento.

[82] Assim, por exemplo, José Carlos Barbosa Moreira, *Conteúdo e Efeitos da Sentença*, cit., item 1, p. 175-176, item 7, p. 182, ressaltando ainda que o conteúdo é algo interno à sentença e o efeito, algo projetado no mundo *exterior*.

POLÊMICA SOBRE A AÇÃO

Impressão:
Editora Evangraf
Rua Waldomiro Schapke, 77 - P. Alegre, RS
Fone: (51) 3336.2466 - Fax: (51) 3336.0422
E-mail: evangraf@terra.com.br